COMMANDANT KIEFFER

Du même auteur

Atlas de la Libération de la France, 6 juin 44-8 mai 45, Éditions Autrement, 2004.

La Libération de la France, Éditions Orep, 2007.

Les Raids des commandos alliés en Normandie avant le débarquement, 1940-1944, Éditions Ouest-France, 2010.

Chronographie du Débarquement et de la Bataille de Normandie, Éditions Ouest-France, 2014.

Les 177 Français du Jour J, Tallandier, 2014 ; 2019.

Les Poches de l'Atlantique, les batailles oubliées de la Libération, Tallandier, 2015 ; « Texto », 2019.

Maquis et maquisards. La Résistance en armes, 1942-1944, Belin, 2015.

Nous, les hommes du commando Kieffer. Récits du 6 juin 1944, Tallandier, 2019.

En collaboration :

Dictionnaire de la France Libre, Robert Laffont, coll. « Bouquins », 2010.

La France pendant la Seconde Guerre mondiale, atlas historique, Éditions Fayard-SGA-DMPA, 2010.

Atlas de la Seconde Guerre mondiale. La France au combat : de la drôle de guerre à la Libération, en collaboration avec Christophe Prime, Éditions Autrement, 2015.

Sur les traces du Commando Kieffer, en collaboration avec Gilles Vilquin, Éditions Schneider Média, 2017.

Texto est une collection des éditions Tallandier

48, rue du Faubourg-Montmartre – 75009 Paris
www.tallandier.com

STÉPHANE SIMONNET

COMMANDANT KIEFFER

Le Français du Jour J

TEXTO

SOMMAIRE

TABLE DES CARTES

INTRODUCTION

20 mai 1942.

L'hydravion de l'amiral Auboyneau vient de se poser sur le plan d'eau du Loch Arkaig.

Nommé il y a une semaine par le général de Gaulle, le nouveau patron des Forces navales de la France Libre a réservé l'une de ses premières visites à des marins français rassemblés au Nord de l'Écosse. Auboyneau avait entendu parler de cette poignée de Français libres qui s'entraînait à Achnacarry pour devenir des fusiliers marins commandos. Sans jamais l'avoir rencontré, il connaissait également de réputation leur chef, Philippe Kieffer, qui les avait recrutés pour ce stage commando. Auboyneau est aujourd'hui impatient de s'entretenir pour la première fois avec ce « meneur d'hommes » et de voir à quoi peuvent bien ressembler ces volontaires français ayant décidé de combattre sous l'uniforme britannique. Tandis que la chaloupe ramène vers le rivage Auboyneau et ses cinq officiers qui l'accompagnent, deux hommes se tiennent debout au bord du lac et suivent des yeux l'embarcation qui avance vers eux.

Le premier est Français. Engoncé dans son *battle-dress*, Philippe Kieffer attend patiemment l'arrivée de l'amiral Auboyneau. Kieffer ne connaît rien de son futur interlocuteur qui vient de remplacer l'amiral Muselier à la tête des FNFL. Il y a quelques mois Muselier avait soutenu son idée de créer une unité française de commandos à condition que Kieffer se charge lui-même des recrutements et des négociations avec les Britanniques. Muselier hors course, tout était aujourd'hui à reconstruire avec son successeur Auboyneau.

Aux côtés de Kieffer se tient le colonel Vaughan, le maître des lieux qui coordonne d'une main de fer l'ensemble des entraînements commandos. Il est fier d'accueillir depuis quelques jours la trentaine de marins français dans son centre d'Achnacarry. Les hommes de Kieffer sont les premiers volontaires étrangers à franchir les grilles du camp d'entraînement. Cependant il ne leur accordera aucun privilège ni traitement de faveur. Les épreuves sont les mêmes pour tous les candidats, quels qu'ils soient. Vaughan est honoré d'accueillir dans quelques minutes le commandant en chef de la marine de la France Libre qui combat aux cotés des Britanniques les forces de l'Axe.

Si Kieffer et Auboyneau ne se sont jamais rencontrés, les deux hommes sont faits pour s'entendre. Tous deux appartiennent à la même génération, tous deux sont nés en 1899. Ils ont rallié le général de Gaulle parmi les premiers en juillet 1940. Et même s'ils ont emprunté ensuite des chemins différents, les deux officiers partagent à peu près les mêmes convictions sur les moyens à mettre en œuvre pour faire de cette marine du général de Gaulle une force navale véritablement moderne. À l'heure de leur première rencontre dans les *Highlands* écossais, peu de choses, si ce n'est leur fonction respective, séparent en réalité les deux marins.

Malgré cela le « meneur d'hommes » est aujourd'hui fébrile, tant l'enjeu de cette rencontre est important. Kieffer en a pourtant vu d'autre au cours des derniers mois. Il semble même avoir fait le plus dur depuis août 1941. Il a su convaincre les Opérations combinées et les Forces navales françaises libres de la nécessité de former une compagnie française de fusiliers marins commandos calquée sur le modèle des unités britanniques. Il s'est démené pour recruter dans les dépôts de la France Libre en Grande-Bretagne les premiers volontaires qui accepteraient de le suivre dans cette aventure. Ses démarches et sa persévérance sont très certainement à l'origine de la décision du général de Gaulle de le mettre lui et ses hommes à la disposition des Britanniques une fois qu'ils seraient devenus commandos.

L'avenir semble donc clairement dégagé pour les 29 candidats français.

Pourtant cette visite de l'amiral Auboyneau reste une nouvelle épreuve pour Kieffer. Il lui faut à la fois rassurer le commandant des FNFL – qui peut lui fournir des moyens humains supplémentaires – et le patron d'Achnacarry – qui lui seul peut délivrer le fameux brevet commando – que tous deux ont fait le bon choix en misant sur lui et ses hommes. Aujourd'hui en terre écossaise tout doit être parfaitement exécuté : la prise d'armes, les démonstrations, les exercices de tirs... Tous les hommes doivent être à la hauteur et montrer un moral au beau fixe, une motivation exemplaire, une combativité sans limite... Auboyneau n'est que de passage, il fera son rapport à de Gaulle, il faut faire impression, et surtout laisser une bonne impression. Vaughan de son côté est intraitable, aucune manœuvre ne doit être approximative, au moindre écart les hommes seront définitivement éliminés du stage commando et renvoyés à leur unité d'origine. La pression sur Kieffer et ses hommes n'a jamais été aussi grande.

Kieffer sait que son embryon de troupe aujourd'hui réduit à 29 recrues est largement insuffisant et que ses effectifs doivent atteindre impérativement dans les mois qui viennent 180 hommes pour espérer partir en opération. C'est le principal défi qu'il doit relever : jouer constamment sur les deux tableaux et surtout convaincre sa hiérarchie. Convaincre pour espérer grandir, grandir pour espérer combattre. Dès lors, à partir du printemps 1942, toute l'action de Kieffer s'inscrit dans ce subtil jeu d'équilibre arbitré par les autorités de la France Libre et le commandement britannique des Opérations combinées. Durant deux longues années, Kieffer composera sans cesse pour organiser son groupe et parvenir à ses fins : s'appuyer sur les rouages, les moyens et les forces vives des FNFL dont il dépend, tout en gardant un œil sur les opportunités d'action et de combats offertes par les Opérations combinées en pleine expansion. L'engagement du Commando Kieffer dans le débarquement du 6 juin 1944 puis au cours de la campagne des Pays-Bas est l'aboutissement de ce processus et la plus grande réussite de Kieffer au cours de la guerre. Le mérite est d'autant plus grand que la partie était loin d'être gagnée pour un homme parti de très loin.

L'amiral Auboyneau s'apprête à serrer la main d'un officier qui trois ans auparavant n'était encore en effet qu'un civil, un banquier vivant paisiblement entouré des siens sur son île d'Haïti. Ce 20 mai 1942 à Achnacarry, le bon père de famille s'est mué en un véritable chef militaire avec *a priori* toutes les qualités requises pour commander des soldats : l'audace, le courage, l'énergie, un patriotisme et une détermination sans faille. Mais l'homme n'a rien d'un militaire de carrière, il reste avant tout un civil en uniforme. Et il le fait savoir en proclamant ouvertement qu'il quittera l'armée après la guerre pour reprendre le cours normal d'une vie ordinaire. Si son expérience de meneur d'hommes ne survit pas au conflit, son nom en revanche restera à jamais associé au 1er bataillon de fusiliers marins commandos plus connu sous le nom de « Commando Kieffer ».

La chaloupe vient de toucher terre. Vaughan et Kieffer accueillent comme il se doit le patron de la marine du général de Gaulle. Salut militaire de circonstance, puis franche poignée de main entre les deux Français. Premiers regards, premières paroles échangées, Auboyneau dans son uniforme impeccable d'amiral, Kieffer dans sa tenue de combat britannique, casquette d'officier français vissée sur la tête. Il n'a pas échappé à l'amiral que Kieffer porte sur l'épaule droite de sa veste l'écusson à croix de Lorraine des FNFL et l'insigne cousu « France », signes évidents de son appartenance au monde de la France Libre. Mais Auboyneau a bien compris que l'homme a déjà basculé du côté des commandos. Derrière lui 28 fusiliers marins français en tenue britannique, l'arme au pied, prêts à parader pour lui démontrer que les commandos français sont déjà une réalité. Le patron des FNFL a également compris que Kieffer est un officier un peu particulier qui a décidé de bousculer les routines et les traditions des états-majors pour leur imposer l'idée de forces nouvelles non conventionnelles, ces « forces spéciales » dont il sera en France un des « pères fondateurs ».

Derrière Kieffer, le colonel Vaughan et l'amiral Auboyneau se dirigent maintenant vers le peloton français qui attend patiemment des ordres. L'histoire du « Commando Kieffer » est en marche. Sans son chef, sans ce marginal de la marine française, le Commando français du D-Day n'aurait certainement pas vu le jour.

Chapitre 1

REJOINDRE LONDRES ET LA FRANCE LIBRE

18 juin 1940. Depuis plusieurs jours déjà, tandis que se précise l'invasion allemande en France, un marin arpente patiemment les quais d'un petit port normand du nord du Cotentin, Saint-Vaast-la-Hougue. À la recherche d'une embarcation qui lui permettrait de quitter la région, bientôt envahie par le nouvel occupant, Philippe Kieffer n'a qu'un seul but : pour éviter la captivité et échapper aux Allemands, se replier plus à l'ouest du pays, et de là, continuer le combat.

Depuis la veille, ce matelot secrétaire de 2e classe est presque dégagé de toute obligation militaire. Il n'est en effet plus affecté au service du Chiffre de l'état-major de l'amiral Abrial, auquel il était rattaché depuis huit mois, comme interprète et traducteur. Devant la fulgurance de l'avancée allemande, Abrial vient même de faire déplacer en urgence sur le port anglais de Portsmouth son navire amiral, le vieux cuirassé *Courbet*, en décidant de laisser ses services en Normandie, à Cherbourg puis à Saint-Vaast-la-Hougue. Au sein de l'état-major resté à terre, chacun doit tenir son rang jusqu'à la dernière heure, tout en évitant la captivité.

D'abord évacué sur Cherbourg, Philippe Kieffer assiste aux départs successifs d'embarcations des côtes de la Manche vers les ports britanniques. Il ne se fait plus de doute que bientôt son tour viendra. Ce 18 juin 1940, les troupes allemandes occupent Caen, Rennes et Nantes, tandis que l'évacuation générale vient d'être décrétée. Partout les Allemands resserrent leur étau. Réfugié à Saint-Vaast sitôt Cherbourg investi par les Allemands, Kieffer a conscience que ses dernières heures d'homme libre en France sont comptées.

Ce 18 juin 1940, au moment où la presqu'île du Cotentin est sur le point de tomber, les navires et les bateaux de pêche se font rares le long des quais du petit port de pêche normand. Au cours de l'après-midi, la chance semble cependant sourire à Philippe Kieffer : une des toutes dernières embarcations s'apprête à larguer les amarres. Il s'agit d'un chalutier belge, *Le Tonneau*, qui doit faire route sur Saint-Brieuc. Kieffer parvient *in extremis* à monter à bord, rejoignant sur le pont des dizaines d'autres rescapés qui, comme lui, ne veulent pas se retrouver piégés dans la nasse allemande. Le *Tonneau* vient tout juste de quitter Saint-Vaast, qu'il est contraint de changer de cap. Partout, en effet, le long des côtes, la vue des ports et des dépôts de carburant en flamme incite le commandant du navire à modifier sa route. Direction Brest, puis plein sud vers Bordeaux. En fin d'après-midi, le chalutier est finalement repéré avant d'être intercepté par un torpilleur britannique. Il n'a plus d'autre choix que de gagner au plus vite un port anglais[1].

Kieffer voit s'éloigner les côtes de France sans avoir pu entendre un seul mot du message radiodiffusé du général de Gaulle, officier dont il n'a d'ailleurs jamais entendu parler. La traversée est rapide et sans encombre, puisque le *Tonneau* atteint le port de Southampton, le 18 juin tard dans la soirée, peu avant minuit. À la différence de ses camarades avec qui il a embarqué, Philippe Kieffer n'est pas parti vers l'inconnu. Certes, il n'a pas de plan, ni guère de perspectives, mais il peut bénéficier de plusieurs points de chute et de garants sur l'île Britannique. Sa sœur vit à Oxford, mariée à un beau-frère affecté à un institut interarmées. Sa jeune fiancée, Louise Amélia Winter, qu'il a rencontrée à Paris un an auparavant, l'attend. Par ses attaches familiales et professionnelles qu'il y a tissées avant la guerre, et ses compétences dans le maniement de la langue de Shakespeare, Kieffer est loin de se sentir étranger en territoire britannique.

Une fois débarqué à Southampton, Kieffer est aussitôt emmené par les Anglais vers Liverpool, où il est « interné » avec ses camarades à partir du 26 juin dans un camp improvisé sur un champ de courses, le camp d'Aintree. Il y retrouve de nombreux militaires français, la plupart évacués de Dunkerque et regroupés dans ce type de camps de fortune aménagés par l'administration britannique[2].

Celle-ci se montre accueillante, mais ne souhaite pas pour autant conserver sous sa responsabilité cette masse importante d'hommes, en particulier ces quelque 12 000 marins français désorganisés, encombrants et pour beaucoup d'entre eux encore consignés à bord de leurs bâtiments. Aussi a-t-elle rapidement mis à leur disposition des hébergements provisoires, installés dans des camps de regroupement[3]. Pour les marins français, les Britanniques ont choisi des installations portuaires immédiates ou des camps aménagés autour des villes de Liverpool (Aintree et Arrowe Park) ou de Plymouth (le camp de Raleigh)[4].

Entre-temps, il aura fallu 10 jours à l'homme du 18 juin pour se faire enfin reconnaître par le gouvernement britannique de Winston Churchill « chef des Français libres ». Dès le 28 juin 1940, le général de Gaulle prend à Londres le commandement de tous les militaires français regroupés sur le territoire britannique. Cette reconnaissance officielle offre trois solutions aux Français retenus prisonniers dans ces camps : le rapatriement vers l'Afrique du Nord, puis de là un retour en France, le ralliement au général de Gaulle en vue de constituer un corps de volontaires placé sous ses ordres, enfin un engagement dans les rangs des armées britanniques ou les usines d'armement du pays.

Dans les camps d'internement et à bord des bâtiments français ancrés dans les ports anglais, les débats sont intenses. Il est clair que les positions fermes du patron de la Marine française, resté fidèle au maréchal Pétain, l'amiral Darlan, précisant qu'aucun navire ne devait être livré à l'ennemi – la Grande-Bretagne, par exemple –, qu'aucun navire ne devait être utilisé contre l'Allemagne ou l'Italie jusqu'à nouvel ordre, et enfin qu'aucun commandant ne devait obéir à une amirauté étrangère, aient sérieusement fait « pencher la balance » des indécis et des marins fidèles à la discipline. Conséquence immédiate de ce positionnement officiel : la quasi-totalité des marins et soldats de l'Armée de terre choisissent de ne pas tenter l'aventure, optant en majorité pour la solution du rapatriement. Les camps anglais se vident. Après le départ de près de 20 000 hommes les 1er et 2 juillet 1940, embarqués à destination de Casablanca, il ne reste que 11 500 hommes en Angleterre. Parmi eux, près de 10 300 marins et officiers des équipages des bâtiments de guerre, hésitant encore entre un engagement dans la *Royal Navy* ou un ralliement aux toutes nouvelles Forces navales françaises libres, créées le 1er juillet.

N'entendant pas rester indéfiniment interné à Aintree prisonnier des Anglais, Philippe Kieffer manifeste aussitôt auprès des autorités son choix de rallier les volontaires du général de Gaulle. Il prend le train et gagne la banlieue de Londres, et plus précisément la ville d'Hammersmith et l'*Olympia Empire Hall*, où sont rassemblés les tout premiers volontaires de la France Libre. À cette époque, tous les soldats, marins, aviateurs et civils français en attente d'affectation ou de départ dans des unités combattantes de la France Libre échouent dans cette petite ville de banlieue, au sud-ouest de Londres. Pour les accueillir, les autorités britanniques ont réquisitionné l'*Olympia Empire Hall*, vaste bâtiment à toiture vitrée, habituellement utilisé pour des représentations, des tournois militaires, des expositions en tout genre. C'est une structure qui peut abriter des milliers de soldats dans de bonnes conditions[5]. C'est là, dans ce centre de rassemblement et de tri des Français libres, en ce premier jour d'enrôlement dans la France Libre, que Kieffer signe son acte d'engagement le 1er juillet 1940, sous le matricule 113 FNFL. Il rejoint ainsi officiellement les rangs des Forces françaises libres, et plus précisément ceux des Forces navales de la France Libre, placées sous le commandement du vice-amiral Muselier, seul officier général de la Marine à avoir rejoint le Général[6].

Aidé par sa « connaissance suffisante de la langue anglaise », guidé par sa sœur et sa fiancée, Kieffer a su ainsi écourter son passage dans les camps britanniques.

À vrai dire, Kieffer n'a guère le temps de réaliser que sa vie vient de basculer. Le lendemain de son entrée en « rébellion », le 2 juillet, tout comme les 300 marins d'Aintree ayant rallié la France Libre, il reçoit à l'*Olympia Hall* la visite du chef qu'il a choisi de servir, le général de Gaulle lui-même, suivie le lendemain par celle du roi et de la reine d'Angleterre. Au moment où les internés français hésitent entre un rapatriement rassurant vers la France et un avenir incertain en Angleterre, ces deux visites impressionnent les jeunes volontaires de la France Libre. Les voilà confortés dans leur choix. Mais les choses décidément devaient ne pas se passer aussi facilement. La Marine française s'apprête en effet à vivre les heures les plus sombres de son histoire.

Le 3 juillet à l'aube, tout en effet s'accélère. Après avoir réalisé que les états-majors et les équipages français n'acceptaient pas aussi aisément de se ranger à leur côté pour continuer le combat – l'importance des rapatriements en Afrique du Nord étant le parfait révélateur de cette réalité – les Anglais avaient décidé de réagir en mettant au point un plan redoutable. Craignant que cette importante flotte française[7], repliée et désarmée en Afrique du Nord, puisse « tomber » aux mains des Allemands[8], l'Amirauté britannique décidait de s'opposer formellement au départ des navires français présents dans ses ports[9]. À l'aube du 3 juillet, Churchill donne son feu vert pour l'exécution de l'opération d'investissement et de saisie des bâtiments français, dans les ports de Grande-Bretagne, mais également dans les eaux du *Commonwealth*. Confiée à l'amiral Somerville depuis le 27 juin 1940, l'opération baptisée Catapult est alors déclenchée[10].

L'opération s'applique dans un premier temps, et exclusivement, à la Marine de guerre française stationnée en Grande-Bretagne et en Algérie[11]. Vers 4 h 00 du matin, les navires français sont investis et saisis. Les marins restés à bord depuis leur arrivée en Angleterre sont débarqués *manu militari*. Les grands ports où sont ancrés des bâtiments français sont visés : Plymouth, Southampton, Portsmouth, Gosport, Falmouth, Newcastle[12]… Pour les 11 500 hommes et officiers français consignés de force par les Britanniques, obligation leur est imposée de choisir entre un engagement dans la *Royal Navy* ou un rapatriement en France. Il n'est alors plus question d'un engagement dans les FNFL, trois jours pourtant après leur constitution.

Les Britanniques ne semblent guère avoir envie de faciliter le recrutement pour la France Libre. Leur priorité est plutôt de se « débarrasser » de ces marins, en organisant au plus vite leur rapatriement. Ayant une première fois refusé au général de Gaulle l'accès aux camps des marins établis dans la région de Liverpool, les Britanniques escamotent cette fois-ci l'option de la voie FNFL aux potentiels volontaires. Pour ceux qui sont retenus dans les camps britanniques, l'heure des choix est venue. Choqués par le drame de Mers el-Kébir, une partie des cadres de la Marine, avec dans leur sillage leurs équipages, forment l'essentiel des rapatriés. Au total 90 % des marins préfèrent rentrer en France : 10 291 marins français (dont 433 officiers) rapatriés vers l'Afrique du Nord, 700 autres choisissant la *Royal Navy* et ses soldes trois fois plus élevées que celles proposées par la Marine française, 450 marins rejoignant le général de Gaulle.

Jamais, pour les marins français, la décision n'a été plus difficile à prendre qu'en cet été de l'année 1940. Dans les camps britanniques, les propagandes vichyste et gaulliste s'affrontent, souvent avec violence. La tâche s'avère beaucoup plus compliquée pour les partisans du général de Gaulle. Au lendemain de l'opération Catapult et de l'épisode dramatique d'Oran, qui leur étaient très défavorables, les marins isolés dans les camps anglais demeurent des proies faciles. Privés de moyens de communication, mal informés et privés de la lecture des journaux britanniques, ils savent peu de chose sur la situation en France. La plupart de ces marins ont appris l'armistice à bord de leur navire. Depuis, ils sont comme coupés du monde. Leur reste alors le petit journal publié par « Radio *Courbet* », radio de la France Libre, ou « Le journal du camp », distribués dans le camp de Haydock.

Ces journaux déplaisent à la plupart des marins souhaitant rester sur la voie de la légalité. Pour d'autres, au contraire, ces revues exaspèrent au moment où les premiers recruteurs de la France Libre entrent en action. Les injures fusent, des bagarres éclatent… Face à la propagande gaulliste, les candidats au rapatriement ripostent en peignant sur leur tente ou sur les barrières du camp des messages très clairs à l'encontre des Anglais : « Nous voulons rentrer », « Nous voulons notre rapatriement », « Rendez-nous notre liberté et notre famille »… Les gaullistes leur répondent par des tracts, soigneusement rédigés et qu'ils distribuent à l'intérieur des camps anglais. Ces querelles et ces affrontements idéologiques ne cesseront qu'à la fermeture des camps d'internement[13].

> « Jusqu'au bout, jusqu'à cette date », témoigne un marin français « interné » depuis le 18 juin, « les propagandistes de de Gaulle nous demandèrent de réfléchir avant de partir, car nous verrions ce qu'est la vie en zone occupée. On y meurt de faim, on y est traités en esclaves et nous sommes à peu près sûrs d'être mobilisés par les Allemands, qui ont absolument besoin de la Marine française ! À quoi nous répondions que nous aurions certainement autant à manger en France que ce que nous avions ici et qu'il vaut mieux de toute façon manger un morceau de pain sec en famille que de faire un festin payé par les Anglais. La dernière "feuille" des gaullistes éditée spécialement à notre intention laissait échapper leur rage et nous traitait de "lâches qui préférions aller manger des macaronis à l'ombre de la croix gammée". Nous en riions ! C'est ce qu'il y avait de mieux à faire[14]. »

Après l'opération Catapult, 450 marins décident de rejoindre en Grande-Bretagne les rangs de l'« armée de Gaulle »[15]. À la mi-juillet, les derniers renforts venus des dépôts de la région de Liverpool, des flottes d'Alexandrie ou du

Pacifique portent finalement le nombre des marins FNFL à près de 900[16]. Cinq mois plus tard, à la fin de l'année 1940, l'amiral Muselier pourra ainsi disposer d'une force alignant près de 3 309 marins[17].

C'est dans ces heures critiques et cette ambiance particulièrement trouble pour la Marine française que Philippe Kieffer, dès le 1er juillet, s'est installé à l'*Olympia Hall*. Sans aucune affectation précise, il n'entend pas y rester en simple observateur. À peine arrivé, il propose ses services au commandant du centre, qui le nomme officier de liaison du bureau de l'armée avec les autorités anglaises de l'*Olympia Hall*.

De Gaulle a confié la direction de cet immense centre de transit à un de ses premiers ralliés, le commandant Renouard. Ce dernier a aménagé les quatre étages du bâtiment : le premier étage réservé aux aviateurs, le second aux fantassins, le troisième aux marins, tandis que les civils se voient adjuger le 4e étage. Caserne, centre de transit, l'*Olympia* représente d'abord pour chaque arrivant l'occasion d'un gîte et d'un couvert.

Les Français de Grande-Bretagne y viennent pour y signer leur acte d'engagement et dans l'espoir d'y retrouver d'éventuels camarades perdus de vue depuis juin 1940. Il y a de la curiosité, et l'envie de retrouver des visages connus avant de tenter l'aventure au sein de la future « Légion de Gaulle ». À partir du 1er juillet, l'*Olympia Empire Hall* devient la plaque tournante de la France Libre. De l'appel du général de Gaulle au drame de Mers el-Kébir, soit en trois semaines, 710 marins et civils volontaires passent par l'*Olympia Hall* pour les formalités d'incorporation et pour signer leur engagement dans la Marine de France Libre. En réalité, c'est bien peu. Et c'est bien pire à partir du 3 juillet 1940, avec un net ralentissement des engagements dans la France Libre se faisant sentir après l'opération Catapult et Mers el-Kébir.

Pour les volontaires de la France Libre, la période de « casernement » à l'*Olympia* ne dure guère. Les premières formalités d'incorporation accomplies, les nouvelles recrues sont dirigées vers des camps d'entraînement : Aldershot, si elles ont choisi l'Armée de terre, ou à Portsmouth sur le navire le *Courbet*, devenu dépôt des équipages, si elles dépendent de la Marine. À partir du 11 juillet 1940, les Français libres seront ensuite envoyés dans les camps de Morval et de Delville, dans le district d'Aldershot. C'est dans ces deux camps, visités par le général de Gaulle le 7 août, que seront regroupés, puis entraînés les premiers éléments du corps expéditionnaire de la France Libre, qui part pour Dakar le 30 août 1940[18]. Quant à ceux qui ne partent pas pour Dakar, ils vont séjourner au camp Morval-Delville jusqu'au 24 septembre 1940, date à laquelle un nouveau camp, le camp d'Old Dean à Camberley est enfin opérationnel.

En signant son acte d'engagement, Philippe Kieffer a rallié la Marine, ou plutôt l'embryon de Marine française libre en pleine gestation. Si les FNFL peinent à s'étoffer, c'est parce que de Gaulle agit dans ce sens. C'est lui en effet, et son état-major, qui prend en main toutes les questions relatives a recrutement des volontaires au sein de la France Libre. Et c'est vers l'Armée de terre que sont envoyés en priorité les engagés, quelle que soit leur arme d'origine. Ainsi, les spécialistes et les élèves des grandes écoles dirigés sur l'*Olympia Hall* échappent aux recruteurs de la Marine de l'amiral Muselier[19].

Pour donner à lá France Libre une nouvelle marine de guerre digne de ce nom et surtout rapidement opérationnelle, ce que lui avait demandé de Gaulle, la tâche confiée à l'amiral Muselier s'avère par conséquent assez difficile. D'autant plus qu'après le désastre de l'opération Catapult, le chef des FNFL doit également faire face à l'attitude de la *Royal Navy*, qui recrute auprès des internés français, mais aussi au comportement hostile de la Mission navale française en Grande-Bretagne, enfin aux propres rivalités internes de la France Libre jusqu'au sein même de ses dépôts.

À la date du 1er juillet 1940, la force armée du général de Gaulle reste donc une force essentiellement terrestre, composée d'éléments de la Légion étrangère et de chasseurs alpins. Il n'y a pas encore véritablement de force navale à proprement parler, les unités ayant décidé de continuer le combat n'ayant pas encore rejoint de manière officielle le général de Gaulle. Tout reste donc à construire pour l'amiral Muselier, à commencer par l'organisation de son propre état-major. Pour cela, il va devoir puiser dans de bien maigres effectifs : quelques centaines de marins, dont une poignée d'officiers et de quartiers-maîtres.

Philippe Kieffer, qui attend son heure à l'*Olympia Hall*, est de ceux-là. Il va pouvoir entrer en scène.

Au regard de sa commission de lieutenant interprète, il vient d'être intégré dans la jeune marine et à titre temporaire comme officier interprète et du chiffre de 3e classe. Cette promotion, que le patron des FNFL lui a signifiée le 25 juillet 1940, prend effet à compter du 1er août 1940. Le 19 août 1940, soit un mois et demi après son arrivée à Londres, il reçoit l'ordre de quitter le dépôt de l'*Olympia Hall* pour être affecté à Portsmouth à bord du vieux cuirassé *Courbet*, qu'il connaît bien. Placé sous les ordres du capitaine de corvette, commandant en second du *Courbet*, il va devenir l'homme chargé de toutes les relations entre les FNFL et les services anglais de la base marine de Portsmouth.

Kieffer n'a d'autre choix que d'accepter cette affectation. Il sait en effet que les seules spécialités qu'il peut revendiquer, celles de traducteur et d'officier du chiffre, le contraignent pour un temps à ce type de poste d'état-major. Kieffer sait également qu'aux yeux de nombreux de volontaires FNFL, il donne l'image d'un « vieux » marin, privé qui plus est d'une réelle expérience dans la Marine, puisqu'il ne l'a intégrée qu'en octobre 1939, il y a à peine dix mois de cela. Kieffer connaît parfaitement ses propres limites. Et il attend son heure en toute lucidité. Cette sagesse et cette clairvoyance lui permettent avant tout d'éviter de se perdre, et de perdre pied, au cours de ces premières semaines incertaines passées en territoire britannique. Kieffer laisse ainsi volontairement passer des occasions d'embarquements, comme ceux organisés par le général de Gaulle et destinés à porter le combat au sein de l'empire. Dès son arrivée en Grande-Bretagne, Kieffer avait pourtant laissé entendre qu'il se porterait volontiers volontaire pour les nouvelles unités de fusiliers marins que l'amiral Muselier s'attachait à mettre sur pied dès le 13 juillet pour un engagement prochain en Afrique. Pourtant, le 30 août 1940, le 1er bataillon de fusiliers marins part sans lui vers Dakar.

À cette date, Philippe Kieffer est à bord du *Courbet*, principal dépôt des équipages de la marine de Muselier, et principale place de recrutement des FNFL. Au cœur des tractations entre Français libres, en formation et en quête d'existence, et alliés britanniques, bien décidés à reprendre l'offensive, il entend jouer un rôle de premier plan avec cette nouvelle vie s'offrant à lui à Portsmouth. Car il s'agit bien d'une nouvelle vie qui débute pour cet homme de 41 ans qui, sans hésitation, s'est précipité dans la France Libre dès le premier jour.

Cette rupture n'est pourtant pas la première. Elle est l'aboutissement d'une série de décisions, brutales et définitives, prises depuis le début de l'année 1939, alors qu'il vit encore dans l'île d'Haïti où il est né. C'est à cet instant, en effet, que Kieffer décide de tirer un trait sur les quarante premières années de sa vie. Il laisse derrière lui une vie déjà bien remplie, aux antipodes de sa nouvelle condition militaire, qu'il endosse avec passion dans cette première année de guerre.

Retour sur le long parcours rangé d'un homme désormais en quête d'aventure.

Chapitre 2

PHILIPPE KIEFFER, DE LA FINANCE À LA MARINE (1899-1940)

Avant qu'il ne devienne officier des Forces navales françaises libres, Philippe Kieffer a déjà mené une vie bien remplie, plusieurs vies pourrait-on dire, tant ses activités avant la guerre furent nombreuses et diverses, en Haïti puis en France. Cette vie professionnelle « classique » va être brutalement interrompue par une succession d'événements personnels et familiaux, puis par le déclenchement du second conflit mondial en Europe.

Le père de Philippe Kieffer, issu d'une famille catholique fervente, avait décidé de quitter le foyer familial, sa ville d'Otterswiller et la région de Saverne, pour Haïti en 1878. Il ne sentait guère à l'aise dans cette Alsace, devenue avec la Lorraine partie intégrante de l'Empire allemand au lendemain de la guerre franco-allemande de 1870. L'interdiction de parler le français ou le patois alsacien, de recevoir une éducation française, l'obligation de faire son service militaire dans l'armée allemande, les menaces constantes du nouveau pouvoir avaient créé un climat pénible dans les régions annexées. Tout l'incitait à l'exil, à l'instar de ceux qui choisirent l'Algérie, les Amériques du Nord et du Sud, voire la Guyane.

Le père de Philippe Kieffer, lui, choisit Haïti et sa capitale Port-au-Prince. On y parle français, anglais ou créole. Très vite, l'exilé, devenu instituteur, fait la connaissance d'une Haïtienne blanche de souche anglaise, dont le père, en plus de ses plantations, dirige la Banque nationale de la république d'Haïti. Kieffer abandonne alors son école pour devenir employé dans la banque de son beau-père. À la suite de son mariage avec Cécilia Marie Cook, il se retrouve père de quatre enfants : deux filles et deux garçons. Le 24 octobre 1899, à Port-au-Prince, naît un fils qui portera parmi ses prénoms ceux de son père et de sa mère, Marie, Joseph, Charles, Philippe[1].

Là, Philippe Kieffer passe une jeunesse heureuse en Haïti, même si les moyens de sa famille restent relativement modestes. Dans ce pays dépourvu de routes, il faut se déplacer à cheval, ce que le jeune homme apprécie le plus. Navigation à voile, natation sur la plage de Jacmel, et surtout longues randonnées et escalades dans les crêtes montagneuses dominées par la citadelle de la Ferrière, culminant à plus de 1 000 m. Kieffer en profite pour pratiquer un sport tout nouveau, le football. Avec quelques amis, il crée le premier club de football d'Haïti, ainsi que l'Union sportive haïtienne. Il y ajoute enfin un peu de boxe.

Il fait ses études primaires à Port-au-Prince, avant de partir dans les îles Anglo-Normandes, à Jersey, pour accomplir son cycle secondaire, au collège Notre-Dame-de-Bon-Secours des Jésuites. À voir les nombreux prix et accessits de Kieffer entre 1911 et 1916, c'est un élève qui reçoit une excellente éducation classique, dominée par la religion, l'histoire et la géographie.

À cette époque, Haïti s'enfonce dans la crise. La Grande Guerre, qui se déroule en Europe, freine les exportations, ralenties par la guerre marine et sous-marine. L'endettement extérieur et les convulsions politiques à répétition qui saignent à blanc le pays, poussent les États-Unis à intervenir dès 1915 pour contrer l'influence de l'Empire allemand. Le pays passe alors sous occupation militaire américaine pour 20 ans. Plongé dans un marasme économique, le système bancaire de l'île ne résiste pas, toutes les banques sont touchées, y compris la Banque nationale, où le frère de Philippe, Marcel, avait fini par gravir les échelons. Le père de Philippe Kieffer doit alors se résoudre à vendre la maison familiale, dans le centre de Port-au-Prince, à une famille créole.

À la fin de l'année 1921, épargné jusqu'alors par ces bouleversements, le jeune Philippe Kieffer est de retour en Haïti, ses études terminées, un baccalauréat ès lettres en poche, complété par un diplôme universitaire des hautes études commerciales qu'il a obtenu par correspondance auprès de *La Salle Extension University*[2].

Kieffer est grand, près d'1,90 m, solidement bâti, les cheveux châtains, les yeux clairs et les lèvres minces surmontées d'un nez légèrement bourbon. Il respire la santé, il plaît et il le sait. Au début de l'année 1922, il fait la rencontre d'une belle Haïtienne, qu'il épouse le 16 octobre de la même année. Il a 23 ans. Elle se nomme Anita Walter Scott, elle a 18 ans. Elle a vécu à Paris chez sa grand-mère depuis l'âge de quatre ans. Son père est britannique et sa mère possède des plantations de café en Haïti. Anita Scott était rentrée à Port-au-Prince après la Première Guerre mondiale. L'union des deux jeunes gens donne très vite un fils, qui naît à Port-au-Prince le 7 septembre 1923, Claude-Réginald, puis une fille, Maëel, qui naîtra en 1925.

Muni de ses bagages universitaires, et fort de sa nouvelle responsabilité de chef de famille, Kieffer se lance sans attendre dans la vie active. Il entre en toute logique à la Banque nationale de la République haïtienne, au côté de son frère comme chef de service. Pendant dix ans comme codirecteur de la Banque nationale de la république d'Haïti, puis pendant sept ans comme conseiller du commerce extérieur auprès de la légation de France, Kieffer met en place, année après année, de solides réseaux en Amérique centrale et du Sud. Il occupe également le poste de secrétaire de la chambre de commerce française à Port-au-Prince[3]. Sa vie professionnelle immerge Philippe Kieffer dans le monde anglo-saxon lorsqu'il devient fondé de pouvoirs de la *National City Bank of New York* durant quatre années, puis banquier et agent de change à son compte durant deux ans.

Vient le retrait des troupes américaines en août 1934. La situation à Haïti ne fait qu'empirer, pour devenir rapidement intenable lorsque les polices privées des dictateurs en place font régner la terreur de manière quotidienne. Dans le souci de protéger sa femme et ses deux enfants, Kieffer préfère quitter son île natale, ses racines, ses amis et sa confortable condition de banquier. Le 2 février 1939, il informe les responsables de la *National City Bank of New York*, maison mère de la Banque nationale d'Haïti, de sa décision de quitter son poste de codirecteur et son intention prochaine de rejoindre la France[4].

C'est tout d'abord la région parisienne qui accueille Philippe Kieffer et sa famille au printemps 1939. Kieffer se met aussitôt en quête d'un travail. Il semble avoir alors travaillé dans le commerce à Metz, tandis qu'Anita et leurs deux enfants sont restés vivre à Paris. Mais la mésentente qui régnait au sein du jeune couple, avant même son départ d'Haïti, ne cesse de s'amplifier une fois installé en France.

Le divorce est prononcé le 6 avril 1939. Anita conserve la garde des enfants. Philippe Kieffer s'installe rue Félicien David, dans le 16e arrondissement de Paris. Quelques jours plus tard, le 9 mai 1939, il annonce à l'Armée son retour définitif de Port-au-Prince. En clair, il se rend disponible auprès de l'administration militaire française. En tant que Français, il suit des cours accélérés de préparation militaire supérieure, ce qui lui permettrait de s'engager en cas de conflit en tant que sous-lieutenant de l'Armée de terre.

C'est donc en rupture évidente avec son passé que Kieffer a choisi de rejoindre la France, dans un premier temps avec sa famille, avant de la quitter après son divorce. Et c'est avec cette même volonté de tirer un trait sur son ancienne vie que Kieffer a décidé d'intégrer l'armée française, lui qui n'a à son actif aucune expérience de soldat.

Car force est de constater que Philippe Kieffer a échappé à toute forme de contrainte militaire.

À la fin de la Première Guerre mondiale, encore à Port-au-Prince, il semble pourtant qu'il ait informé l'ambassade de

France en Haïti de son souhait de s'engager volontairement pour la durée de la guerre. Aucune suite favorable n'est donnée à sa démarche. Le 20 juin 1918, Kieffer a ensuite été appelé au titre de la classe 1919, pour rejoindre les rangs du 57ᵉ régiment d'infanterie. Kieffer, qui a 19 ans, est employé de commerce. Ne pouvant être rapatrié en France en raison des hostilités en cours, il a été naturellement porté « manquant à l'appel », puis enregistré comme « insoumis » le 16 novembre 1918. Rayé de l'insoumission le 24 mars 1920, il fut, en tant que Français de l'étranger, dispensé le même jour du service actif, puis affecté, comme réserviste, à la 18ᵉ section d'infirmiers militaires de 1929 à 1932.

En 1939, malgré cette situation administrative complexe et dépourvu de toute expérience militaire, Philippe Kieffer décide de s'engager, comme volontaire, dans l'Armée de terre, avec le secret espoir de pouvoir tirer parti de sa commission de sous-lieutenant interprète. Mais celle-ci, contre toute attente, n'est pas prise en compte. En effet, lorsque le 3 septembre 1939 – le jour même de la déclaration de guerre – il se présente au bureau de recrutement de Bordeaux, auquel il est rattaché depuis 1915, Kieffer se voit classé immédiatement sans affectation.

Face à cette déconvenue, il ne baisse pas les bras pour autant. Réserviste, domicilié à Bordeaux, Kieffer fait alors jouer subtilement les dispositions d'une instruction du 29 juillet 1926, qui fixe les diverses catégories de militaires susceptibles d'accéder à un grade d'officier de réserve. Il sait qu'un article de cette instruction, celui consacré précisément aux interprètes militaires de réserve, indique qu'un recrutement est possible « parmi les interprètes stagiaires de réserve reconnus aptes, à la suite d'un stage, aux fonctions d'officiers interprètes[5] ».

Les textes vont par conséquent jouer en faveur de la future recrue. Mais ce n'est pas dans l'Armée de terre que Kieffer va pouvoir s'engager, mais dans la Marine. Autorisé le 2 octobre 1939 à intégrer les rangs de l'Armée de mer, Kieffer est immatriculé au bureau maritime de Toulon, et rejoint officiellement la Marine nationale le 10 octobre 1939 comme matelot secrétaire de 2e classe de réserve, affecté à Dunkerque au service du chiffre de l'état-major des Forces maritimes du Nord.

De cette première partie de la guerre, Kieffer n'a rien laissé, aucun texte, ni souvenir, ni document d'archives. Son livret militaire, égaré par le Centre de la Marine à Paris, ne permet pas non plus de suivre au plus près ce que fut son parcours. Pourtant Kieffer laissera toujours entendre que, matelot à 40 ans, il avait été l'interprète traducteur de l'amiral Abrial à Dunkerque. Plus officiellement, mais également plus modestement, on le retrouve affecté à Dunkerque, certes, mais comme employé au service de la police de navigation.

Au cours cette période de drôle de guerre, comme la plupart des soldats de France, Kieffer subit plus qu'il n'agit. Dans l'entourage de l'amiral Abrial, commandant la défense du secteur de Dunkerque, il participe à la mise en sécurité de ce port de la mer du Nord pendant les premiers mois de l'année 1940. Lorsque, le 10 mai 1940, les forces allemandes passent à l'offensive et déferlent en France, Philippe Kieffer est depuis quelques jours affecté à la préfecture maritime de Cherbourg. Depuis son poste d'état-major, il assiste à l'évacuation du corps expéditionnaire britannique à Dunkerque, au cours de laquelle, du 27 mai au 4 juin, 340 000 hommes, dont 120 000 soldats français, réussissent à quitter la France pour gagner l'Angleterre.

Depuis son engagement dans la Marine, Kieffer n'a pas perdu son temps : promu quartier-maître le 1er janvier 1940, il est passé quartier-maître secrétaire militaire de réserve le 1er avril 1940, devenant ainsi à 41 ans un des plus vieux marins à porter le col bleu et le pompon rouge. Un homme « âgé » certes, mais qui fuit le repos et l'inactivité. Kieffer en a profité, par exemple, pour parfaire le maniement de son anglais en obtenant, à Cherbourg, le 19 janvier précédent, son certificat d'interprète.

Ses notes, à l'écrit comme à l'oral, ont été plutôt bonnes mais l'appréciation générale, émanant du préfet maritime de

Cherbourg, souligne néanmoins quelques faiblesses : « Parle avec facilité l'anglais courant, lit couramment. Traduit assez bien, mais éprouve quelque difficulté à trouver le terme exact en français. Connaissance limitée du vocabulaire maritime – en anglais comme en français. Le matelot Kieffer a une connaissance suffisante de la langue anglaise pour faire un bon interprète[6]. »

La maîtrise de l'anglais, on le verra, sera un atout considérable pour Philippe Kieffer dans les mois à venir, en Grande-Bretagne, à Portsmouth, dans les camps anglais, ou encore au moment de la création de l'unité des commandos.

Mois après mois, Philippe Kieffer s'est également remis de son divorce. Il plaît toujours autant aux femmes, même si, à 41 ans, il a changé physiquement : il a pris un peu d'embonpoint, son visage s'est empâté et ses cheveux ont reculé au-desus du front. Peu de temps avant de rejoindre les rangs de la Marine, il est de nouveau tombé amoureux. C'est au cours d'un séjour à Paris à la fin de l'été 1939, lors d'une visite à son fils, qu'il fait la connaissance d'une jeune anglaise, veuve depuis la mort de son mari en 1936, et qui visite l'Europe avec des amies. La rencontre se déroule dans le quartier de la gare Saint-Lazare, à la brasserie Mollard. La jeune femme s'appelle Louisa Amélia Winter. Tenant compte des informations dont il dispose concernant l'imminence de la guerre, Kieffer lui conseille de regagner l'Angleterre au plus vite. La rencontre est courte, mais le contact est pris et les adresses échangées.

Les retrouvailles auront lieu un an plus tard à Londres, lorsque Kieffer débarque en Angleterre. À ce moment-là, l'homme n'a plus rien de celui rencontré au cours de l'été 1939. Le voilà devenu, militaire, marin de la France Libre depuis le 1er juillet 1940, engagé auprès du général de Gaulle et très prochainement appelé à devenir, à Portsmouth, l'officier de liaison responsable des relations entre les FNFL et l'administration militaire anglaise.

Les temps aussi ont changé. La guerre est là, partout en Europe, et bientôt en Grande-Bretagne, qui, après la défection de la France, se prépare activement à une attaque aérienne sans précédent. C'est dans ces conditions, deux mois après son évasion de France que, muni d'une autorisation du consulat de France, Philippe Kieffer épouse Louisa Amélia Winter à Londres le 19 août 1940. Sitôt marié, dès le lendemain, il se met aussitôt en route pour rejoindre sa nouvelle affectation en qualité d'officier interprète et du chiffre : Portsmouth et son dépôt des équipages FNFL, le cuirassé *Courbet*.

Chapitre 3

PHILIPPE KIEFFER, OFFICIER DES FORCES NAVALES FRANÇAISES LIBRES (1940-1941)

Dès son arrivée à Portsmouth le 21 août, Kieffer se met aussitôt à la disposition du commandement supérieur français, exercé alors par le capitaine de corvette Jean Gayral. L'affectation de Philippe Kieffer à Portsmouth n'est pas anodine. Son expérience, ses fortes capacités en anglais, ses compétences dans les services d'état-major de la Marine depuis le début de la guerre ont conduit l'état-major de l'amiral Muselier à le placer à cet endroit stratégique. Les relations entre les Britanniques et la Marine française libre, qui y a installé une de ses principales bases, sont alors à consolider. Kieffer est plus que tout autre l'homme de la situation.

Jean Gayral qui, à 42 ans, lorsqu'il rallie la France Libre le 8 juillet, aurait pu être un camarade de promotion de Kieffer si les deux hommes avaient fait les mêmes écoles. Ils ne se connaissent pas, mais Kieffer découvre en lui un officier important qui compte énormément à Portsmouth[1]. Gayral est par sa fonction – puisque il est également en charge du cuirassé *Courbet* – indépendant vis-à-vis des autorités britanniques, même si aucune décision relative à la conduite des opérations, c'est-à-dire les appareillages, les carénages des navires, les ordres de mission... ne relève de ses attributions et de ses pouvoirs.

Depuis la création des Forces navales de la France Libre, la base de Portsmouth est devenue le « berceau des FNFL ». C'est le premier dépôt des équipages en Grande-Bretagne. Depuis la mi-juillet 1940 y transitent les marins volontaires qui ont choisi de Gaulle. Une formation théorique leur est dispensée à terre, en alternance avec une formation pratique reçue « en mer », sur le *Courbet*, à bord duquel commence à s'organiser une nouvelle École navale. Commandant supérieur de la base et du *Courbet*, Gayral est aussi l'officier de liaison du commandement en chef britannique. Aidé, dans la partie technique de son travail, par le staff de l'amiral Muselier à Londres, Gayral se consacre alors à des missions administratives d'organisation, de gestion de personnel et, enfin, de liaison avec les autorités britanniques.

Pour cela, il dispose d'un état-major restreint, constitué d'un commissaire, d'un médecin, d'un ingénieur mécanicien, et d'un officier de réserve interprète et du chiffre de 2e classe adjoint (ORIC). Pour travailler, son équipe dispose de bureaux aménagés dans l'arsenal de Portsmouth. L'ORIC de 2e classe qui a été appelé à son service n'est autre que Philippe Kieffer. En le nommant officier de liaison auprès des autorités navales britanniques de Portsmouth, Gayral attend de lui qu'il développe les relations de travail entre les deux marines. Dès son arrivée, Kieffer devient ainsi l'adjoint de Gayral, au cœur de la principale base FNFL, plaque tournante des futurs marins et officiers de la marine de Muselier.

Plus d'un mois après sa création, cette marine de la France Libre à laquelle appartient Kieffer reste cependant encore très faible. Peu de navires armés, peu d'équipages constitués, et une grande faiblesse dans les effectifs. Il est vrai qu'avec le drame de Mers el-Kébir et les nombreux rapatriements en Afrique du Nord, les recrutements se sont essoufflés, sans pour autant se tarir. C'est surtout leur nature qui a changé depuis le drame d'Oran : plus de ralliements collectifs de la Marine, mais plutôt des ralliements individuels[2]. Si l'amiral Muselier est parvenu rapidement à rassembler autour de lui quelques officiers volontaires pour le suivre, il peine désormais à recruter les cadres nécessaires à sa marine de guerre, au moment où il ambitionne d'armer dans les plus brefs délais le plus grand nombre de bâtiments possible.

Cette progression sensible des effectifs au cours de l'été 1940 est la conséquence de la mise en place de structures de formation que Muselier a souhaitées rapidement opérationnelles… à Portsmouth. Une école d'officiers marins de la France Libre prend ainsi forme le 12 juillet 1940, avec la création d'un premier cours d'élèves officiers à bord du *Courbet*. Ce cours rassemble les élèves des grandes écoles, des classes préparatoires de l'École navale et des écoles nationales de la Marine marchande qui n'ont pas eu l'occasion, une fois la guerre venue, de terminer leur scolarité, et qui se sont engagés dans la France Libre.

Deux cours sont organisés à bord du *Courbet*, du 18 juillet au 25 août et du 25 août au 1er octobre. Ces candidats en sortent avec le grade d'élèves aspirants[3], avant de compléter leur formation par d'autres cours dispensés, cette fois-ci, à l'école navale anglaise, au *Royal Naval College* de Dartmouth.

En plus des cours à bord du vieux cuirassé français, Muselier a confié au commandant supérieur de Portsmouth, à partir du 1er novembre 1940, les différentes écoles, devenues entretemps opérationnelles : deux dépôts des équipages organisés à bord de l'*Ouragan* et de l'*Arras*, une école des mécaniciens chauffeurs installé sur l'*Amiens* et son annexe l'*Épinal*, une école navale dans un premier temps sur le *Courbet*, puis sur le *Président Théodore Tissier*, ainsi que sur les goélettes *Belle Poule* et *Étoile*.

Dans ce dispositif de formation, Philippe Kieffer a su trouver sa place. À Portsmouth, il connaît la plupart des officiers de l'état-major FNFL, pour les avoir fréquentés depuis septembre 1939, ou rencontrés depuis qu'il est en Grande-Bretagne depuis juillet 1940. Il opère en terrain connu dans un environnement qui lui est extrêmement favorable. Car en plus des fonctions qui lui sont attribuées à partir du 21 août auprès du commandant de la base de Portsmouth, il vient d'être appelé sur le *Courbet* pour participer à l'organisation des cours. Le voilà donc professeur d'anglais à l'École navale de la France Libre à partir du 15 octobre 1940.

Comme les autres bases FNFL dans le monde[4], Portsmouth joue un rôle technique et administratif primordial, ainsi qu'un important rôle de liaison devant faciliter les mouvements de personnel. Mais, en cette fin d'été 1940, la base française s'apprête à jouer un rôle un peu plus particulier, grâce à l'appui de sa pièce maîtresse qu'est le *Courbet* : un rôle militaire. La fonction du cuirassé dans l'organisation des Forces navales françaises libres demeure essentielle[5], mais elle l'est toute autant dans le cadre de la bataille d'Angleterre qui se prépare. Car le *Courbet* reste avant tout un bâtiment de guerre même si, depuis qu'il a trouvé refuge en Angleterre, il a un peu perdu de sa superbe.

Lorsque Kieffer prend ses fonctions à Portsmouth, le cuirassé est ancré dans le port anglais depuis deux mois déjà. Dès son arrivée en Angleterre le 21 juin 1940, le bâtiment a été placé sous l'autorité du « Groupe Portsmouth », et sous le commandement du contre-amiral Gaudin de Vilaine, qui contrôlait aussi tous les navires français présents dans ce port britannique, et ce, jusqu'au 3 juillet 1940[6]. Pendant quinze jours, la principale mission du contre-amiral fut de reprendre en main le personnel du *Courbet*. Cloîtrés à bord, les marins ne recevaient que les seules directives de l'amiral Darlan, les invitant à la stricte obéissance à la hiérarchie et à Vichy. Débarqués de force au matin du 3 juillet, la majorité des 1 200 marins avaient opté pour le rapatriement vers la France. Réquisitionné par les Britanniques, le *Courbet* fut remis le 10 juillet au commandement des Forces navales françaises libres. Son réarmement fut décidé deux jours plus tard.

Placé ensuite sous le commandement des capitaines de frégate Jourden puis Gayral[7], le cuirassé a intégré le système de défense anti-aérienne de Portsmouth dans le cadre de la bataille d'Angleterre[8]. Privé de son équipage, le *Courbet* n'est plus en état de naviguer. Amarré dans la rade de Portsmouth, il réussit à prendre part au combat. Et à en croire le témoignage de Kieffer, qui sert à son bord, le *Courbet* s'illustre même de belle manière :

> « Un beau soir, une clameur était partie du pont du *Courbet*, pour aller faire écho jusqu'aux soutes ; le premier avion boche était descendu ! Il était venu en flammes s'écraser sur un banc de sable, à cent mètres du tribord, près des canons qui l'avaient atteint. Nous avions commencé la revanche dans le combat et successivement, pendant cette bataille d'Angleterre, cinq autres avions ennemis vinrent s'inscrire au tableau du *Courbet*[9]. »

Les états de services de Philippe Kieffer montrent qu'il passe toute l'année 1941, jusqu'au 3 décembre exactement, sur la base navale de Portsmouth. Il est d'abord sur le *Courbet*, puis sur le *Théodore Tissier* en tant qu'officier de liaison. À terre, il partage son bureau avec un autre officier du chiffre de 2e classe, Stéphane Sinding[10]. Si Kieffer est l'officier de liaison de Gayral, Sinding s'est vu confier le traitement de toutes les affaires de son bureau militaire, en tant que chef de service. Pour Gayral, les services rendus par Kieffer lui permettent surtout « de ne pas ressentir les inconvénients résultant de l'absence d'un officier de liaison britannique[11] ». La confiance établie entre Gayral et son officier de liaison est totale. Gayral lui confie même la mission de le remplacer en cas d'absence à partir du mois de mars 1941. Ainsi, dès le 29 mars, Philippe Kieffer tient ses premières permanences au bureau du commandement supérieur de Portsmouth. Au même moment, Gayral se sépare de Sinding, qui traitait ses affaires militaires. Le 31 mars 1941, Kieffer est donc le seul officier interprète et du chiffre, adjoint de Gayral, officier de liaison avec les autorités britanniques de la base FNFL.

Avec le désarmement annoncé du *Courbet*, le commandement supérieur de Portsmouth se cherche un nouveau QG.

Gayral choisit alors l'*Amiens*, bâtiment FNFL. Kieffer y poursuit là son travail d'officier, lorsqu'il apprend le prochain départ de Gayral et son remplacement par le capitaine de corvette Kolb-Bernard[12]. Les deux hommes se connaissaient pour avoir travaillé très étroitement à la mise en place des différents services de la base de Portsmouth. Appartenant à la même génération, et ayant rallié le général de Gaulle à une semaine d'intervalle, les deux hommes s'étaient de suite appréciés et entendus. Avec ce changement au sommet de la hiérarchie, la carrière militaire de Kieffer à Portsmouth devait inévitablement évoluer elle aussi.

Voilà Kieffer promu le 1er janvier 1941 au grade d'officier de réserve interprète et du chiffre de 2e classe (ORIC), enseigne de vaisseau de 1re classe à terre. Mais cette rapide promotion ne satisfait pas pour autant l'officier français, qui ne se voit passer la guerre dans un bureau de la France Libre. Ce qu'il veut, c'est se battre. Et Kieffer va se donner les moyens de son ambition.

Les deux bataillons de fusiliers marins formés par l'amiral Muselier ont quitté leurs bases britanniques depuis plusieurs mois. De jour en jour, Philippe Kieffer a pu observer, grâce à ses fonctions d'officier de liaison, les grands bouleversements à l'œuvre au sein de l'armée britannique, sortie exsangue de l'évacuation de Dunkerque. Au cours de l'été 1940, ces mutations de l'armée, inspirées par Winston Churchill lui-même, sont passées essentiellement par la mise au point d'une nouvelle stratégie offensive, fondée sur l'action de petites unités – compagnies indépendantes, Commandos – opérant en territoire ennemi.

Dès l'arrivée de Kieffer à Portsmouth, des opérations de type commando ont été menées à partir de la Grande-Bretagne ou de ses différentes bases maritimes. Entre le premier raid britannique, exécuté en France sur le port de Boulogne dans la nuit du 23 au 24 juin 1940, et le succès retentissant de l'opération Claymore, conduite en Norvège sur les îles Lofoten en mars 1941, le moral au sein de l'armée britannique et des différents états-majors est remonté au plus haut.

Pris dans cette dynamique, Philippe Kieffer a alors imaginé son avenir proche. « Immobilisé » à Portsmouth, il a envisagé la création d'une unité commando capable de mener des raids de même type en territoire ennemi. Le raid de Norvège a fortement impressionné Kieffer. Ce nouveau type d'offensive l'enthousiasme même au plus haut point :

> « La nostalgie de la France à délivrer était devenue une hantise. Pourquoi un groupe de Français n'aurait-il pas le droit d'aller risquer sa vie, même quelques heures, sur les côtes de France. Arriver dans la nuit, tuer ou capturer l'Allemand sur notre propre sol qu'il occupe, entendre peut-être dans le noir, durant une seule minute, une voix de Français ou de Française, que ce serait beau, quel encouragement pour continuer et avoir la force d'attendre. Dire tout bas le lendemain, dans le secret de son cœur, "j'étais en France". Retrouver un peu de sable de nos plages en délaçant ses brodequins et attendre la prochaine incursion avec cette voix de là-bas dans l'oreille ! Faire cela vite et en soldat qui porte des armes et apporte le courage et l'espérance à des résistants français. Comment mieux servir à ce moment-là[13] ? »

Le succès du raid sur les îles Lofoten offre à Kieffer de nouvelles perspectives. Il est difficile de savoir, en ce printemps 1941, s'il s'agit d'une réaction personnelle ou du fruit d'une décision collective. Toujours est-il que la fin du premier cours à l'École navale, le départ de Gayral, le désarmement programmé du *Courbet*, la naissance de sa fille Marie-Louise, le 20 avril 1941, revivifient son ambition de devenir officier fusilier marin.

L'action de Kieffer prend à cet instant deux directions principales : d'une part assurer sa propre formation militaire, qui lui permettrait de passer de la fonction d'interprète au métier de fusilier, et prendre le commandement d'une unité de choc ; ensuite recruter les premiers volontaires pour participer à ces opérations coups de poing. Ce qui est certain, c'est que Kieffer doit s'armer de patience : à la mi-juin 1941, il n'a encore obtenu aucune réponse à sa demande faite auprès de l'état-major FNFL, pour suivre un cours d'armes légères et corps mobiles de débarquement avec les *Royal Marines* britanniques, l'équivalent des fusiliers marins de notre Marine française.

Malgré cette réponse qui tarde à venir, Kieffer décide d'entamer officiellement une formation de combattant. À sa demande, il est relevé de son poste d'adjoint au capitaine de vaisseau, commandant supérieur à Portsmouth.

« Ayant manifesté à plusieurs reprises le désir de suivre un cours de perfectionnement chez les Marines en vue de son emploi ultérieur dans une unité combattante à terre[14] », Kieffer quitte Portsmouth le 10 août 1941 pour suivre un stage au dépôt de Camberley, en vue de l'obtention du brevet d'officier fusilier. Il reste néanmoins, sur le plan administratif, rattaché au commandement du *Président Tissier*.

À 42 ans, officier réserviste d'état-major, père de deux enfants issus d'un premier mariage, remarié depuis peu et à nouveau jeune père, Philippe Kieffer n'a pas le profil d'un valeureux combattant et d'un meneur d'hommes. Son refus obstiné de s'installer dans une vie rangée de bon père de famille ne faiblit pas. En moins d'un an, paisible réserviste quadragénaire, il avait abandonné du jour au lendemain son uniforme de banquier pour épouser la carrière militaire. Le voilà à présent résolu à devenir un chef de guerre à la tête d'une unité commando. Et pour y parvenir, un seul moyen : suivre une formation militaire britannique « sur mesure ».

Chapitre 4

LE PÈRE DES COMMANDOS FRANÇAIS (MARS-DÉCEMBRE 1941)

Le succès du raid sur les îles Lofoten, qui a fortement marqué l'esprit de Philippe Kieffer en mars 1941, ne doit rien au hasard ou à la chance. Cette opération est l'aboutissement d'une profonde évolution de l'armée britannique et d'une remise en cause sans précédent de ses structures internes, mutations amorcées au cours de l'été 1940. La création des Commandos britanniques ne peut d'ailleurs prendre sa pleine signification que si elle est replacée dans le contexte général du désastre de cette année 1940.

Les unités commandos de l'armée britannique

En évacuant Dunkerque, le corps expéditionnaire britannique laissait, de l'autre côté de la mer du Nord, de nombreux morts certes, mais également la plupart de son matériel et de son armement. Les rangs des armées régulières et traditionnelles britanniques ayant été largement saignés par la campagne de France, il était devenu dès lors indispensable pour le Premier ministre Winston Churchill de reconstituer de toute urgence une nouvelle force d'attaque, différente, et rapidement opérationnelle, alors que la France était sur le point de rendre les armes.

L'occasion va lui être donnée lorsqu'un officier de l'armée britannique se présente à lui une semaine après l'évacuation de

Dunkerque. Le colonel Dudley Clarke lui expose en effet l'intérêt de constituer des forces spéciales capables de mener des opérations coups de poing le long des côtes ennemies. Accablé par l'épisode de Dunkerque, Churchill donne aussitôt son accord le 8 juin 1940, bien déterminé à prouver aux Allemands et à son opinion publique que ses armées sont loin d'être totalement anéanties.

Churchill connaît ce type de formation militaire et l'emploi qui peut en être fait. Au cours de la campagne sud-africaine à laquelle il a participé (1899-1902), il a vu évoluer des unités à cheval d'une centaine d'hommes, très rapides et qui semaient le désordre et la mort sur les arrières britanniques. Ces unités étaient appelées « Kommandos ». Lorsqu'il donne son feu vert en juin, Churchill en reprend logiquement le nom, abandonnant au passage le « K » pour un « C », à consonance moins germanique. Dans l'esprit du Premier ministre britannique, l'utilisation de ces forces spéciales doit impérativement contribuer à la reconstitution rapide de l'outil militaire britannique. Et il compte bien leur confier, à l'Ouest, les toutes premières missions offensives après la mise hors course des armées françaises.

C'est donc véritablement à l'homme qui a promis à son pays « de la sueur, du sang et des larmes » que l'on doit la décision de former ces petites unités surentraînées et puissamment armées, destinées à opérer des raids rapides sur les côtes tenues par l'ennemi, « comme un bras armé d'un poignard qui jaillit de la mer, frappe et retourne à la mer[1] ».

Sur le plan pratique, il s'agit principalement d'obtenir le maximum d'informations par l'observation des défenses de l'ennemi, des matériels, et des armes utilisées, ainsi que des caractéristiques géographiques et géologiques des territoires occupés. Il s'agit ensuite de capturer des prisonniers, dont les interrogatoires pourront être exploités. Enfin, en effectuant le maximum de sabotages et de destructions, le potentiel économique et militaire de l'adversaire sera considérablement affaibli.

Sur le plan psychologique, l'objectif est double : atteindre le moral de l'ennemi en créant l'insécurité sur les côtes des pays occupés, mais également obliger l'armée allemande à y maintenir des forces plus nombreuses pour soulager les autres fronts, notamment le front russe en 1941.

Un premier contingent de volontaires est tout d'abord puisé au sein des 10 compagnies indépendantes – environ 2 900 hommes – que les Britanniques ont hâtivement constituées en avril 1940 pour des opérations de guérilla en Norvège[2]. Dès le 9 juin 1940, de nouvelles unités commandos se mettent en place, composées chacune d'environ 500 hommes, répartis en 10 *troops*, la *troop* restant l'unité de base du Commando, sorte de compagnie pouvant intervenir de manière autonome, avec ses propres moyens de transport, ses moyens radio ainsi que ses stocks de munitions. Les Commandos dépendent directement du Premier ministre, qui suit personnellement leur constitution et leurs premières opérations dans le cadre d'une organisation qui lui est directement rattachée, celle des Opérations combinées.

Créée en même temps que les Commandos qui lui sont intégrés, cette organisation a pour mission d'assurer la coordination des différents services relevant des trois armes pour l'exécution des actions offensives en territoire ennemi. Son organe de décision est l'état-major des Opérations combinées. Son organe d'exécution est la direction des Opérations combinées, dont le responsable, directeur ou chef des Opérations combinées, également membre de l'état-major, est nommé directement par le Premier ministre. L'administration de cette organisation est enfin située en plein cœur de Londres[3].

Les Opérations combinées préparent et exécutent toutes les opérations amphibies auxquelles prennent part les troupes d'armes différentes, qu'il s'agisse de petites incursions ou de grandes opérations militaires. Dans ce but, elles créent des centres d'entraînement spéciaux recevant en stage des marins, des soldats et des pilotes de toutes nationalités[4]. Le premier but de l'instruction est de familiariser toutes les recrues, officiers et hommes de troupe, avec la vie, la discipline et les traditions propres à la Marine. Enfin, la direction des Opérations combinées, outre les personnels, prend en charge tous les armements, les équipements et matériels susceptibles d'être utilisés dans les opérations amphibies. Les Opérations combinées en supervisent également le choix, mais aussi la fabrication et l'utilisation.

Lorsque le colonel Clarke, à qui l'exécution des plans a été confiée, se penche sur le recrutement des futures unités commandos, il doit faire face à une situation particulièrement délicate : à cette époque en effet, aucune unité de l'armée britannique n'est disponible et en mesure d'effectuer les raids envisagés par Churchill. Toutes sont chargées de l'organisation des défenses de l'Angleterre contre l'invasion allemande. La création quasi *ex nihilo* des unités commandos allait donc être facilitée parce qu'à l'époque aucune unité de l'armée britannique n'était disponible pour effectuer ces raids offensifs.

Il existait pourtant dans l'armée britannique une branche de la *Royal Navy* spécifiquement organisée pour mener des actions de coups de main : les *Royal Marines*. Pourquoi les hommes des *Royal Marines* n'ont-ils donc pas été choisis pour accomplir les missions demandées par Churchill, alors que ce type de mission faisait manifestement partie de leur compétence ? À cela trois raisons majeures.

En 1940, avec la menace d'invasion pesant sur la Grande-Bretagne, la Marine britannique a un besoin crucial de tous ses hommes pour assurer la défense du pays. La deuxième raison est d'ordre technique : relevant d'une institution strictement militaire, avec ses traditions et ses principes, les *Royal Marine*s peuvent être difficilement engagés dans des opérations coups de poing effectuées dans la clandestinité la plus absolue. Enfin, la troisième raison est d'ordre politique : il aurait été très difficile d'amputer la *Royal Navy* de son unité d'élite, les *Royal Marines*, pour en faire une force à part entière, ce que Churchill fera, grâce à son autorité et à la faveur des circonstances, avec la création des Opérations combinées, relevant directement de son autorité. Ceci dit, lorsque seront créés les Commandos, les liens avec la *Royal Navy* seront immédiatement tissés et resteront très étroits, les opérations des Commandos étant essentiellement des opérations amphibies.

En dépit de ces fortes contraintes, le colonel Clarke parvient à rassembler rapidement les premiers volontaires pour constituer une toute nouvelle unité, la 11e compagnie indépendante, forte de 375 hommes prêts à en découdre.

Le baptême du feu de cette nouvelle compagnie ne se fait guère attendre. Une première expédition est organisée sur les côtes françaises, à Boulogne-sur-Mer[5], dans la nuit du 23 au 24 juin, alors que l'armistice signé avec l'Allemagne n'est pas encore entré en vigueur[6]. Au lendemain de ce premier raid, les résultats sont plutôt maigres, pas de prisonniers allemands, pas de pertes britanniques non plus, mais beaucoup trop d'approximations dans le déroulement du raid et un gros travail de coordination restant à réaliser entre la *Royal Air Force* et la *Royal Navy*. Malgré ces débuts en demi-teinte, il est décidé de passer la vitesse supérieure : 10 Commandos, de dix *troops* chacun, devront être organisés pour mener d'autres raids outre-Manche. Au total 5 000 hommes à recruter avant la fin du mois de juillet 1940[7].

Le *War Office* a imaginé rapidement un deuxième raid, dans la nuit du 14 au 15 juillet 1940, sur l'île de Guernesey, occupée par les Allemands depuis le 30 juin, l'opération Ambassador. À l'aube du 15 juillet, le bilan des hommes du Commando n° 3 n'est pas non plus très concluant, puisqu'un seul débarquement sur les trois prévus a pu être effectué sur l'île anglo-normande. Winston Churchill, qui attendait beaucoup de ce raid – une initiative personnelle de sa part – fut consterné à la lecture du rapport qui lui fut remis. Il fit parvenir une directive à l'état-major des Opérations combinées :

« Faites en sorte que ces fiascos stupides comme celui qui vient de se produire à Guernesey, ne se reproduisent plus[8] ! »

On peut penser que la première décision prise à la suite de cet échec a été la nomination d'un nouveau directeur à la tête des Opérations combinées, l'amiral de la flotte, sir Roger Keyes, qui prend ses fonctions le 17 juillet 1940. Avec ce changement de direction doit s'ouvrir une nouvelle ère, durant laquelle les opérations à petite échelle laisseront la place à des opérations plus élaborées et plus importantes. Enfin théoriquement car, dans la pratique, les Opérations combinées manquent encore cruellement de moyens. Keyes n'est pas en mesure de pouvoir disposer des 5 000 hommes réclamés par Churchill le 22 juin 1940 : seulement 500 hommes ont reçu l'entraînement commando et 750 autres peuvent être prélevés dans les effectifs des compagnies indépendantes.

Si le principe et l'idée d'une armée commando semblent à présent solidement établis, les effectifs ne parviennent toujours pas à croître de manière conséquente. Certains officiers de l'armée dite régulière voient encore d'un très mauvais œil ce recrutement pour les troupes spéciales, qui leur enlève parfois leurs meilleurs éléments. Le manque cruel d'équipement, notamment le matériel de débarquement amphibie, s'avère également être un terrible frein au déploiement de ces nouvelles unités.

Toutes ces difficultés n'empêchent pas pour autant les Opérations combinées de planifier de nouvelles opérations pour l'année 1941. Tandis que les Commandos n° 5, 7, 8, 9 et 11 prennent la direction du Proche-Orient en février 1941, les n° 3 et 4 Commandos, qui n'ont pas encore été engagés, se préparent pour une prochaine opération, en Norvège, sur les îles Lofoten.

Le raid décisif : mars 1941, les îles Lofoten

La stratégie des raids avaient commencé à évoluer avec l'amiral Keyes, mais il n'en demeurait pas moins que, dans l'esprit de Churchill, les opérations sur Boulogne et sur Guernesey n'étaient que des « stupides fiascos et des piqûres d'épingles[9] ». Il fallait donc frapper les esprits par une opération d'envergure qui puisse réussir.

L'objectif d'un raid sur ces îles perdues du nord de la Norvège est triple : la destruction des raffineries d'huile de poisson, huiles capables, une fois transformées, de produire de la glycérine pour explosif ; l'anéantissement des bâtiments ennemis ancrés dans les quatre principaux ports et enfin la capture du plus grand nombre de prisonniers. L'opération Claymore, si elle réussit, doit porter un sérieux coup à l'économie de guerre de l'Allemagne nazie.

Partis le 1er mars 1941 de la base de Scapa Flow, les hommes des n° 3 et n° 4 Commandos sont débarqués à l'aube du 4 mars devant les ports de Svolvaer, Stamsund, Brettesnes et Henningsvaer. Aidés par une poignée de soldats et marins des Forces norvégiennes libres, les Commandos s'emparent des sites stratégiques les uns après les autres, les raffineries et leurs réservoirs, systématiquement détruits. Les bâtiments allemands ancrés dans le fjord de Svolvaer sont coulés, atteints par les obus de la *Royal Navy*. À peine quatre heures après avoir débarqué, les Commandos regagnent leurs bâtiments, accompagnés de leurs prisonniers et de plusieurs centaines de jeunes volontaires norvégiens. Les Commandos ont parfaitement rempli leur mission et ce, sans dénombrer la moindre perte.

La réussite totale de Claymore constitue, pour les unités commandos des Opérations combinées, le premier succès significatif depuis l'été 1940. Et Churchill entend le faire savoir. Le ministère de l'Information et la propagande britannique décident de ne rien cacher au peuple, sorti éprouvé de la bataille d'Angleterre. Le raid sur les îles Lofoten fait alors l'objet d'une couverture médiatique sans précédent dans les jours qui suivent son succès et le retour en Grande-Bretagne des Commandos, la presse écrite comme la BBC s'empressant de présenter au public les résultats impressionnants de cette opération : 18 usines détruites, plus de 260 prisonniers allemands, une flotte anéantie, et 315 volontaires norvégiens ramenés en Grande-Bretagne.

Pour Philippe Kieffer, qui vient d'arriver à Londres ce 5 mars 1941, en permission de 48 heures pour rendre visite à sa femme enceinte, c'est le choc. La nouvelle du succès du raid s'affiche partout. Kieffer dévore les articles des journaux qu'il s'est empressé d'acheter, ne perdant aucun des mots et des témoignages livrés à chaud par les combattants revenus en Grande-Bretagne. Toute son attention est désormais fixée par le récit de ce raid qui vient de s'achever : l'opération Claymore marque, on l'a vu, un véritable tournant dans sa carrière. De retour à Portsmouth à la fin de sa permission, il ne sera plus tout à fait le même homme.

Claymore se pose également comme une rupture profonde dans l'histoire des unités commandos et dans l'usage qui pouvait être fait de ces unités de choc, son succès ne pouvant que conforter Churchill dans le développement de l'action des Opérations combinées[10]. En plaçant à leur tête lord Louis Mountbatten, Churchill décide en octobre 1941 « d'enfoncer le clou », en accélérant les actions de sabotage et les raids de reconnaissance en Europe de l'Ouest :

> « Je veux que vous créiez un programme de raids, capable de maintenir les côtes ennemies en état d'alerte, du cap Nord jusqu'au golfe de Gascogne. Mais votre principal objectif doit rester la "réinvasion" de la France. Vous devez créer la machine qui nous permettra de mettre Hitler à terre[11]... »

En appelant Mountbatten le 27 octobre 1941, Churchill est persuadé de faire le bon choix. Membre de la famille royale, recevant pour l'occasion le titre de « commandant en chef des Opérations combinées de l'Armée de terre, de la Marine et de l'Aviation », Mountbatten est plus jeune de 25 ans que son prédécesseur et de caractère beaucoup plus entreprenant. Churchill est convaincu que cette nomination ne peut que renforcer le caractère offensif des Commandos[12]. Le programme qu'il lui indique va dans ce sens et va trouver une totale justification, quelques semaines plus tard, avec l'entrée en guerre des États-Unis. Les raids de sondage sont amenés à se multiplier, pour évaluer désormais les conditions de l'ouverture d'un second front à l'Ouest.

Une formation sur mesure

Le 10 août 1941, Philippe Kieffer quitte la base de Portsmouth pour se rendre au camp de Camberley (Old Dean Camp), où, à partir du 13 août et durant la dernière quinzaine du mois, il suit un cours auprès de l'armée et du petit noyau de marins et d'aviateurs qui s'y entraînent sous la direction du capitaine Charles, de l'Armée de l'air[13].

Lorsque Kieffer franchit les portes d'entrée de Camberley, une nouvelle unité marine, le 3e bataillon de fusiliers marins, est sur le point d'être formée[14]. Ce nouveau bataillon a été officiellement créé à la suite d'un accord intervenu le 17 mai 1941 entre la France Libre et les représentants du Conseil national basque, sur une idée du chef d'état-major de Muselier. Cet accord prévoit l'incorporation de volontaires basques aux FNFL. Plus précisément cette unité est ouverte aux volontaires appartenant à l'armée du gouvernement autonome de Bilbao, aux Basques établis en Amérique avant la guerre civile espagnole et enfin aux Espagnols non basques et aux Sud-Américains. Quant à la destinée de ce 3e bataillon, les FNFL envisagent pour lui un engagement possible contre les possessions espagnoles : le Maroc, la Guinée, les Canaries. Dès sa mise sur pied, le « bataillon basque » est commandé par un Basque, le colonel Marenco, ancien officier républicain qui, pour ce commandement, a été nommé capitaine de corvette à titre temporaire. Mais les FNFL ont prévu un commandement à deux têtes, « dirigé par un officier basque avec à ses côtés un officier français[15] ».

Pour Kieffer, qui manie avec talent la langue anglaise mais également la langue espagnole, l'occasion est trop belle de pouvoir s'appuyer sur ce bataillon en formation pour mettre à exécution son projet d'unité commando. L'occasion rêvée, par ailleurs, d'être relevé définitivement de son poste de Portsmouth. Plus de quinze jours après son arrivée à Camberley, il est comme prévu envoyé en stage pour obtenir son brevet d'officier fusilier.

À la fin du mois de septembre 1941, devenu officier fusilier marin, Kieffer est promu officier des équipages de 2e classe. Dans le même temps, le 3e bataillon est devenu bien réel, avec les premiers recrutements de volontaires que Kieffer ne perd pas de vue. C'est à cet instant qu'il reçoit le feu vert pour un stage de trois semaines à la *Royal Marines Small Arms School* de Browndown, à Gosport, dans le Hampshire, en compagnie de cinq autres officiers du 3e bataillon de fusiliers marins. Pour Kieffer, les choses semblent enfin s'accélérer. D'autant plus que, dans le même temps, Muselier vient de le désigner officier de liaison auprès du 3e bataillon, devenant ainsi l'œil du chef des FNFL, auquel il doit rendre compte directement de l'avancement de l'instruction du bataillon.

En prenant la direction de Gosport, Kieffer voyait enfin son vœu se réaliser : participer à un stage d'instruction aux *Royal Marines*, pour une formation sur les armes de l'infanterie britannique et une participation à des exercices amphibies. L'état-major FNFL avait longtemps tardé à répondre aux multiples demandes de stage formulées par Kieffer, qui attendait patiemment son heure à Camberley. Cette fois-ci, le temps était venu pour lui et les autres officiers du 3e bataillon de se frotter à cette armée des commandos en plein développement : il allait pouvoir s'entraîner avec les *Royal Marines*, et au sein même de leur propre camp d'instruction.

Du 30 septembre au 18 octobre 1941, Kieffer apprend ainsi à se familiariser avec l'armement britannique des troupes de marine, participant à des cours portant sur le maniement des fusils Enfield, des fusils mitrailleurs Bren, du fusil antitanks PIAT, du mortier de deux pouces, les techniques de camouflage et la marche tactique. Dépendant toujours du commandement FNFL, Kieffer est chargé lui fait parvenir régulièrement des rapports d'activité, mentionnant ses bonnes relations entretenues avec les instructeurs anglais. Inversement, les rapports des instructeurs sur les performances des stagiaires parviennent aussi aux FNFL et à l'officier britannique de liaison navale du général de Gaulle. Dans un des rapports, deux appréciations concernent directement Philippe Kieffer :

> « Cet officier a toutes les capacités, l'aptitude au commandement et une aptitude au maniement des armes au-dessus de la moyenne. Il est plein d'enthousiasme et toujours prêt à en apprendre plus. Il a été d'une grande aide auprès de mon équipe et auprès des stagiaires, réglant toutes les difficultés. Très serviable à tous les égards[16]. »

Ce premier commentaire plutôt élogieux dénote une certaine aisance de Kieffer dans ce stage, où il semble très proche de ses camarades stagiaires, mais également très proche de l'encadrement des instructeurs. Le maniement des trois langues – français, espagnol, anglais – le place dans une excellente position auprès des uns et des autres, auprès tant des instructeurs anglais que des cinq stagiaires de langue espagnole. Le deuxième commentaire, extrait du même rapport est tout aussi significatif :

> « Officier de liaison du 3e BFM et interprète. Son expérience navale antérieure, le dur travail qu'il a conduit, combiné à son enthousiasme ont permis à cet officier de devenir compétent dans les exercices de *Landing Craft*[17]. »

Cette appréciation est importante pour la suite de la formation militaire de Kieffer. Elle démontre que l'officier français a parfaitement compris l'emploi et le maniement des *Landing Craft*, qui sont au cœur des missions de raids des Commandos britanniques.

La suite du stage se poursuit à Hayling Island *(HMS Northney)*, à partir du 26 octobre 1941, pour une formation supplémentaire relative aux techniques de débarquement amphibie[18]. Ce nouveau stage d'instruction doit permettre à Kieffer de se familiariser d'avantage avec les méthodes de la *Royal Navy*, l'entraînement naval et les opérations à bord de nouvelles embarcations en cours de construction, les *Landing Craft*.

C'est en arrivant à Northney, que Philippe Kieffer croise pour la première fois des officiers et des cadres des Opérations combinées. Mais c'est aussi à Northney qu'apparaissent pour la première fois des difficultés relationnelles entre Philippe Kieffer et certains membres du 3e BFM, et par voie de conséquence, entre Kieffer et l'état-major FNFL à Londres. Il semblerait même que ces problèmes soient apparus un peu plus tôt, lors du stage effectué à Browndon durant la première quinzaine d'octobre. À ce moment-là, sûr de lui, fort de sa position, porté par ses connaissances linguistiques et emporté par un enthousiasme sans mesure, Kieffer semble en effet être sorti de son rôle d'officier interprète et d'officier de liaison pour se comporter en officier fusilier à part entière, avant de prendre sur ses camarades un ascendant de fait. *Ego* surdimensionné, caractère autoritaire, ambition d'un chef en devenir ? Kieffer continue irrémédiablement sa mue, bien décidé à ne jamais se retourner, marchant vers le but qu'il s'est fixé.

Comme c'était déjà le cas à Browndown, Kieffer suit à Northney la même formation que les cinq officiers du 3e BFM qui l'accompagnent, emmenés par leur commandant, le capitaine de corvette Marenco[19]. L'entente cordiale du début n'a fait que se dégrader entre les deux hommes au fil des semaines. Le 26 octobre 1941, Kieffer décide de mettre un terme à une situation devenue à ses yeux insupportable. Il remet alors à l'état-major des FNFL à Londres un courrier « personnel et confidentiel », faisant état de son mécontentement, tout en demandant à être relevé de ses responsabilités d'officier de liaison auprès du 3e bataillon[20] :

> « Commandant,
>
> Après avoir mûrement réfléchi à la situation existante à la suite de certains incidents entre le commandant du 3e bataillon de fusiliers marins de langue espagnole et moi [...], j'ai l'honneur de vous demander de me relever de cette mission que vous avez bien voulu me confier. En effet, mon rôle d'officier de liaison étant d'établir et d'entretenir des relations constantes entre votre commandement et vos subordonnées

du 3e bataillon, il me devient impossible de continuer à assumer ces fonctions pour les raisons suivantes :

1 – Le commandant Marenco n'est pas satisfait de tout ce que j'ai fait pour les officiers de ce bataillon ; il me l'a brutalement dit en votre présence, ajoutant un jugement sur ma valeur militaire que vous ne lui aviez pas demandé et qu'il n'était pas à même d'évaluer. Je n'ai rien dit pour ne pas exciter son tempérament coléreux et ne pas minimiser la haute valeur militaire du commandant Marenco, mais votre silence à ce moment, commandant, était une approbation des paroles dites par le commandant Marenco. […]

2 – Il est nettement établi que la colère du commandant Marenco contre moi n'a existé qu'au moment où vous avez décidé, sur le rapport du commandant anglais de Browndown, appuyé par moi, à le séparer de son fils pour envoyer ce dernier faire un stage d'instruction militaire à Camberley – stage que j'ai moi-même fait avant de remplir les fonctions d'officier de liaison. Il a tout essayé pour l'empêcher. Je ne vois rien d'insultant pour un officier de métier, connaissant la discipline militaire, à se soumettre et même à se réjouir d'une pareille décision, qui ne pourra qu'être profitable à son fils, l'aspirant Marenco. L'exemple de nos grands chefs français l'a toujours montré et le montre encore aujourd'hui en la personne du général de Gaulle envers son fils […].

3 – Je ne vois pas comment les bonnes notes reçues après mon passage au cours de Browndown ont pu être cause d'un jugement si sévère de votre part. J'ai laissé une situation brillante pour m'engager dès le début de la guerre à 42 ans, j'ai fait la campagne de France à Dunkerque sous les ordres de l'amiral Nord, puis à Cherbourg et mes notes ont toujours été excellentes. J'ai rejoint les Forces françaises libres dès la première heure pour aider à sauver mon pays et j'ai toujours joui de la plus grande sympathie de mes chefs et de mes camarades. Je ne vois vraiment pas le profit que je pourrais tirer à me faire mousser par les Anglais. Je ne suis pas un officier de carrière et, après la victoire, je retournerai à la vie civile. Je fais mon devoir envers mon pays et c'est tout.

Je vous rends donc compte, mon Commandant, pour le bien de tous, de l'EM des FNFL, du 3e bat. de FM de langue espagnole, des écoles anglaises et enfin de moi-même qu'il est préférable, vu mon incompétence en la circonstance, d'être

relevé immédiatement de cette tâche difficile et pénible. Respectueusement
Kieffer. »

La réponse de l'état-major ne tarde pas :

« En réponse à votre lettre, je vous fais savoir que votre conduite et votre zèle n'ont jamais été mis en doute, que vos services ont été appréciés. Le différend qui s'est élevé entre le CC Marenco et vous-même a surgi brusquement alors que rien ne le laissait prévoir. Il est impossible actuellement de vous laisser abandonner votre poste. En conséquence vous voudrez bien demeurer à HMS Northney jusqu'à la fin du cours. Vous passerez à mon bureau à la fin du cours[21]. »

Kieffer termine donc son stage et fait le déplacement à Londres le 1er novembre 1941. Lors d'une entrevue orageuse, Philippe Kieffer joue son atout majeur de pouvoir à tout moment choisir de travailler directement avec les Britanniques si ses responsabilités au sein des forces françaises ne lui donnaient plus satisfaction, et ce « quelles que puissent être les conséquences pour lui[22] ».

Le regard que porte alors l'état-major des FNFL sur cette affaire et sur le comportement de Kieffer est finalement assez sévère. Lui sont notamment reprochés les faits suivants : d'avoir oublié et passé outre « la nécessité d'entretenir, (en tant qu'officier de liaison) de bonnes relations avec les officiers d'origine basque auprès desquels il se trouvait placé », d'avoir « méconnu dès son arrivée en école anglaise, le rôle qu'on attendait de lui », d'avoir « fait preuve d'un manque de psychologie totale [...] essayant tantôt de devenir le super commandant du 3e bataillon, tantôt en se mettant en compétition avec les officiers basques devant les instructeurs britanniques[23] ».

Les conclusions sont sans appel :

« En résumé, au cours des dernières semaines, l'OIC Kieffer, n'a pas su faire preuve de tact, de mesure et de dévouement que l'on doit attendre d'un officier. Pour terminer il s'est livré à une manifestation grave d'indiscipline. »

Et la sanction tombe :

« Je prie le directeur du personnel officier, en liaison avec le 1er Bureau, de désigner un nouvel officier de liaison pour prendre la suite de l'OIC Kieffer et de rechercher pour ce dernier une nouvelle utilisation. Signé le CV Moret, chef d'état-major. »

Cela ressemble à un désaveu total du commandement des FNFL vis-à-vis de l'officier Kieffer, dont le sort est remis purement et simplement dans les mains du directeur du personnel de la Marine. Le capitaine de vaisseau Wietzel, directeur du personnel officier, qui a bien connu Kieffer à Porstmouth et a fortement appuyé ses propositions au grade supérieur, prend de son côté ses propres renseignements, concluant à une faute de commandement du chef du 3e bataillon, Marenco. Il suspend donc la décision. Mis au courant, le chef d'état-major de la Marine, Moret, assure personnellement Kieffer de la considération qu'il a pour ses services, refuse finalement sa démission et le convoque le 8 novembre dans la matinée à l'état-major des FNFL.

C'est très certainement à cette occasion que Kieffer peut présenter directement son projet au capitaine de frégate Galleret, sous-chef d'état-major des FNFL, et qui va devenir son interlocuteur privilégié. Il reste de cet entretien une note sans date, griffonnée rapidement au crayon gris sur deux bouts de mauvais papier, et raturée à nouveau quelques temps plus tard, et dont voici la teneur :

Projet fusiliers marins et commandos

Principes

Il y a lieu d'envisager que des opérations de renseignement et de diversion seront vraisemblablement organisées sur les côtes de France dans le courant de l'année. Pour des raisons psychologiques, il serait utile que, parmi les troupes participant à ces opérations, il y ait des éléments français. Ces éléments serviraient en partie comme guides et comme interprètes.

Fusiliers marins

C'est dans ce but qu'il est à créer et à mettre rapidement sur pied une unité dont l'entraînement complet porterait sur le corps de marins de débarquement et dans laquelle on prélèverait pour chaque opération les détachements qui seraient adjoints alors aux troupes anglaises prévues. Traditionnellement en France, un rôle analogue a toujours été attribué aux fusiliers marins. Le bataillon de Lorient était à cet égard un bataillon de commandos avant la lettre. D'autre part, il est plus facile aux FNFL de monter une troupe pouvant en général fonctionner en unité extérieure à toute administration en place.

Forme de l'unité

Pour faciliter l'équipement et l'organisation, il y aura lieu d'adopter pour ce bataillon un type d'unité anglais. Le mieux serait de se baser sur la composition et l'armement des unités de commandos. Il serait nécessaire d'obtenir d'organiser à Old Dean… [illisible]

Les renseignements relatifs à l'organisation tactique d'une compagnie de commandos : composition, armement, équipement, entraînement.

Composition initiale

Cette unité comprendrait initialement une compagnie d'instruction basée à Camberley. À cette compagnie seraient rattachés des pelotons d'officiers au fur et à mesure de leur formation.

C'est un véritable cahier des charges, « l'acte de baptême des commandos marines à la française[24] » : création dans le cadre pratique et unique des FNFL, participation à des opérations britanniques dans un système de coopération/intégration d'éléments français, armement anglais, compagnie d'instruction française à Camberley. Philippe Kieffer s'appuie sur la mixité de la future unité de débarquement, jouant ainsi sur les deux tableaux.

À la suite de cette « affaire », Kieffer est confirmé à son poste d'officier de liaison entre l'état-major FNFL et la compagnie d'instruction du 3e bataillon, mais il devra le partager désormais avec le médecin Agaretche, un des cinq officiers du bataillon, à partir du 8 novembre 1941. Soulagé des charges exclusives de liaison avec le 3e bataillon, Kieffer a pu poursuivre sa formation à Haysling Island, où il obtient le 21 novembre 1941 son diplôme de *Competent in Landing Craft*, achevant de cette manière son propre cycle initial de formation.

Le 5 décembre suivant, voulant exploiter encore un peu plus l'opportunité de ce 3e bataillon de fusiliers marins, Kieffer présente à Wietzel un *memorandum* dans lequel il demande à être « affecté à l'état-major du 3e bataillon et détaché comme instructeur pour les candidats au grade de second maître fusilier ». Il demande également à être « désigné comme officier de liaison entre le commandant du camp de Camberley et le 3e BFM ». Enfin dernière demande formulée à Wietzel : Kieffer souhaite que le second maître fusilier Jean Pinelli soit affecté à l'état-major et mis à ses ordres « comme instructeur pour les candidats au grade de fusilier », prêtant aussi son concours à l'instruction des recrues du 3e bataillon.

Contraint de rester dans son rôle d'officier de liaison auprès du 3e BFM au début de l'année 1942, alors même que l'ambiance au sein de ce bataillon ne lui plaisait que très modérément, Kieffer met tout en œuvre pour mettre en application son projet de constitution d'une unité fusiliers marins commandos. Mais il lui reste encore une dernière étape à franchir : obtenir son versement, c'est-à-dire son affectation, dans la Marine. Aussi, le 6 décembre 1941, Kieffer demande à Wietzel de passer au cadre des officiers de marine, « à compter du

1er décembre 1941, au titre d'officier fusilier ». L'appui de Wietzel auprès de Muselier est décisif : le 10 décembre 1941, Kieffer est « versé dans le corps des officiers de marine comme enseigne de vaisseau de 1re classe des cadres à terre ».

Depuis qu'il a quitté, voilà quatre mois, sa base de Portsmouth, Philippe Kieffer n'a pas perdu de temps. Il a su se doter, semaine après semaine, d'une solide expérience de terrain acquise lors de ses passages en écoles anglaises et le voilà également devenu officier fusilier marin des Forces navales de la France Libre. Le recrutement des premiers volontaires français destinés à une future compagnie de commandos, placée sous son commandement, peut alors commencer.

Chapitre 5

1942 : LES PRÉMICES D'UNE UNITÉ DE DÉBARQUEMENT FRANÇAISE

Dès le mois de décembre 1941, Philippe Kieffer part à la recherche de volontaires, afin d'organiser un premier groupe de candidats commandos. Le 13 janvier 1942, l'état-major des Forces navales françaises libres décide d'officialiser sa compagnie d'instruction de fusiliers marins en lui confiant le commandement et en la rattachant à une unité Marine, basée au camp d'Old Dean, l'« unité Marine de Camberley[1] ».

Cette unité Marine regroupe le 3e bataillon basque et le groupe de fusiliers marins français en cours de constitution et destiné à former la compagnie d'instruction du 3e bataillon. Ce que les FNFL demandent tout simplement à Philippe Kieffer, c'est qu'il pilote lui-même l'instruction de toutes les recrues, Basques et Français, par le biais d'une compagnie d'instruction fusiliers marins. Celle-ci, qui a été approuvée par les Britanniques, se met en place dès le 19 janvier 1942, afin de « donner une formation rapide et complète de fusiliers marins en vue de leur emploi ultérieur pour des opérations de surprise à terre[2] ».

Kieffer aurait dû initialement s'attacher à instruire des cadres pour le 3e bataillon basque. Il est difficile de dire si le changement d'orientation dans la vocation de cette compagnie d'instruction relève d'un choix du commandement français ou du quartier général des Opérations combinées britanniques. Toujours est-il que Kieffer va s'employer dès lors à renforcer ses effectifs français, au détriment d'un bataillon basque qui peine à se constituer. En tant que commandant de l'unité Marine, Kieffer occupe une place très « confortable » pour opérer les premiers recrutements, former les cadres devant lui servir d'adjoints, et bâtir un programme d'entraînement cohérent avec la formation commando britannique, en un mot pour poser les fondements d'une unité combattante dont il serait le chef.

Les premières recrues

Kieffer doit tout d'abord s'occuper de l'accueil des 16 premiers volontaires que lui envoie le dépôt de Portsmouth le 17 janvier 1942. Il s'agit de fournir à ce premier contingent, emmené par le maître fusilier Chapuzot, un logement, des uniformes, des armes, des munitions et une première solde. Pour l'entraînement de ses recrues, Kieffer ne dispose pas d'un choix très large de lieux. Plutôt que de créer un nouveau camp, les FNFL décident d'utiliser un site déjà bien structuré et organisé. Le camp Old Dean à Camberley sert donc de premier terrain de *training* : longues marches de jour comme de nuit, culture physique intensive, cours de combat sans armes, sauts d'obstacles divers. Mais pas de tirs, pour l'instant, faute d'armes et de munitions. Dans le même temps, Philippe Kieffer poursuit à Londres ses démarches entamées il y a plusieurs mois auprès des autorités FNFL et des Britanniques pour mettre sur pied son unité commando. Depuis le raid spectaculaire sur les îles Lofoten, sa médiatisation dans l'opinion publique et le développement croissant des opérations commandos, Kieffer a bénéficié d'un climat particulièrement favorable à son entreprise. Pris dans cette dynamique, il en a tiré parti en passant à l'action au printemps 1941.

À cette époque en effet, tandis qu'il assure par intérim le commandement de la base de Portsmouth en l'absence de Gayral, Kieffer fait diffuser en avril une note de service à destination de tous les commandants des bâtiments-dépôts FNFL, le

Courbet, l'*Arras* et l'*Amiens*, leur demandant de lui remettre la liste des officiers, des gradés, et des marins FNFL présents dans ces écoles, ayant des connaissances détaillées sur les régions côtières de la France et des colonies françaises, « ces renseignements devant être envoyés d'urgence à Londres[3]...». Londres, siège du quartier général des Forces navales françaises libres, mais Londres également QG des Opérations combinées, qui viennent de faire exécuter, il y a quelques semaines, le raid de Commandos en Norvège.

L'appel lancé par Kieffer intervient très peu de temps après cette journée du 5 mars, où les Commandos britanniques de l'opération Claymore sont allés porter le danger en territoire ennemi. On a vu combien ce raid sur les Lofoten a profondément marqué Kieffer, lui laissant entrevoir la possibilité qu'un groupe de Français pourrait également « risquer sa vie, même pour quelques heures sur un coin de la côte de France[4] ». Dans un premier temps, Kieffer doit convaincre les Forces navales françaises libres et en premier lieu leur patron, l'amiral Muselier. Les objections à son projet sont nombreuses : faiblesse du personnel français disponible, difficulté de recruter des volontaires, manque de matériel et d'armes pour les équiper, quasi-impossibilité de pénétrer le milieu très fermé des Opérations combinées, dont dépendent les Commandos... Kieffer dépouille avec minutie les rapports du raid sur les îles Lofoten, s'entretient longuement avec des officiers des n° 3 et n° 4 Commandos qui ont participé aux opérations de Norvège. Fusilier marin d'origine, convaincu par le dynamisme et l'enthousiasme de Kieffer, l'amiral Muselier donne finalement son feu vert, à condition toutefois que Kieffer se charge lui-même des négociations avec les Anglais.

C'est à la fin du mois de mars 1941 qu'ont donc lieu les premiers pourparlers avec les Britanniques. Kieffer réussit à obtenir un rendez-vous avec un des responsables des Opérations combinées, le brigadier général Haydon, à cette époque à la tête de la brigade de service spécial, et exerçant à ce titre une autorité sur tous les Commandos britanniques. À l'issue de son entrevue, Kieffer peut dresser un premier bilan :

> « Le résultat de mes démarches auprès des Britanniques, tout en étant loin d'être positif, n'était pas un refus absolu. Il ressortait nettement que, pour avoir l'honneur d'être admis dans le giron choisi et si secret des Commandos, il fallait un apport intéressant et montrer ce dont on était capable. Un argument avait cependant porté ses fruits : l'offre de marins français qui connaissaient parfaitement toutes les côtes de France, de Dunkerque à Bayonne. J'ai su plus tard que ce fut le seul argument qui empêcha de rejeter ma proposition[5]. »

L'argument des marins connaissant chaque détail des côtes françaises est de taille, Kieffer a bien manœuvré. Il doit cependant lui-même veiller au recrutement de ses hommes et parfaire à leur propre formation. Trouver ces personnes et les rassembler dans les plus brefs délais deviennent dès lors les deux priorités de Kieffer. Un mois plus tard, il fait donc part de ses besoins de personnel à toutes les écoles de Portsmouth. Le recrutement est ouvert. Pour la formation, Kieffer formule les demandes de détachement en école anglaise. Il abandonne son poste d'adjoint au commandant supérieur à Portsmouth, après le départ de Gayral, pour entamer à Camberley une formation d'officier fusilier.

Entre avril et août 1941, Kieffer multiplie les contacts à Londres et ses visites dans les dépôts des Français libres en Grande-Bretagne. Depuis son arrivée en Angleterre en juillet 1940 et son passage sur le *Courbet*, Kieffer avait déjà croisé de nombreux volontaires potentiels : Alexandre Lofi, par exemple, second maître ancien moniteur de culture physique à l'École des mousses. Lui aussi allait suivre un cours d'officiers pour devenir officier des équipages. Un autre second maître, hydrographe, André Bagot, qui allait rejoindre plus tard les Commandos, avec le grade d'officier des équipages. Frédéric Klopfenstein, maître d'armes, instructeur à l'école de Brest, Léon Gautier, qui arrivait d'Afrique, Jean Morel et Paul

Briat, de la Marine… Autant d'hommes qui auraient pu former l'ossature du groupe de combat auquel réfléchissait Kieffer.

Mais neuf mois plus tard, en avril 1941, les choses ont évolué : la plupart des hommes « repérés » plusieurs mois auparavant sont partis depuis, embarqués sur des navires de la marine marchande ou des bâtiments de guerre de la France Libre. Certains d'entre eux ont choisi le corps des fusiliers marins et sont partis combattre les forces de l'Axe ou les troupes de Vichy. Avec l'entrée en campagne du général de Gaulle en août et septembre 1940, notamment en Afrique, les effectifs des volontaires français présents en Grande-Bretagne ont fondu de moitié. Les expéditions sur Dakar puis vers le Gabon, la constitution de la « colonne Leclerc » au Tchad, la campagne d'Érythrée de la brigade française d'Orient ont vidé dès la fin de l'été 1940 la plupart des camps anglais et des centres de transit de la France Libre.

Malgré tout, en janvier 1942, seize premiers volontaires français arrivent tout droit de Portsmouth : un second maître et quinze quartiers-maîtres et marins : Dumenoir, Simon, Tanniou, de Wandelaer, Jean, Loverini, Taverne, Corbet, Le Guen, Errard, Nicot, et cinq autres punis sortis des prisons. Les témoignages des marins Paul Briat et Otto Zivolhava, qui ne font pas partie des seize premiers volontaires, mais qui intègrent quelques semaines plus tard la compagnie d'instruction, sont riches en enseignements sur les modalités de leur recrutement.

Paul Briat s'est engagé dans les FNFL en avril 1941. En décembre 1941, il suit à Portsmouth des cours de RDF, de *Radio Detection Frequency*, quand les choses vont basculer pour lui :

> « J'étais sur l'*Arras*[6] en décembre 1941, quand un homme s'est présenté, un ORIC, un officier interprète et du chiffre qui m'a dit : voilà, je cherche des volontaires pour former une unité un peu spéciale. J'ai répondu que j'étais volontaire ; il y avait aussi Baloche et Moutailler qui sont venus avec moi. Nous nous sommes retrouvés ensuite à peu près à une ving-

taine de volontaires et nous sommes partis aussitôt à Camberley, qui était le dépôt de l'Armée de terre de la France Libre. Entraînement physique, exercices[7]… »

Otto Zivolhava, d'origine autrichienne, avait fui son pays d'origine avant de gagner l'Angleterre à la fin du mois d'octobre 1940. Il est à Camberley, au moment où se constitue la compagnie d'instruction de Kieffer.

> « Là, il y eu deux ou trois marins, dont Pinelli, qui sont venus avec le commandant Kieffer à la fin de l'année 1941. Ils nous ont rassemblés. Il y avait une grande affiche à la porte, "Engagez-vous dans les Fusiliers marins". Ils nous ont vaguement parlé d'un débarquement en France, de petits raids, etc. Mais il fallait être de père et de mère français. Il y avait aussi Trépel et Errard. Cette condition nous "foutait" en l'air. Il y avait Casalonga, Lossec, et tous les biffins. Je disais à Trépel que je ne pouvais pas aller par conséquent dans cette nouvelle unité. Il me dit : ne vous tracassez pas la tête, moi je suis russe… Nous étions une trentaine de volontaires. Trépel nous avait pris aussitôt en charge[8]. »

Kieffer n'a donc pas attendu d'être à la tête de l'unité Marine de Camberley pour commencer le recrutement de ses hommes. Dès la fin de l'année 1941, après les incidents avec les cadres du 3e BFM, Kieffer fait passer au second plan ses fonctions d'officier de liaison pour donner la priorité à la constitution de sa future unité. Pour cela, il recrute directement au sein des dépôts de la Marine, dont le principal, celui de Portsmouth. Les seize premiers volontaires conduits à Camberley viennent d'horizons très divers : de Wandelaer est issu de la Légion étrangère ; Jean a, depuis le Brésil, répondu à l'appel du général de Gaulle ; Taverne, quartier-maître aguerri, est de la vieille école des « saccos ». Quant à Marcel Chapuzot, qui conduit la petite troupe à Camberley, il était comme les futurs commandos Briat, Moutailler, Baloche, Rabouhans, Taverne ou Morel à bord du patrouilleur *Reine des flots*, capitaine d'armes avec le grade de second maître.

L'entraînement de ce premier contingent, dans l'enceinte même de Camberley, donne à la troupe une visibilité et une existence propre. Au bout de plusieurs semaines, la formation de Kieffer commence alors à être connue des Forces françaises libres. Plusieurs nouveaux volontaires se manifestent, orientés directement sur cette nouvelle unité, ou attirés par les longues séances d'entraînement dans les allées du camp. En avril 1942, 24 volontaires forment à présent les rangs de la compagnie. Certaines de ces nouvelles recrues se connaissent même avant de rejoindre Kieffer, à l'image de Paul Briat, du second maître Moutailler et de Baloche qui, il y a peu, faisaient encore partie du même équipage de la *Reine des flots*[9].

De son côté, en tant que responsable de l'unité Marine, Kieffer doit régulièrement rendre compte de son activité et de celles de ses fusiliers marins à ses supérieurs des Forces navales françaises libres. Le 29 janvier 1942, il prend soin, par exemple, de leur préciser certaines décisions qu'il a dû prendre dans le fonctionnement de sa compagnie. Il entend bien leur montrer qu'il s'est mis au travail et que sa compagnie se structure au fur et à mesure des affectations. Il précise notamment les fonctions de deux hommes clés de son dispositif, Jean Pinelli et Francis Vourc'h, appelés à devenir ses adjoints directs.

Le second maître Jean Pinelli est déjà au côté de Philippe Kieffer lorsqu'il entreprend ses recrutements de la fin de l'année 1941. Né le 9 août 1914 à Nouméa en Nouvelle-Calédonie, Jean Pinelli choisit la carrière des armes et l'infanterie coloniale. Débarqué pour raison de santé du *Commandant Duboc*, il participe ensuite à l'expédition de Dakar en septembre 1940. Fusilier marin de formation, Pinelli se morfond ensuite plusieurs mois à Camberley dans l'attente d'une affectation au bataillon du Pacifique. Il tente l'aventure parachutiste et entame pour cela l'entraînement spécifique. Blessé au cours d'un exercice, Jean Pinelli se retrouve immobilisé au camp de Camberley. C'est là qu'il peut observer l'entraînement des premières recrues de Philippe Kieffer avant de rejoindre leur rang.

Philippe Kieffer a accepté dans son groupe ce marin fusilier de formation et d'une grande expérience, d'autant plus facilement qu'avant la guerre, dans le civil, Jean Pinelli était professeur de culture physique après être passé par l'école de Joinville. Cet homme cumule donc les qualités recherchées par Kieffer pour entraîner ses hommes dans le cadre du *training* à l'anglaise, étape obligée de leur formation.

À partir du 29 janvier 1942, le maître fusilier Pinelli remplit les fonctions d'adjudant de compagnie, capitaine d'armes de l'unité Marine de Camberley, chargé de tout le matériel armement. Philippe Kieffer lui confie l'instruction et la préparation militaire de toute l'unité Marine – le 3e bataillon et le groupe fusiliers marins Français – ainsi que la discipline.

Dans le même temps, Kieffer décide de s'appuyer sur un autre marin, le maître principal Francis Vourc'h, arrivé à Camberley le 24 janvier 1942, en lui confiant en son absence la gestion des affaires administratives. Né à Lanhouarneau le 6 janvier 1913, pupille de la Marine en 1926, Francis Vourc'h entre à l'École des mousses en 1928, d'où il rejoint la spécialité des électriciens. Embarqué à bord d'une vedette rapide à Cherbourg, c'est comme second maître électricien qu'il gagne l'Angleterre le 19 juin 1940, avant de rallier les FNFL le 9 décembre 1940. Philippe Kieffer avait déjà repéré cet homme sur le *Courbet*, où il avait participé à la défense aérienne de Portsmouth avant d'embarquer sur le *Chasseur 106*, puis à nouveau sur une vedette rapide jusqu'au 22 janvier 1942[10].

On comprend aisément que Kieffer ait voulu confier l'instruction de ses hommes à des fusiliers marins de formation, comme Pinelli ou Chapuzot, préférant réserver à Francis Vourc'h – qui n'a pas encore reçu sa formation de fusilier – le lourd travail administratif et l'éventuelle fonction d'instructeur « joker ». C'est donc autour de ces trois hommes, qui constituent le noyau de sa compagnie, que Kieffer entend poursuivre la formation et l'entraînement de sa troupe.

Il souhaite former ses hommes – comme l'état-major des FNFL le lui a demandé – dans la perspective de les rendre opérationnels pour des « coups de main » avec l'armée britannique, et plus particulièrement avec les Commandos britanniques. Au préalable, il doit leur dispenser durant trois semaines une formation de base. Un comportement militaire irréprochable, une discipline de fer et un état d'esprit particulier doivent être inculqués rapidement aux candidats qui lui sont envoyés à Camberley. La tâche n'est pas facile et, un mois après la mise sur pied de la compagnie d'instruction, Kieffer pointe déjà les premières difficultés auxquelles il doit faire face.

Les renforts qu'on lui envoie à Camberley ne répondent pas du tout à ses attentes, ni à ses besoins immédiats. À tel point qu'en février 1942, dans une note qu'il adresse au commandant des FNFL, Kieffer revient longuement, tout en la critiquant, sur la composition de ce premier contingent :

> « Je rappelle pour mémoire que les hommes formant plus de la moitié de ce détachement, quand ils sont arrivés à Camberley, venaient d'achever dans les trois mois précédents des punitions variant de 5 jours à 3 mois de prison et étaient indésirables pour les autres unités. La moitié de ce groupe n'avait aucune formation militaire et l'autre presque aucune [...]. Il m'est (donc) arrivé une vingtaine d'hommes à Camberley, commandés par 5 officiers mariniers, en plus du maître Jean Pinelli, déjà instructeur avec moi : soit 6 officiers mariniers pour 20 hommes. Il m'arrive aujourd'hui 2 aspirants et un S/M élève aspirant, soit 9 officiers mariniers pour les mêmes 20 hommes. Résultat : un gradé pour 2 hommes. Parmi ces 9 gradés, je n'ai que 3 officiers mariniers connaissant le métier et pouvant faire l'instruction de l'ordre serré et maniement d'armes. Un seul connaît l'armement français et peut en faire l'instruction (nous aurons des armes anglaises). Je suis le seul à connaître l'armement anglais [...][11]. »

Après avoir fait l'état des lieux de ses hommes, Kieffer demande ensuite que le choix des prochaines recrues se fasse dorénavant sur d'autres critères. Ayant finalement trop de gradés – officiers, officiers mariniers ou aspirants[12] – il demande à Muselier qu'on ne lui envoie désormais que des quartiers-maîtres ou de simples matelots, mais « solides physiquement, d'un moral plus élevé et avec de meilleurs antécédents. Ils aideraient ainsi à absorber les quelques autres mauvais sujets sur qui j'aurai à prendre[13] ».

On doit comprendre ici que Kieffer reste soucieux de l'homogénéité de sa troupe, dont les différents éléments peuvent présenter des parcours personnels quelquefois compliqués. D'après Kieffer en effet, plus de la moitié du détachement (qui comprend 20 hommes) vient de faire de la prison, et d'autres recrues, attirées par le style de l'unité en création, pourraient très bien présenter les même profils.

Mais là n'est pas le seul problème. Les séances d'entraînement à Camberley, qui s'enchaînent depuis plusieurs mois, même si elles semblent avoir endurci les jeunes recrues, sont jugées maintenant insuffisantes aux yeux de Kieffer. Ce camp ne dispose en effet ni des armes, ni des matériels nécessaires à une bonne préparation militaire pour un engagement dans des opérations combinées ou dans des actions commandos. Aussi, profitant de l'arrivée d'un nouveau contingent, Kieffer réclame maintenant une formation plus appropriée pour ses hommes, qui serait dispensée à l'extérieur de Camberley, « dans les deux écoles anglaises [...] : Browndon, *Royal Marines* et Northney, *Royal Navy*, afin qu'ils se préparent sérieusement pour l'action[14] ».

Kieffer sait de quoi il parle, puisqu'il est lui-même passé par ces écoles anglaises il y a quelques semaines. Il demande par conséquent que tous ses hommes, y compris ses adjoints, puissent effectuer, eux aussi, quatre semaines d'entraînement à Hayling Island, puis quatre autres semaines à Browndon. L'ambition de Kieffer est ici manifeste : voir les meilleurs des soldats, entraînés dans les meilleures écoles anglaises de commandos qui existent, l'ensemble devant être prêt à combattre pour l'été 1942. Au cas où les Forces navales de la France Libre n'adhéreraient pas à ses propositions, Kieffer sait également se montrer menaçant :

« J'estime que, si ces suggestions ne sont pas prises en considération, cette compagnie d'instruction de fusiliers marins français, avec les éléments qui la composent, restant à Camberley sans l'instruction et l'armement nécessaire, pourrait devenir une source de déboires[15]... »

Dans l'esprit de Kieffer, tout est déjà programmé pour que son unité puisse être opérationnelle, à l'issue de 8 semaines en écoles anglaises, suivies d'une période d'entraînement d'un mois supplémentaire. C'est en quelque sorte l'ordre de marche de son unité que Kieffer a imaginé dans le cadre d'un tableau de progression très précis, où rien n'a été laissé au hasard. Aucune approximation, aucune improvisation n'a en effet sa place dans ce programme, que Kieffer soumet à Muselier le 17 février 1942, programme qui « créerait une atmosphère active, nécessaire au bon moral des hommes, [...] une source de satisfaction et peut-être plus tard de fierté pour nos Forces navales Françaises libres[16] ».

Avant même de connaître le devenir son unité, Philippe Kieffer a également prévu d'organiser à Camberley un groupe d'instruction permanent qui sélectionnerait préalablement les volontaires aux commandos, tandis que les premiers éléments seraient déjà opérationnels. Kieffer voit loin et anticipe déjà les grandes lignes de son organisation, à Camberley, en instruction, au sein des écoles anglaises...

Les stages en écoles anglaises

La note adressée à Muselier porte immédiatement ses fruits, puisque, moins de quinze jours plus tard, les autorités britanniques acceptent d'ouvrir les portes du camp des *Royal Marines* d'Eastney Barracks à proximité de Portsmouth, dans le cadre d'une instruction sur les armes légères. C'est la même formation que celle que Philippe Kieffer et les officiers du 3e BFM avaient effectuée du 29 septembre 1941 au 18 octobre 1941.

Le cours de la *Royal Marine Small Arm School* de Browndown doit durer trois semaines, pour se terminer le 21 mars 1942. Outre le contenu de la formation, ce cours est destiné à un cours ultérieur, un cours de *Landing Craft* à effectuer à *HMS Northney*. Ce nouveau cours, qui durera quatre semaines, devrait permettre à Kieffer et à ses 28 hommes d'être détachés ensuite dans une unité britannique prête à l'action.

Le stage d'instruction sur les armes légères, commencé le 2 mars, porte sur une familiarisation au tir, au démontage et au réglage des armes utilisées par les armées britanniques. L'école de Browndown est commandée par le major général Crick, qui remarque immédiatement l'aptitude de cette unité française plutôt à l'aise dans un environnement entièrement britannique : *training* à l'anglaise, ordres donnés en anglais, instructeur anglais, discipline de fer. Dans le rapport qu'il envoie le 25 mars 1942 au commandement FNFL, il y résume l'ensemble des activités menées par les Français et une appréciation générale sur le cours qui vient de s'achever, sur les hommes et leur chef, Philippe Kieffer.

> « Le cours a affiché un grand enthousiasme et un grand intérêt pour l'ensemble des épreuves et tenait à apprendre le plus possible. La discipline fut excellente [...]. J'attribue le bon comportement général des hommes à leur excellent leader, l'enseigne de vaisseau Philippe Kieffer. Cet officier a montré un intérêt sans limite pour le bien-être général et la progression des hommes, qui manifestement ont apprécié le stage, cherchant les uns après les autres à donner le meilleur d'eux-mêmes[17]. »

La réussite de ce premier stage permet aux Français de franchir un nouveau palier dans leur formation militaire. L'étape suivante souhaitée par Kieffer est cette fois-ci un détachement de sa compagnie de fusiliers marins à une unité de commandos des *Royal Marines*. La voie est ouverte, et il ne s'agit plus de s'en écarter. Kieffer décide à cet instant de revoir certaines des fonctions qu'il occupait jusqu'à présent. Dans une note du 25 mars

1942, il explique à ses supérieurs qu'il ne peut plus s'occuper de la compagnie d'instruction à Camberley, et que ce projet de « garder un pied-à-terre à Camberley pour instruire les nouveaux doit être définitivement abandonné[18] ». Cette décision va exactement à l'inverse de ce que Kieffer exposait à Muselier, un mois auparavant, dans un compte rendu sur les activités de sa compagnie, à savoir un groupe d'instruction permanent à Camberley. Alors pourquoi cette volte-face ?

Durant les six semaines séparant ces deux rapports, les choses n'ont pas évolué du côté du recrutement à l'unité Marine de Camberley. Cinq nouvelles recrues en un mois, des recrues du 3e bataillon présentes à Camberley depuis quatre semaines, toujours sans fusils, l'impossibilité de disposer d'armes pour l'instruction. Du point de vue technique, Camberley ne peut plus permettre la montée en puissance de l'unité de Kieffer, comme il le souhaite.

D'autre part, depuis son départ en école anglaise, Kieffer reconnaît qu'il ne peut plus suivre cette compagnie d'instruction comme auparavant. D'ailleurs, il ne le souhaite pas, préférant encadrer ses stagiaires, suivre leur progression et veiller à leur discipline. Enfin, dernier argument avancé par Kieffer, des locaux occupés jusqu'à présent par la compagnie d'instruction devant être libérés pour laisser place au 3e bataillon, dont les effectifs ont augmenté ces dernières semaines.

Philippe Kieffer a bien compris que l'époque de Camberley doit prendre fin, et que désormais ce n'est plus dans un camp français que doit s'opérer la formation de son unité, mais bien directement auprès des Anglais et de leurs écoles de formation, qui proposent des moyens et des stages conformes à ses besoins et à ses ambitions. La compagnie d'instruction de fusiliers marins de Camberley a donc vécu. Elle aura malgré tout permis un temps – comme l'avait envisagé le commandement FNFL – de grossir et de servir la réserve de la compagnie de fusiliers commandos de Kieffer.

Pour maintenir le recrutement nécessaire au développement de son unité, Kieffer pousse désormais pour que ses nouvelles recrues soient envoyées vers une autre école britannique, « l'école préparatoire de Skegness ». Là, dans le cadre d'une discipline très britannique, elles recevront une première instruction de fusilier. Il s'agit là, en brûlant l'étape de l'instruction française à Camberley, de gagner du temps en accédant directement à la formation britannique. Au terme d'un entraînement prévu entre quatre et six semaines, les recrues sorties de Skegness pourraient alors rejoindre les rangs de la compagnie de fusiliers marins commandos, par groupes de 10 ou 15, pour parachever leur entraînement.

Bien évidemment, Kieffer informe ses supérieurs FNFL de ce changement de cap dans la formation de ses hommes, et de cette voie 100 % britannique qu'il choisit de mettre en avant. Il ne manque pas également de leur faire part de ses besoins, leur transmettant des rapports de situation, leur rendant compte de la situation de ses effectifs, de la progression de ses hommes ainsi que de leur moral. L'amiral Muselier et son état-major FNFL suivent donc pas à pas l'évolution du projet de Kieffer, en validant bon gré mal gré ses nouveaux choix. Ils lui permettent ainsi de prendre une certaine autonomie à la fin du mois de mars 1942, tout en cautionnant son « rapprochement » avec les structures de formation britanniques.

Kieffer veut avancer vite et profiter pleinement de cette situation qui lui est favorable. À peine achevé le stage des armes légères de Browndown, il compte envoyer ses hommes, dès le 21 mars au soir, en instruction sur barges de débarquement à Northney. Il espère ainsi que cette formation amphibie, ajoutée à une formation de fusiliers marins, pourra permettre à ses hommes de participer rapidement à des missions spéciales de commandos. Il demande donc aux Britanniques la possibilité de suivre une formation commando puis d'être rattaché à un Commando britannique sans plus attendre.

Le rattachement de la compagnie de fusiliers marins au commandement britannique

Le 23 mars 1942, à la sortie du cours *Royal Marines* d'Eastney, la compagnie d'instruction de Kieffer prend enfin le nom de compagnie de fusiliers marins français. Elle est composée de 29 hommes : un enseigne de vaisseau (Kieffer), deux maîtres (Pinelli et Vourc'h), quatre seconds maîtres (Baloche, Chapuzot, Briat, Moutailler), huit quartiers-maîtres et quatorze matelots[19]. En outre, le commandement FNFL officialise le rattachement de la compagnie à une éventuelle unité de commandos des *Royal Marines*, à disposition permanente[20].

Ce rattachement de la compagnie de Kieffer signifie qu'aucun officier, sous-officier ou matelot ne peut dès lors être réclamé par les FNFL pour un autre service. En contrepartie, il est demandé au commandant de la compagnie d'envoyer régulièrement des rapports d'activité à l'état-major de la Marine à Londres. Le règlement initial de l'unité ne change pas et suit toujours le règlement intérieur de la Marine française. Dans les faits, la compagnie française se voit partagée entre l'état-major français et le commandement des Opérations combinées britanniques.

Du point de vue logistique, l'équipement et l'armement de l'unité relèvent désormais de l'unité anglaise à laquelle les Français vont être rattachés. Seule une bande de tissu « France », portée aux deux épaules du *battle-dress* britannique, accompagnera sur le bras droit de l'uniforme l'écusson tricolore frappé de la croix de Lorraine. Les marins gardent en outre, comme couvre-chef, le bâchis à pompon rouge en dotation dans la Marine de guerre française. Ce même 23 mars 1942, la compagnie de fusiliers marins de Kieffer a cessé définitivement toute relation avec le 3e bataillon de fusiliers marins stationné à Camberley[21].

Après son stage réussi et apprécié des Britanniques à Browndown, la compagnie de fusiliers marins n'ira pas, comme le souhaitait Kieffer, en stage d'opérations amphibies à *HMS*

Northney. À peine revenue à Camberley le 30 mars 1942, l'unité française est en effet transférée à Skegness, école préparatoire britannique. Les recrues orientées sur Skegness peuvent y trouver l'école de timonerie ou l'école des radios, écoles françaises FNFL, ou encore l'école britannique des fusiliers au dépôt à terre HMS Royal Arthur. Pour cette dernière école, les cours peuvent durer de sept à huit semaines. Il s'agit donc d'une école de *Marines* britanniques, l'équivalent des fusiliers marins français. Le détachement des recrues françaises de cette école est commandé par un Français, l'officier des équipages Courtin[22].

Dès son arrivée dans cette nouvelle école, Kieffer n'abandonne pas pour autant le comportement qui a fait son succès : une audace et une initiative de tous les instants. Il soumet aux autorités britanniques qui encadrent l'école un programme d'entraînement qu'elles acceptent de prendre en compte. En revanche, là où Kieffer réussit auprès des Anglais, il échoue avec le représentant des FNFL, Courtin. La mission et le rôle de Courtin à Skegness sont subordonnés au commandement supérieur de Portsmouth, tandis que le commandement de Kieffer relève désormais uniquement de l'autorité FNFL de Londres. Mais, dans les faits, ce sont les officiers de liaison anglais chargés des questions françaises au camp de Skegness qui rétablissent les droits de Kieffer sur sa compagnie. On mesure très vite les difficultés pouvant apparaître entre les deux hommes, aux conceptions de l'engagement très différentes. C'est là pour Kieffer une nouvelle occasion d'imposer une autorité qu'on ne lui contestera plus désormais.

Kieffer conquiert rapidement l'autonomie de son entraînement face à Courtin. Il s'arrange avec lui pour le fonctionnement du groupe permanent d'instruction pour ses futurs commandos, installé en mai 1942 en remplacement du groupe d'instruction de Camberley. L'option choisie par Kieffer n'est que très modérément acceptée par l'état-major de la Marine française libre. En effet, si le choix de Kieffer est fait depuis longtemps – une participation française à des actions britanniques –, le général de Gaulle et la majorité des officiers de la France Libre, de leur côté, comptent s'appuyer sur les Britanniques pour reconstituer une armée française de Libération.

À cette époque, il ne faut pas oublier l'ambiance particulièrement délétère qui règne à Londres au sein de la Marine, où depuis plusieurs mois une crise aiguë s'est déclarée entre l'amiral Muselier et le général de Gaulle. Relevé de ses fonctions de commandant en chef des FNFL le 4 mars 1942, et ce malgré les protestations des Britanniques, Muselier est en effet appelé à être rapidement remplacé. Wietzel et Burin des Roziers ont déjà quitté l'état-major en octobre-novembre 1941. Avec les évictions de Muselier, de son chef d'état-major Moret, et des deux sous-chefs d'état-major, dont Galleret, Philippe Kieffer voit ses derniers soutiens disparaître les uns après les autres.

Mais Kieffer a su protéger ses arrières. Depuis le début de son entreprise, il joue subtilement sur les deux tableaux, France Libre et commandement britannique. Le projet de Kieffer est négocié du côté britannique par le brigadier Haydon et le major Parke Smith, et du côté français par Galleret et le commandant Jaquet. C'est ce dernier, à la tête du 1er bureau de l'état-major, qui définit clairement le sort de la compagnie de Kieffer qui « serait affectée à un Commando Marine britannique, et placée pour instruction et pour emploi, sous les ordres de l'autorité britannique[23] ». En revanche, sur le plan administratif, le personnel reste statutairement sous l'autorité de la France Libre, les Français conservant la maîtrise de la gestion des personnes et l'assurance de pouvoir les récupérer à leur convenance en cas de carence opérationnelle de leurs alliés. En clair, cela veut dire qu'en cas d'une dissolution des unités commandos britanniques, ou en cas d'inactivité prolongée des volontaires français, ces derniers « repasseraient » naturellement et directement sous le commandement FNFL[24]. L'accord de principe est scellé le 3 avril 1942.

Il semble qu'au sein du nouveau commandement FNFL peu de personnes aient cherché à retenir Philippe Kieffer et sa compagnie de fusiliers marins, alors que les priorités étaient ailleurs, notamment dans la réorganisation d'un état-major entièrement à renouveler. L'emploi des forces spéciales au sein des FNFL ne semble pas non plus à l'ordre du jour et la toute récente et officielle compagnie de fusiliers marins intéresse peu la hiérarchie navale des FFL. Dans l'esprit du commandement des FNFL, au début de mai 1942, aucune ponction ne pourra même être faite au sein de la Marine au profit de cette compagnie. Comme prétexte majeur, l'état-major FNFL craint que les conditions morales et physiques requises pour les commandos de marine accaparent le recrutement des hommes d'élite au détriment des Forces navales françaises libres proprement dites.

A contrario, les Britanniques portent un très vif intérêt à cette nouvelle unité FNFL. Ils souhaitent que le groupe Kieffer leur soit affecté le plus rapidement possible et en exclusivité. À la même époque, le commandement des Opérations combinées pousse pour que ces volontaires français, après leur instruction commando, partent immédiatement en mission au sein d'un Commando de l'armée britannique. Le départ de la compagnie de Kieffer pour le dépôt Commando est donc fixé pour le 28 avril 1942. Convoqué le 20 avril à 11 h 00 au quartier général des Opérations combinées à Richmond Terrace à Londres, Kieffer y rencontre le *Commodore* qui s'intéresse à lui. L'officier français vit à cet instant « l'un des moments les plus exaltants de son aventure[25] ».

Dix jours plus tard, le 30 avril 1942, le vice-amiral lord Louis Mountbatten, commandant en chef des Opérations combinées, le « responsable de tous les raids », adresse au général de Gaulle une lettre dans laquelle il lui confirme l'accord du commandement britannique, quant à « la participation d'éléments français aux opérations de commandos », fixant minutieusement les conditions d'emploi « convaincu que ceci est un grand jour dans l'histoire des relations franco-britanniques ». Dans cette lettre, Mountbatten va même plus loin en informant le chef de la France Libre de l'affectation précise de l'unité française libre, et en fixant lui-même les effectifs de l'unité de Kieffer :

> « Il est entendu qu'une unité française libre va être constituée immédiatement pour former une partie du Commando numéro 10 ; cette unité comprendra 1 capitaine, 2 lieutenants et 62 sous-officiers et hommes et servira sous les ordres du brigadier Laycock, exactement de la même façon que les troupes néerlandaises, norvégiennes et britanniques. Naturellement, nous serons très heureux que vous inspectiez cette unité ainsi que le Commando français libre, quand vous le désirerez[26]... »

Dans sa réponse du 4 mai, le général de Gaulle s'engage en contrepartie à fournir aux Britanniques les effectifs nécessaires. Les FNFL avaient donc pour mission de constituer, pour les Opérations combinées, une troupe opérationnelle, dans les meilleurs délais :

> « Les dispositions suivantes sont prises de notre côté : la Marine mettra sur pied, dans un délai de quinze jours, un détachement de 3 officiers, 62 hommes, aux ordres de l'enseigne de vaisseau Kieffer, et destiné aux Commandos interalliés (la moitié de ce détachement est déjà instruite et entraînée, et se trouve rattachée à un Commando britannique)[27]. »

Et le général de Gaulle de conclure : « C'est une très belle unité qui sera capable d'entrer en opérations après un court entraînement. »

C'est donc dans le cadre de la normalisation des relations franco-britanniques, négociées au plus haut niveau, que la compagnie française d'instruction des fusiliers marins se voit officiellement reconnue comme opérationnelle.

En examinant de près la correspondance envoyée à l'état-major FNFL à Londres, on constate que Kieffer n'a pas attendu que sa compagnie soit brevetée Commando par les Britanniques pour la nommer dans ses notes ou courriers officiels, « compagnie de fusiliers commandos[28] ». Comme s'il craignait que son travail accompli jusqu'alors, sous l'autorité et avec l'aide de Muselier, puisse être remis en cause par le futur « patron » des FNFL et par le général de Gaulle lui-même. Placée sous l'autorité militaire des Anglais depuis le 23 mars, et devenue « sur le papier » compagnie Commando le 25 mars, la troupe de Kieffer ne peut alors être employée que dans le cadre unique des Opérations combinées britanniques. Kieffer n'a donc pas perdu de temps, une fois de plus, bien déterminé à avancer le plus rapidement possible dans la mise sur pied d'une unité française de commandos.

Ses hommes viennent d'achever un cours de trois semaines sur les armes légères à Eastney, avant de poursuivre leur entraînement à Skegness. Pour les Britanniques, ces Français ne relèvent plus du commandement FNFL de Londres. La volonté de pousser le groupe formé par Kieffer à quitter Skegness pour un centre commando (Northney) traduit la volonté du commandement des Opérations combinées de soustraire, au plus vite, la compagnie à son environnement français. Pour l'heure, les 31 hommes de Kieffer poursuivent leur instruction à Skegness, où ils sont arrivés le 30 mars 1942. Dans cette école de *Marines*, les fusiliers marins français peuvent enfin et pour la première fois approcher au plus près le métier de fusilier marin commando, celui des *Royal Marines Commandos* de l'armée britannique[29].

La discipline y est d'une très grande rigueur. La compagnie est équipée à neuf et reçoit enfin ses armes. Malgré le transfert du groupe d'instruction sur Skegness, le recrutement des volontaires n'a pas pour autant cessé à Camberley. Les candidats pour les commandos continuent d'y être rassemblés sous la conduite d'un lieutenant français, Charles Trépel, présent à Camberley depuis la fin de l'année 1941, affecté en tant qu'instructeur. Avec quelques camarades, il attend lui aussi patiemment son tour pour un stage en école anglaise.

À Skegness, le groupe permanent d'instruction a été confié à Jean Pinelli. Destiné à accueillir vingt candidats par session, ce groupe doit dispenser en six semaines de cours les premiers rudiments de la formation et un solide entraînement pour les nouvelles recrues. Mais, dès les débuts de la mise en activité de ce centre de sélection, la Marine freine les candidatures vers cette unité, considérée comme marginale. Au sein de l'état-major à Londres, on commence en effet à s'irriter de l'attitude de Philippe Kieffer et de ses décisions prises sans l'aval des FNFL, comme par exemple le fait de choisir, seul, de délivrer (ou non) le brevet élémentaire de fusilier à ses marins. En outre, on ne comprend pas que Kieffer puisse se permettre de renvoyer des hommes d'après ses propres critères de sélection, sans préciser les raisons de leur élimination et les motifs qui en émanent.

Malgré ses difficultés avec le commandement FNFL, Philippe Kieffer a réussi à mettre en place les étapes nécessaires au recrutement des futurs commandos français. À partir de Portsmouth ou Camberley, les filières de recrutement sont désormais soigneusement organisées pour conduire, *via* le centre de Skegness, les nouvelles recrues jusqu'à sa compagnie de fusiliers marins. Depuis leur arrivée dans les écoles anglaises, les Français n'ont pas démérité. Tous les exercices qu'ils ont exécutés sont soigneusement contrôlés par les instructeurs anglais et leurs notes systématiquement envoyées au quartier général des Opérations combinées à Londres. Les appréciations sont même si bonnes qu'il est décidé, le 2 avril 1942, que la compagnie française qui vient d'entamer sa formation à Skegness peut désormais être brevetée « Commando ».

L'école d'entraînement britannique délivrant le fameux béret vert se situe au nord de l'Écosse, dans l'Inverness, à Achnacarry. Pour Kieffer, il s'agit de la dernière ligne droite devant permettre à ses hommes d'endosser enfin l'uniforme des commandos, au terme d'une longue formation militaire entamée en janvier 1942. Mais les Français sont bien loin d'imaginer ce qui les attend durant ces quatre prochaines semaines de *training*. Car Achnacarry n'a rien d'une formalité ni d'un centre de vacances, bien au contraire. Retour sur cette « vie d'entraînement à crever un cheval », pour reprendre les propres mots de Philippe Kieffer[30].

Chapitre 6

LA RECONNAISSANCE ULTIME : L'ADMISSION À L'ÉCOLE DE COMMANDOS D'ACHNACARRY

Le camp d'Achnacarry, vers lequel Kieffer et ses hommes sont dirigés, vient tout juste d'être créé le 10 décembre 1941, pour être organisé en centre d'entraînement, en *Commando Basic Training Center*, en février 1942. À sa tête, l'ex-numéro 2 du Commando n° 4, le lieutenant-colonel Charles Vaughan. Cet ancien *regimental sergeant-major* des *Guards*, appelé également le « Rommel du Nord », n'a rien d'un tendre. C'est une figure dans l'armée des commandos. Il revient des raids menés sur Vaagsö et sur les îles Lofoten en Norvège. Dans l'organisation de cette nouvelle école que lui a confiée le général Haydon, Vaughan n'a rien laissé au hasard.

Le camp d'Achnacarry

Au cœur des Highlands, à l'écart de toute civilisation, ce centre est aménagé dans l'immense parc d'un château, à Achnacarry. Le maître des lieux s'appelle sir Donald Walter Cameron of Lochiel. Il a prêté aimablement ses terres et sa propriété au quartier général des Forces combinées, pour que celui-ci puisse y organiser un terrain de manœuvres idéal pour les futurs commandos. Rivières encaissées, terrains abrupts, plaines et vallons qui s'enchaînent forment le paysage de ces lieux perdus au cœur des lacs de l'Inverness Shire. Pour ne pas être dérangées, les autorités militaires ont même fait procéder à l'évacuation de tout civil sur un rayon de trente kilomètres. À 25 km d'Achnacarry, en pleine montagne, la station de train de Spean Bridge, en réalité un quai sans gare au milieu de nulle part, est la halte la plus proche de la base.

C'est dans ce cadre reculé et tenu à l'abri des regards que se préparent désormais les unités commandos, qui doivent former l'avant-garde des raids et des débarquements en Europe.

Dans la prairie qui jouxte le château, des dizaines de baraques préfabriquées « Nissen », sorte de demi-tonneaux en tôle ondulée, sont installées côte à côte pour former un véritable « village commando » organisé autour d'une place centrale. C'est là que sont logés les soldats, tandis que les officiers ont le privilège d'être installés dans les pièces du château.

> « L'ameublement des chambrées est réduit au minimum : pour couchage nous devons nous contenter de deux tréteaux bas sur lesquels sont posées trois planches de bois parallèles, non reliées entre elles, et une seule couverture… C'est assez confortable malgré tout ! […] Une simple latte servant d'étagère permet de suspendre le fourniment et de disposer sacs et effets. Il est temps de passer à table… Et là je découvre les raisons profondes de l'aversion des Français pour cet étrange hôtel. En guise de boisson, du thé ; pour pitance, une tranche de viande trop cuite accompagnée de porridge au lait, et comme dessert de la marmelade d'orange. Vraiment c'est trop dur[1] ! »

Les volontaires français viennent d'arriver pour quatre semaines d'entraînement intensif. À l'issue du stage, ils seront brevetés commandos et pourront ainsi former la première compagnie de fusiliers marins commandos. Les Français sont les premiers étrangers à être admis dans cette école. À peine ont-ils posé leur paquetage sur le quai de la gare, que les hommes de Kieffer sont accueillis par le colonel Vaughan en personne. La rencontre est rapide et le respect de la tradition toujours le même, quels que soient les nouveaux arrivants. Tandis que les hommes chargent leurs sacs à l'arrière des camions qu'ils croient être venus les chercher, ils reçoivent l'ordre de rallier le centre d'entraînement… à pied, soit 25 km à parcourir en moins de trois heures. Tandis que les véhicules repartent vers les hauteurs d'Achnacarry, la troupe française se met en route pour cette première marche forcée, premier défi imposé par les Britanniques. Pour le relever, Jean Pinelli, Francis Vourc'h et Philippe Kieffer peuvent compter sur leurs hommes extrêmement bien préparés aux courses d'endurance. La troupe parvient à ne pas craquer dans cette délicate épreuve, et c'est avec un quart d'heure de retard sur l'heure fixée par Vaughan qu'elle franchit, à peu près groupée, les grilles d'entrée du camp[2]. Pour les futurs commandos français, la mesure vient d'être donnée.

En remontant l'allée principale du camp, les 29 Français sont fortement impressionnés par l'alignement des 18 tombes de commandos, fictives certes, mais ils ne le savent pas encore, et que les responsables de l'école ont fait installer avec, au-dessus de chacune d'elle, la raison du décès, survenu accidentellement au cours de l'entraînement, pour faute de malveillance, d'inattention ou de simple relâchement : « éclat de grenade », « a installé son mortier sous un arbre », « n'a pas assuré sa corde de rappel », « chute en cours d'escalade », « tir maladroit »…

À Achnacarry, la journée commence par l'appel des recrues sur la place aménagée au pied du château, le *Parade Ground*. Le lever ayant lieu à 7 h 00 ou 7 h 30, la parade est organisée vers 8 h 30 ou 9 h. Chaque homme est à ce moment absolument impeccable, rasé, et équipé comme s'il partait en exercice. Les Français s'y regroupent sous la conduite de Philippe Kieffer qui, comme les autres chefs, doit se mettre aux ordres du *regimental sergeant-major*. Celui-ci ordonne le rassemblement et la mise au garde-à-vous de tous les hommes présents, avant que n'apparaisse le colonel Vaughan, venu passer en revue tous ses hommes. Après cette inspection matinale, la journée peut enfin commencer. À noter qu'il est formellement interdit de marcher dans les allées du camp : tous les déplacements doivent s'effectuer au *double*, le pas de gymnastique réglementaire.

> « Alors commença pour nous une vie d'entraînement physique à crever un cheval. Des instructeurs, puisés dans les meilleurs commandos et qui avaient fait leur preuve dans les raids, menaient la danse. Ils étaient devenus presque inhumains. Nous apprenions et réalisions petit à petit des choses incroyables. Pour asservir la peur, tous les exercices, au bout du troisième jour, se faisaient avec munitions de combat, et chaque escouade de quarante hommes qui passait par cette école laissait la plupart du temps un mort et deux ou trois blessés plus ou moins grièvement, et toujours la faute en était aux morts ou aux blessés. […] Une nuit, j'ai entendu, dans l'obscurité de la salle, un officier sangloter : sanglots de fatigue morale et physique, sanglots fiers qui soulageaient, mais qui disaient aussi le refus de se rendre, d'avouer "je n'en peux plus, je m'en vais". Je surveillais de très près le moral des hommes, car on était arrivé à un point, vers la troisième semaine, où le corps ne rendait plus qu'en fonction d'un cœur d'airain[3]. »

Le récit de Philippe Kieffer témoigne du niveau de difficulté et du changement de rythme imposé à présent par l'entraînement commando. Les Français sont pris entièrement en charge par des instructeurs britanniques, passés eux aussi par le *training* d'Achnacarry. Sélectionnés parmi les meilleurs commandos du moment – tous ayant participé au moins une fois à des actions contre l'ennemi –, ils ont été les premiers à se frotter aux parcours du combattant, aux ponts de singe, aux franchissements des ponts suspendus et autres tirs à balles réelles.

D'une durée comprise entre quatre et six semaines, le *training* est bâti autour d'un programme d'éducation physique très poussé, reposant sur des exercices de lutte, la natation, les sports de défense et surtout la marche forcée. Toutes ces épreuves d'endurance sont effectuées en ambiance de combat, ce qui double le niveau de leur difficulté. Avant de partir pour

Achnacarry, Kieffer et ses hommes se sont sérieusement préparés. Comme tous les candidats, ils ont effectué pendant une semaine un premier « débrouillage », en avalant notamment une première marche forcée – un 7 *miles* anglais en 60 minutes avec armes et équipement –, pour se rendre compte de l'effort physique qu'il faudra produire en Écosse. Ils ont également été briefés par des vétérans de retour de raid et des officiers de sécurité sur la nécessité du silence à observer dans les conversations et dans les correspondances, obligations primordiales pour une unité spéciale. Les Français ont également très bien compris que chacun d'entre eux devait toujours avoir à l'esprit que toute faute en ce sens sera considérée comme très grave. Si cet écart devait se produire, la sanction sera immédiate : l'exclusion de l'unité et le retour à l'armée (RTU, *Return To Unit*).

Dans le camp d'Achnacarry, jour après jour, épreuve après épreuve, Kieffer prend soin de ses hommes. Il est en permanence à leur côté, soutenant les plus faibles, remotivant ceux qui s'apprêtent à « craquer » dans les moments les plus difficiles, comme ceux qui songent à abandonner, entraînant dans sa suite ses officiers. Tous les hommes font bloc autour de leur chef, plus solidaires encore dans les épreuves qu'auparavant. Ils admirent cet homme de 42 ans qui, pour beaucoup, pourrait être leur propre père et qui comme eux s'épuise dans cet entraînement destiné à conquérir le fameux béret vert.

Mais la route est encore longue. Et le programme d'instruction du colonel Vaughan n'a vraiment rien laissé au hasard :

> « Dès l'arrivée au camp, le soldat en *training* doit bien voir que pour lui la guerre est déclarée entre les instructeurs et lui. Ceux-ci sont l'ennemi, et doivent en cinq semaines les dégoûter de la vie militaire. Tous les exercices se font à balles réelles, et l'escalade ou l'assaut de course avec opposition sont aussi dangereux que le combat. Une perte de 3 à 7 % des hommes en *training* est normale avec des soldats mal instruits précédemment, avec des néophytes intelligents et attentifs, 4 % ne doivent pas être dépassés si l'instruction est correcte[4]. »

La marche rapide est l'exercice le plus répandu au cours de l'entraînement, considérée par les instructeurs britanniques comme l'exercice type permettant de juger le mieux la valeur d'un candidat. Kieffer et ses hommes la pratiquent sans relâche à raison de 3 à 5 fois par semaine. C'est en réalité une marche forcée, exécutée sur un rythme rapide, entrecoupée de courses permettant d'atteindre une grande vitesse de manœuvres pour de courtes distances. Certaines de ces marches se pratiquent avec l'équipement complet, dans les conditions du combat. Elles sont à la fois une école de la souffrance, de la volonté, de l'esprit de camaraderie, permettant « de juger du caractère des hommes de leurs qualités de bons camarades, faites avec l'obligation faite aux commandos d'arriver tous ensemble ».

Les distances généralement pratiquées par les futurs commandos sont le 5 *miles* anglais au début. Puis le 7 *miles*, la distance type qui se court en 55-58 minutes. Le 5 et 9 *miles* à l'entraînement et le 12 *miles*, qui est une marche forcée où il est difficile de courir, se font en 1 h 40 environ. Enfin le 15 *miles* complète les distances habituellement parcourues. Au cours de ces marches, les Français sont souvent poussés à la limite de leurs possibilités physiques. Autour d'eux, il n'est pas rare de voir des évanouissements, des abandons, des hommes soutenus par leurs camarades, car il faut absolument passer la ligne d'arrivée ensemble pour que le temps soit pris en compte par les instructeurs.

Pour entretenir leur forme tout au long de leur stage, les candidats pratiquent quotidiennement quarante minutes de gymnastique. Il s'agit le plus souvent d'exercices de force, durant lesquels les hommes manient, par groupes de 5 ou 6, des poteaux télégraphiques, voire des troncs d'arbre. Des exercices de souplesse enfin contribuent au délassement des combattants. Le combat sans armes, le *close combat*, est également inscrit au programme de l'instruction commando. Mélange de lutte, de jiu-jitsu et de force morale par rapport à l'adversaire, 4 à 5 heures par semaine sont consacrées à cet enseignement pendant le *basic training*. Le futur commando apprend ainsi les coups les plus classiques : la prise de sentinelle, le désarmement de l'ennemi, la planchette japonaise, etc. Le combat à la dague en fait également partie. Maurice Chauvet se souvient particulièrement bien du maniement de ce poignard, l'arme des commandos par excellence :

> « Lancer la dague d'une main à l'autre sans la regarder devant soi, derrière le dos, sans jamais la saisir vraiment, en la laissant seulement tomber dans la paume, en conque… Ce mouvement rapide a d'abord pour but de déstabiliser l'adversaire, qui ne sait jamais d'où le coup va surgir […]. Puis vient la façon de dégainer, ou plutôt la recherche de la meilleure position de l'arme en fonction de la morphologie et des goûts de chacun. La plus classique consiste à fixer le fourreau sur la jambe gauche, à hauteur de la poche du genou. Certains préfèrent les guêtres, le haut du bras ou l'aisselle […]. Il est temps alors de passer au stade suivant : la tenue du manche au moment de frapper. La main choisie pour porter le coup étreint le manche, un peu à la façon dont on tient un porte-plume serré entre le pouce et deux doigts. Ce geste doit devenir automatique afin de pouvoir changer l'angle d'attaque en fonction des réactions de l'adversaire. Ce n'est qu'au moment où la lame pénètre le point choisi que la main serre franchement le manche de façon à avoir le maximum de force[5]. »

Les exercices de cordes, préparation indispensable aux assauts de course, consistent également en passages de précipice, en montées de falaise à la corde lisse, en « tyroliennes », traversées de barbelés. Le cours sur les armes doit familiariser les élèves avec le fusil-mitrailleur, les mitrailleuses, les mortiers, les grenades et les grenades à fusil. La théorie et la pratique sont toujours réalisées avec des engins réels. Enfin l'étude du camouflage, l'utilisation du terrain, la cartographie et les exercices d'orientation complètent l'emploi du temps déjà très chargé des élèves commandos.

Mais la grande nouveauté de cette formation spécifique tient surtout à une nouvelle discipline, inconnue jusque-là des Français : les exercices de débarquement et de franchissement des rivières. Le *basic training* apporte en effet une première formation dans l'emploi des embarcations de débarquement, afin que les commandos deviennent des soldats marins, en vue des futures opérations amphibies.

Le 20 mai 1942, un visiteur de marque se rend à Achnacarry, pour passer en revue cette poignée de futurs brevetés français. L'hydravion de l'amiral Auboyneau, commandant les Forces navales françaises libres depuis huit jours à la suite du départ de Muselier, vient de se poser non loin de là sur le plan d'eau du loch Arkaig. Le colonel Vaughan a demandé aux Français d'aller accueillir eux-mêmes le patron des FNFL. Francis Vourc'h et six autres marins français désignés par Kieffer ont alors pris place à bord d'une barque pour ramener à terre Auboyneau et son état-major. Assis sur les bancs de la chaloupe, 12 hommes se font désormais face : six officiers de marine venus de Londres en tenue de sortie, face à six marins en *battle-dress* britannique et arborant le pompon rouge de la Royale, ramant sous les ordres de Vourc'h, debout pour diriger la manœuvre. À terre, Vaughan veille à la tenue de tous ses hommes. Pour lui comme pour Kieffer, il s'agit de ne pas décevoir les choix qui ont été faits par les FNFL de mettre à la disposition des Britanniques ces précieux éléments français.

Lorsque Auboyneau met le pied à terre, la troupe française se tient déjà au garde-à-vous sous les ordres de Kieffer. Il présente au chef de la Marine française libre tous les hommes constituant son groupe. Pour l'occasion, lui et Francis Vourc'h ont rapidement cousu sur la manche de leur uniforme, entre le titre « France » et la croix de Lorraine, l'insigne en tissu des commandos. Après son inspection, la troupe française, qui a revêtu le casque de combat britannique, enchaîne alors parades et exercices militaires. Kieffer et ses hommes font ce jour-là la démonstration de tous leurs talents. Auboyneau quitte Achnacarry quelques heures plus tard, rassuré sur l'état de préparation de ses fusiliers marins, futurs commandos.

Pour l'heure, au lendemain de cette visite officielle, c'est une épreuve toute particulière qui attend le contingent français : la manœuvre de fin de cours. Il s'agit d'un exercice de 24 heures, dont le déroulement est édifiant : inspection au *Parade Ground*, distributions des rations, marche de 55 *miles* en pleine campagne à la carte, franchissement de tous les obstacles naturels pendant la marche, attaques à balles réelles des instructeurs disposés sur le parcours et figurant l'ennemi, bivouac, attaques nocturnes tenant la troupe en attente après une courte marche le lendemain matin, embarquement sur les canots et débarquement avec forte opposition sur une plage minée pour attaquer un *strong point* à 1 km de la rive, rembarquement, les canots sont ramenés au hangar et les 2 km restants couverts en marche forcée.

Cette manœuvre conclut le cours commandos. Pour ceux qui n'ont jamais manqué un exercice et qui ont été bien notés, l'heure est venue de coudre sur leur manche d'uniforme les insignes « commandos ».

L'afflux des volontaires français : le groupe Trépel

Fraîchement brevetés, les nouveaux commandos français viennent à peine de rejoindre leurs quartiers à Ayr, non loin de Glasgow, qu'ils croisent d'autres Français, des camarades prêts à leur tour à monter sur Achnacarry. Cette nouvelle classe d'apprentis commandos est emmenée cette fois-ci par le lieutenant Charles Trépel. Ce dernier a pris soin, à Camberley, de préparer ses hommes, pour beaucoup issus de l'Armée de terre. L'entraînement de son détachement, qualifié dans les archives officielles de « détachement spécial, compagnie portée », n'a rien laissé au hasard : séances de culture physique quotidiennes, maniement des armes, techniques de combat de groupes, cours d'orientation (cartes, boussole), ordre serré, passages d'obstacles, marches forcées de 10 et 15 km en tenue de combat, épreuves de natation, etc.[6] à l'identique, le programme d'entraînement commando mis en place en école anglaise, et à Achnacarry.

Aux 20 hommes formant le groupe de Trépel est venue s'adjoindre la première « promotion » de fusiliers marins sortie de Skegness, 12 formés par Pinelli et Cortadellas entre le 4 mai et le 8 juin[7]. Avant de quitter Skegness, ces hommes sont partis avec leur propre fusil, leur équipement complet et leur habillement. Quant à l'administration de ces hommes, elle dépend désormais de la compagnie de passage de Londres. L'amalgame des deux groupes – au total 32 nouvelles recrues – se fait le 13 juin à la gare de King's Cross à Londres, point de départ vers le camp d'Achnacarry. Le groupe Trépel/Pinelli arrive finalement à Ayr, dans l'attente d'instructions pour se rendre en Écosse.

Otto Zivolhava, qui fait partie à l'époque du groupe Trépel, se souvient de cette rencontre entre les « anciens » qui descendent et les « nouveaux » qui s'apprêtent à monter sur Achnacarry :

> « Nous étions prêts à Camberley pour monter à Achnacarry. Nous sommes partis en mai d'abord à Ayr, où l'autre troupe nous a accueillis. Nous sommes restés trois semaines à Achnacarry. Quand nous sommes arrivés à Ayr à la gare, eux, la première troupe, cherchaient parmi nous les grands, les costauds. Chez nous, il y avait plus de petits Bretons que de grands balèzes. D'un côté les "matafs", de l'autre les "biffins". À Achnacarry, je me suis spécialisé dans les marches, les marches rapides, les 12 puis les 15 km. Kieffer est avec nous, comme Trépel, pour la deuxième fois. Nous sommes arrivés très tard en Écosse, on n'a pas mangé, tout était fermé[8]. »

Le témoignage de Laurent Casalonga, camarade de Zivolhava dans le groupe Trépel, va dans le même sens :

> « À Achnacarry, le pacha (Kieffer) est admirable de courage, avec Trépel pour le seconder. Ils forment une paire d'officiers qui savent donner l'exemple à leurs hommes. Aucune différence n'existe dans l'entraînement entre les officiers, sous-officiers et hommes. Tous sont pareils, même uniforme, même nourriture, les douleurs, les pleurs de rage sont

> les mêmes. Les baraquements et les loisirs identiques. Une seule différence : les grades […]. Nous allons nous surpasser pour montrer aux "British" qu'on est dignes de devenir des commandos. Nous battons des records de rapidité sur 11,5 km, en moins d'une heure, d'endurance de 100 km en moins de trois jours, dans le froid, la neige et sans nourriture. On se distingue au tir et dans les exercices de débarquement. Nous allons laisser un souvenir que les Britanniques n'oublieront pas de sitôt à Achnacarry[9]. »

Pour l'heure, les 28 nouveaux brevetés français, encadrés par Philippe Kieffer, sont accueillis au sein du Commando n° 2 basé à Ayr, leur nouvelle unité de rattachement[10]. Cette unité commando n'est pas n'importe laquelle. Elle vient d'essuyer de lourdes pertes lors du raid sur la base allemande de Saint-Nazaire, le 28 mars 1942[11].

Ce Commando n° 2 n'est pas l'unité à laquelle les éléments français sont prévus d'être définitivement rattachés. En effet, on trouve la première trace d'un projet de rattachement de la compagnie de Kieffer à un autre commando, le Commando n° 10, le « Commando Interallié » de l'armée britannique, dans les courriers échangés entre lord Mountbatten et le général de Gaulle à la fin du mois d'avril 1942, au moment où les Opérations combinées confirment auprès du chef de la France Libre leur intérêt à intégrer une troupe française dans leurs unités commandos.

À la mi-juin 1942, avec le groupe Kieffer fort de 29 hommes et le groupe Trépel constitué de 32 volontaires en cours de formation à Achnacarry, l'effectif global atteint 61 hommes, dont 4 officiers, Kieffer, Trépel, Vourc'h, et Pinelli. Cet effectif est alors conforme en tous points aux exigences britanniques formulées lors de l'accord du début du mois d'avril 1942. On se souvient que le sort du commando français libre a donc été scellé en haut lieu, puisque le général de Gaulle et le chef des Opérations combinées se sont mis d'accord, à la fois sur ses effectifs, les cadres de son commandement, ainsi que sur son emploi à venir. Quant à la proposition faite par Mountbatten à de Gaulle de venir inspecter cette unité française, le défilé du 14 juillet 1942 à Londres offre la meilleure des occasions pour le chef de la France Libre.

Ce jour-là les volontaires des deux premières promotions, constituées en une troupe complète, reçoivent les honneurs de défiler à Londres avec d'autres Français libres. Les hommes emmenés par leurs officiers, Kieffer en tête, sont acclamés au cours du trajet par une foule nombreuse massée le long de *Buckingham Road*, et au pied de la statue du maréchal Foch à Victoria. C'est le second maître Baloche qui arbore, au bout de son fusil, le fanion de l'unité française, le drapeau tricolore portant l'ancre de marine et le mot « commandos ». Tous les hommes à sa suite ont revêtu le calot de la marine FNFL avec le pompon rouge. Le succès auprès des Londoniens est garanti. En débouchant sur *Wellington Barracks*, le général de Gaulle est déjà là, prêt à les inspecter. Après avoir fait aligner ses hommes sur trois rangs, Kieffer les fait mettre au garde à vous au passage du chef de la France Libre : « Les soldats français paradent en équipement de combat. De Gaulle s'arrête pendant l'inspection et s'entretient avec le commandant de la *troop*, Kieffer. Il le félicite au sujet de la tenue de ses hommes[12]. » Ce 14 juillet 1942, présentés pour la première fois au grand jour, les commandos de Marine français ne sont pas passés inaperçus. Ils sont enfin sortis de leur anonymat.

Chapitre 7

LES COMMANDOS FRANÇAIS À DIEPPE, LE BAPTÊME DU FEU

La deuxième partie de l'année 1942, marquée par différents temps d'arrêt, voire des reculs militaires des puissances de l'Axe sur à peu près tous les fronts, correspond du point de vue de l'engagement des commandos britanniques à une accélération brutale de la politique des raids sur les côtes occidentales et surtout françaises, accélération due en grande partie à l'arrivée de lord Louis Mountbatten à la tête des Opérations combinées. Bruneval en février puis, Saint-Nazaire en mars, voient ainsi débarquer dans la nuit des unités de commandos britanniques[1]. Devenue un terrain plutôt « favorable » pour ce type d'opérations secrètes, la France allait également être le terrain sur lequel les Alliés décidaient d'un raid de reconnaissance de grande envergure, en août 1942, sur les plages de Dieppe. C'est au cours de cette opération que, pour la première fois, des éléments français allaient être intégrés à des unités commandos britanniques, pour leur baptême du feu.

Une troupe française au Commando n° 10 interallié

Un mois avant ce premier engagement militaire, la troupe de Kieffer a dû quitter sa base écossaise pour rejoindre une nouvelle unité commando. Le volontariat grandissant d'éléments étrangers pour les troupes de commandos a en effet conduit les autorités britanniques à concevoir pour eux une unité spécifique. Ainsi, en juin 1942, le *War Office* a établi les premières bases d'un nouveau commando, le Commando n° 10 interallié. Installée dans le nord du pays de Galles, cette nouvelle unité, confiée à un ancien du raid sur les îles Lofoten, le lieutenant-colonel Dudley Lister[2], est destinée à accueillir et à former des éléments français, allemands, belges, polonais ou norvégiens.

Le 12 juillet, la compagnie française reçoit l'ordre de quitter l'Écosse et le Commando n° 2 pour prendre ses nouveaux quartiers au pays de Galles. Quatre jours plus tard, après le défilé londonien, les commandos français, emmenés par Kieffer et Trépel, s'installent, dans la station balnéaire de Criccieth. La *troop* française, qui se compose à cet instant de 3 officiers, et 47 hommes, soit au total 50 hommes[3], trouve rapidement ses marques :

> « La *troop* française est très bien installée à Criccieth. Les hommes et les officiers sont dans de bons "billets" et un bon quartier général a été organisé. L'entraînement a commencé, mais il manque de moyens en armes, les habitants sont contents et coopératifs. La *troop* semble vraiment heureuse d'être à cet endroit[4]. »

Pour Philippe Kieffer, les premières impressions sont identiques :

> « J'ai trouvé un accueil favorable de la population et, bien que ce coin des îles Britanniques soit un des endroits où les gens sont le plus renfermés, je crois que notre arrivée a fait une très bonne impression et les hommes, logeant dans des familles du village, auront bien vite gagné leur confiance[5]. »

Les Français comme les autres commandos sont logés en « billet », c'est-à dire chez l'habitant, munis d'un billet de logement, seul ou à deux. Les hommes de Kieffer constituent, au sein de ce Commando n° 10, une nouvelle troupe, la *troop* n° 1. Ils sont vite rejoints par une *troop* n° 2, le 16 juillet suivant.

Composée exclusivement de soldats néerlandais de la brigade Princesse Irène, rattachés au n° 4 Commando depuis leur sortie d'Achnacarry, cette *troop* constitue avec les Français le noyau le plus ancien et le plus solide du n° 10 Commando. Français et Néerlandais ont une revanche à prendre sur ceux qui occupent leur pays, tout comme les Polonais ou les Tchèques confrontés aux mêmes situations d'occupation et qui, à leur tour, se constituent en *troops* supplémentaires au sein du Commando interallié[6].

Au total, environ 420 commandos, rassemblés en six *troops* placées sous le commandement de Lister, qui entend bien un jour les réunir « sous un même toit », afin de les emmener sur des missions en France ou dans des raids sur des côtes tenues par l'ennemi. Car il faut rappeler que chacune de ces *troops*, pour le moment, est cantonnée dans une ville différente, en Écosse ou au pays de Galles. Il n'y a donc pas d'exercices communs ni d'entraînements collectifs, au cours desquels les *troops* pourraient manœuvrer de concert. Le n° 10 Commando interallié n'est interallié que sur le papier. Il faudra attendre la fin du mois de mai 1943, lorsque toutes les unités seront rassemblées dans le sud de l'Angleterre, à Eastbourne, pour que ce Commando trouve enfin sa pleine identité.

En attendant un départ sur un théâtre d'opérations, il revient aux Français d'assurer la police et la sécurité du secteur de Criccieth, dans la tradition des troupes britanniques stationnées dans le pays. Et très vite la routine s'installe dans cette petite ville de garnison. Loin de Londres, la troupe française ne retient plus l'intérêt de l'état-major FNFL, auprès duquel Kieffer demande inlassablement des fournitures pour les loisirs de ses hommes et des promotions en grade, qui tardent à venir depuis avril 1942. Autre souci de Philippe Kieffer, auquel ne répond pas l'état-major FNFL à Londres : la situation de tous les hommes du groupe Trépel, issus de l'Armée de terre et qui n'ont toujours pas été « versés » à la Marine. Kieffer tient absolument à créer, au sein de sa troupe, un état d'esprit « Marine », propre à ces nouvelles unités que sont les

Commandos. Les questions de promotions, de grades et de « versement » de plusieurs soldats de l'Armée de terre dans la Marine sont des points importants aux yeux de Kieffer. Une unité commando ne présentant pas le nombre suffisant de cadres – officiers et sous-officiers – ne peut en effet prétendre à un quelconque engagement sur un théâtre d'opérations avec les Britanniques.

Kieffer en est conscient et sait que le colonel Lister attend de lui une augmentation des effectifs français pour les envoyer en mission. Kieffer prend bien soin de préciser à l'état-major FNFL que « le colonel Lister est très anxieux de voir l'unité française complète le plus tôt possible, afin que nous puissions prendre part tout de suite à n'importe quelle opération[7] ». Kieffer sait aussi qu'en dessous des 80 hommes – l'effectif exigé pour former une troupe complète – son unité ne peut participer aux opérations. Mais, au-delà de l'effectif global de la *troop*, la composition interne de l'unité revêt aussi une importance toute particulière. La question des spécialistes radios, par exemple, est primordiale et Kieffer la soulève dans un courrier au chef des FNFL :

> « La question des radios, surtout, est essentielle, et tant que nous ne les aurons pas, nous n'arriverons pas à aller en opérations. Il importe peu si nous avons déjà seulement deux radios entraînés, les 4 autres seront envoyés immédiatement en école anglaise et, si intelligents, pourront revenir, parés après quelques semaines[8]. »

Il est vrai que la *troop*, telle qu'elle a été définie par les Opérations combinées, doit pouvoir opérer isolément, de manière autonome, avec sa propre section de mitrailleuses, ses armes légères et ses propres matériels radio et de communication. Kieffer réclame. Mais Kieffer donne également des nouvelles de sa troupe depuis son installation dans le nord du pays de Galles :

> « Vu l'isolement où se trouvent les hommes et le travail dur qu'ils fournissent, je fais l'impossible pour leur faire aimer leurs nouveaux cantonnements et organiser des séances de cinéma ou des réunions de danse pour eux dans les environs. Je compte également monter une petite bibliothèque de livres français et je serais très heureux de recevoir tout ce que le service des œuvres pourra nous envoyer comme livres, journaux illustrés, cigarettes ou autres[9]. »

Kieffer, tenace, continue à harceler l'état-major FNFL à la fin du mois de juillet 1942, pour que ses demandes concernant ses effectifs aboutissent le plus rapidement. Le 5 août 1942, il fait parvenir cette fois un message télégraphique demandant de stopper tout prélèvement sur du personnel Marine. Avec 71 hommes et 17 spécialistes en attente, Kieffer considère que son unité est enfin « complète et parée pour opérations[10] ». Parmi les 17 hommes en cours de mutation, tous sont des spécialistes faisant défaut dans la compagnie de Kieffer : un sergent radio et sept radios, un motocycliste, un infirmier, deux conducteurs voiture et cinq hommes que doit lui donner la Marine[11].

Après sept mois d'instruction, du camp de Camberley en passant par Achnacarry, l'unité de fusiliers marins commandos constitue une troupe de commandos à part entière aux yeux des Britanniques, alors que, pour le commandement FNFL, cette unité n'a pas encore reçu le titre officiel de compagnie de fusiliers commandos de marine. Malgré tous les efforts entrepris par Kieffer, et les rapports de progression de l'unité établis par le colonel Lister à destination des Opérations combinées, la *french troop* du n° 10 Commando n'est pas tout à fait prête pour partir au combat, alors que se prépare l'opération sur Dieppe.

Le raid de Dieppe

Devant la faiblesse de ses effectifs, l'unité française n'a pas été retenue par les stratèges du raid de Dieppe. Le plan Rutter

– l'attaque frontale de Dieppe – a été paraphé par Mountbatten le 4 juin 1942, alors que la troupe française n'est pas encore brevetée Commando. Devenue Jubilee le 14 juillet 1942, l'attaque est prévue pour la nuit du 17 au 18 ou du 18 au 19 août suivant. À défaut de pouvoir y participer au sein de leur unité, certains des commandos français vont toutefois y participer de manière individuelle, pour des tâches très particulières.

Le matin du 15 août 1942, le général commandant la brigade des commandos demande en effet à Philippe Kieffer de choisir dans sa compagnie un officier et quatorze hommes devant être prêts à partir le jour même à 16 h 30, pour « des missions spéciales », avec leur équipement complet[12]. Kieffer ne sait ni dans quel but, ni vers quelle destination ses commandos sont appelés ce jour-là. Il divise en trois groupes le détachement qu'il a retenu.

C'est l'officier des équipages Francis Vourc'h qui commande le groupe n° 1, dans lequel figurent six hommes : le second maître Dumenoir et les fusiliers Simon, Jean, Loverini, Borretini et Tanniou. Le groupe n° 2, commandé par le second maître de Wandelaer, comprend le second maître Moutailler, les quartiers-maîtres Errard, César et Ropert. Enfin un troisième détachement, commandé par le second maître Baloche, comprend les quartiers-maîtres Taverne et Rabouhans. Ces trois groupes quittent Criccieth en un seul détachement, placé sous les ordres de Francis Vourc'h.

Acheminés par train, les 15 hommes sont réceptionnés à Londres par un officier anglais du n° 4 Commando, puis convoyés vers le port de Newhaven. Le 17 août 1942, ils sont enfin informés du caractère de leur mission : participer au raid de reconnaissance sur le port de Dieppe. Plus précisément, intégrés à des unités commandos britanniques, les Commandos n° 3 et n° 4, il s'agit pour eux de mettre hors d'état de nuire les batteries côtières installées de part et d'autre de la ville portuaire, à Varangeville et à Berneval[13].

Cependant, si les concepteurs de l'opération Jubilee ont fait appel à des détachements français répartis au sein des trois forces d'intervention anglo-canadiennes, c'est avant tout pour des missions très spécifiques : accompagner par petits groupes les unités anglaises ou canadiennes, avec une mission d'interprète, afin de rassurer la population et lui expliquer qu'il s'agit bien d'un raid et non d'une tentative de libération. Il s'agit enfin de rassembler auprès des civils le maximum de renseignements et de recruter, le cas échéant, comme cela a pu se faire lors des raids en Norvège, d'éventuels volontaires.

Le raid de Dieppe vise à atteindre deux objectifs. Tout d'abord mettre en alerte les garnisons allemandes de la côte française sur l'éventualité d'une attaque anglaise et les obliger ainsi à renforcer leur dispositif de défense. C'est alors le moyen de répondre aux demandes répétées de Staline relatives à l'ouverture d'un second front à l'Ouest, devant le soulager à l'Est. Ensuite le coup de force sur Dieppe doit permettre de tirer des conclusions nécessaires à la mise en place d'un large plan de débarquement. 6 000 hommes, dont 5 000 Canadiens, constituent la force de frappe de ce raid.

Le Commando A des *Royal Marines* (40e RMC) a reçu la mission de renforcer au centre l'assaut de l'infanterie canadienne, puis une fois opéré le débarquement, de remonter en force dans le port de Dieppe, de s'emparer des barges allemandes, de faire des prisonniers et de saboter les installations portuaires, avant de regagner la Grande-Bretagne. Intégré aux 370 hommes du 40e *Royal Marine Commando*, le groupe n° 1 de Francis Vourc'h reçoit pour mission la prise de contact, aussitôt débarqué, avec la population civile, pour l'interroger et l'exalter à la cause alliée. L'obtention de renseignements est étroitement liée à ces premiers contacts. Des patrouilles dans la ville sont également programmées.

Sur le terrain, les barges se présentent devant Dieppe vers 4 h 30 du matin. Ce secteur est le centre de l'objectif. La première vague d'assaut débarque sous un feu violent. En dépit des grosses pertes subies et passé l'effet de surprise, les opérations de débarquement sont maintenues sur les plages. Les régiments canadiens sont cloués au sol, laissant plusieurs centaines de morts et de blessés sur les plages, et ce malgré l'appui des chars Churchill et des blindés légers. Devant une telle situation, la mission attribuée aux commandos du *Royal Marine Commando* n'est plus possible. Celle réservée au détachement français l'est encore moins.

Les barges de débarquement sur lesquelles ont pris place les commandos ont été placées en réserve sur le secteur de *White Beach*, un des deux secteurs de l'assaut frontal sur Dieppe, mais ne parvenant pas à débarquer sur leur objectifs et, devant l'intensification de la défense allemande, l'ordre est reçu de prendre le large. Beaucoup de tués sont à déplorer dans les barges des commandos, mais le groupe français ne subit de son côté aucune perte[14]. Vers 15 h 00, ordre leur est donné de rentrer.

Le groupe de de Wandelaer est attaché au Commando n° 3. Son objectif : le flanc gauche du débarquement sur Berneval, à 6 kilomètres environ au nord-est de Dieppe, pour la destruction d'une batterie allemande. Le groupe français est divisé en deux sous-groupes : le second maître Moutailler et le quartier-maître César embarqués sur la vedette rapide n° 14 avec des commandos anglais, les quartiers-maîtres Ropert et Errard embarqués sur la n° 15, tandis que le second maître de Wandelaer prend place sur la n° 13 avec le PC du Commando. Il faut noter que les Français, qui ont été appelés tardivement pour prêter main-forte à cette opération, n'ont pas pu participer aux multiples répétitions de celle-ci, notamment les exercices effectués par le n° 3 Commando sur les côtes du Sussex.

Pour des raisons de sécurité, l'officier d'Intelligence du n° 3 Commando propose aux Français, avant d'embarquer, de découdre les bandes « France » de leurs *battle-dress* ; après entente avec ses camarades, Moutailler refuse et les Français vont même plus loin. Coiffé du casque réglementaire, le groupe entier dissimule alors casquettes et bérets de marin dans le blouson. Au moment du débarquement, les Français abandonnent leur casque pour porter leur coiffe d'origine.

Vers 3 h 40, en pleine phase d'approche, le convoi est brusquement attaqué par un convoi allemand à quelques milles de la côte. Très vite repérées, les 23 barges alliées sont contraintes de s'éparpiller. Seulement six d'entre elles parviennent finalement à déposer leurs commandos au pied des falaises, sur les plages de Petit Berneval et de Belleville-sur-Mer, au nord-est de Dieppe. Sur les effectifs des 18 barges prévues initialement pour attaquer la batterie de Berneval à partir de Belleville-sur-mer, seuls 17 soldats et 3 officiers, l'effectif de la barge n° 15, débarquent vers 4 h 50 sous la conduite du major Peter Young. Ils escaladent la falaise et parviennent aux abords du village de Berneval, avant d'engager le combat avec la batterie allemande en la prenant à revers. Les cinq commandos français appartiennent au second groupe, celui qui doit débarquer au pied de Berneval. Seules cinq barges sont parvenues à débarquer une cinquantaine d'hommes. Parmi eux, deux des cinq Français, Moutailler et César. Un combat s'engage au pied d'un escalier avec chicane de barbelés, par laquelle les commandos essaient de s'infiltrer… C'est à cet instant que Moutailler trouve la mort, abattu par l'ennemi. Il est le premier commando français tué en opération[15]. Le travail de destruction de la batterie ne peut être totalement accompli, deux ou trois des canons parvenant encore à faire feu jusqu'à la fin des opérations. Le repli vers la plage devient l'unique solution de sortie pour les commandos. La plage de Berneval est évacuée vers 7 h 30. De ce combat violent, peu d'hommes peuvent rembarquer, trois des cinq barges encore en état peuvent en effet rembarquer. Beaucoup d'hommes du n° 3 Commando, condamnés à rester sur la plage, et à court de munitions, sont capturés par les Allemands. Parmi eux figure Maurice César. Quant au second maître de Wandelaer et aux quartiers-maîtres Jean Errard et Ropert, ils regagnent l'Angleterre, sans avoir pu débarquer.

Le n° 4 Commando prend pied à 4 h 45 sur la plage de Varangeville, à l'ouest de Dieppe, près du phare d'Ailly. Les commandos Baloche, Rabouhans et Taverne font partie du groupe de 88 commandos de la *troop* C, qui débarque sur la plage de Vasterival. Le second maître Baloche et Mills-Roberts (le commandant de l'opération) conduisent l'assaut vers la batterie, tandis que les deux autres Français sont maintenus à l'arrière pour couvrir la retraite dans les prochaines heures. Dans le même temps, sous le commandement de lord Lovat, le gros du Commando, 164 hommes, a débarqué sur la plage de Quiberville, à l'embouchure de la Saâne. La jonction des deux groupes se fait lors de la prise de la batterie allemande. Dans ce secteur, l'ennemi a perdu près de 200 hommes.

Après les combats et le sabotage des canons, le groupe des Français prend contact avec la population civile. Baloche parvient à obtenir des renseignements complémentaires sur la position d'un nid de mitrailleuses, couvrant la batterie, aussitôt détruit par les commandos anglais. Le groupe français enchaîne alors les patrouilles, avant d'embarquer à 8 h 30.

À Berneval et à Dieppe, où la bataille a été continue, le contact avec la population a été difficile. À Varangeville, où le village a été conquis presque immédiatement, les hommes du groupe n° 3 ont pu s'entretenir avec les habitants présents, du moins avec ceux qui étaient prêts à leur livrer toutes les indications et tous les renseignements possibles. Du côté français, à l'issue des combats, le bilan est terne. Seul le détachement opérant avec le n° 4 Commando a pu exécuter convenablement sa mission de prise de contact avec les civils. Sur les 15 hommes engagés, seuls cinq d'entre eux ont pu débarquer (Baloche, Rabouhans, Taverne, César et Moutailler). Du côté des pertes, seul l'effectif du groupe n° 2 a été affecté : Moutailler (tué) et César (prisonnier) sont portés disparus, lorsque le groupe français revient au pays de Galles au sein du n° 10 Commando.

Si la participation des troupes commandos – au total 670 hommes engagés dans l'opération – fut minime au regard de l'ensemble des effectifs engagés lors du raid, l'action des éléments français fut remarquée par tous les protagonistes de l'assaut et rapidement récompensée avec la distribution de plusieurs médailles militaires, notamment décernées aux membres du détachement qui opérait avec le n° 4 Commando. Pour leur mission réussie dans la défense du périmètre nécessaire au repli des commandos, les quartiers-maîtres Rabouhans et Taverne reçoivent une croix de guerre avec étoile, le 12 novembre 1942, des mains du commandant en chef des Forces navales françaises libres, l'amiral Auboyneau. Pour son action dans l'assaut final de la batterie Varangeville et l'aide apportée à des blessés britanniques, le commando Baloche reçoit la *military medal* britannique des mains même de lord Louis Mountbatten, directeur des Opérations combinées.

Philippe Kieffer avait tenu à honorer ses hommes engagés dans cette affaire de Dieppe. Il avait formulé lui-même ces demandes de décorations à la fin de son rapport sur l'opération de Dieppe, qu'il avait transmis à l'amiral Auboyneau, au colonel Lister, commandant du n° 10 Commando, ainsi qu'au QG des Opérations combinées[16]. Une poignée de commandos français s'était donc illustrée au cours de cette opération coup de poing à l'issue catastrophique[17]. Kieffer avait perdu deux de ses hommes. Dans son premier compte rendu d'opération, il revient sur les circonstances probables de la disparition de ses deux commandos :

> « Il semble, d'après les témoignages reçus jusqu'à présent, qu'au moment d'approcher de la côte pour la troisième tentative de débarquement, un obus de batterie de terre est tombé au milieu de la barge et qu'aucune trace n'est restée de cette embarcation. Il est en conséquence très probable que ces deux hommes (Moutailler et César) ont été tués, mais il reste un faible espoir qu'ils aient pu regagner la terre à la nage, n'étant pas très loin, et peut-être être faits prisonniers[18]. »

La version avancée par le patron des commandos français n'est en réalité pas tout à fait exacte, Kieffer ne disposant pas de toutes les informations nécessaires une semaine après les événements.

Le sort des commandos César et Moutailler

En réalité, le second maître Moutailler avait bel et bien débarqué sur la plage. Il était parvenu à passer le tir de barrage ennemi et avait poursuivi le combat jusqu'à la fin de l'après-midi, avec un petit groupe du nº 3 Commando. La version la plus courante de sa mort assure qu'il a été achevé par les Allemands, qui ne faisaient pas de prisonniers, tandis qu'il gisait grièvement blessé et inconscient. Fouillé et dépouillé de tous ses papiers, son corps fut inhumé provisoirement à l'endroit où il était tombé, avec comme indication sur sa tombe, la copie des insignes qu'il portait à l'épaule, « France Commando »[19]. Cette inscription fut encore portée sur une petite stèle qui marquait l'endroit de ce cimetière provisoire. Lors du transfert au cimetière définitif, le corps devint *Inconnu Allied Soldier*.

De son côté, fait prisonnier, Maurice César a juste le temps de se débarrasser de son béret de marin et de sa veste, avant de rejoindre les colonnes de prisonniers qui sont alors formées, environ 900 hommes, en majorité des Canadiens.

> « Nous partons en direction d'Envermeu ; les Allemands nous font porter leurs caissettes de munitions. En traversant la grande rue d'Envermeu, les Allemands prennent énormément de photos, mais chaque fois nous levons les deux doigts en signe de V, ils sont furieux. Environ deux km après Envermeu, nous sommes campés dans un vaste bâtiment en construction. On nous distribue une boisson que je ne saurai définir, thé ou café, et un morceau de pain que je ne puis manger malgré que je sois à jeun depuis la veille au soir. Je passe la nuit sur une planche large d'environ 20 cm… Le matin nous sortons de ce bâtiment et nous sommes parqués dans un grand terrain entourant ce bâtiment. Nous sommes mis par corps "commando", régiment anglais et régiment canadien français

Mont-Royal. Je réussis à me glisser parmi les Canadiens français[20]. »

En fin d'après-midi, César est dirigé vers la gare d'Envermeu, où il a la chance de monter dans un wagon dont les fenêtres comportent des barreaux en bois et non en fer. Direction les stalags allemands. Durant le début du trajet vers l'Allemagne, César parvient à s'échapper de son wagon, après en avoir scié les barreaux. Recueilli par des civils, il devient employé de ferme pendant un mois, avant de se décider à regagner l'Angleterre. Il parvient à rejoindre Évreux, puis Bagnolet à vélo, et enfin la gare du Nord à Paris, où il rejoint sa famille à Saint-Quentin. César choisit le mois de novembre 1942 pour franchir la ligne de démarcation. Arrêté par les Allemands, emprisonné puis libéré, il doit se cacher. Ce n'est qu'en mars 1943, qu'il parvient à intégrer une filière d'évasion du SOE, pour les aviateurs alliés abattus en France. César arrive en Angleterre en provenance de Gibraltar le 6 juin 1943, à bord d'un bateau de réfugiés. Marié avant son départ à une Anglaise, il retrouve sa femme, qui avait touché pendant quelques mois une pension de veuve de guerre. Il quitte l'unité de Philippe Kieffer peu de temps après, pour rejoindre la marine marchande.

Derniers renforts à la troop *1*

Alors qu'un contingent français s'illustre à Dieppe, de nouveaux volontaires étrangers pour les unités commandos britanniques sont arrivés au centre d'entraînement de Criccieth, pour être incorporés au Commando n° 10. Le 14 août 1942, 108 nouvelles recrues fraîchement brevetées ont quitté le centre d'Achnacarry : 75 commandos belges, 28 néerlandais et 5 français. D'autres ont intégré entre temps la *troop* n° 1. Au total, composée essentiellement d'évadés par l'Espagne et de recrues passées par le camp de Camberley, cette troisième vague de renforts français porte de 71 à 81 hommes l'effectif de la *troop* 1 au début du mois de septembre 1942[21].

Pierre-Charles Boccadoro fait partie à l'époque de ce détachement. Il est arrivé en Angleterre après des mois d'emprisonnement en Espagne. Désirant rallier les Forces françaises libres, il s'est retrouvé au camp de Camberley, où il a signé son acte d'engagement. Affecté à l'escadron mixte, il y a côtoyé des évadés de France par la Russie et par l'Espagne, futurs éléments du 501ᵉ régiment de chars de la 2ᵉ DB. Sous les ordres de de Boissieu, Boccadoro a été incorporé au peloton motorisé, puis au peloton char et chenillette jusqu'au mois de mai 1942.

> « À cette époque est alors arrivé un drôle de type à Camberley, assez curieux, le capitaine Trépel, accompagné d'un type encore plus curieux, que l'on avait surnommé "crâne d'obus". C'était Jean Errard, un marin engagé dans la Marine depuis l'âge de 16 ans. Ils étaient venus demander des volontaires pour aller aux commandos ; je me suis donc inscrit à cette époque pour partir au Commando Kieffer. Pour moi c'était l'occasion de se battre, et cette occasion à cette époque, il n'y en avait pas beaucoup. Alors que mes camarades de l'escadron partaient à l'École des cadets de la France Libre, moi je me portais volontaire au Commando. J'ai donc attendu mon affectation et finalement cette affectation est arrivée au mois d'août. Transféré de l'armée de terre au Commando je suis passé de brigadier de cavalerie à quartier-maître. J'ai donc quitté mes copains pour être affecté le 18 août 1942, la veille du raid de Dieppe[22]. »

En qualité d'adjoint de Kieffer, Charles Trépel était parvenu à adjoindre aux premiers volontaires d'Achnacarry une vingtaine d'hommes « ramassés » à Camberley. Comme lui d'ailleurs volontaires FFL de l'Armée de terre, ces hommes se morfondaient depuis plusieurs mois en Angleterre. C'est lui qui conduit l'entraînement, à Achnacarry, des nouvelles recrues du mois d'août 1942. Ce 3ᵉ groupe est composé cette fois-ci de 31 hommes[23], pour un stage devant se dérouler du 22 août au 7 septembre 1942.

Au début de l'automne 1942, la *troop* n° 1, toujours stationnée à Criccieth, se trouve sérieusement renforcée avec le troisième groupe de retour d'Achnacarry. Entièrement équipée et forte de 85 commandos, la *troop* française peut alors se conformer au modèle britannique. Kieffer en modifie la structure interne et crée deux sections : une 1re section commandée par le lieutenant Trépel et une 2e section confiée à un jeune sous-lieutenant, tout juste arrivé de Camberley, Guy Vourc'h.

Les commandos néerlandais stationnés à Portmadoc, ville voisine, deviennent les premiers compagnons d'entraînement des Français. Au cours des journées, l'entraînement se poursuit sans relâche dans l'esprit du *training* d'Achnacarry : exercices de nuit avec tir à balles réelles, débarquements en mer d'Irlande, attaques de points forts, passages de torrents et de rivières, manœuvres de plusieurs jours dans les montagnes, marches rapides et courses qui s'enchaînent jours après jours…

> « Janvier 1943, programme des marches : 6 janvier, 25 minutes de cross léger ; 8 janvier, marche de 13 *miles* (21 km) en 2 heures ; 12 janvier, 5 *miles* (8 km) en 22 minutes ; 16 janvier, 5 *miles* en 45 minutes, puis ensuite 7 *miles* en 70 minutes, 10 *miles* en 1 h 30, etc. On ne faisait que courir[24] ! »

Entre deux entraînements, Kieffer et ses hommes reçoivent des visiteurs inattendus, comme l'écrivain Joseph Kessel ou la chanteuse Germaine Sablon, venus voir de près les commandos au travail[25]. Ces personnalités échappées de France sont arrivées en Grande-Bretagne *via* l'Espagne, et ont pris l'habitude de rendre visite aux différentes unités de la France Libre. Les fusiliers marins commandos de Kieffer sont un peu « à part » dans les Forces françaises libres, et beaucoup se demandent à quoi ressemblent ces volontaires ayant accepté de servir dans les unités britanniques, sous commandement britannique.

Les premières permissions sont également accordées. Des permissions de quinze jours pour les plus anciens, partant se reposer dans les familles britanniques qui ont bien voulu recevoir des volontaires français. La plupart des hommes se rendent à Londres, d'autres en Écosse ou dans les Midlands. Avec leur solde et leur prêt franc, les commandos peuvent passer 15 jours agréables, dans toutes les grandes villes où il existe des YMCA et où les prix les plus modiques sont appliqués. Ils poussent aussi les portes des foyers de la Marine ou ceux de l'Armée de terre, toujours très accueillants.

Lors d'un retour d'une de ces permissions, deux commandos manquent à l'appel. Le premier s'était d'entrée de jeu fait remarquer en arrivant aux commandos : il avait en effet la particularité d'être tatoué entièrement, de la tête aux pieds. Avant 1939, il avait purgé deux ans dans les bataillons disciplinaires du Sud tunisien. Il avait fait pourtant le plus dur en intégrant les commandos. Kieffer en avait même fait son *batman*, c'est-à-dire son ordonnance. Mais ce jour-là, au cours de cette permission, et à court d'argent, il avait cru bon de se rendre au camp d'Old Dean à Camberley pour y braquer l'adjudant-chef payeur des Forces françaises libres, avant de partir avec l'argent sous le bras. L'arme qui servit au braquage était même le colt personnel du commandant Kieffer. Porté déserteur chez les commandos, il est très vite repris et arrêté. Il sera aussitôt rayé des commandos et emprisonné jusqu'à la fin de la guerre.

Quant au second, ancien légionnaire polonais de la 13e DBLE, il avait connu Narvik avant de rejoindre les commandos. Durant cette permission, ivre un soir à la sortie d'un pub, et en plein *black-out*, il eut la bonne idée d'allumer et de faire exploser, sous les yeux de deux *policemen* anglais médusés, une charge de TNT qui détruisit une partie du quartier. Sa permission se termina dans les locaux de *Scotland Yard*. Lui aussi sera aussitôt rayé des commandos.

L'entraînement à Criccieth est l'occasion de mesurer et de tester la valeur des commandos français dans de grandes manœuvres. La plus célèbre d'entre elles reste sans conteste celle effectuée les 18 et 21 février 1943[26]. Pendant deux jours, le Commando français va s'affronter à d'autres unités britanniques à Oxford. Il s'agit de l'exercice Longford, dans lequel Kieffer et ses hommes ont été désignés par l'état-major pour simuler l'attaque et l'assaut de la ville d'Oxford. Avec les *troops* n° 2, 4 et 6, les Français reçoivent pour mission précise de pénétrer dans la ville et d'arriver jusqu'au *Magdalen Bridge*, qu'ils feront semblant de détruire par explosifs. Face à eux, deux brigades blindées, soutenues par trois régiments d'infanterie des fameux *Guards*, auxquels on a retiré leurs véritables munitions. C'est donc l'effectif d'une division britannique blindée qui va tenter de s'opposer aux quatre *troops* de commandos.

Pierre-Charles Boccadoro, qui participait à cet exercice, se souvient :

> « On nous a débarqués dans les environs d'Oxford, et nous devions faire une marche de 31 *miles* (50 km) en 7 heures de notre point de chute jusqu'à Oxford. Notre équipement était assez léger, nous avions le "cap confort", etc. Je faisais partie du groupe de démolition avec Pinelli qui, à l'époque, était le spécialiste des démolitions. Nous avions les explosifs, les charges, les torpilles Bengalore. Notre lieutenant était Trépel. Nous devions atteindre ce pont. Nous avons attrapé la Tamise ou un de ses affluents et nous avons remonté les berges de cette rivière. L'autre groupe était entré dans Oxford et devait faire diversion pour nous permettre d'attaquer. Nous sommes arrivés sur notre objectif dans la nuit noire, vers les 4 heures du matin. Nous avons déposé sous les arches du Magdalen Bridge nos charges d'explosifs factices, sans danger, qui ont réveillé tout un collège de filles à côté. Nous sommes remontés après avoir fait prisonnier tout le poste des *Home Guards* qui était là, y compris leur commissaire de police, qui ne nous attendait pas en plein centre d'Oxford. On a réussi la mission de cette façon[27]... »

Cette manœuvre, qui peut s'apparenter à une opération militaire, est surtout un moyen pour les Opérations combinées de calmer les esprits au sein de la *troop* 1, et d'endiguer les vagues de départ qui éclaircissent ses rangs depuis plusieurs semaines. Kieffer voit en effet partir les uns après les autres quelques-uns de ses meilleurs hommes, certains recrutés depuis janvier 1942. Impuissant, il n'a en réalité rien de très concret à leur proposer pour les retenir sous son commandement. Les chiffres parlent d'ailleurs d'eux-mêmes. Sur les 81 commandos présents au sein de la *troop* 1 en septembre 1942, seuls 29 d'entre eux seront avec Kieffer en Normandie le jour du Débarquement[28]. L'hémorragie n'apparaît pas brutalement, elle va s'opérer sur le long terme, semaine après semaine, mois après mois, jusqu'à l'arrivée de nouveaux renforts, au cours de l'été 1943, et qui permettront à Philippe Kieffer d'envisager plus sereinement l'avenir de son unité.

Mais avant cela, durant 10 mois, entre septembre 1942 et juin 1943, le père des commandos français, à qui jusqu'à présent tout semble réussir, doit affronter sa première véritable crise.

Chapitre 8

LE TEMPS DES CRISES : AUTOMNE 1942-AUTOMNE 1943

Les premières difficultés dans le recrutement apparaissent en vérité dès janvier 1942, lorsque Philippe Kieffer doit sélectionner les premiers éléments de son unité et former les premiers cadres devant lui servir d'adjoints. De nombreux marins qu'ils avaient rencontrés ou repérés sont, depuis, partis rejoindre les différentes formations combattantes de la France Libre, embarqués à bord de bâtiments FNFL de la marine de guerre ou de la marine marchande, ou intégrés au sein des deux bataillons de fusiliers marins constitués après juin 1940. Kieffer sait depuis le début que son recrutement ne sera pas facile. Après le raid de Dieppe, le voilà confronté à une crise encore plus grave, qui risque de menacer véritablement sa compagnie de fusiliers marins commandos.

Les crises au sein de la 1re compagnie de fusiliers marins commandos, 1942-1943

Dès août 1942, au lendemain de Dieppe, des commandos font le choix de quitter l'unité. De Wandelaer, déserteur, est rayé des contrôles de l'unité le 28 septembre. Loverini, autre ancien de Dieppe, suit le mouvement en décembre. De Champagnac, Soubite, Mathieu, Ortais, Armirail, Herran, Waisselin, Pelouse, tous de la 3e session d'Achnacarry, quittent également la compagnie entre septembre et décembre 1942. Au-delà d'un entraînement physique toujours aussi intensif, les hommes de Kieffer n'ont, en ce deuxième semestre 1942, « pas grand-chose à se mettre sous la dent ».

Le pire de la crise survient le mois suivant, en janvier 1943, avec le départ de 13 commandos, dont 5 du groupe des 28 commandos « montés » à Achnacarry avec Kieffer en avril 1942, en quelque sorte les premiers volontaires. La compagnie perd ainsi en quatre mois, 26 de ses hommes. Avec le jeu des nouveaux arrivés à l'unité dans les mêmes délais, la compagnie passe de 80 hommes fin août 1942, à 72 hommes à la fin du mois de janvier 1943. Entre les absences pour missions ou permissions, les retours de stages et de périodes d'instruction, les visites médicales et les séjours à hôpital, la troupe française ressemble à une véritable maison des courants d'air. Mais une chose est sûre, ses effectifs n'augmentent plus. Pire, ils baissent. Le mois de mars 1943 parachève cette décrue, avec seulement 68 hommes présents à l'unité[1].

Tous ces volontaires quittent la compagnie, déçus par tant d'inaction. Réfugiés à Londres, évadés de France ou venus de l'empire, ils avaient choisi les commandos de marine pour reprendre le combat. Durement sélectionnés, puis brevetés après le stage éprouvant à Achnacarry, ils avaient l'espoir de combattre immédiatement après leur formation. L'exaltation de beaucoup est retombée au début du mois de janvier 1943. Le moral de la troupe, élevé jusqu'en octobre 1942, ne pouvait dès lors plus se satisfaire de la seule livraison des armes, des véhicules et des équipements flambant neufs qui lui étaient destinés, ni de sa promotion, le 12 novembre 1942, au rang de 1re compagnie de fusiliers marins commandos.

Face à cette situation, Philippe Kieffer décide de réagir. En janvier 1943, il alerte le commandant en chef des Forces navales françaises libres, le contre-amiral Thierry d'Argenlieu, dans un courrier extrêmement grave et pessimiste sur l'avenir de son unité, et les conséquences immédiates si ses hommes n'étaient pas enfin employés.

> « J'ai pu, par des causeries encourageantes et pleines d'espoir, entretenir le plus possible leur moral, mais la tâche est difficile et ce qu'il aurait fallu, c'était l'action dans un théâtre d'opérations. L'unité, formée depuis 1 an avec un premier contingent de la Marine, auquel plus tard est venu se joindre un groupe de l'Armée de terre, est formée en grande majorité de volontaires, venus avec l'espoir de se battre immédiatement, certains, anciens punis arrivaient fatigués moralement et physiquement, mais un entraînement très dur, un travail intéressant et nouveau contribuaient bien vite à les relever et à leur donner un moral très élevé, qui atteignait un point culminant durant les mois d'août, septembre et octobre (1942). Cette attente, jointe à un entraînement continuel, dure depuis trop longtemps. Les hommes ne sont pas employés (sauf 15 hommes durant le raid de Dieppe), 1 médaille militaire anglaise (Baloche) et 7 croix de guerre. Cette inactivité, jointe aux événements complexes de l'Afrique du Nord, sape le moral et l'esprit de l'unité, quoique toujours très "gonflés". C'est ainsi que j'ai perdu une quinzaine d'hommes renvoyés ou partis des commandos. Ces hommes partis auraient été des excellents combattants s'ils avaient eu à aller en action. Ils ont rejoint les commandos avec l'espoir de se battre les premiers et voient leurs camarades de la France combattante en action en Afrique alors qu'ils restent inactifs. Il est donc urgent qu'ils soient employés le plus tôt possible[2]. »

Kieffer insiste également sur le fait que la baisse de moral, attribuée essentiellement à l'inactivité de ses hommes, résulte aussi du mauvais climat régnant parmi les représentants de la France Libre, et notamment en Afrique du Nord, avec les violentes frictions opposant de Gaulle à Giraud, rivalités que ses commandos ont du mal à comprendre et à accepter.

> « Ces deux grands généraux et patriotes allaient pouvoir accomplir l'union nationale… Les hommes de cette unité ont foi en notre chef et lui sont dévoués. Certains d'entre eux ont des parents et des frères en Afrique du Nord et probablement parmi les militaires sous le commandement du général Giraud, et ils croyaient que le moment était venu où ils allaient se rejoindre et combattre ensemble contre l'ennemi commun. Résultat : moral secoué et baissant. »

Ce témoignage de fidélité à l'égard du général de Gaulle et des responsables FNFL à Londres, réaffirmée dans cette lettre, est aussitôt pris en compte par les autorités de la France Libre, qui perçoivent très bien les dangers menaçant la compagnie de Kieffer. Sur le plan militaire, les premières propositions ne se font alors pas attendre, l'état-major particulier du général de Gaulle se penchant un peu plus sur le sort de ces commandos français. De Gaulle n'ignore rien de leur action à Dieppe (notamment par le biais du rapport de Kieffer). Il a même autorisé en décembre 1942, avec trois mois de retard sur les propositions britanniques, les premières croix de guerre pour Baloche, Taverne et Rabouhans. Cette reconnaissance tardive s'inscrit dans une reconnaissance plus générale de l'unité des commandos, engagée depuis l'automne 1942. C'est dans ce cadre ainsi que l'unité de Kieffer reçoit son nom officiel de « 1re compagnie de fusiliers marins commandos », le 12 novembre 1942[3].

Convoqué quelques jours plus tard à Londres, Kieffer arrache les décisions indispensables pour redonner un deuxième souffle à son unité. De retour de permissions, les anciens de la troupe sont ainsi envoyés en stage du 15 au 27 mars 1943, pour étudier les types d'équipement les plus modernes : matériels de démolition, mines et pièges, etc. Dans cette même manifestation d'intérêt, de Gaulle envisage également des changements pour la compagnie des commandos, souhaitant notamment les faire breveter parachutistes :

> « J'envisagerai volontiers, qu'en vue de pouvoir employer le Commando français dans toutes les circonstances des Opérations combinées, l'instruction de parachutiste soit donnée au plus grand nombre possible des membres de cette unité[4]. »

L'appel est pris en considération par l'état-major des FNFL qui, se tournant vers Kieffer, lui demande « d'entreprendre en accord avec les représentants de lord Louis Mountbatten l'étude de la question ». La décision de de Gaulle peut s'expliquer aisément. Au terme de deux années d'existence, la France Libre était devenue la France Combattante le 12 juillet 1942, pour que toutes les forces françaises luttant contre l'ennemi commun, celles qui combattent à l'extérieur et celles qui combattent de l'intérieur, se trouvent enfin rassemblées au sein d'une même entité et sous la même dénomination. De Gaulle estime que, si l'engagement direct des forces combinées alliées en Europe doit se faire à partir de la France – l'ouverture du second front – l'armée française, celle de la France Combattante, doit prêter le moment venu son concours pour les combats de la libération de son territoire. Et les commandos, comme les parachutistes de la France Libre devront être engagés dans ces combats. Pas seuls, ni de manière isolée, mais en liaison avec la résistance intérieure. D'où la constitution d'une force aéroportée destinée à mener à bien cette action. Le modèle du genre, à cette époque, sont les SAS français, créés en 1940 à partir de la 1re compagnie d'infanterie de l'air du capitaine Bergé[5], et qui depuis janvier 1942, intégrés à la brigade britannique SAS, ont combattu l'ennemi en Cyrénaïque, en Tripolitaine, puis en Tunisie. Voilà donc pour le projet. Encore faut-il maintenant obtenir l'accord des Opérations combinées, l'autorité militaire de tutelle de la compagnie de Kieffer.

Le feu vert arrive le 7 avril 1943 par l'intermédiaire du colonel Lister, le patron du n° 10 Commando, qui lui aussi, depuis le début de l'année, cherche à employer cette force française dans les meilleurs délais. C'est ce qu'il a plaidé auprès du quartier général des Opérations combinées au début de l'année 1943 pour « étudier de quelle manière pourrait être utilisée cette *troop* de *free French* qui tarde à devenir opérationnelle[6] ».

Un stage d'instruction parachutiste pour les Français est programmé à partir du 12 avril 1943. Malheureusement pour Kieffer et ses hommes, cette opportunité souhaitée par de Gaulle est de courte durée. Moins d'un mois plus tard, le 8 mai 1943, la période d'entraînement parachutiste est en effet brutalement ajournée pour la 1re compagnie française. Affectée à d'autres tâches, celle-ci doit se préparer à quitter le pays de Galles, pour venir s'installer dans le sud de l'Angleterre, à Eastbourne.

Le raid avorté sur Lorient

Pourtant, peu avant leur départ, quelques commandos français ont eu la chance d'effectuer ce stage parachutiste. Certains d'entre eux ont même réussi à décrocher leur brevet. Les Opérations combinées avaient imaginé, pour ces premiers Français brevetés, une action aéroportée en France. Peu de temps en effet après l'exercice Longford, elles étudiaient depuis plusieurs semaines la possibilité d'une opération sur Lorient et la destruction de la base sous-marine allemande. Une attaque frontale venant de la mer étant vouée à l'échec, il était envisagé la possibilité d'un assaut du type de celui engagé à Bruneval, en février 1942[7]. Le plan d'attaque s'articulait en deux phases. Une première nuit, à J-2, la *Royal Air Force* lancera deux vagues de bombardiers sur Brest et Lorient. La même nuit, deux *troops* du n° 12 Commando seront parachutées à environ 30 km de Lorient, dans la région de Plouay, sur la route de Quimperlé à Pontivy. Pendant que la RAF larguera ses bombes sur Lorient, les commandos sauteront à basse altitude. Une fois regroupés, ils commenceront l'approche de l'objectif à 30 km.

La deuxième nuit, une nouvelle attaque aérienne aura lieu sur Brest et Lorient et visera la base sous-marine jusqu'à 2 h 15 du matin. À ce moment-là, les deux *troops* commandos seront aux abords de la ville et passeront à l'attaque. Les différents groupes de sabotage auront jusqu'à 5 h 30 du matin pour pénétrer dans l'arsenal, rejoindre les installations de la base sous-marine et placer les charges d'explosifs. Ce plan prévoit qu'à partir de 5 h, des vedettes rapides viendront récupérer les commandos.

Un détachement de commandos français de la *troop* n° 1 du n° 10 Commando, placé sous les ordres de Pinelli, a été prévu pour participer à ce raid. Ils viennent d'exécuter leur stage deux jours auparavant. Détaché au n° 12 Commando à partir du 14 avril 1943, ce petit groupe est réparti dans les différentes sections de la *troop* n° 4, la troupe parachutiste. Les commandos Le Gall, Chapuzot, Lahouze, Kermarec, Pellay, Dumenoir sont les recrues françaises qui ont été désignées. Les cartes ont été étudiées avec soin, les objectifs repérés avec précision sur les photographies aériennes. La mission risque de ne pas être simple. Mais le raid ne sera jamais exécuté. Sur l'aérodrome, alors qu'ils sont prêts à embarquer, armes et matériels une dernière fois vérifiés, les commandos apprennent finalement l'annulation du raid. La déception est énorme.

Le groupe Pinelli rentre à Criccieth pour reprendre une vie normale, après l'exaltation qui précède l'engagement. Dans les rangs de la *troop* française prête pour un combat qui ne vient pas, certains volontaires quittent l'unité pour rejoindre d'autres formations combattantes, comme les parachutistes de la France Libre, qui ont su par exemple attirer Jean Errard, volontaire de la première heure et ancien de Dieppe[8]. Errard suit l'exemple d'autres marins ayant avant lui quitté l'unité, au début de l'année 1943. Le matelot Lucien Amiel, qui avait rejoint Kieffer le 18 septembre 1942, le quitte six mois plus tard pour l'unité parachutiste, au moment où les effectifs, comme le moral, sont au plus bas. Jacques Mendes Caldas, engagé dans les FFL en septembre 1941, puis au 3e bataillon de fusiliers marins, avait rejoint les commandos avec le détachement de Trépel à l'issue du stage d'Achnacarry, en juin 1942. Il fait partie des 13 « partants » de janvier 1943. Lui aussi rejoint les parachutistes de la France Libre, avant d'intégrer l'encadrement du 1er bataillon d'infanterie de l'air en août 1943.

En une année, le premier noyau de 28 volontaires, rassemblés par Kieffer pour le stage à Skegness en mars 1942, a fondu de moitié, avec 12 départs et la disparition au cours du raid de Dieppe de deux hommes, Moutailler, tué, et César, porté disparu[9]. Du côté des officiers, Kieffer peut fort heureusement encore compter sur ses recrues des premiers jours, Francis Vourc'h, Jean Pinelli, Marcel Chapuzot, Charles Trépel, Altemeyer, renforcées par les arrivées en septembre 1942 de Guy Vourc'h et Jean Mazéas. Aucun départ n'a été enregistré chez tous ces cadres de l'unité, regroupés fidèlement autour de leur chef malgré les difficultés.

L'intérêt pour les commandos manifesté par le général de Gaulle, au début de l'année 1943, s'est finalement rapidement estompé au printemps. La visite au QG du n° 10 Commando du chef de la France Libre et de l'amiral Thierry d'Argenlieu, prévue les 22 et 23 avril 1943, et pour laquelle les commandos français se sont préparés à rendre les honneurs, a été annulée au dernier moment[10], tout comme la cérémonie de remise de fanion et la démonstration de débarquement[11]. Dépités, les marins français ne reverront pas les autorités de la France Libre avant le mois d'octobre 1943, avec l'inspection de l'amiral Thierry d'Argenlieu à Eastbourne.

Les sept premiers mois de 1943, passés au pays de Galles, sont entièrement consacrés aux entraînements, aux exercices et aux manœuvres, sans aucune perspective d'engagement sur un théâtre d'opérations. Dans le même temps, impuissant, Kieffer ne peut qu'enregistrer les défections au sein de son unité et constater une multiplication des manquements en service. Pour tenter d'enrayer cette crise, il avait obtenu pour ses hommes une participation en février 1943 à la manœuvre d'attaque d'Oxford, qui avait été suivie d'une bonne semaine de permission.

Kieffer récidive deux mois plus tard en proposant à ses hommes un nouvel exercice, cette fois-ci de débarquement et d'embarquement à bord de barges. Effectué du 29 mars au 5 avril 1943 à Warsash, cette manœuvre d'envergure laisse croire à un prochain engagement. Une rumeur persistante court alors dans les différentes *troops* du n° 10 Commando sur un prochain départ en opération outre-mer. Afrique du Nord ? Extrême-Orient ? Débarquement en Grèce ou dans les Açores ? Les ordres tombent effectivement à la fin du mois de mai 1943, et les 83 hommes de Kieffer reçoivent leur affectation : Eastbourne, dans le Sussex. C'est là, à proximité immédiate des zones d'opérations, que se sont installées les nouvelles bases du Commando interallié.

À l'image de Criccieth, la ville d'Eastbourne est une charmante station balnéaire sur la côte sud de l'Angleterre, avec ses jardins fleuris, ses collines verdoyantes et sa magnifique plage. La promenade du bord de mer, les hôtels et les villas sont protégés de barrières de barbelés, de systèmes de défenses antichars, de nids de mitrailleuses, de blockhaus. Ces dispositifs ont été mis en place pour s'opposer à un éventuel débarquement allemand, qui menaçait le pays en 1940. La plus grande partie de la population, un temps évacuée, a désormais regagné la ville et repris ses activités. Officiers et soldats, Canadiens et Britanniques, stationnent désormais dans les camps aux alentours de la ville.

Les Français posent leur sac à Eastbourne à partir du 31 mai 1943. Comme à Criccieth, ils s'installent chez l'habitant, en « billets ». Deux jours plus tard, le 2 juin 1943, et pour la première fois de son histoire, le Commando n° 10 de Lister peut enfin parader au grand complet devant les responsables des Opérations combinées. Dans le même temps, Philippe Kieffer entrevoit soudainement une solution à son problème d'effectifs, obstacle majeur pour l'engagement de ses hommes. C'est en effet à Eastbourne qu'il voit venir vers lui d'importants renforts. Dissous depuis le 13 mars 1943, le 2e bataillon de fusiliers marins des FNFL du Levant est arrivé en Angleterre le 6 juin. Une partie de ses hommes, rejoints par plusieurs évadés de France, a fait le choix de continuer le combat avec les commandos. Les volontaires sont alors acheminés à Eastbourne du 17 au 26 juin 1943. En les prenant sous sa coupe, Kieffer peut espérer doubler les effectifs de sa compagnie. Mais avant cela, les futures recrues doivent effectuer l'indispensable stage d'Achnacarry. Et c'est sous les ordres d'Alexandre Lofi et de Charles Trépel qu'elles entament leur formation en Écosse, à partir du 29 juin 1943.

Quinze jours plus tard à Londres, la 1re compagnie de fusiliers marins commandos défile une nouvelle fois le jour du 14 juillet. À cette occasion, Kieffer reçoit pour cinq de ses hommes des croix de guerre individuelles des mains du général Giraud. Ce jour-là, de Gaulle n'est pas à Londres, et c'est le général Giraud qui a été désigné pour inspecter les troupes de la France Libre. Mais le commandant en chef des forces terrestres et aériennes en Afrique divise bien des Français libres. Chez les hommes de Kieffer, certains ralliés de la première heure refusent même de défiler devant lui[12]. Dans le même temps, les hommes de Lofi et Trépel, qui terminent leur deuxième semaine à Achnacarry, défilent en rang serré au pied du château devant le maître des lieux, le colonel Vaughan. Pour ce jour de fête nationale française, aucun représentant de la France Libre n'a fait le déplacement en Écosse.

Vers l'improbable théâtre d'opération méditerranéen

L'unité apparente du Commando interallié ne va pas survivre à l'été 1943, puisque dès le mois de septembre les 657 hommes qui le composent sont « ventilés » les uns après les autres sur les différents théâtres d'opérations. La troupe belge (n° 4) est la première à partir, le 10 septembre 1943 avec la troupe polonaise (n° 6) pour embarquer trois jours plus tard à Alger, et de là gagner le théâtre des opérations en Italie. Vers la fin du mois d'octobre, c'est au tour de la troupe yougoslave (n° 7) et d'une dizaine d'hommes de la X *troop* de quitter la Grande-Bretagne pour Alger, puis de là gagner Tarente, pour être mis à la disposition de la 5e armée américaine et de la 8e armée britannique, stationnées en Italie.

La troupe française se retrouve rapidement seule, en réserve et toujours inemployée. Cette situation inconfortable pour Kieffer ne devait pas s'améliorer avant l'automne 1943, c'est-à-dire avant l'exécution des raids de sondage codés *Hardtack*. Entre l'été et novembre 1943 s'ouvre alors une période extrêmement incertaine pour l'avenir des commandos français, une force armée que les Opérations combinées tardent toujours à engager. Malgré le renfort de l'été 1943, qui permet la création d'une nouvelle *troop* française – la *troop* n° 8 – au sein du Commando interallié, l'unité de Kieffer ne parvient toujours pas à atteindre l'effectif nécessaire pour partir en opération. Privés d'un engagement immédiat au côté des Britanniques, Kieffer et ses hommes regardent alors du côté des forces françaises, où l'espoir d'un engagement semble permis. Mais à l'heure de la fusion des forces militaires françaises aux lendemains de la campagne de Tunisie, accaparé par le processus de l'amalgame de ses deux armées, le commandement militaire français tarde lui aussi à se préoccuper de cet embryon FFL.

Inemployés depuis le raid de Dieppe, Kieffer et ses commandos ne restent cependant pas inactifs, multipliant les exercices et les entraînements à Eastbourne. Du 1er au 11 septembre 1943, par exemple, la *troop* n° 1 participe à un exercice, Exercice Arlequin, avec les *troops* n° 2, 3, 5 et 7. Toujours avec l'ensemble des hommes de la *troop* n° 1, Philippe Kieffer, Charles Trépel, Guy Vourc'h et Jean Pinelli intègrent ensuite une force d'intervention, la *Franck Force*, du 16 au 28 septembre 1943.

Confié au major britannique Goddey Francks, ce groupe d'intervention est mis sur pied avec une vingtaine de Français du n° 10 Commando pour se préparer à agir éventuellement dans le cadre des raids codés *Forfar*. L'entraînement s'était déroulé à Douvres durant les deux dernières semaines du mois de septembre. Mais la *Franck Force* ne devait jamais être utilisée pour ces raids, contrairement aux trois autres groupes d'intervention, la *Fynn Force*, la *Rooney Force*, et la *Hollins Force*. De son côté, la nouvelle *troop* française n° 8 récemment formée, participe à son tour, du 23 au 24 octobre 1943, à un grand exercice de manœuvre, Buckshob III, à Penvensey contre la *troop* n° 2. Le 28 octobre 1943, les commandos français ont tous regagné leur base d'Eastbourne.

Durant ces deux mois et devant un tel déploiement de manœuvres et d'exercices, tout le monde parle désormais d'un possible débarquement en Méditerranée, et plus particulièrement en Corse. Car, depuis son soulèvement contre l'occupant italien le 9 septembre, l'île de Beauté est devenue un véritable champ de bataille[13]. Face à cette situation, et en dépit de lourds problèmes de logistique, la décision a alors été prise d'envoyer les troupes françaises pour venir au secours des patriotes corses et pour libérer l'île[14]. Ce sont les soldats du bataillon de choc qui ont été choisis pour les premières opérations de débarquement[15], rejoints deux jours plus tard pas les Marocains du 1er régiment de tirailleurs. Avec la chute de Bastia, c'est l'ensemble de l'île qui est libérée après trois semaines de combats. Parmi les 6 000 hommes débarqués en 10 jours, figurent les 600 hommes du bataillon de choc et des commandos des services spéciaux français.

Pour ce type d'opération, le général Giraud pouvait à tout moment recourir aux deux troupes de commandos français inemployées à Eastbourne. L'accord du gouvernement français, en l'occurrence du CFLN, aurait suffi aux Opérations combinées britanniques, pour que les hommes de Kieffer rejoignent Alger, puis de là la Corse, comme l'avaient fait les troupes belges et polonaises du Commando interallié envoyées en Italie. Ce ne fut pas le cas.

Depuis juin 1943, le climat politique reste exacerbé par les rivalités entre les deux coprésidents du CFLN, de Gaulle et Giraud, le chef des FFL et le patron de l'armée d'Afrique, commandant en chef en Afrique du Nord. C'est dans ce climat que Giraud a préparé l'opération de débarquement sur la Corse sans jamais en référer à de Gaulle. Il est donc « logique » que Kieffer et ses hommes ne soient pas apparus dans l'ordre du plan de bataille[16]. Du côté français, Giraud n'a pas voulu utiliser les éléments FNFL pour la libération de la Corse, privilégiant des unités issues de l'armée d'Afrique, unités « sûres » politiquement et qui lui étaient favorables.

Il est à noter également que, de leur côté, les Britanniques n'ont pas non plus souhaité participer militairement à cette opération de libération, même s'ils ont vivement encouragé l'action de Giraud. Il n'est pas certain, au vu des relations compliquées qu'il entretient avec de Gaulle depuis son départ de Londres (pour Alger, le 28 mai 1943), que Churchill ait souhaité que des commandos britanniques – même s'il s'agit des hommes de Kieffer – puissent espérer combattre en Corse, au moment même où le général Eisenhower s'emploie à constituer son armée pour l'Italie, et qu'il compte pour cela sur toutes les forces britanniques opérationnelles. Pour Churchill, l'affaire corse doit rester franco-française. Si des unités commandos britanniques doivent quitter la Grande-Bretagne, c'est avant tout pour le théâtre d'opérations italien. Les *troops* belges et polonaises du n° 10 Commando sont d'ailleurs parties en septembre pour l'Italie et pas ailleurs.

Depuis l'été 1943, le commandement des Opérations combinées cherche inlassablement à envoyer les *troops* françaises du Commando n° 10 vers les combats du front méditerranéen. Pour cela, l'accord du gouvernement français reste nécessaire. Un premier projet a été présenté aux autorités françaises le 8 août 1943, avant que les FNFL s'opposent à ce départ. Deux mois plus tard, le 2 octobre 1943, tandis que la libération de la Corse touche à sa fin, le mouvement des troupes françaises vers la Méditerranée semble définitivement annulé. Nouveau rebondissement, une semaine plus tard, lorsque le 9 octobre 1943, 8 officiers et 150 commandos du n° 10 Commando sont prévus pour intégrer la *Special Service Brigade*, elle-même placée sous le commandement du 15e groupe d'armées alliées. Mais le général anglais Alexander, qui commande l'ensemble des forces alliées en Méditerranée, n'en veut pas. Il l'a fait savoir aux Opérations combinées, préférant « recevoir » à la place un détachement de la *troop* 7 du Commando n° 3. Le colonel Lister l'annonce à Thierry d'Argenlieu, chef des Forces navales françaises en Grande-Bretagne (FNGB), le 11 octobre[17]. Ses hommes ne partiront pas encore cette fois-ci.

À la fin du mois, le projet de départ vers la Méditerranée est à nouveau relancé. Cette fois-ci, ce sont les autorités françaises d'Afrique du Nord qui réclament aux Opérations combinées et aux FNGB les deux *troops* françaises pour venir stationner en Corse, libérée depuis le début du mois. Dans un courrier qu'il adresse le 20 octobre au général Grasett, l'officier de liaison entre le *War Office* et les gouvernements alliés, le major Haydon, des Opérations combinées, se dit prêt à laisser partir les Français :

> « Les autorités françaises d'Afrique du Nord ont câblé à d'Argenlieu le souhait de voir les 2 *troops* françaises non utilisées à venir en Corse. Remplacées par des *troops* fraîches, ces 2 *troops* françaises qui existent et qui, comme vous le savez, s'impatientent quant à leur engagement. Je ne suis pas opposé à leur départ. Elles sont probablement aussi bien que n'importe quelles autres[18]... »

L'amiral Thierry d'Argenlieu a en effet reçu de l'Amirauté française, le 15 octobre 1943, un télégramme aussitôt transmis au quartier-général des Opérations combinées :

> « Envisage baser très prochainement commandos de la Marine en Corse pour raid éventuel côtes françaises ou italiennes. Prière de faire démarche auprès des Opérations combinées et de l'Amirauté pour diriger sur la Corse Kieffer et 2 groupes de nos commandos, soit 120 hommes. »

Favorable à cette proposition, Thierry d'Argenlieu annonce qu'il fera le nécessaire pour que des volontaires français puissent remplacer les effectifs de ces deux troupes sur le départ. De son côté, depuis le 18 octobre, Haydon est également partant pour ce projet. Pour Kieffer, tout semble donc aller dans le sens d'un départ pour la Corse à la fin du mois d'octobre 1943.

À cet instant, il peut aligner une troupe homogène de 172 hommes, dont 13 officiers : les volontaires de la *troop* 1, auxquels sont venus s'adjoindre les nouveaux commandos de la *troop* 8, formée en partie grâce aux renforts du 2e bataillon de fusiliers marins, de retour du Liban. Ce bataillon, dissous au printemps 1943, avait été formé par de Gaulle et Muselier à la fin de l'été 1940 pour rejoindre les Forces françaises libres en AEF. À cette époque, Philippe Kieffer avait eu le temps de sympathiser avec quelques-uns de ces marins, juste avant de les voir quitter l'Angleterre.

Trois ans plus tard, au cours de l'été 1943, le voilà désormais en position de force pour recruter ces fusiliers marins sans emploi, mais pourvus d'une solide expérience acquise en Afrique puis au Levant. Retour sur l'épopée du 2e bataillon de fusiliers marins de la France Libre.

Chapitre 9

LES VOLONTAIRES DU 2e BATAILLON DE FUSILIERS MARINS

Philippe Kieffer est en poste à Portsmouth lorsqu'il apprend, à la fin du mois d'août 1940, le départ vers l'Afrique du 1er bataillon de fusiliers marins de la France Libre. Deux mois plus tard, c'est au tour du 2e bataillon de fusiliers marins de partir en opérations. Là encore Kieffer ronge son frein se persuadant que son heure n'est pas encore venue et qu'il lui faut encore patienter. Le 2e bataillon, qui prend la direction de l'AEF libre le 27 octobre 1940, a été créé sur ordre du général de Gaulle après le ralliement d'une partie de l'Afrique noire – Tchad, Cameroun, Congo, Oubangui-Chari – pour la surveillance des côtes de ces territoires nouvellement conquis. Le patron de Kieffer, l'amiral Muselier, a confié le commandement de cette nouvelle force militaire au lieutenant de vaisseau Guy Thulot. Kieffer et Thulot ne se connaissent pas, mais auraient très bien pu se croiser à plusieurs reprises à Londres ou à Portsmouth au cours de l'été 1940. Thulot est un peu plus jeune que Kieffer. Comme lui, il figure parmi les premiers à avoir rallié la France Libre. Mais, à la différence de Kieffer, Thulot possède une véritable expérience dans la marine, absolue nécessité pour mener au combat les fusiliers marins de la France Libre[1]. C'est un homme d'autorité, et surtout un véritable marin. C'est sous sa direction que le 2e BFM parvient à Douala, au Cameroun, la veille de Noël, pour relever le 1er bataillon de fusiliers marins au Gabon, à Libreville et à Port-Gentil.

De l'Afrique au Levant

Thulot a réparti ses 65 hommes en quatre détachements le long du front de mer, entre le Nigéria et le Congo belge. Il a installé à Douala son groupe de commandement, celui qui doit veiller à l'encadrement et à l'entraînement des hommes, sous l'autorité des enseignes de vaisseau Legasse et Boyer et du premier maître Alexandre Lofi. À Libreville, au centre du secteur, Thulot a organisé un groupement sous le commandement du lieutenant de vaisseau Dupont Saint-Yves, l'officier en second du bataillon[2]. À Port-Gentil, Thulot à regroupé douze hommes sous l'autorité de l'enseigne de vaisseau Gory. Enfin, un dernier détachement a été envoyé au Moyen-Congo, à Pointe-Noire, à la limite de la frontière avec le Congo belge, 13 hommes commandés par l'officier interprète et du chiffre Ramalli.

En Afrique, Thulot reçoit ses ordres directement du commandant des Forces navales françaises libres en Afrique-Équatoriale française, le capitaine de frégate Charrier. Avec le ralliement du Moyen-Congo et du Cameroun, puis la conquête du Gabon à partir du 10 novembre 1940, Muselier avait décidé de créer en AEF libre une « base navale chargée de la défense maritime du littoral et du soutien logistique des unités navales qui y opèrent[3] ».

L'état-major FNFL est établi à Pointe-Noire, tandis que le front de mer est divisé en quatre secteurs : Pointe-Noire, Port-Gentil, Libreville et Douala. Pour ses services et son organisation propres, la Marine en AEF a été autorisée à recruter elle-même du personnel autochtone. À la mi-janvier, les effectifs de Thulot ont de ce fait rapidement évolué. C'est le détachement de Douala, qu'il commande, qui enregistre la plus forte progression, passant de 20 à 53 personnes. S'y rassemblent déjà de futurs commandos du 6 juin 1944, comme Lofi, Rougier, Madrias, Lavezzi, Saerens, Gachard, Coppin. Devant l'accroissement des effectifs, Thulot envisage un regroupement de ses hommes à Pointe-Noire, où il compte former deux sections de fusiliers voltigeurs et une section de mitrailleuses, avec un effectif global de 100 soldats.

Mais avant son départ vers le Moyen-Congo, prévu en avril 1941, Thulot est chargé d'une mission particulière au Cameroun : recruter de nouveaux volontaires pour les troupes FNFL. Du 10 au 25 février, il écume tous les camps de regroupement dans lesquels ont été placées des personnes en résidence surveillée depuis le ralliement de ce territoire confié à la France sous mandat de la SDW (ancienne colonie allemande) aux autorités de la France Libre, six mois auparavant. À cette époque, la population française de Douala est estimée à « 640 individus, 25 % pro-anglais, 15 % hostiles et 60 % passifs [...], dont 40 hommes sûrs prêts à agir et 110 sympathisants[4] ».

Six mois plus tard, les six camps de regroupement aménagés pour accueillir ceux qui seraient susceptibles de servir la cause de la France Libre ou au contraire ses pires ennemis, mais aussi les sympathisants, les indécis, sont toujours en place. Pendant quinze jours, Thulot visite tour à tour les camps de Yaoundé, Akometam, Akonolinga, Ayos, Batouri, et Batschenga, principal camp de rassemblement :

> « Nous décidons de voir individuellement chaque homme ; prise de contact familière et amicale ; exposé de leur situation, de la nôtre ; appel aux sentiments patriotiques. Il est absolument inadmissible que des hommes jeunes, des spécialistes de la Marine qui sont longs à former, il est honteux qu'ils restent inactifs quand le sort du pays se joue. Après avoir lu un exposé préparé à l'avance, chacun devait répondre à un questionnaire très succinct[5]. »

Dans son rapport transmis aux autorités FNFL, le chef du 2e bataillon ne cache pas sa déception, faisant état de résultats quasi « nuls du point de vue du ralliement à notre cause ». La raison en est simple : les hommes rencontrés, près de 120 marins au total, font souvent corps avec leur équipage, la plupart voulant « suivre Pétain, dans l'attente que l'Afrique du Nord marche ». L'autre raison de cet échec est la condition matérielle plutôt bonne – confortable pour certains – dans laquelle ces hommes se sont installés depuis plusieurs mois, voire plusieurs années au Cameroun, une situation qu'ils ne souhaitent pas perdre en tentant l'aventure de la France Libre.

Décevants, les résultats de cette mission de recrutement ne sont pourtant pas nuls, puisque Thulot réussit à rallier 12 personnes, soit 10 % des marins rencontrés. Parmi elles, quelques membres du *Touareg*[6] et du *Cap des Palmes*[7], mais surtout 7 marins de l'aviso *Bougainville*[8]. Bâtiment de Vichy chargé de la défense des côtes de Libreville, le *Bougainville* avait constitué à son bord, au moment du ralliement du Gabon, un détachement de fusiliers marins chargé de repousser à terre les attaques des compagnies de Légion et du bataillon colonial du capitaine Kœnig. L'aérodrome de Libreville fut le point de contact entre les deux forces opposées. Au soir du 9 novembre 1940, les fusiliers marins du *Bougainville* sont les prisonniers des Français libres, cantonnés à Douala et gardés par les hommes du 1er bataillon de fusiliers marins[9]. Les fraternisations entre fusiliers marins se sont alors opérées et quelques-uns sont passés chez les « gaullistes ». C'est le cas du quartier-maître Robert Saerens, qui intègre le 2e bataillon de fusiliers marins. Il fait partie des sept hommes convaincus par Thulot au camp de Batshenga.

Après sa mission au Cameroun, Thulot conduit son détachement à Pointe-Noire le 21 avril 1941 : 51 hommes rejoignant les autres détachements déjà sur place. À cet instant, 100 soldats composent son bataillon. Un mois plus tard, Thulot aligne un effectif de 159 hommes[10]. Parmi les nouvelles recrues figurent Guy Laot, Léon Gautier et Roeland, trois hommes que l'on retrouvera en Normandie.

Lorsque Thulot débarque à Pointe-Noire, le 1er BFM a déjà quitté les lieux depuis la fin du mois de février, appelé vers de nouvelles missions en Palestine. Les objectifs assignés aux hommes de Thulot restent inchangés : assurer la défense des côtes de l'AEF. C'est aussi, pour la nouvelle unité de débarquement marine, le début d'un entraînement spécifique. Pour être à la hauteur de leurs ambitions, Thulot et ses officiers décident de dispenser à leurs nouvelles recrues une formation de fusiliers pour en faire des matelots fusiliers marins brevetés. Le 10 juin 1941, une première session est ainsi organisée pour 42 candidats. Seulement 25 seront reçus à l'issue des examens[11].

Le retour de Thulot à Douala se déroule le 23 juin 1941. À ce moment-là, le bataillon compte 104 marins (dont une cinquantaine de fusiliers marins) rejoignant le reste des effectifs du détachement Marine de la France Libre à Douala, soit 216 hommes et 168 indigènes. Avec un effectif total frôlant les 400 soldats, les FNFL décident alors de constituer à la fin du mois du mois un bataillon mixte qui intégrera une compagnie de fusiliers marins et quatre sections franches. À Douala, la compagnie de fusiliers marins du bataillon mixte s'installe en juillet 1941 dans les locaux de l'école d'Akwa, qu'elle doit entièrement faire aménager. Il est également demandé à Thulot d'organiser sa compagnie en quatre sections, dont une section de mitrailleuses. Thulot doit enfin remplir des missions particulières, comme la surveillance de certains lieux sensibles, comme les cafés, où se déroulent de fréquentes bagarres mêlant troupes indigènes et population locale, voire des soldats FNFL entre eux. Ce travail de patrouille – très souvent les soirs du week-end – est avant tout destiné à sécuriser certains quartiers de Douala, mais également à pointer les mauvais éléments à sanctionner.

Les programmes d'entraînement des fusiliers marins insistent sur les manœuvres à grande échelle. Un nouvel exercice est ainsi exécuté dans l'île de Manoka le 19 août 1941, par une partie du bataillon mixte, avec la coopération de la Marine de Douala. Au-delà de ces manœuvres, les fusiliers marins sont surtout employés à l'organisation de la défense côtière de l'Afrique-Équatoriale française libre. Mais en réalité, les hommes n'attendent qu'une chose : un départ vers un théâtre d'opérations. Ils apprennent que la campagne d'Érythrée, amorcée en février 1941, se fera sans eux. Ils assistent au même moment au départ vers la Palestine des hommes du 1er BFM. Aux tâches de défense côtière succèdent des opérations de montage et d'acheminement de matériels américains destinés à la « colonne Leclerc », qui doit mener des opérations militaires à partir du Tchad, les marins du 2e BFM travaillant au montage et à l'assemblage de camions américains, Bedford ou Chevrolet. Les compétences des fusiliers marins sont plutôt bien exploitées dans ces nouvelles missions, mais l'absence cruelle de combat atteint profondément le moral des hommes et affecte leur discipline au sein des rangs. Les peines de prison et les jours d'arrêt concernent tous les hommes du bataillon, officiers compris. Les bagarres en villes se multiplient, les rappels à l'ordre se répètent. Face à ces nombreux relâchements, Thulot doit intervenir directement auprès de ses hommes :

> « Les fusiliers marins sont un corps d'élite de grande renommée, nous sommes prisonniers de cette renommée, nous ne pouvons faire moins que nos aînés. Pour cela que faut-il ? Du moral, partant de l'allant et de la discipline à tous les officiers. Je sais que les fusiliers marins que j'ai l'honneur de commander, ne trahiront pas nos traditions et qu'en toutes circonstances je peux compter sur eux ; nos équipes de dépannage, de montage de camion, d'école de conduite travaillent à plein rendement. Et quand le moment venu, avec nos hommes disciplinés, nous nous trouverons face à l'ennemi, NOUS LUI EN FERONS VOIR DE DURES[12]. »

Un an après leur arrivée à Douala, l'ordre de départ arrive enfin le 9 novembre 1941. Tout d'abord prévu pour l'Égypte, le 2e BFM prend la direction du Levant. Extraits des effectifs du bataillon mixte, les 103 marins (dont 71 fusiliers marins) de Thulot sont acheminés vers le Liban. Le 2e BFM s'y installe à la fin de l'année, pour prendre en charge un des quatre secteurs de défense confié à la Marine du Levant.

L'organisation de la base navale du Levant est à peu près identique à celle de la base AEF[13]. Son commandement est assuré depuis août 1941 par le capitaine de frégate Kolb-Bernard, dont la mission principale est d'assurer, comme en AEF, la défense côtière de vastes territoires situés entre la Turquie au nord, la Palestine au sud et l'Irak à l'est. Devant le peu de ralliement après la campagne de Syrie, le recrutement d'éléments indigènes (Libanais et Syriens) a été le principal moyen de renforcer l'embryon de la Marine Levant durant l'été 1941. Mais c'est véritablement avec l'arrivée du 2e bataillon de fusiliers marins que cette Marine Levant va pouvoir s'étoffer et prendre toute sa dimension.

Comme en AEF, quatre secteurs de défense côtière ont été constitués le long de la façade méditerranéenne, avec, du nord au sud, les secteurs de Lattaquié, de Tripoli, de Beyrouth, enfin celui de Saïda. Dès son arrivée en décembre 1941, le 2e BFM est affecté à son secteur de défense, le secteur de Beyrouth. Les effectifs de la Marine Levant avoisinent les 2 700 hommes. Dans le secteur tenu par le 2e BFM, 410 soldats assurent la défense de Beyrouth. C'est pourtant le secteur le moins bien défendu, après ceux de Tripoli (800 soldats), Lattaquié (600 soldats) et Saïda (580). Les effectifs du 2e BFM sont progressivement disséminés, au gré des affectations, entre les différents points de défense de la côte. Ainsi, en mai 1942, on retrouve des effectifs du bataillon à la caserne Drogou de Beyrouth, à Tripoli, à la base navale, à la Marine Lattaquié, à la Marine Saïda...

En route pour Londres

Durant l'année 1942, le 2e BFM est employé au Levant à la surveillance des côtes, privé de tout engagement véritablement opérationnel et offensif. La base navale du Levant, où tout danger d'action ennemie semble maintenant écarté, fait désormais double emploi avec les détachements de l'Armée de terre, à qui incombent traditionnellement ces missions de défense côtière. Que ce soit en Afrique, en AÉF libre, ou en Syrie-Liban, les effectifs de l'Armée « étaient suffisants pour qu'elle assure seule cette mission[14] ». Moins de dix mois après l'installation à Beyrouth du 2e BFM, et devant un tel constat, l'état-major FNFL de Londres songe par conséquent à le rapatrier en Grande-Bretagne. N'oublions pas qu'à cette époque, Kieffer ne cesse de réclamer des renforts pour que les effectifs de sa compagnie atteignent ceux d'une *troop* britannique[15]. De son côté, enfin en mesure de répondre favorablement aux demandes pressantes de Kieffer, le commandement FNFL de Londres reste intéressé par ce 2e bataillon, qui périt d'ennui à Beyrouth. Aussi, en octobre 1942, il adresse dans ce sens une première note au commandant de la Marine en Syrie :

> « En exécution à l'ordre du général de Gaulle, vous enverrez en Grande-Bretagne le 2e bataillon de fusiliers marins avec Lofi et Thulot, ce bataillon restant constitué en unité administrative. Sur les 58 fusiliers de l'effectif, vous n'enverrez que 35 fusiliers d'excellente conduite, et vous remplacerez les 23 autres par 10 mécaniciens, 4 chauffeurs et 6 canonniers, du personnel européen de Marine Syrie et d'excellente conduite[16]. »

Kieffer, qui reçoit la copie de cette demande de recrutement de volontaires du Liban, ne peut que se réjouir de cette nouvelle. Depuis plusieurs mois maintenant, il peine en effet à recruter. Ce qui ne l'a pas empêché d'accueillir en septembre 1942 quelques très bons éléments lui permettant de consolider l'effectif officier de sa compagnie : le sous-lieutenant Guy Vourc'h et le maître Jean Mazéas.

Jean Mazéas n'est pas un combattant. Secrétaire de formation, il a été mobilisé en 1939, puis affecté à la Marine Douala au Cameroun. Démobilisé lorsque le Cameroun s'est rallié à la France Libre[17], il a rallié les FFL en novembre 1940. Jean Mazéas a rejoint la Grande-Bretagne en mars 1942[18]. C'est à Londres que Kieffer rencontre pour la première fois Jean Mazéas. Le 20 septembre 1942, il le prend à l'essai en tant qu'officier d'administration, pour décharger de cette mission son adjoint direct, Charles Trépel. Kieffer avait besoin de manière assez urgente d'officier d'administration, mais aussi d'officiers tout court. L'arrivée de Guy Vourc'h comble cette seconde lacune.

Avec cinq autres volontaires dont son frère, Guy Vourc'h, étudiant en médecine à Paris, s'est évadé de Douarnenez le 21 octobre 1940. Arrivé en Angleterre, après avoir dérivé pendant dix jours, il s'est engagé dans la France Libre le 5 novembre avant de rejoindre les commandos français en 1942.

Tandis que Kieffer complète avec soin son équipe d'encadrement, les fusiliers marins du Levant sont donc invités à regagner l'Angleterre dès octobre 1942. Lorsque le bataillon est dissous officiellement le 12 mars 1943, Guy Thulot et son adjoint Alexandre Lofi sont chargés de la sélection des volontaires[19]. 45 fusiliers marins, sur les 58 que comprend le bataillon, sont alors prêts à rejoindre les rangs du Commando n° 10 interallié[20]. Arrivés au dépôt de la Marine de Bir-Kakeim, ils passent aussitôt sous le commandement de Lofi, qui a pris la succession de Thulot, ce dernier ayant préféré une autre affectation au sein des FNFL[21].

Alexandre Lofi, 26 ans, est un vrai marin, et un rallié de la première heure, dès juillet 1940, comme Thulot. Ce Sarrois a choisi la Royale en 1933. Second maître fusilier en septembre 1939, il est devenu instructeur et moniteur d'éducation physique à l'École navale de Brest, avant de rallier la France Libre, à Londres, le 3 juillet 1940. Affecté dans un premier temps au 1er BFM, il a ensuite rejoint le 2e bataillon de fusiliers marins, en partance pour l'Afrique[22]. Avec cette nouvelle recrue dans les rangs de ses commandos, Kieffer peut également compter sur un très bon fusilier marin.

Après son passage par Portsmouth, le groupe Lofi prend la direction d'Eastbourne, où il rejoint le Commando n° 10 le 22 juin 1943. À cet instant, sur la liste d'appel des troupes françaises du Commando interallié, apparaissent les noms de 203 volontaires, chiffre qui ne sera jamais dépassé jusqu'à la fin de la guerre. Il y a tout d'abord les 68 hommes de Kieffer, qui sont tous passés à cette date-là par le camp d'Achnacarry. Au printemps 1943, passé la crise de l'hiver, un contingent de 30 volontaires est arrivé à l'unité : 17 premiers volontaires le 27 avril 1943, suivis rapidement de 13 nouvelles recrues en mai, et qui ne sont pas encore brevetées commandos. De leur côté, les 45 fusiliers de Lofi retrouvent à Eastbourne un détachement en attente de 67 autres combattants, soldats récemment rapatriés d'Espagne, où ils avaient été internés, recrues d'Afrique du Nord ou des différents camps et écoles FNFL en Grande-Bretagne. Kieffer entend se charger lui-même de la sélection de tous ces candidats. Il accorde un intérêt tout particulier aux deux derniers groupes qui lui sont présentés en cette fin du mois de juin 1943 : 112 hommes au total, à qui il compte bien faire subir une série d'exercices physiques, afin d'opérer une première sélection. Les premiers rudiments militaires sont dispensés par Jean Pinelli, Charles Trépel et un tout jeune lieutenant « fraîchement » sorti de l'École des cadets de la France Libre et qui vient de rallier Kieffer, Léopold Hulot[23]. Ce premier « décrassage » doit permettre un premier tri avant de « monter » en Écosse. Et c'est bien sûr la course du 7 *miles* (un peu plus de 11 km), à effectuer en une heure avec l'équipement complet, qui doit être l'épreuve la plus décisive.

Naissance de la troop *n° 8*

À l'issue de ce premier test, 75 hommes sur 112 volontaires sont déclarés aptes pour poursuivre l'entraînement commando à Achnacarry. Kieffer confie l'organisation de cette nouvelle session écossaise, programmée du 30 juin au 28 juillet 1943, au lieutenant Trépel et au sous-lieutenant Hulot. Les hommes sélectionnés sont transférés le 29 juin à Glasgow et arrivent à *Spean Bridge* le soir même, où les attend le maître des lieux, le colonel Charles Vaughan. Comme le veut la tradition, ils effectuent à pied le trajet jusqu'au camp d'entraînement. C'est le plus gros contingent étranger jamais admis à Achnacarry. Le programme est bien rodé, bien mieux peut-être qu'en avril 1942, lorsque leurs aînés y obtenaient leur brevet de commando. Les exercices sont eux aussi plus diversifiés, plus durs aussi. Tirs au fusil, canotage, exercices d'embarquement, combat sans armes, marches, exercices d'assaut…

De nombreux candidats à la faible condition physique, notamment ceux rescapés des prisons espagnoles, ont bien du mal à enchaîner les premières journées du *training*. En l'espace de 25 jours, les futurs commandos parcourent près de 390 km de courses en tout genre, soit près de 15,5 km par jour en moyenne, la plus grosse journée étant celle du 13 juillet 1943, où les Français parcourent 40 km en courant, alternant exercices d'escalades et franchissements de torrent. Les deux instructeurs, les capitaines de Jongh et Burr, sont assistés du côté français, par Trépel et deux seconds maîtres, deux « anciens » de la *troop* 1, Lanternier et Scherer, qui ont déjà effectué Achnacarry en 1942. Maurice Chauvet, qui participait à ce stage, se souvient notamment des séances du « combat sans armes » :

> « Nous apprenions ainsi quelques techniques bien peu recommandables : le coup de talon sur le pied, la gorge ou le flanc, le coup de paume chinois qui, poussé à fond, peut rendre l'adversaire aveugle, les prises de poignet ou de bras, l'attaque arrière, le para-judo, capable de désarçonner des ennemis entraînés… Le poing, proscrit, est remplacé par l'usage du tranchant de la main, qu'il faut endurcir. Le coup de pouce de police permet de neutraliser l'adversaire mieux qu'avec des menottes, simplement en lui tordant le pouce. On nous enseigne encore comment des objets quotidiens, chaises ou boîtes d'allumettes de bois, peuvent se transformer en autant d'armes dangereuses et tranchantes si l'on sait s'en servir[24]. »

Le 14 juillet 1943, tandis que la *troop* 1 défile à Londres devant le général Giraud, les élèves français paradent au pied du château d'Achnacarry, réunis autour de Charles Vaughan, commandant du dépôt.

> « 14 juillet, Fête nationale. À 10 h 30 revue par le capitaine, et photos. Le drapeau français est sur le château. À 2 h 30, cinéma. Après le dîner, à 8 h 30, banquet. Cigarettes, vins, soupes et repas copieux. Chansons, quelques mots du lieutenant. À 1 h, les instructeurs un peu partis. Plus que 12 jours[25]. »

Sur les 75 élèves commandos, 66 sont finalement retenus pour recevoir le fameux béret vert. Lorsque le groupe de Lofi revient d'Achnacarry, au début du mois d'août 1943, les nouveaux commandos français intègrent directement le n° 10 Commando. La deuxième troupe française ne prendra pas le numéro 7, réservé à la *troop* yougoslave en cours de constitution, mais le numéro 8. À sa tête, Philippe Kieffer place Charles Trépel, son adjoint de toujours, confiant à Alexandre Lofi et à Guy Vourc'h les commandements des deux sections de la *troop*.

La création de la *troop* 8 permet à Kieffer d'augmenter brutalement ses effectifs et de modifier la structure de son unité. Au sein du bataillon en cours de constitution, la *troop* 8 occupe dès l'origine une place à part entière. Elle est, et restera, la formation la plus « marine » de toute, si on la compare avec la *troop* 1 et la future section de mitrailleuses, la section *K Gun*. En effet, une très grande majorité des hommes qui la composent sont déjà des marins, avant leur ralliement dans les FNFL et leur passage chez les commandos. Pour beaucoup, l'engagement dans la Marine date même d'avant le déclenchement de la guerre, en septembre 1939. Des hommes expérimentés, d'authentiques fusiliers marins, que l'on retrouvera au moment du 6 juin 1944 en Normandie. Car, à la différence de la *troop* 1, la *troop* « historique » du bataillon Kieffer, la *troop* 8 saura conserver durablement dans ses rangs les recrues des premiers jours, les trois quarts des stagiaires d'Achnacarry fouleront ainsi le sol de Normandie un an plus tard. Parmi les 71 hommes de la *troop* 8 qui débarquent en France, seulement 11 d'entre eux proviennent du 2e BFM, revenu du Liban après sa dissolution. Nous sommes assez loin de l'image largement véhiculée d'une nouvelle *troop* absorbant tous les fusiliers marins du 2e BFM en juin 1943 et qui aurait donné naissance à la *troop* 8.

L'unité de Kieffer se structure au gré des renforts, un QG commun aux deux *troops* étant même mis sur pied à la fin de l'été 1943. Trépel, Vourc'h, Mazéas, Hulot, et Lofi forment l'encadrement du bataillon, qui continue de s'étoffer. En septembre 1943, un jeune Français, breveté commando, se fait connaître à Eastbourne auprès de Kieffer. Depuis quelques semaines dans l'enceinte de la caserne de Portsmouth, le lieutenant Pierre Amaury entraîne inlassablement un groupe de volontaires dans l'espoir de le mettre à disposition du patron des commandos français.

Mais pour l'heure, Kieffer a déjà l'esprit ailleurs : le temps des raids nocturnes sur les côtes ennemies se précise à grand pas. Les Opérations combinées ont en effet imaginé une série de raids de sondage sur les côtes de France, des Pays-Bas, et sur les côtes des îles Anglo-Normandes. Pour exécuter ces opérations coups de poing, elles ont décidé de faire appel aux éléments expérimentés de la marine française. 82 commandos français sont alors sélectionnés par Philippe Kieffer pour participer à cette campagne de raids, qui doit débuter en novembre 1943. Plus de la moitié d'entre eux, 47 exactement, appartiennent à la *troop* 8. Ils viennent tout juste d'être brevetés en juillet 1943, n'ont qu'une expérience limitée des exercices commandos – manœuvres d'embarquement et de débarquement, qui constituent les bases de l'entraînement de type commando. Pourtant, malgré ce handicap, Kieffer n'a pas hésité une seule seconde à les désigner pour ces opérations. Moins de 5 mois après leur arrivée au commando, les marins de la « 8 » sont donc programmés pour des actions militaires sur les côtes ennemies.

Kieffer veut aller vite. Sa volonté d'amalgamer immédiatement la nouvelle *troop* 8, toute juste créée, à la *troop* 1, plus « ancienne », à l'occasion de ces premiers raids est ici évidente. Pour lui, l'expérience commune du combat doit en premier lieu forger la cohésion de son groupe. Le surentraînement, l'impatience à combattre qui se manifeste dans les rangs de la *troop* 1, combinés à l'expérience marine de la *troop* 8, dans l'attente elle aussi d'un premier engagement sur le terrain, seront des facteurs déterminants dans la formation du futur bataillon de fusiliers marins commandos, tel que le conçoit Philippe Kieffer.

Chapitre 10

HIVER 1943 : LE TEMPS DES RAIDS

L'ouverture d'un second front sur les côtes nord-ouest de l'Europe a été confirmée lors de la conférence de Casablanca, en janvier 1943. Quant au lieu précis où doit se dérouler ce débarquement allié, le débat est engagé depuis de longs mois pour déterminer laquelle des deux régions de France, le Pas-de-Calais ou la Normandie, se prête le mieux à une telle opération. À la fin du mois de juillet, c'est la baie de Seine qui est finalement « choisie ».

Avant cette décision, au début de l'été, précisément au nord de cette zone, la direction des Opérations combinées a programmé une série de raids commandos à exécuter entre juillet et septembre 1943, en Seine-Maritime et dans le Pas-de-Calais. L'objectif est de maintenir l'ennemi dans l'illusion « de l'imminence d'un débarquement allié de plus grande envergure dans la région du Pas-de-Calais[1] ». La définition de ces raids, codés *Forfar*, intervient au moment où se conçoit l'opération d'intoxication alliée, l'opération Fortitude. À partir de la fin de l'année 1943, celle-ci doit laisser croire aux Allemands que le débarquement aura lieu dans le Pas-de-Calais, à une autre date que celle choisie pour le printemps 1944. Après le Jour J, Fortitude doit être maintenue pour laisser croire à Hitler que le débarquement en Normandie n'est qu'une feinte, et que l'offensive principale aura lieu dans le nord de la France, ceci pour l'inciter à ne pas utiliser ses troupes stationnées dans le Pas-de-Calais[2].

Pour les commandants des opérations *Forfar*, tenus à l'écart de ces considérations stratégiques, il s'agit avant tout de ramener des prisonniers, du matériel ennemi et des renseignements. Pour brouiller un peu plus les pistes, il a été décidé de disperser les reconnaissances : pas moins de dix équipes seront envoyées à terre entre Dunkerque et Étretat. Toutes ces opérations seront effectuées de la même manière : 8 à 10 hommes acheminés de nuit à travers la Manche, depuis Portsmouth ou Douvres, à bord de vedettes rapides. Les équipes seront mises à terre par un doris à moteur. Si l'accès est réputé difficile, un canot gonflable sera utilisé pour conduire la force du raid du doris vers la plage. Pour conduire ces opérations secrètes, les Opérations combinées ont fait appel au Commando n° 12, qui a à son actif de nombreux raids : les îles Lofoten le 27 décembre 1941, le raid sur Bruneval, le 27 février 1942, puis en mars le raid de Saint-Nazaire aux côtés du 2e Commando.

Les opérations Forfar

Pour accompagner les hommes du n° 12 Commando, des éléments des *Special Boat Service*, quelques hommes de la *troop* X du n° 10 Commando et 20 commandos français, issus de la *troop* 1, ont été regroupés dans une force opérationnelle, la *Franck Force*. Philippe Kieffer, pour qui cette participation à la *Franck Force* est enfin synonyme d'engagement, a emmené avec lui ses officiers Charles Trépel, Guy Vourc'h et Jean Pinelli et, parmi ses hommes de troupes, Laurent Casalonga et Pierre-Charles Boccadoro, recommandés par Kieffer pour leurs capacités physiques et leurs très bonnes connaissances de la langue anglaise.

Dix opérations *Forfar* sont au programme. Depuis début juillet, trois ont été annulées, et sept autres se sont déroulées conformément aux plans initiaux[3]. Pourtant, à partir du 5 août 1943, toutes les opérations *Forfar* sont suspendues pendant un mois. Pour les stratèges britanniques et pour les participants des raids eux-mêmes, qui n'ont jamais pu prendre contact avec l'ennemi ni ramener aucun prisonnier allemand, ces opérations sont un échec. Le succès de certaines d'entre elles, *Forfar Beer* et *Forfar Easy*, reste cependant encourageant, incitant les Anglais à poursuivre le programme *Forfar*. Les opérations sont donc reconduites à partir du 1er septembre 1943. *Forfar Beer*, le raid sur Saint-Pierre-en-Port, est une priorité pour les Opérations combinées. C'est au cours de sa quatrième tentative que, pour la première fois, des commandos français sont sollicités.

L'opération Forfar Beer

Le major Fynn, qui commande le raid, est persuadé qu'il faut rester plusieurs jours en territoire ennemi pour réussir ce type de mission. Il a constitué son équipe en appelant un des deux commandos désignés par Kieffer, Laurent Casalonga. Le Français rejoint les lieutenants Smith et MacGonigal, le sergent-chef Brodison, les sergents Barry et Nash et les caporaux Hulls et Ushe. Tous ont l'expérience du combat, sauf Casalonga, pour qui ce sera le « baptême du feu »[4].

Le groupe quitte Newhaven le 1er septembre 1943. À 23 h 05, au large de Fécamp, le doris, auquel est arrimé un *dinghy* chargé de matériel, est mis à l'eau. Jamais, lors d'un raid, autant de matériel n'aura été emporté : des explosifs, des munitions, un poste de radio, des rations, deux échelles télescopiques et une cage enfermant… des pigeons voyageurs. La mission : escalader la falaise, détruire les postes d'observation et ramener des prisonniers allemands[5].

Il est minuit lorsque le groupe débarque à l'ouest de Saint-Pierre-en-Port. Le rendez-vous du retour est fixé aux premières heures du 4 septembre. Barry entame aussitôt l'escalade de la falaise mais, devant la difficulté, doit rapidement rebrousser chemin. Il est 2 h 10. Fynn envoie Casalonga et Smith en patrouille vers Saint-Pierre-en-Port. De retour à 5 h 30, les commandos ont découvert un sentier bordé de fils barbelés, menant au casino. Mais avec le jour qui se lève, les commandos doivent se camoufler au pied de la falaise.

Tandis que les commandos restent terrés derrière leurs rochers, la plage est investie au petit matin du 2 septembre par des pêcheurs à pied. Une deuxième escalade est tentée vers 14 h 00. Là encore, la voie choisie se révèle impraticable. La marée est redescendue, et c'est maintenant le groupe de pêcheurs à pied du matin qui se rapproche du refuge des commandos. Fynn décide d'entrer en contact avec le dernier du groupe et envoie Casalonga au-devant du pêcheur :

> « On attend que presque tous aient fini leur pêche, et j'en arrête un qui marchait seul. Je sors de ma cachette, je descends sur le pied de la falaise, tout en l'appelant par des coups de sifflets brefs. Il se retourne, je lui fais signe de venir, il paraît hésiter, mais le voilà qui vient… Je lui dis que je suis un commando français et que les 2 autres qui sont avec moi sont des officiers britanniques. Il nous tend la main tout en regardant nos habits et nos souliers. De suite, je me rends compte que c'est un bon, car il me dit que c'est un bon Français et qu'on ne doit pas avoir peur. Je lui dis qu'on voulait aller à Saint-Pierre et lui demande la route pour traverser la plage de Saint-Pierre […]. Il nous explique, un peu hésitant et émotionné, qu'on doit trouver un doris vert et que la route entre le barbelé commence là. En suivant ce chemin qui part du doris vert, on doit arriver droit au milieu du casino et là, tourner à droite pour aller au village. Il nous dit qu'il n'y a pas de sentinelles la nuit, et il en est bien sûr. On lui demande s'il y a des mines mais il ne sait pas[6]. »

Romain Lavenue vient de donner de précieux renseignements. Un autre rendez-vous est pris pour le lendemain, même endroit à 7 h 00. Barry et Hulls reprennent leur travail sur la falaise dans une 3e tentative d'escalade, tandis que Casalonga, Smith et Brodison filent vers Saint-Pierre, suivant les indications du pêcheur.

À minuit et demi, Fynn, qui a fait arrêter la progression de l'escalade, n'a toujours pas de nouvelle de sa patrouille. Celle-ci s'est rapprochée du village de Saint-Pierre, mais ayant repéré une zone d'activité allemande près du casino, les commandos ne peuvent plus progresser. C'est en faisant demi-tour qu'ils sont aussitôt stoppés par des tirs allemands provenant des blockhaus voisins. Les trois commandos se replient et rejoignent le reste du groupe au pied de la falaise. Toutes les opérations d'escalade sont alors suspendues pour cette nuit. Du côté allemand, étrangement, aucune patrouille ne sera cette nuit-là effectuée.

Le 3 septembre 1943, à 6 h 30 du matin, Fynn décide que 36 heures supplémentaires seraient nécessaires pour remplir sa mission. Il adresse alors un rapport à la vedette rapide, en lui demandant de venir les récupérer non pas le 4 mais le 5 septembre. Les radios s'aperçoivent alors d'un problème technique, leur poste ne pouvant ni émettre, ni capter le signal radio qui les mettrait en contact avec l'Angleterre. Fynn décide alors d'envoyer un double de son message au moyen de ses deux pigeons voyageurs apportés avec lui, pigeons aussitôt tués sous ses yeux par des faucons. L'alarme de la nuit a tout de même fait son effet : plus tard dans la matinée, deux Focke Wulfe passent et repassent en boucle au-dessus de la grève, sans déceler pour autant la présence des commandos. À 8 h 00 du matin, Romain Lavenue fait son apparition.

> « Le voilà qui vient avec un peu de retard. Il s'excuse, ce sont les Boches qui leur ont fait des ennuis en passant sur la plage. Il nous dit qu'il a entendu les Boches dire qu'une vedette avec des "Tommies" était venue durant la nuit. On lui demande s'il a entendu la fusillade de la nuit précédente. Mais il n'habite pas Saint-Pierre, mais à Életot. On lui dit que la sentinelle nous a tiré dessus alors qu'il nous avait dit qu'il n'y avait pas de sentinelle… Il est embêté… On lui demande si le moral est bon. Il me dit que oui et que tout le monde nous attend. […] Il nous demande si on voudrait des photos de Saint-Pierre, on lui dit que oui et alors il nous dit qu'un de ses amis viendra dans l'après-midi avec des cartes postales. Il me dit qu'il sera habillé en bleu de chauffe et qu'il ira près des filets

de pêche au bas de la falaise. Il part et plus tard on le voit repasser[7]. »

Au cours de l'après-midi, une 4e escalade est tentée sur une nouvelle voie excentrée. Une fois de plus, l'ascension se révèle impossible, malgré l'utilisation des échelles et des cordes. Dans l'après-midi, Romain Lavenue est de retour. Comme prévu, il a apporté avec lui des cartes postales où on distingue très nettement Saint-Pierre vu de la mer. Le pêcheur indique aux commandos les emplacements des mitrailleuses, les postes d'observation au sommet de la falaise, les barbelés, les champs de mines, en somme tout le système défensif allemand. Ces renseignements seront précieux pour les hommes de Fynn. Lavenue disparaît pour laisser travailler les commandos. À 20 h 30, Fynn décide de tenter une nouvelle escalade, mais Barry doit renoncer deux heures plus tard. Une dernière patrouille est envoyée en direction du casino. Les rangs de barbelés empêchant l'accès à l'objectif, Fynn décide d'abandonner la mission principale – la destruction des postes d'observation – devenue trop risquée à quelques heures du rembarquement. À 2 h 30, le doris apparaît. Transféré à bord du MTB, le groupe du major Fynn débarque sain et sauf à Newhaven au petit matin.

Les raids sur Biville-sur-Mer et la Valleuse du Curé

Le 19 août, à Peacehaven, Laurent Casalonga s'était séparé de Pierre-Charles Boccadoro, l'autre Français du n° 10 Commando, affecté à l'équipe du major Bartholomews. Avec lui, le capitaine Kennard, le caporal Jones, et les commandos Wood et Merryweather. Ce groupe doit conduire une mission de reconnaissance sur une valleuse aux environs de Biville-sur-Mer, à l'est de Dieppe *(Forfar Dog)*.

Après le premier échec de *Forfar Dog* dans la nuit du 5 au 6 juillet 1943, la cible de Biville-sur-Mer est de nouveau à l'ordre du jour. Les hommes débarquent tard dans la soirée du 1er septembre 1943. Ayant très vite fait le constat que cette valleuse était infranchissable, ils l'abandonnent dès les premières heures du 2 septembre. De retour à Newhaven, Boccadoro et son équipe se préparent pour une nouvelle mission le lendemain, cette fois-ci dans la région d'Étretat au lieu-dit « la Valleuse du Curé », au nord de Bénouville. Il s'agit de l'opération *Forfar Mike*, qui doit se dérouler dans le même temps que *Forfar Beer*, à quelques kilomètres de là plus à l'est à Életot. Si les ports de Fécamp, Yport et Étretat, sont très sérieusement défendus, en revanche, la côte déserte sur plus de 6 km, entre Étretat et Yport, ne semble présenter aucune difficulté pour le déroulement d'un raid de commandos. La mission consiste à neutraliser un blockhaus au sommet de la falaise et à capturer un prisonnier allemand.

À bord du doris, les commandos entament une approche de la côte très difficile, dans une mer assez démontée. À leur côté ont pris place deux Anglais, un barreur et un radio. Une fois à terre, l'équipe procède à une rapide inspection des lieux avant le déclenchement d'une alerte allemande. Le rembarquement est immédiat le 4 septembre au matin.

Une semaine plus tard, le 11 septembre 1943, les opérations *Forfar* sont définitivement arrêtées au profit d'autres opérations plus ambitieuses encore, au sein desquelles le rôle du Commando n° 10 allait être plus important encore : les raids *Hardtack*.

Les commandos français dans les raids Hardtack

Cette nouvelle série de raids est à exécuter entre Le Havre et Ostende, sur la côte est du Cotentin et sur les îles Anglo-normandes, entre le 19 décembre 1943 et le 5 janvier 1944. C'est le major Laycock, le commandant en second du Commando n° 10, qui a été retenu pour les diriger. Pour cela, il met aussitôt sur pied une force opérationnelle, la *Layforce II*, composée d'éléments de la 2e *Special Boat Section*, de la *troop* X, ainsi que des deux *troops* françaises de Philippe Kieffer, les 83 hommes de la *troop* n° 1 et les 78 hommes de la *troop* n° 8.

Puisque la grande majorité des raids *Hardtack* doit se dérouler sur les côtes françaises, les Opérations combinées ont confié leur exécution aux Français du Commando n° 10. Au côté des Français, Laycock peut compter également sur les marins des *Special Boats Units* et quelques recrues du n° 12 Commando. Au total, 179 hommes « mobilisables » pour ces opérations *Hardtack*. Mais il est demandé à Kieffer de ne choisir que 82 hommes pour participer au programme *Hardtack*. Les heureux élus rejoignent la *Layforce II* le 8 décembre 1943, avant de s'établir à Peacehaven, Newhaven et Seaford. Le 10 décembre, Kieffer et les siens sont acheminés à Douvres, dans l'attente des premiers raids prévus pour le 25 décembre. Depuis le 11 décembre 1943, l'ordre de bataille a été dressé et les différentes équipes ont été constituées, pour participer à douze opérations *Hardtack* (HD) :

HD 4 – chefs du raid : Smith (n° 12 Commando), Penn (n° 2 SBS)

HD 7 – chefs du raid : lieutenant MacGonigal (n° 12 Commando), capitaine Smee (n° 2 SBS)

HD 11 – chefs du raid : Wallerand (n° 10 Commando), Park (n° 2 SBS)

HD 13 – chefs du raid : Pinelli (n° 10 Commando), Kennard (n° 2 SBS)

HD 14 – chefs du raid : Trépel (n° 10 Commando), Haynieri (n° 10 commando)

HD 19 – chefs du raid : Lofi (n° 10 Commando), Ellis (n° 2 SBS)

HD 21 – chefs du raid : Francis Vourc'h (n° 10 Commando), Bates (n° 2 SBS)

HD 23 – chefs du raid : Kieffer (n° 10 Commando), Summers (n° 2 SBS)

HD 24 – chefs du raid : Guy Vourc'h (n° 10 Commando), Booth (n° 2 SBS)

HD 26 – chefs du raid : Chausse (n° 10 Commando), Smithson (n° 2 SBS)

HD 27 – chef du raid : Lieutenant Smith (n° 12 Commando)

HD 28 – chefs du raid : capitaine Ayton (n° 2 SBS), sergent Didcot (n° 2 SBS).

Les raids en Normandie

Sept des douze opérations se déroulent en Normandie et sur les îles Anglo-Normandes : trois en Basse-Normandie, deux en Haute-Normandie, une à Jersey et une à Sercq. Les équipes de raid ont été définies comme suit :

Hardtack n° 4 : secteur Criel-sur-Mer, Biville-sur-Mer, 26-27 décembre

Équipe du lieutenant Smith, avec 6 commandos dont un Français

Hardtack n° 7 : île de Sercq, 25-26 et 27-28 décembre

Équipe du lieutenant MacGonigal, avec 10 commandos français

Hardtack n° 13 : secteur Bénouville-Étretat, 26-27 décembre

Équipe du lieutenant Pinelli, avec 10 commandos français

Hardtack n° 21 : secteur Quinéville, 26-27 décembre

Équipe de l'officier des équipages F. Vourc'h, avec 9 commandos français

Hardtack n° 24 : secteur Sainte-Marie-du-Mont, Varreville (la Madeleine), et îles Saint-Marcouf, décembre 1944

Équipe du lieutenant G. Vourc'h, avec 8 commandos français

Hardtack n° 27 : secteur Saint-Vaast-la-Hougue

Équipe du lieutenant Smith, avec sept commandos dont un Français, Laurent Casalonga

Hardtack n° 28 : secteur île de Jersey, 25-26 décembre 1943

Équipe du capitaine Ayton, avec 9 commandos français

Sur les douze raids programmés initialement, trois ne sont finalement pas entrepris, annulés pour des raisons diverses, le raid n° 27 sur le secteur de Saint-Vaast-la-Hougue et les raids confiés à Charles Trépel et Alexandre Lofi[8]. Pour les deux adjoints de Kieffer, la déception est énorme. Trois autres opérations se solderont par un échec, n'ayant pu atteindre les côtes ennemies[9]. Au final, 6 équipes réussissent à mettre pied à terre, à commencer par celle envoyée sur l'île de Jersey le 25 décembre 1943.

Hardtack 28 – Le raid sur l'île de Jersey
25-26 décembre 1943

Le groupe mené par le capitaine Ayton et le Français Hulot quitte Dartmouth le jour de Noël, vers son objectif : l'île anglo-normande de Jersey, occupée par les Allemands depuis 1940. À bord, quatre hommes du n° 10 Commando (dont trois Français) et l'équipage anglais du doris.

Après une approche sans encombre, la mise à terre s'effectue à Petit-Port-Trinity vers 22 h 30. Aussitôt débarqué, le groupe entame l'escalade de la faille qui l'amène au sommet du plateau. Devant lui des champs de mines, des réseaux de barbelés. L'objectif est de prendre contact avec des civils pour obtenir des renseignements sur l'occupant et sur le système défensif. La capture d'un prisonnier reste également une priorité. Un poste d'observation allemand a été repéré sur ce secteur et ce pourrait être un poste d'artillerie. Après avoir progressé dans les terres, traversé des hameaux désertés, les commandos tombent sur ce qui semble être le poste de commandement allemand.

Le groupe décide alors de gagner une ferme, espérant entrer en contact avec une patrouille allemande. Ils passent devant une bâtisse, frappent à la porte sans qu'aucune réponse ne leur parvienne. Ils perçoivent cependant des voix à l'intérieur, et frappent à nouveau. C'est une femme effrayée qui ouvre sa fenêtre, pour leur indiquer qu'elle ne sait rien et que peut-être la ferme voisine pourra mieux les renseigner. À la maison suivante, ce sont deux hommes, deux frères effrayés eux aussi, qui ouvrent leur porte. Les renseignements fournis sont les suivants : le point fortifié des Platons est occupé par environ 15 Allemands et près de 10 Russes. Les forces allemandes sur l'île sont estimées à près de 1 000 hommes. La plage de Petit-Port est minée. Les Allemands du secteur ne sont pas très actifs, et peu de patrouilles sont organisées. Pas de mouvement de résistance sur l'Île et une population qui ne semble pas hostile aux Allemands.

Les commandos sont ensuite guidés par les deux civils vers les Platons. Hulot et Ayton y inspectent un champ de fils barbelés, qui ressemble étrangement à un champ de mines, avant de tomber sur une série d'antennes installées au sol à intervalle régulier. Ils sont parvenus au-dessus du point fortifié, mais aucun sentier, ni aucune entrée ne leur permet d'y accéder. Avec moins d'une heure devant elle, l'équipe juge plus sage de rebrousser chemin abandonnant toute idée de faire un prisonnier allemand. À 4 h 45 le groupe gagne Petit-Port, mais le doris n'est pas au rendez-vous. Durant 15 minutes, l'équipe d'Ayton progresse le long de la falaise vers le nord, en lançant des signaux lumineux vers le large.

C'est alors qu'une explosion retentit. Un homme vient de marcher sur une mine. Le capitaine Ayton s'écroule, gravement atteint. Pendant que les commandos Halper et Hourçourigaray protègent leurs arrières, Hulot entame la descente de la falaise avec Ayton et Roux. Joseph Hourçourigaray se souvient du retour de l'opération :

> « Au retour nous ne trouvions pas le doris. Il avait changé de place en raison soit de l'état du temps, soit du risque d'être vu. Il y avait un phare avec son faisceau tournant, ou encore a-t-il été mieux se planquer après les explosions de mines. Sans doute alertés, les Boches ont envoyé une patrouille et tiré des rafales ; des chiens ont gueulé. Je me souviens de Hulot m'ayant dit “Nous sommes repérés” et nous avons camouflé le corps du capitaine Ayton. Aux aguets, nous avons attendu, laissant le mourant… Était-il déjà mort ? Nous avons continué. Sauf erreur, il y a eu trois explosions de mines ou grenades et plusieurs rafales courtes de F.M. tirées par les Boches, qui se doutaient d'une présence insolite sur leur île mais ne savaient pas où exactement. […] J'ai moi-même aidé à charger le corps d'Ayton sur les épaules d'un Anglais, et aussi Hulot. Avec Roux et Létang, nous étions l'escorte du convoi funèbre. Quelques difficultés dans les rochers et falaises, 2 à 3 coups de lampes torches et avons enfin retrouvé le doris[10]. »

Après les explosions des mines, le son de la vedette parvint enfin aux oreilles du groupe. Le contact est repris. Les flashs lumineux des commandos répondent aux signaux émis par la vedette. Le doris s'approche de la plage pour récupérer les commandos et leur blessé. À 5 h 20, les hommes ont pris place à son bord avant de rejoindre la vedette rapide. Il n'y a eu aucune réaction allemande durant le repli des commandos. Malgré toute la bonne volonté des médecins du bord, le capitaine Ayton décédera à son arrivée à Dartmouth.

Hardtack 7 – Le raid sur l'île de Sercq
25-26 et 27-28 décembre 1943

Tandis que se déroule l'opération sur Jersey, un raid du même type est exécuté sur l'île voisine de Sercq. Confiée au lieutenant MacGonigal – qui vient de participer au raid sur Saint-Pierre-en-Port[11] – cette opération a pour objectif la capture du commandant allemand.

Le jour de Noël, l'équipe quitte Dartmouth en milieu d'après-midi. Tandis que les commandos français Quentric, Pizzichini, Gay et Vinat restent à bord de la vedette, le reste de l'équipe débarque vers 23 h 45 au pied de *Derrible Point*, falaise impressionnante de 50 m de haut à laquelle s'attaque aussitôt le commando Dignac. Le trajet est court mais extrêmement difficile. Une heure plus tard le sommet est atteint, mais Dignac découvre d'un côté un à-pic vers *Petit Derrible Bay* et de l'autre un à-pic similaire vers *Derrible Bay*. Face à cet obstacle insurmontable, le groupe décide de faire demi-tour. De nouveau au pied de la falaise, MacGonigal ne renonce pas pour autant. Il remonte à bord du doris et avec Boccadoro, décide d'inspecter l'angle nord-est de la baie qui s'ouvre devant *Derrible Point* et *Hog-Back Point*. Il est 3 heures du matin quand MacGonigal tente prudemment ce nouveau débarquement afin de ramener malgré tout « quelque chose ». Une mine trouvée sur la plage est ramenée à bord du doris. À cet endroit la falaise est quasi impossible à franchir. Aussi les commandos repartent vers la vedette. Mais c'est à la rame, moteur en panne et radio brouillée, qu'ils regagnent le MTB qui doit impérativement lever l'ancre à 5 h 30. À 5 h 10, tous les commandos sont à son bord.

De retour à Dartmouth, MacGonigal et ses hommes sont désignés pour un autre raid, le lendemain, cette fois-ci pour attaquer la pointe opposée à *Derrible Point* : *Hog-Back Point*. Ils ont appris dans la soirée que la capitaine Ayton a été mortellement blessé sur l'île de Jersey.

Après un débarquement au pied de la falaise, c'est Dignac une nouvelle fois qui ouvre la voie. Après 60 mètres d'escalade, le groupe découvre un chemin en pente très raide à une trentaine de mètres de hauteur :

> « C'est dans ce chemin que les mines ont explosé. Le premier qui a été touché, c'est Bellamy qui est tombé, mort sur le coup. Je me suis jeté à plat ventre. À côté, Le Floch a été touché, il est sorti du champ de mines, MacGonigal a bougé, et a fait encore sauter des mines avant d'être touché. À côté de moi, Dignac s'est mis à geindre : il avait la cuisse ouverte, perforée. Je me suis précipité sur lui, je lui ai fait une piqûre de morphine. Il m'a dit : Boccadoro, me laisse pas, me laisse pas ! Puis il est retombé. Je suis sorti le dernier du champ de mines faisant encore exploser des mines autour de moi. J'ai récupéré le lieutenant MacGonigal, qui était affalé sur le côté parce qu'il avait pris une décharge sur tout le côté gauche, qui était complètement déchiqueté, Le Floch qui avait pris des éclats dans le corps et avait un peu perdu la tête, puis Nicot qui se traînait sur les genoux. [...] J'ai réussi à regrouper les survivants, j'ai pris le lieutenant presque à bras le corps, puis nous avons rejoint le bord de la falaise, où on avait placé, lorsque nous étions monté dans l'autre sens, un filin. J'ai pu aider les 2 copains à descendre, après j'ai pris le lieutenant autour de mon cou et je suis descendu avant de le ramener à bord du doris en bas[12]. »

MacGonigal décide de laisser les 2 corps sur place pour retourner au doris. Quelques minutes plus tard, tous les hommes rescapés ont pris place à bord de la vedette. À Dartmouth, l'équipe du raid est prise en charge par les ambulances. Les corps de Bellamy et de Dignac ont été laissés dans le champ de mines. Les Allemands enterrent les deux Français le 30 décembre dans le cimetière communal, dans la plus grande discrétion.

Hardtack 4 – Le raid sur Biville-sur-Mer
26-27 décembre 1943

Pour bénéficier des meilleures conditions météorologiques, cette opération de reconnaissance entre Dieppe et Le Tréport doit être absolument tentée entre le 19 décembre 1943 et le 5 janvier 1944. Annulé le 24, puis le 25 décembre, le feu vert est enfin donné aux responsables du raid le 26[13]. Au sein de l'équipe du lieutenant Smith, des hommes du Commando n° 12 et un Français servant de guide, Félix Grinspin. Une mitrailleuse K Gun et l'ensemble du matériel sont déposés sur la plage vers 22 h 40. À 23 h 00, les hommes tentent avec difficulté de hisser ce matériel au sommet de la falaise, avant de renoncer rapidement devant l'importance du bruit provoqué par la manœuvre.

À 23 h 20, le caporal Nash entame l'ascension de la falaise. Parvenu au sommet, Howells se saisit de la corde que Nash a déroulée avant de chuter rapidement. Devant la difficulté de l'escalade, les commandos doivent renoncer. Smith ordonne à Howells de retenter l'escalade et, cette fois-ci, à 0 h 30 le sommet est atteint. Smith demande alors aux deux commandos au sommet de hisser leurs camarades. Félix Grinspin est le premier à être hissé, lorsque des mouvements suspects et des bruits les obligent à stopper brutalement l'opération. Une rapide reconnaissance permet de découvrir une patrouille allemande marchant vers lui. Contraints de redescendre au point de départ, les trois hommes se camouflent avec leurs camarades. Une nouvelle ascension est entamée à 0 h 45 pour récupérer le matériel et la corde laissés le long de la falaise. À une heure du matin, Smith estime que ce serait « une folie » d'entreprendre une nouvelle ascension et décide d'organiser des patrouilles à partir du point du débarquement. Deux groupes de deux hommes partent vers Saint-Valéry et Veules-les-Roses. Tous ont une grande expérience des raids sur les côtes ennemies. Le benjamin du groupe, Félix Grinspin, n'a pour sa part jamais participé à ce type d'opération coup de poing[14].

Les reconnaissances ne donnent rien. Le sergent Barry signale des bruits de moteur venus de la mer. Vedette alliée ou ennemie. Difficile de savoir. Des lumières viennent à plusieurs reprises de la côte de Criel-Plage, mais aucun mouvement de troupe. Le retour au point de débarquement s'effectue vers 4 h 35. À 5 h, tous les hommes sont à bord du doris. L'heure tourne, le temps également. La houle se fait de plus en plus forte et le doris se dirige tant bien que mal vers la vedette. Pendant deux heures les hommes de Smith croisent à plusieurs reprises des lumières bleues, celles utilisées par les *E-boat* allemands, les contraignant à couper le moteur pendant de longues minutes avant de reprendre leur cap. Les premiers contacts radio sont établis vers 6 h 15 et après une heure de navigation la vedette apparaît enfin. À 10 h 00, l'équipe du raid est de nouveau à Newhaven.

Pendant que l'équipe de Smith prenait pied entre Dieppe et Le Tréport, les hommes de Francis Vourc'h accostaient sur une plage de la presqu'île du Cotentin, à Quinéville, dans un secteur placé au cœur des travaux de fortification de l'organisation Todt.

Hardtack 21 – Le raid de Quinéville
26-27 décembre 1943

Parmi toutes les opérations *Hardtack* de cette fin d'année 1943, la cible numérotée 21 a une haute priorité. Elle doit se dérouler sur un secteur qui figurera très certainement parmi les futures plages du débarquement. La mission se déroule dans la nuit du 26 au 27 décembre 1943. Pour les commandos, les objectifs sont simples : la collecte d'une mine, des morceaux de barbelés et des échantillons de terre, de sable et de boue, ainsi que la reconnaissance d'un obstacle antichar. Francis Vourc'h connaît un peu la région pour y avoir été affecté et s'y être marié avant la guerre. Pour ce raid, il a choisi huit hommes : Klopfenstein qui parle allemand, trois quartiers-maîtres, Moal, Paillet et Messanot, et quatre matelots, Gannat, Laot, Bascoulergue et Ballaro. En fin d'après-midi, ce 26 décembre, tous ces hommes sont acheminés à Newhaven pour embarquer sur leur vedette rapide.

Quelques heures plus tard, le doris est mis à l'eau, avec à son bord deux commandos anglais, les sergents Bates et Hughes. À leur côté prennent place six commandos français. L'équipe débarque à terre vers 23 h 50 entre deux points fortifiés séparés de 200 mètres seulement. Deux groupes sont alors constitués : Klopfenstein et deux camarades ramassent du sable et du gravier, aussitôt mis dans des sacs imperméables, tandis que le groupe de Vourc'h met la main sur des obstacles antibarges et antichars, faits d'un acier qui intéresse particulièrement les Opérations combinées. Vourc'h commence à découper un morceau de métal pour le ramener. Le travail dure près de trente minutes, menacé de temps à autres par des aboiements de chiens et de rapides balayages de faisceaux lumineux. Les commandos réalisent qu'ils ont pris pied non pas à Quinéville, mais plus au nord, sur la plage de Lestre. Et les deux points fortifiés sont la vieille redoute, près de l'estuaire de la Sinope, et le fort de la « Maison Rouge », poste de commandement du secteur.

Ayant terminé leur travail, les deux groupes se retrouvent vers 1 h 30. Une mine a été prélevée, les échantillons de sable et de gravier ont été prélavés et mis dans des sacs étanches, des croquis des blockhaus et des départs de sentiers ont été sommairement dessinés. À 2 h 20, le doris est appelé, à 7 h 20, les six hommes sont à bord de la vedette. Le groupe rentre sans incident à Newhaven, la mission parfaitement réalisée.

Les échantillons et les renseignements ramenés au cours du raid sont analysés avec la plus grande attention. Vourc'h a rapporté toutes ces informations, ignorant, à l'époque, deux choses. Tout d'abord que le lieu sur lequel il a pris pied se trouve à proximité du secteur codé plus tard *Utah Beach* pour accueillir dès le 6 juin la 4e division américaine. Ensuite que les plans d'Overlord prévoient l'établissement, en ce point précis du raid, d'un premier port de débarquement destiné aux renforts en hommes et en matériel. Et cela dès le 9 juin 1944[15].

Hardtack 13 – Le raid de Bénouville 26-27 décembre 1943

Comme pour l'opération n° 4, cette mission prévue pour le 24 décembre est repoussée au 25, puis le 26, pour cause de brouillard. Son départ est même reporté à 19 h 00 ce jour-là à la suite d'une panne du moteur de la vedette rapide[16].

Ce raid doit déposer l'équipe de Jean Pinelli entre Étretat et Yport. Trois lieux de débarquement ont été envisagés : la Porte d'Aval à l'ouest, la Porte d'Amont à l'est, et la Valleuse du Curé. Les Opérations combinées disposent d'informations très précises sur les positions ennemies dans le secteur : les ports d'Étretat et d'Yport sont fortement défendus, tandis que, face à Bénouville, aucun système de défense ne semble avoir été mis en place.

Les commandos embarquent dans la nuit du 26 décembre pour une destination déjà repérée lors de mission précédente, notamment celle conduite par Bartholomews et Boccadoro en septembre 1943, « la Valleuse du Curé ». Le but de ce raid est de compléter le questionnaire remis aux commandos sur le type des défenses ennemies, la nature de la plage et d'établir des croquis détaillés des champs de mines, des obstacles, etc. La capture d'un prisonnier allemand reste la 2e priorité.

Le capitaine Kennard, qui accompagne Jean Pinelli, connaît bien ce secteur puisqu'il faisait partie de l'équipe qui débarqua en septembre 1943. Pinelli est chargé du groupe d'escalade qui doit ouvrir une brèche, tandis que Kennard et un commando anglais restent à bord du doris. À l'endroit où ont débarqué les commandos, le terrain est difficile, le sommet de la falaise atteint 95 mètres de haut. Pinelli est face à trois failles, connues sous le nom de cheminées A, B et C. C'est par la cheminée B que Pinelli se lance dans l'escalade de la falaise. Après plusieurs tentatives mais sans succès décisif, Pinelli tente alors une sortie par les cheminées A puis C. Là encore, le groupe ne parvient pas à progresser de manière significative. En cas d'échec, l'équipe doit se rendre plus à l'ouest sur la plage, pour tenter une ultime escalade par la porte orientale. Le groupe n'en aura pas l'occasion, le jour pointant déjà à l'horizon. Pinelli doit renoncer à sa mission et regagner la vedette pour le retour vers Newhaven.

Les raids dans le nord de la France

Hardtack 11 – Le raid de Gravelines
24-25 décembre 1943

Dans le cadre des opérations *Hardtack*, parmi les 6 équipes à avoir réussi à prendre pied sur le sol français, l'opération de reconnaissance sur Gravelines est la première à toucher terre et la seule à avoir été programmée pour la nuit de Noël.

La vedette rapide qui quitte le port de Douvres vers 22 h 00 emmène à son bord sept hommes sous la conduite de Pierre Wallerand : cinq Français, Roger Caron, Joseph Madec, René Navrault, Albert Meunier, Gaston Pourcelot, deux Anglais, le sergent Park et le caporal Jones. À bord les ont rejoints un médecin français, le capitaine Villière, et un officier anglais des transmissions, le major Leahy. Mis à terre sans encombre mais par une mer déjà forte, les hommes se mettent aussitôt dans leur mission : explorer les défenses allemandes, ramener des échantillons de mines, de barbelés, etc. Joseph Madec se souvient :

« Le débarquement s'effectua sans incidents. Je restais avec le second maître Caron et le quartier-maître Pourcelot pour reconnaître un nid de mitrailleuses et couvrir le reste de l'équipe au cours de son travail de détection de mines. Mon camarade et moi nous reçûmes l'ordre du S/M. Caron de rester immobiles pendant qu'il allait prévenir le maître Wallerand du passage d'une patrouille de deux Allemands[17]. »

Un autre commando, Gaston Pourcelot témoigne :

« Nous débarquons à minuit et demi. Nous gagnons la côte après avoir marché dans la mer une centaine de mètres, car la plage est en pente très douce. Nous prenons aussitôt notre formation pour progresser après avoir traversé un réseau de fils de fer barbelés en partie recouvert par le sable, nous gagnons les dunes, et, presque aussitôt, nous tombons sur le champ de mines qui était notre objectif principal. Il y a environ une heure que nous sommes en position quand il me semble entendre causer de mon côté [...]. C'est une patrouille de deux hommes[18]. »

Pourcelot, Madec et Caron couvrent le travail du groupe de Wallerand, Navrault et Meunier, qui opèrent dans le champ de mines. Lorsque Wallerand revient, il porte deux mines antitank... françaises. Mis au courant du passage de la patrouille allemande, il décide de rentrer, car il ne reste qu'une heure et demie avant le rembarquement. À 4 h 45, il rappelle le doris par faisceau lumineux. Comme le doris ne revient pas, il lui envoie un message radio « impossible de contacter le doris[19] ». Au même moment, ce message est entendu à bord de la vedette. Le doris, qui a été remonté à bord, est alors immédiatement remis à l'eau, pour rejoindre le rivage, il est 5 h 00 du matin. Lorsque le doris apparaît, c'est la consternation : Wallerand découvre une embarcation pleine d'eau, moteur noyé et, à son bord, Park et Jones à la rame, accompagnés d'un marin de la vedette, le radio Chapman.

Madec poursuit :

« Nous écopâmes et avons poussé le doris jusqu'à 100 mètres de la plage en entrant dans l'eau jusqu'au cou et afin d'éviter de faire déceler notre présence. Nous avons alors embarqué dans le doris avec l'intention de gagner le MTB distant de 400 m, à l'aviron. Au moment où cet embarquement était en cours, une lame nous prit par le travers et remplit le doris. Le maître Wallerand partit alors à la nage afin de tâcher de rejoindre le MTB et nous faire passer une remorque, malgré la mauvaise mer [...]. Nous avons poussé le doris au large aussi loin que possible, et y sommes montés. Pas pour longtemps. La mer s'était levée, et deux lames le firent couler. À demi nageant, à demi marchant, nous avons pu ramener le doris à la côte. Nous avons essayé de le retourner pour le vider, mais nous sommes vite rendu compte que c'était impossible. Le sergent Park prit l'ancre et nagea aussi loin qu'il put pour ancrer le doris et le remettre à flot. Nous l'avons vidé de toutes les armes qu'il contenait. Alors le maître Wallerand prit l'autre ancre et dit : "Je vais voir ce qui se passe"[20]. »

Au bout de plusieurs centaines de mètres à la nage, Wallerand disparaît dans les vagues, épuisé, vaincu par le froid. Ses hommes restés sur la plage ne le verront jamais revenir. De son côté, dans une mer démontée, la vedette n'a jamais pu se rapprocher de la plage et son équipage a assisté impuissant à la noyade de Park et de Wallerand.

Maintenant pris au piège, les cinq Français et les deux marins anglais doivent prendre une décision. La situation est dramatique : deux commandos, dont le chef du raid, sont portés disparus, et le matériel radio ne fonctionne plus. La vedette est repartie peu après 6 h 00 du matin, après des ultimes recherches et un balayage de la zone. Pour les commandos, le règlement est formel : en cas d'échec du réembarquement, ils doivent attendre le retour de la vedette, prévu le lendemain vers 21 h 00. L'équipe à terre aura jusqu'à 22 h 00 pour se faire repérer. Passé cette heure et sans contact avec les commandos, la vedette rejoindra alors l'Angleterre.

Les Anglais Jones et Chapman refusent de quitter la plage[21]. De leur côté, les cinq Français décident de s'échapper vers les terres. La vedette rapide reviendra dès la nuit suivante sur les lieux du raid, persuadée de pouvoir récupérer l'équipe de Wallerand. Mais devant l'absence totale de signes de vie, elle regagnera sa base de Douvres. À Gravelines, la découverte des corps de deux commandos – Wallerand et Park – est portée sur le registre d'état civil à la date du 31 décembre 1943[22]. Jones et Chapman seront arrêtés quelques heures après dans les dunes. Transférés à Boulogne, ils y sont interrogés par les Allemands avant de disparaître sans laisser de nouvelles. Quant aux Français restés sur le sable de Gravelines, tous en sortiront vivants et réussiront à rejoindre leurs camarades du Commando Kieffer entre août 1944 et juillet 1945[23].

Hardtack 23 – Le raid sur Bray-Dunes
27-28 décembre 1943

La débâcle de Gravelines n'a altéré ni les plans ni la détermination de Laycock. Deux jours après le drame, une autre équipe française se prépare déjà pour un nouveau raid dans le nord de la France. Désigné pour diriger cette nouvelle opération entre La Panne (en Belgique) et Bray-Dunes-Plage, Philippe Kieffer a été informé de la perte de ses hommes. Le coup est dur, mais ne change en rien la volonté du patron des commandos français. Il sait que ces opérations vont lui coûter des hommes, cela fait partie du jeu. Pour son raid, Kieffer a choisi lui-même ses hommes : les seconds maîtres Dumenoir et Hattu, le quartier-maître Gadou, les matelots Simon, Autin, Kermarec, Fromager, Bucher.

Dans le secteur où les Français doivent prendre pied, la garnison allemande est estimée à une cinquantaine d'hommes, renforcée par des pièces antichars, des nids de mitrailleuses, des champs de mines. Kieffer s'élance vers son objectif dans la nuit du 27 au 28 décembre. Mais très rapidement, la situation se complique. Arrivée trop brusquement sur les côtes françaises, la vedette rapide s'échoue sur des bancs de sable. Pendant trois heures, les marins anglais luttent contre les éléments pour tenter de la dégager. Mais le bruit des moteurs de la vedette n'en finit pas de résonner dans la nuit. Des faisceaux de lumière balaient maintenant la mer et le ciel sans lune pendant quelques instants. La vedette s'est enfin remise en route. Mais la mise à terre de Kieffer et de ses hommes se révèle désormais impossible, tant les Allemands sont alertés. La mort dans l'âme, Kieffer doit se résoudre à faire demi-tour sans avoir pu débarquer.

Hardtack 26 – Le raid de Middelkerke 20-21 janvier 1944

Presque un mois plus tard, Paul Chausse est désigné à son tour pour conduire un raid nocturne, non pas en France, mais en Belgique près d'Ostende. Avec lui Nassau de Warigny, Cabellan, Le Reste, Rougier, Poli, Leostic, Chauvet, Bolzer, Logeais, Reiffers, et le radio anglais Wooding.

Programmé en décembre 1943, ce raid est exécuté finalement à la fin du mois de janvier 1944. Chausse a reçu son ordre de mission dans les temps, le 28 décembre, mais entre la réception de l'ordre et l'exécution de la mission, trois semaines s'écoulent, durant lesquelles il doit attendre patiemment son heure à Douvres. Durant ces trois semaines, aucune autre opération *Hardtack* n'est tentée, le COSSAC ayant décidé d'annuler tous les raids prévus, y compris ceux de Trépel ou de Smith. Les raids sont même finalement interdits à partir du 26 janvier 1944. À six mois de l'opération Overlord, il devenait en effet très dangereux de monter de telles opérations à proximité des futures plages du débarquement allié.

C'est pourtant juste avant cette interdiction que Chausse reçoit *in extremis* le feu vert pour son raid. Celui-ci ne doit pas se dérouler en Normandie mais sur les côtes belges, loin des secteurs de débarquement normands. C'est peut-être là l'unique raison du maintien de cette opération par la direction des Opérations combinées, en accord avec le COSSAC : maintenir l'illusion d'un débarquement au nord de la France.

C'est dans la nuit du 20 au 21 janvier 1944 que l'équipe de commandos doit débarquer à Middelkerke-Plage pour y inspecter les défenses ennemies, ramener si possible des mines, faire un prisonnier et faire sauter les fortifications allemandes... Amenés à trois milles de la côte, les hommes abandonnent la vedette rapide et prennent place à bord du doris. Après des problèmes de mise en route du moteur, l'embarcation s'élance enfin vers 0 h 30. Mais à moins de 300 mètres de la plage, un bâtiment tous feux éteints, peut-être un patrouilleur allemand, apparaît brutalement devant le doris des commandos. La décision est prise de faire marche arrière et de retourner vers la vedette. Alors qu'il change de cap pour éviter le bâtiment, ce dernier lui aussi change de cap pour prendre en chasse le doris. Est-ce une coïncidence ou le doris a-t-il bel et bien été repéré ? Toujours est-il que le doris et le patrouilleur naviguent à présent dans le même sillage. La brume et la houle se renforcent à mesure que le doris s'enfonce vers le large. À la faveur des conditions météo, le groupe de commandos parvient finalement à échapper à ses poursuivants, reprenant un contact radio avec la vedette vers 1 h du matin, le retour à la base se faisant sans encombre le 21 janvier.

Le raid de Paul Chausse intervient au moment où la politique des raids à petite échelle est remise en question par les Alliés, qui souhaitent se consacrer entièrement à Overlord. À l'exception des raids menés par les COPP *(Combined Operations Pilotage Parties)*, toutes les opérations sur les côtes françaises et belges sont donc formellement interdites dès la fin du mois de janvier 1944. Pourtant, un homme qui réclame son raid à cor et à cri depuis décembre 1943 va obtenir gain de cause pour conduire une dernière opération aux Pays-Bas en février 1944.

Le raid de Wassenaar
27-28 février 1944

Charles Trépel avait vu son raid annulé en décembre 1943. Il avait vu partir toutes les équipes les unes après les autres, mais n'avait pas pour autant renoncé. Réclamant absolument « son » raid, Trépel fait le déplacement à Londres pour tenter de convaincre les autorités britanniques. Celles-ci finissent par lui confier le commandement d'une opération : ce sera l'opération *Hardtack* 36, à l'origine prévue pour le lieutenant Hulot, qui devra se dérouler sur les côtes néerlandaises. Si les Opérations combinées avaient vu leurs raids interdits depuis la fin du mois de janvier 1944, elles avaient néanmoins eu le temps de démontrer, dans un *memorandum* rédigé en septembre 1943, l'utilité spécifique de l'opération *Hardtack* 36. Jusqu'à l'été 1942, la direction des Opérations combinées a exécuté de nombreuses opérations de débarquement, débarquant et embarquant des agents ainsi que du matériel sur les côtes des Pays-Bas, opérations menées par le *Special Intelligence Service* ou/et le SOE. Après cette période, l'ennemi était dans un tel état d'alerte qu'il devenait difficile et dangereux pour ces agents de rejoindre ou de quitter la côte. Désormais les agents étaient « ramassés » par avion. Mais devant les pertes importantes, il fallait stopper cette méthode d'exfiltration pour en trouver une nouvelle. Par conséquent, il était devenu urgent de rouvrir une ligne de communication pour que des agents continuent d'être « enlevés » des côtes néerlandaises.

La direction des Opérations a donc imaginé de nouvelles missions vers les Pays-Bas. En premier lieu, une opération sur les côtes de Wassenaar, programmée dans la nuit du 26 au 27 octobre 1943, mais annulée en cours de réalisation pour cause de mauvaise météo. Un nouveau feu vert est donné pour la même opération, baptisée cette fois-ci Premium. À cet instant, une seule troupe reste encore inemployée depuis la fin des opérations *Hardtack*. Il s'agit de la *troop* 8 du n° 10 Commando. Dans ses rangs, un homme réclame son raid depuis plusieurs semaines. L'heure de Charles Trépel est enfin arrivée. Le débarquement doit être réalisé à 8 km au nord de Scheveningen, sur la plage de Wassenaar. L'objectif : repérer une usine dans laquelle les Allemands construisent secrètement des fusées destinées à être lancées sur Londres, connues plus tard pour être les fameuses V2.

Il est 17 h 00 quand la vedette rapide quitte Great Yarmouth le 24 février 1944. Trépel a choisi huit hommes qu'il connaît bien et qui s'étaient déjà préparés pour le raid sur Berck sans avoir pu être employés : Jean Hagneré, Roger Cabanella, Fernand Devillers, René Guy et Jacquelin Rivière. Deux autres Français sont chargés du canot, André Lallier et Antoine Grossi. Quant à Etienne Bougrain il restera en attente à bord de la vedette à l'écoute de la radio.

Après une traversée sans incident, la vedette rapide s'approche de la côte. À 21 h 30, le patron de la vedette annonce à Trépel une défaillance d'une partie du matériel de navigation. Incertain de pouvoir débarquer à l'endroit prévu, le convoi fait demi-tour avant de regagner sa base. Sur le chemin du retour, deux des quatre bâtiments d'escorte sont endommagés au cours d'un engagement avec des unités allemandes. Le raid est retenté deux jours plus tard, le 27 février. Même type de vedette, même heure de départ, même équipe de raid. La vedette arrive en vue des côtes avec deux heures de retard sur l'horaire prévu. Les appareils de navigation ont une fois encore été défaillants et le convoi a dû éviter un convoi ennemi. Le doris et son canot sont mis à l'eau. Cabanella, placé à l'avant du doris, est chargé de l'appareil de détection de mines. Assis à l'arrière, Grossi amène le doris à petite vitesse vers la plage. Cela fait dix minutes que le doris a quitté la vedette quand des fusées rouges, lancées depuis la côte, viennent éclairer subitement le ciel.

Le doris mouille à 30 mètres de la plage. Les six hommes passent du doris au *dinghy*. À cet instant, trois nouvelles fusées rouge, verte et blanche sont tirées depuis la plage. Trépel ne change en rien ses intentions et les six hommes accostent sur la plage vers 2 h 00. Une heure s'est écoulée depuis que les commandos ont disparu derrière les dunes. Des fusées blanches éclairantes viennent d'être lancées, les unes vers la plage, les autres vers la mer. Le doris s'éloigne alors un peu de la plage, tout en restant en face du point de débarquement. Le *dinghy* est laissé sur la plage. Les commandos du doris entendent alors des cris et des aboiements de chiens, durant un quart d'heure environ, autour des points fortifiés de la plage.

Les fusées continuent à se manifester jusque vers 4 h 45, puis des éclats de torches électriques jusque vers 4 h 50. Aucun coup de feu, aucune explosion n'ont été entendus. Le groupe devait en principe rentrer à 4 h 30. À bord du doris, Grossi envoie un premier signal radio vers la vedette, qui lui ordonne d'attendre encore trente minutes avant de revenir vers eux. Ce qu'il fait : le doris rejoint la vedette à 5 h 00 du matin avant de revenir à grande vitesse le port de Great Yarmouth.

À Londres au Quartier général, une fiche sera classée « Top Secret » dans les archives, avec cette simple mention : *Premium lost no news*. Le 28 février 1944, un message laconique informe Philippe Kieffer de cette triste nouvelle : « perte et disparition du groupe Trépel[24] ». Le sens de l'opération n'est pas clair aux yeux des hommes du 1er bataillon commando. Ce raid ne paraît pas relever d'une opération *Hardtack* classique, à l'image des opérations menées en décembre 1943. Pour beaucoup, il semblerait que cette opération était en fait une opération de diversion, tandis qu'un autre débarquement se produisait à quelques kilomètres de Wassenar[25]. De plus, contrairement à d'autres opérations et comme l'exige la procédure habituelle, la vedette ne retourne pas le lendemain sur les lieux du raid. Pire, l'officier de marine chargé de la vedette se souvient avoir reçu l'ordre formel de Londres de ne pas retourner à Scheveningen. De son côté, Laycock écrit dans son rapport que la vedette était dans l'incapacité de revenir à cause de conditions météo très défavorables… alors que le vent était de nord-ouest et « seulement » de force 5[26]…

Enquête sur les disparus de Scheveningen

Alors que s'est-il passé en vérité à Scheveningen ? Aujourd'hui encore, la disparition du groupe Trépel reste un mystère, un groupe entier ne pouvant pas s'évanouir sans laisser de trace. Une chose est sûre : le groupe a débarqué au bon endroit. Des cris et des aboiements de chiens se sont fait entendre, suivant des flashs blancs, rouges et verts. Trépel était-il attendu par l'ennemi ? Comment expliquer que des hommes surentraînés soient tombés dans un piège, sans ouvrir le feu pour se défendre. Trépel avait-il reçu des ordres de ne pas ouvrir le feu ? Dans ce cas, c'est qu'il était attendu par des Néerlandais de la résistance, et a avancé vers le signal codé, en toute confiance.

Profitant de la proximité géographique, Kieffer confie en mai 1945 à quelques-uns de ses hommes le soin de mener une enquête sur la disparition de Trépel. L'enquête, confiée au lieutenant Hulot, commence à La Haye par une collecte de renseignements auprès des chefs de la résistance néerlandaise, puis auprès des camps de prisonniers allemands. Sans succès. Personne ne semble avoir été au courant d'une action commando dans ce secteur en février 1944. Des contacts avec la police néerlandaise ou des officiers de l'*Intelligence Service* ne donnent rien non plus. Durant cette mission, Hulot visite de nombreux cimetières, dans lesquels il constate la présence de plusieurs tombes de soldats alliés, très souvent anonymes. Pas de noms, ni de dates correspondent à celle du raid de Trépel…

La suite de l'enquête est confiée au capitaine Miles Belleville, officier des Opérations combinées. Les deux hommes retrouvent enfin la trace des commandos français disparus : cinq tombes dans le cimetière militaire de La Haye. Elles ont été identifiées par les Allemands comme des tombes d'aviateurs alliés inconnus. Les dates d'enterrement correspondraient à peu près avec la date de disparition des camarades de Hulot. En fait six tombes sont repérées, cinq inconnus enterrés le

6 mars 1944 et une tombe isolée, celle d'un inconnu enterré le 10 mai 1944. Les cercueils que vont ouvrir les compagnons de Hulot portent les numéros 78, 79, 80, 81, 82 et 84.

> « N° 78. Très bien conservé, corps trapu et fort ; vêtu d'un caleçon et d'un maillot de laine blanche type armée, cheveux noirs et crépus. Ce cadavre fut immédiatement identifié pour être celui du capitaine Trépel Charles, matricule 54454, détaché de la terre aux FNGB.
>
> N° 79. Assez bien conservé, longueur du cadavre 1,80 m, vêtu d'un caleçon et d'un maillot de laine blanche, deux dents en or à la mâchoire supérieure gauche, alliance de métal blanc. Cravate de soie Marine nationale. Identifié pour être le corps de Devilers Fernand, matricule 540 FN 43.
>
> N° 80. Cadavre trapu, très bien conservé, vêtu d'un maillot type marine rayé bleu et blanc et d'un caleçon court de laine blanche. Cheveux blonds foncés, légèrement ondulés. Immédiatement identifié pour être celui du quartier-maître 2e classe fusilier, Rivière Jacquelin, 10834 FN 40.
>
> N° 81. Cadavre de petite taille, vêtu d'un pull-over bleu marine (type marine), cheveux noirs. Assez mauvais état de conservation. Ce cadavre avait une dent réelle à la mâchoire supérieure gauche, le reste était un dentier, dents de la mâchoire inférieure véritables. Par ces signes particuliers, fut identifié pour être le cadavre de Roger Cabanella, 339 FN 43.
>
> N° 82. Cadavre en mauvais état, vêtu d'un maillot type marine, rayé bleu et blanc, caleçon de laine blanche, petits pieds et taille du cadavre plutôt petite. Excellentes dents, toutes présentes et d'un alignement parfait. Identifié pour être le cadavre du quartier-maître 2e classe fusilier René Guy, 10320 FN 40.
>
> N° 84. Le seul qui soit vêtu. Veste de treillis et pantalon battle-dress, ceinture de marine bleue. Pull-over kaki type AVF, chemise kaki type armée, maillot de corps laine blanche, culotte de sport bleue employée comme caleçon. Chaussettes de laine blanche type perçues avant les opérations, gaine du poignard passée dans la molletière gauche. Cadavre identifié pour être celui du second maître Jean Agnerre, 10425 FN 43. »

Hulot souligne dans son rapport que « tous portent sur leur visage l'expression d'avoir terriblement souffert », même si aucun des corps ne présente de marques et de blessures particulières[27]. Il n'est pas exclu aujourd'hui de penser que les commandos se soient cachés dans les dunes après l'alerte et qu'ils aient essayé de rejoindre la vedette la nuit suivante. Avec une température au-dessous de zéro, les six hommes sont certainement morts de froid ou d'épuisement. Les Allemands ont même confié leur corps aux autorités civiles, afin de les inhumer, ce qui semble exclure leur assassinat par l'ennemi[28].

De récentes recherches sur l'opération Premium ont permis la découverte d'un rapport allemand sur la mort des six Français[29]. Le 29 février 1944, à 2 h 30 du matin, les soldats allemands sont alertés par des cris venus de la mer. Un *dinghy* avec trois corps à bord est alors retrouvé. Un quatrième corps est retrouvé dans le même secteur. Vers 17 h 00, la police de Wassenaar reçoit des autorités allemandes l'ordre de venir chercher les quatre cadavres. La semaine suivante, le cadavre de Trépel est retrouvé après avoir longtemps dérivé. Enfin deux mois plus tard, au sud de Wassenaar, un 6e corps est identifié, il s'agit du corps de Devillers. D'après les effets retrouvés dans le *dinghy* et sur les cadavres, les Allemands avaient conclu que ces hommes étaient des Canadiens français. Le fait qu'ils aient été enterrés en tant qu'aviateurs alliés inconnus a conduit certains à penser que le rapport allemand dissimulait plus d'informations qu'il n'en révélait.

Après le raid de Wassenaar, le bilan des raids *Hardtack* est très lourd. 18 commandos perdus : neuf morts et cinq portés disparus côté français, deux morts et deux disparus côté anglais. Sur le plan des effectifs, Philippe Kieffer vient de perdre 14 de ses hommes, dont Trépel, son adjoint direct. Même si des vies humaines ont été emportées, il convient d'observer que les opérations *Hardtack* ont été très riches en renseignements, notamment sur l'état des défenses allemandes. On peut penser également que les objectifs des raids, opérations de diversion, ont été atteints, puisque les Allemands resteront jusqu'au 6 juin 1944 dans l'ignorance totale des véritables intentions des Alliés.

Chapitre 11

LA CONSTITUTION DU 1er BATAILLON DE FUSILIERS MARINS COMMANDOS

Alors qu'il se préparait en septembre 1943 aux raids *Forfar* et *Hardtack*, Philippe Kieffer, soucieux de renforcer davantage son unité, avait tenu à recevoir un homme qui souhaitait le rencontrer pour lui faire part de son projet. Ce jour-là, à Eastbourne, un jeune lieutenant français de l'Armée de terre se présente au patron des commandos français. Il s'agit de Pierre Amaury. Il appartient à l'époque au peloton motorisé de Camberley, il vient d'effectuer un stage commando à titre individuel et il expose à Kieffer son désir de recruter un groupe d'une quarantaine d'hommes pour les intégrer, après les avoir fait breveter, au groupe déjà formé par Kieffer.

Il assure à Kieffer que tous les hommes ou presque qu'il côtoie au peloton moto, ainsi que quelques recrues des transmissions, sont prêts à le suivre dans cette voie. Kieffer est séduit par la proposition mais, avant de répondre favorablement à son interlocuteur, il doit s'assurer de l'accord des FNFL. Kieffer connaît déjà un peu le jeune lieutenant français, des premiers contacts avec Amaury avaient été pris au début de l'année. C'était Francis Vourc'h et le commando Piaugé qui avaient fait le déplacement au camp de Camberley pour recruter de nouveaux volontaires et, à cette occasion, avaient pu rencontrer Pierre Amaury. À cette époque, ce dernier leur a déjà fait part de son vif désir de former une troupe pour rejoindre les commandos. Un premier entraînement avait même déjà commencé sous sa direction dans l'enceinte du camp Camberley. Parmi les volontaires regroupés autour d'Amaury figurait René Goujon.

> « Pour moi, l'entraînement à Camberley avec Amaury commence le 11 février 1943. Le lieutenant Amaury est de taille moyenne, trapu, sportif et doué d'une volonté qui frise l'entêtement. Nous pensons même entre nous qu'il est un peu fou ! C'est peut-être vrai, mais en tous cas, l'impulsion initiale qu'il nous donne, sauvera bien des vies par la suite. [...] Marche de nuit, embuscades, marches rapides de 20 à 40 kilomètres, combats à mains nues, franchissement d'obstacles, de la maison à la falaise, Amaury toujours dans les premiers[1] ! »

La balle est donc dans le camp des FNFL. Malgré le fait que les deux *troops* françaises manquent en septembre 1943 d'effectifs complets pour participer aux opérations, l'état-major des Forces navales, très inquiet du devenir de l'unité de Kieffer, ne semble plus très favorable aux recrutements de nouveaux commandos pour la 1re compagnie de commandos. Lieutenant de l'armée de terre, Amaury voit finalement sa candidature refusée, sur l'unique motif que seuls les marins devaient y être admis. Kieffer ne peut rien dans l'immédiat pour répondre favorablement à la demande d'Amaury. Celui-ci devra donc se débrouiller seul et, comme Kieffer l'avait fait en son temps, persévérer pour espérer convaincre la hiérarchie FNFL.

Vers la formation d'une nouvelle troop *française*

Puisque sa démarche semble impossible à mener depuis le camp de Camberley, Amaury décide de s'y prendre autrement. Il propose de mettre en place un groupe de commandos au sein de la caserne Bir-Hakeim, le dépôt des équipages de la Marine. Puisque les FNFL lui reprochent son origine « Armée de terre » et le fait de vouloir mener un groupe de soldats et non de marins vers les commandos (un tiers des hommes de son groupe sont issus de l'Armée de terre), il imagine un programme d'instruction de quatre semaines à Bir-Hakeim, calqué sur les programmes d'entraînement d'Achnacarry : combat sans armes, exercices sur le terrain, tirs, marche à la boussole, exercices de nuit et exercices de débarquement à l'extérieur de la caserne à Brackdown Gosport dans le Hampshire[2]. Après un bref passage à la caserne Surcouf à Londres à la fin d'octobre 1943, où les soldats de l'Armée de terre sont mutés à la Marine, les quarante volontaires d'Amaury attendent d'être dirigés vers la caserne Bir-Hakeim.

La persévérance d'Amaury finit par payer : le contre-amiral Thierry d'Argenlieu donne finalement son feu vert pour l'intégration de son détachement aux commandos de Kieffer, à la condition qu'il s'occupe lui-même de l'entraînement commando et du stage final à Achnacarry. Devenu enseigne de vaisseau de la marine, Pierre Amaury peut enfin passer à l'action. Du 9 novembre 1943 à la mi-janvier 1944, au moment même où Kieffer et ses hommes sont sérieusement engagés dans les raids *Hardtack*, Amaury teste ses recrues au camp de Bir-Hakeim. Ceux-ci sont bientôt rejoints par une vingtaine de marins, tentés par l'aventure commando. L'entraînement qu'il inflige à ses hommes est d'une dureté incroyable. Dans un rapport sur ses activités du mois de novembre 1943, Amaury informe sa hiérarchie, les Forces navales en Grande-Bretagne, de la progression de la formation dispensée à son groupe, et du comportement de ses quarante premiers volontaires : sept candidats, dont deux officiers mariniers, ont déjà été éliminés « pour insuffisance[3] ».

Amaury indique également à ses supérieurs les premières lacunes apparues au cours de l'entraînement. Il se plaint notamment de ne pas avoir de postes de radio pour entamer une formation sur les transmissions, de manquer cruellement de munitions, alors que l'instruction sur le combat sans arme, sur les armes anglaises et les cours d'orientation se sont déroulés dans de bonnes conditions. Le retard dans la livraison du matériel et l'éloignement du champ de tir (impossible à la caserne) conduisent Amaury à prolonger la formation de ses hommes d'une semaine supplémentaire, la portant à cinq semaines, en attendant la convocation pour le stage commando à Achnacarry.

Mais Amaury n'aura pas « la chance » de monter en Écosse. Bloqué à cette époque de l'année par des neiges importantes, le dépôt écossais des commandos est indisponible. Depuis le 21 décembre 1943, les Opérations combinées ont ouvert à la hâte un nouveau centre d'entraînement commando, au nord du pays de Galles, à Wrexham. C'est dans ce camp, le 17 janvier 1944, que sont envoyés les 35 hommes du groupe d'Amaury. Avant son départ de la caserne Bir-Hakeim, il s'est vu adjoindre un autre détachement d'une trentaine de volontaires, portant à 63 hommes cette quatrième vague française de recrutement a être admise dans un centre d'entraînement commando britannique.

Le *training* qui s'y déroule est similaire, sinon plus dur, à celui dispensé en Écosse. Seules manquent à l'entrée du camp les tombes fictives.

> « Nos instructeurs sont presque tous écossais, originaires du Régiment Black Watch. Tous membres du Commando nº 9, ils rentrent d'opérations, en Yougoslavie… Avec nos bérets à pompon rouge, nous les amusons un peu ! Nous allons suivre, à un rythme infernal, un entraînement dément. Certains demandent à rejoindre leur ancienne unité. D'autres y sont contraints par un état de santé qui se détériore rapidement. Beaucoup sont victimes de fractures, parmi eux certains s'accrochent, d'autres sont évacués. Les marches rapides sont parmi les plus redoutées des épreuves. Avec tout l'équipement et les armes individuelles, le groupe doit parcourir 7 *miles* (11,2 km) en moins d'une heure. Détail important : l'épreuve est jugée sur l'arrivée du groupe au complet. Malheur aux retardataires qui, sous peine d'être éliminés, devaient refaire la marche avec un instructeur ou un camarade… Le parcours du combattant ou *Assault Course* est une épreuve carrément démoniaque. Il se pratique sur une longue distance, semée d'obstacles quasi insurmontables imaginés par un esprit dérangé ! Des palissades de plus de 2 m, plantées à contre-

pente, à escalader, sauter sans voir, d'une paroi de 5 m sur un sol durci par le gel, ramper sous des barbelés, se faufiler dans un tunnel de terre, passer un ravin en tyrolienne[4]. »

L'entraînement du groupe Amaury prend fin le 3 mars 1944, période suivie d'une semaine de permission pour tous les hommes avant de connaître leur nouvelle affectation. Bien que très occupé par les raids *Hardtack*, Kieffer suit de très près l'évolution du groupe Amaury. Depuis le 19 février, il demande à recevoir immédiatement ces hommes pour renforcer son unité commando. Voilà en effet déjà six semaines que le détachement Amaury s'entraîne au pays de Galles. C'est bien plus qu'un entraînement commando à Achnacarry et les Opérations combinées font courir le bruit qu'avant d'être remis au nº 10 Commando, ces hommes partiront à Achnacarry, qui vient de rouvrir ses portes après l'hiver, pour un stage supplémentaire de trois semaines. On s'interroge également sur la destinée de ce détachement : un renfort possible pour une nouvelle troupe du nº 10 Commando, un renfort pour les *Royal Marines Commandos*… Les rumeurs vont bon train :

« Il paraît que nous allons former une *troop* (compagnie) de réserve pour les deux *troops* françaises déjà existantes du nº 10 Commando. L'une de ces *troops* est à Newhaven, où se trouve le PC du commandant Kieffer, l'autre à Peacehaven. En attendant qu'ils aient besoin de nous, nous continuons l'entraînement… en douceur cette fois. Nous avons tout de même le sentiment d'être traités en parents pauvres[5]. »

De la troop *9 à la section K Gun*

Finalement, c'est le 11 mars 1944 que le groupe Amaury rejoint à Eastbourne les deux *troops* françaises du nº 10 Commando. À Hampden Park, Kieffer peut enfin compter les hommes que lui apporte Amaury : 69 nouveaux commandos brevetés, prêts à former une troisième *troop* française. Parmi ces nouveaux renforts, Kieffer reçoit cinq officiers, dont l'officier des équipages Bagot et l'aspirant Hubert. Un renfort de taille donc, mais malheureusement insuffisant pour permettre la création d'une nouvelle *troop* de commandos, même avec quelques renforts d'hommes venus des autres *troops*.

> « Je suis passé de la *troop* 8 à la K Gun, car cette section en formation nécessitait du personnel ; comme j'avais une qualification de mitrailleur, de servant de mitrailleuse, et de plus étais second maître, je suis passé à la K Gun [...]. J'y trouve alors une autre ambiance, car ces gens-là venaient d'ailleurs. Avec Lofi on se connaissait, tout le monde se tutoyait. La section K Gun avait été formée avec beaucoup de gens qui venaient d'ailleurs, certains de l'armée de terre comme Coste, Hubert ou Amaury[6]. »

La *troop* d'Amaury, appelée provisoirement *troop* 9, subit alors quelques modifications à partir du 23 mars 1944. Ce jour-là, tout d'abord, elle rejoint le poste de commandement de l'unité française installé à Newhaven, à 25 km d'Eastbourne. Avec une soixantaine d'hommes dans ses rangs, elle n'est pas suffisante pour s'appeler *troop* et demeure trop importante pour s'appeler section. Il faut donc que Kieffer en dégarnisse les rangs. La moitié de l'effectif, soit 35 hommes, est répartie alors entre les *troops* 1, 8 et la section de commandement, l'autre moitié devant composer une toute nouvelle section de mitrailleuses que lui demandent de former les autorités britanniques[7].

> « 23 mars : ce matin une nouvelle bouleversante : un officier, 3 officiers mariniers et 20 hommes vont rejoindre les 2 *troops* françaises et partir avec elle au baroud. Je suis désigné. Je crois que j'aurai étranglé Amaury si je ne l'avais pas été. [...] Je suis bombardé chef de la sous-section C de la 2e section de la 8e *troop*. J'ai de la chance car il y trop de seconds maîtres et certains sont adjoints de sous-section ou même chefs de *bren-group*. C'est la première fois que je suis en présence de mes anciens et l'impression est déplorable :

pour moi qui viens de passer quelques mois sous la férule d'Amaury, j'ai le sentiment d'une indicible pagaille[8] ! »

Le commando Jacques Sénée fait partie de cette poignée d'hommes passés du groupe Amaury vers les *troops* 1 ou 8. Quant au « baroud » évoqué par le commando, il s'agit tout simplement d'un prochain départ en Écosse pour un exercice grandeur nature d'un débarquement amphibie. Changement de groupe, mais aussi on le voit changement d'ambiance. C'est le patron du nº 4 Commando, le colonel Dawson, qui a demandé à Philippe Kieffer de rassembler, le plus rapidement possible, un nombre suffisant d'hommes pour constituer cette nouvelle unité de mitrailleuses. 23 commandos français sont alors désignés pour en former les rangs, au service de quatre mitrailleuses lourdes, Vickers, les quatre autres étant finalement réparties au sein du nº 4 Commando.

C'est donc à la faveur d'une subtile organisation tactique que la section K Gun se forme tardivement, avec à sa tête le lieutenant Amaury. Secondé par le lieutenant Bagot et le sous-lieutenant Hubert, Amaury doit ensuite diviser son unité en deux groupes de deux pièces chacun, toujours selon les principes réglementaires de l'armée britannique : Robert Saerens prend le commandement des pièces 1 et 2, tandis que Georges Coste devient le chef des pièces 3 et 4. Organisée ainsi, la section K Gun est enfin opérationnelle : le 5 avril 1944, elle compte dans ses rangs 28 hommes[9]. Une fois formée et ayant réceptionné les fameuses mitrailleuses britanniques Vickers K Gun, l'entraînement peut enfin commencer à partir du 24 avril[10].

La réorganisation du bataillon

Depuis qu'on lui a annoncé son rattachement imminent au nº 4 Commando, Kieffer n'a d'autres préoccupations que d'organiser les effectifs de son bataillon, suivant en cela les ordres du colonel Dawson, et le cadre très réglementaire de l'armée britannique. L'objectif est de présenter, en ordre de combat, deux *troops* parfaitement équilibrées du point de vue numérique. Le renfort de la troupe Amaury, dernière vague de recrutement, lui a permis de porter les effectifs des *troops* n° 1 et n° 8 à 80 commandos.

La *troop* n° 1 est désormais commandée par Guy Vourc'h, secondé par Jean Mazéas. Cette *troop* est elle-même scindée en deux sections, avec à leur tête Jean Pinelli et Hubert Faure. De son côté, la *troop* n° 8, commandée par Alexandre Lofi, secondé par Francis Vourc'h, est également divisée en deux sections confiées à André Bagot et Léopold Hulot. Bien que ses effectifs soient suffisants du point de vue des Britanniques, Philippe Kieffer continue encore, au début du mois d'avril 1944, de réclamer aux autorités navales de la France Libre des hommes supplémentaires afin de se mettre « à l'abri de tout débarquement inopportun de personnel en excédent à l'effectif réglementaire[11] ». En juin 1943, le général de Gaulle avait fixé l'effectif de la compagnie de commandos à 150 hommes, ce nombre permettant de former deux troupes et d'atteindre rapidement 80 commandos par troupe. Mais Kieffer souhaite désormais aller au-delà, et porter les effectifs à 180 hommes. Ne tenant pas à revivre la situation catastrophique en matière d'effectifs – comme ce fut le cas au début de l'année 1943 – il tient absolument à cette réserve supplémentaire d'hommes, lui assurant une sécurité et un atout auprès du commandement britannique pour l'envoi de sa troupe sur un théâtre d'opérations.

Malheureusement pour lui, sa demande n'est pas prise en compte. Cette fois-ci, c'est l'état-major des commandos qui ne souhaite plus recruter des volontaires pour les commandos. Les Forces terrestres en Grande-Bretagne se sont vu refuser l'envoi de volontaires qu'elles lui proposaient. Ce comportement s'explique par une volonté de mettre fin aux mouvements de personnes avant le Débarquement en préparation. Kieffer devra donc se « contenter » de ses effectifs, inférieurs à 180 hommes.

Si l'équilibre semble avoir été atteint entre ses deux *troops* et sa section de commandement (HQ), Kieffer doit aussi organiser des détachements d'opérateurs radio chargés des transmissions, comme l'exige sa prochaine incorporation au sein du n° 4 Commando britannique.

Ces détachements, qui semblent secondaires, sont en réalité d'une grande importance. Au cours des opérations et des combats qui auront lieu, le contact radio devra être permanent entre Kieffer, son état-major, entre ses troupes, mais aussi avec le commandement britannique. Onze Français sont alors envoyés à l'école des *Royal Signals*, l'école des radios britanniques, avec des recrues du n° 4 Commando[12]. Tous ces spécialistes sont directement placés sous les ordres du capitaine Beckett, qui commande les *signals* répartis entre les sept *troops* du Commando n° 4, les quatre *troops* britanniques et les trois *troops* françaises. Comme leurs camarades, les *signals* français prennent part à tous les entraînements et toutes les activités des commandos : marches de jour et de nuit, débarquement, escalades de falaise, poses d'explosifs et lancers de grenades.

Kieffer dote également son unité d'une section sanitaire complète, formée sous les ordres d'un médecin, le capitaine Lion[13]. À ses côtés ont pris place de jeunes recrues, le quartier-maître Bouarfa, Gwenn-Aël Bolloré et Pierre Vinat infirmier de la *troop* n° 1[14]. Enfin un aumônier, officier d'artillerie et professeur de théologie, l'abbé René de Naurois, les a rejoints. Il sera l'aumônier militaire du bataillon français.

25 mars 1944 : les dernières répétitions

Tous les hommes de Kieffer sont maintenant rassemblés. Tous se sont entraînés le plus souvent séparément. Il est alors décidé, le 23 mars 1944, de les envoyer ensemble au nord-est de l'Écosse, à Nairn, pour un exercice général de débarquement destiné à mettre au point les dernières consignes en vue d'une grande opération à venir. Après un voyage de deux jours, les Français arrivent enfin à destination :

> « Le 25 mars après avoir touché l'équipement de guerre complet, nous embarquons pour l'Écosse, arrivons à Inverness le soir du 26, au nord des Îles Britanniques, et nous installons dans un camp. Il y a beaucoup de troupes dans le pays, sur le pied de guerre aussi et l'exercice projeté sera important[15]. »

Embarqués le 28 mars sur une barge de débarquement qui les conduit vers une plage après deux jours et trois nuits passés à bord, les commandos français se préparent à l'exercice de débarquement prévu le 31 mars :

> « À 1 h 30 du matin, le débarquement s'effectue dans des conditions assez réalistes, avec de l'eau jusqu'au ventre et dans la fumée. Nous attaquons et… naturellement prenons nos objectifs. Le plus dur n'est pas fini. Nous prenons la formation de marche et couvrons une distance de 20-25 km, avec notre équipement sur le dos. Des colonnes de chars nous dépassent dans un tonnerre[16]. »

Le lendemain, 1er avril 1944, les commandos français sont rassemblés pour rencontrer celui dont ils entendent le nom depuis plusieurs jours et qui va devenir leur chef, le colonel Robert Dawson, le patron du n° 4 Commando. Celui-ci leur annonce officiellement leur intégration à son Commando franco-britannique dans un délai de quinze jours. Les indices d'un débarquement prochain apparaissent alors très clairement. L'unité reçoit l'ordre du 2e bureau de l'état-major de la Marine, à Londres, d'entretenir le silence le plus complet sur les opérations militaires à venir et de restreindre la circulation des écrits classés « secret ». Quelques jours auparavant, Kieffer avait reçu un ordre du même état-major de la Marine, lui demandant de surveiller ses hommes en prenant « les mesures convenables pour maintenir ses [vos] hommes dans la discipline verbale nécessaire[17] ».

Visiblement, les commandos français ont été « repérés » par les autorités britanniques. Certains d'entre eux, notamment ceux qui se rendent fréquemment à Brighton, y ont parlé de « leurs exploits passés et futurs avec une indiscrétion totale ». Les hommes de Kieffer sont-ils plus indiscrets que les autres en ces temps extrêmes d'agitation et d'annonce d'un départ imminent pour le combat ? À en croire le colonel Broad, l'adjoint du brigadier général Robertson, le chef adjoint des Opérations combinées, « les commandos français ont en effet tendance à être beaucoup plus bavards que les autres[18] ».

Il est certain que depuis plusieurs semaines, avec la réorganisation du bataillon, la manœuvre de Nairn, l'intensité et le style de l'entraînement qui y est subi, la rencontre avec les éléments du nº 4 Commando, les commandos français s'impatientent et s'échauffent, oubliant leur devoir de réserve et la discipline propre aux commandos. Le manque de discrétion est le fait principal reproché aux Français, plus que le manque de discipline, que le colonel Broad ne mentionne pas dans son rapport aux autorités françaises, louant plutôt « la tenue et l'enthousiasme des hommes de troupe ». Pourtant à plusieurs reprises, les rappels à l'ordre pour indiscipline ont été signifiés aux Français. Le dernier en date, très sévère, leur est parvenu par le biais d'un message de Francis Vourc'h, au nom de Philippe Kieffer. Le commandant ne mâche pas ses mots envers des hommes qui semblent avoir manqué à tous leurs devoirs :

> « Le major commandant la Layforce II vient de recevoir une lettre du général commandant la brigade lui signalant la tenue déplorable de certains commandos français en ville, *mains dans les poches, béret sur l'arrière de la tête, blouson dégrafé, guêtres et ceinturon sales, allure nonchalante avec mégot au coin de la bouche…* Êtes-vous des commandos, oui ou non ? Alors prouvez-le, soyez en dignes, vous êtes des Français, soyez-en fiers ; vous êtes volontaires courageux et n'aspirez qu'à aller au combat, l'on vous demande de patienter, faites-le, n'oubliez pas et fichez-vous bien cela dans la tête, que la discipline fait la force des armées et qu'en ce moment vous

> devez montrer que vous êtes dignes et capables de faire votre devoir, car c'est un devoir que de servir à l'arrière. Votre tour viendra, le commandant vous l'a déjà dit : ayez un peu plus d'amour-propre pour votre tenue, ne poussez pas l'étranger à nous traiter d'armées de va-nu-pieds. Vous pouvez être propres, vous avez tout ce qu'il vous faut pour l'être[19]… »

Le rappel à l'ordre se termine néanmoins sur une note positive et très patriotique : « Vous prouverez ainsi une fois de plus au monde, que le soldat français a été, est et sera toujours un soldat digne des plus belles traditions de notre pays, la France. »

Depuis plusieurs semaines, la situation des Français s'est nettement améliorée. Constituées en bataillon, rassemblées sous la bannière du Commando n° 4, occupées à des exercices d'envergure exécutés en commun, stimulées comme jamais par les rumeurs d'un départ au combat, les forces françaises sont loin de cet état de léthargie et d'ennui qui était le leur au tout début de l'année 1944. À cette époque, les raids sur les côtes françaises venaient d'être arrêtés. Une partie des commandos français y avait participé, mais pas tous, loin de là. Même s'ils faisaient encore partie d'une force d'attaque importante, la *Layforce II*, les Français des *troop*s 1 et 8 se morfondaient à Seaford ou Peacehaven.

Le vent tourne favorablement pour les Français, mais pourtant, au printemps 1944, à quelques semaines du Jour J, les sanctions pour indiscipline continuent de tomber chez les hommes de Kieffer. Plusieurs combattants sont exclus de l'unité pour fautes graves, incompatibles avec la discipline que l'on attend des commandos. Des vols de moto, dénoncés par leurs propriétaires anglais, sont par exemple sanctionnés par des peines de prison fermes à la caserne Bir-Hakeim[20].

16 avril 1944 : le rattachement du bataillon français au n° 4 Commando britannique

Au printemps 1944, les Français s'apprêtent à quitter les rangs du Commando interallié n° 10 pour rejoindre une autre formation qui se prépare activement pour le Débarquement, le n° 4 Commando. À sa tête, un jeune colonel, Robert Dawson, qui parle parfaitement le français. Dawson a été mobilisé en 1939, avant d'intégrer les forces spéciales et le n° 4 Commando à la fin du mois de septembre 1940. C'est sous le commandement de lord Lovat qu'il s'impose comme le futur patron du n° 4 Commando en avril 1943. Dawson est encore jeune, mais son expérience est grande, depuis les combats menés sur les îles Lofoten et lors du raid de Dieppe. Appelé en février 1944 par lord Lovat, Dawson a appris que son Commando aurait pour objectif, lors du Débarquement, la prise et la destruction d'une batterie allemande sur le flanc le plus à l'est de la zone de débarquement. Lovat, qui avait entendu parler des deux *troops* françaises alors disponibles, les a tout de suite proposées à Dawson.

Le 16 avril 1944, les bérets verts de Kieffer arrivent à Bexhill-on-Sea, station balnéaire du sud de l'Angleterre. Ils s'y installent, selon la coutume, dans différents « billets » avant de rejoindre leur camarades britanniques du n° 4 Commando. Les marches forcées, les manœuvres d'embarquement sont maintes fois répétées, inlassablement exécutées. Pour souder l'action des différentes *troops* du commando, un entraînement en commun est organisé 15 jours plus tard en Écosse. À peine arrivées à Bexhill, les troupes françaises sont aussitôt employées dans un vaste exercice d'entraînement, l'exercice *Fabius*, entre le 1er et le 4 mai[21]. Les *troops* du n° 4 Commando s'entraînent jour et nuit, les exercices étant coordonnés pour les Français par le PC de Dawson et Kieffer : sorties en mer à bord des barges, débarquement sur les plages, attaques au lance-flammes de blockhaus et de nids de mitrailleuses. Les tireurs d'élite s'exercent avec le nouveau fusil Springfield à lunette. Les équipes de démolition de chaque groupe se familiarisent avec les détonateurs TNT et les charges de plastic… Après *Fabius*, l'entraînement évolue quelque peu pour se dérouler cette fois-ci en zone habitée, dans les rues même de la ville. Au cours de la troisième semaine de mai 1944, les commandos « touchent » de nouveaux matériels, notamment un nouveau sac à dos destiné à recevoir un paquetage impressionnant d'équipements et d'objets divers et variés.

C'est à cette époque également que le Commando n° 4 prend sa forme définitive. Pour l'opération Overlord, il s'articule autour de sept *troops*, et de la section de mitrailleuses du lieutenant Amaury. La *troop* C est constituée de commandos brevetés parachutistes, tandis que la *troop* D est formée de mortiers. Les *troops* n° 1, n° 8 et K Gun issues du Commando n° 10 interallié sont alors les seules *troops* françaises du Commando.

Pour renforcer l'identité des troupes françaises au sein du 1er bataillon de fusiliers marins commandos, il leur fallait à présent un signe militaire d'appartenance et de reconnaissance. Kieffer avait commencé à étudier la question à la fin de l'année 1943, lorsque Charles Trépel, son second, voulut qu'un badge soit conçu puis porté par tous les hommes sur leur béret de commando. C'est Maurice Chauvet, aux talents artistiques reconnus à l'unité, qui fut chargé de lui soumettre un premier projet.

Les premières esquisses sont présentées au mois de février 1944 : une rose des vents combinée avec la dague des commandos, un voilier, un coq de clocher, une dague et une *tommy-gun* croisées, ou encore une ancre de marine dont le jas est surmonté d'une tête de mort… Les mois se sont écoulés, Trépel n'est plus, disparu en raid, les exercices de Nairn viennent de se terminer. Philippe Kieffer se penche à nouveau sur cette histoire du badge commando. Chauvet lui présente alors le prototype choisi par Trépel, l'ancre et la tête de mort. Kieffer n'« accroche » pas du tout, prétextant le côté trop allemand du dessin. Chauvet doit se remettre au travail à partir des esquisses déjà réalisées, et notamment celles montrant un voilier sur un écusson. Plus précisément un écu de France présentant le brick de l'aventure timbré de la dague commando. Kieffer lui suggère d'y faire apparaître maintenant la croix de Lorraine, ainsi que la mention « Premier Bataillon Fusilier-marin Commando ».

Après quelques modifications, un échantillon en bronze est enfin réalisé. Kieffer approuve, mais c'est le commandant des Forces navales en Grande-Bretagne, l'amiral Thierry d'Argenlieu, qu'il convient maintenant de consulter. Le 3 avril 1944, Chauvet est convoqué à l'état-major de Thierry d'Argenlieu. Ce dernier ne comprend pas la symbolique de l'étoile, associée pour lui aux États-Unis ou à l'URSS. Chauvet propose alors de la remplacer par une deuxième ancre de marine… ce qui est finalement accepté.

Le badge définitif des commandos français est né :

> « Sur un écu de bronze, qui est en France, portant au centre le brick de l'Aventure supporté par des vagues, surchargé d'un poignard commando, dirigé du canton senestre du chef au canton dextre de la pointe, et décoré d'une croix de Lorraine dans le canton dextre du chef. L'écu repose sur un ruban portant l'inscription : "1er Bllon F.M. COMMANDO", ses deux extrémités repliées montrent deux petites ancres, rappelant l'origine marine de l'unité[22]. »

Venu tout spécialement de Londres à l'invitation du commandement britannique, l'amiral Thierry d'Argenlieu se rend à Bexhill le 10 mai 1944 pour y inspecter les commandos français. Accompagné de lord Lovat et du colonel Dawson, Thierry d'Argenlieu passe en revue les hommes de Kieffer. Des croix de guerre françaises sont remises à certains d'entre eux, notamment pour leur action passée dans les raids sur les côtes occupées par l'ennemi. C'est à cette occasion que sont distribués pour la première fois les insignes du 1er BFM Commando[23].

Dawson est félicité par tous pour la tenue de cette troupe et la parade qui vient de s'achever. L'entente entre Dawson et Kieffer semble parfaite. Du côté de la chaîne de commandement établie entre Kieffer et Dawson, tout semble bien se passer, Dawson ayant très rapidement compris le fonctionnement et les relations entre Kieffer et ses officiers :

> « Si je souhaitais obtenir quelque chose des deux troupes françaises, je n'avais qu'à demander à Kieffer qui ferait le nécessaire. Mais si c'était un problème qui ne concernait qu'une *troop*, je donnais directement un ordre au chef de la *troop* concernée, mais toujours en présence de Kieffer. Kieffer était là pour commander les troupes françaises et devenait mon second lorsque je devais directement les commander[24]. »

Les troops *françaises de la 1re brigade spéciale*

Les hommes de Kieffer font partie du nº 4 Commando. De son côté, le Commando nº 4 fait partie intégrante de la *1st Special Service Brigade* britannique, formée spécialement pour l'opération Overlord et les opérations en Normandie, et placée sous le commandement de lord Lovat. Lord Lovat n'est pas n'importe qui. Il jouit d'un prestige et d'une réputation sans pareils au sein de l'armée des commandos. Lovat a 33 ans en 1944. 17e baron Lovat et 25e chef du clan Fraser, il est issu de la vieille noblesse écossaise. En 1939, à la déclaration de guerre, il s'est porté naturellement volontaire pour l'unité de tradition créée par son clan, les *Lovat Scouts*. C'est en Afrique du Sud, durant la guerre contre les Boers en 1899, que cette unité avait reçu son baptême du feu. Avec le grade de capitaine, il a fait partie des premiers volontaires en juillet 1940 à s'engager au sein des unités commandos. C'est avec le Commando nº 4 que lord Lovat participait ainsi au raid sur les îles Lofoten en mars 1941. Puis à la tête de ce Commando, et élevé au grade de lieutenant-colonel, il participait au raid canadien sur Dieppe le 19 août 1942.

À la veille du débarquement en Normandie, lord Lovat peut compter sur les 2 500 hommes de sa brigade, répartis dans quatre unités[25]. Avec la 4e brigade spéciale de Leicester (constituée par les nos 41, 46, 47 et 48 *Royal Marine Commandos*), l'unité de Lovat est placée sous le contrôle du *Special Service Group* du major général Sturges, qui regroupe ainsi près de 5 000 commandos à la veille du Débarquement.

Veillée d'armes à Titchefield

L'entraînement intensif des troupes françaises a cessé le 20 mai 1944. Deux jours plus tard, lord Lovat est venu inspecter les marins français, réaffirmant « sa satisfaction d'avoir des Français avec lui, sa confiance et sa certitude que cette fois-ci c'est du travail sérieux qui les attendait[26] ». Le 25 mai, le no 4 Commando au grand complet quitte Bexhill. Le train spécial qui le conduit à travers le Surrey le dépose près de Southampton. Britanniques et Français sont transportés en camions bâchés. Le 25 mai 1944, ils franchissent l'entrée d'un camp entouré de barbelés et se retrouvent gardés militairement.

> « Le soir du 25 mai, toute la 1re brigade de commandos est rassemblée dans un immense camp américain aux portes de Southampton. Nous avons l'autorisation de sortir ce soir-là. Le lendemain les portes seront fermées et ne s'ouvriront plus que pour le grand départ. Aussi tout le monde se précipite en ville faire une dernière provision d'images de la vie civilisée. Le lendemain, nous sommes prisonniers derrière une triple clôture de fers barbelés gardés par des MP. Tout homme sortant du camp sera poursuivi en cours martiale pour désertion devant l'ennemi[27]. »

Ce camp américain est le camp C18 de Southampton. Dans ce camp de Titchefield, aucune permission n'est accordée. Aucun homme n'est autorisé à sortir, et ce quel que soit son grade. Défense absolue de converser avec les sentinelles et les patrouilles de l'autre côté des barbelés. Pour les hommes de Kieffer, il est interdit d'expédier du courrier personnel et pour Kieffer lui-même de produire des courriers administratifs destinés à l'état-major des Forces navales françaises à Londres. L'ensemble du travail quotidien d'administration de l'unité est donc mis en sommeil. Sitôt installés, les hommes font la connaissance de leur nouveau cantonnement. Des haut-parleurs diffusent un flot continu de musique américaine, de jazz, tandis que, sous une tente, une salle de cinéma permanent a été aménagée et projette des vieux westerns. Plus loin des cantines, une salle de lecture, un terrain de jeux, un hôpital, des infrastructures modernes et complètes pour les commandos des deux brigades spéciales.

> « Nous sommes répartis dans des tentes aux couchages confortables. Nous mettons sac à terre. Le camp est supérieurement organisé, “à l'américaine”. Une tente plus grande que les autres : le réfectoire. C'est mon premier self-service ! Un plateau alvéolé, un couvert et nous prenons la file. Les alvéoles sont remplies à ras bord par une rangée de serveurs, le repas doit se manger debout en avançant, en fin de file nous lavons et séchons plateaux et cuillers. C'est la première fois que je mange du rôti de porc à la gelée de groseille ! En buvant du Coca-Cola… Je me prends à regretter le thé anglais[28] ! »

Enfin, le 26 mai, par groupes et sections, le *briefing* des 600 hommes du n° 4 Commando commence dans une grande salle gardée jour et nuit par la *Military Police*. Sur d'immenses tables sont déployées des cartes et des photographies anonymes comportant tous les détails des différents objectifs du Jour J. Des maquettes en relief reproduisent les secteurs de débarquement et de progression qui seront ceux des commandos. Tout y est figuré : rivières, tracé des routes, localités… Ce 26 mai, ce sont les Français qui pénètrent sous cette tente. Cartes, maquettes et photographies sont muettes, seuls des noms de codes connus ont été affectés à certains secteurs : Brighton, Newhaven, Bexhill…

« La maquette présente un double estuaire avec une petite ville groupée autour. Plus loin à droite une grande ville, nom de code : Singapour[29]. »

En lisant les témoignages *a posteriori* des uns et des autres, il semble qu'un grand nombre de Français aient reconnu la région dans laquelle doit se dérouler le Débarquement en France. Selon Laurent Casalonga, le commando Pierre Quéré a été le premier à percer le mystère des cartes muettes, bientôt suivi d'une demi-douzaine d'autres commandos :

« Pierrot Queré, le premier, a reconnu Ouistreham et le canal de l'Orne, qui va jusqu'à Caen. Avant la guerre, il faisait du cabotage sur cette partie de la côte. Derrien, Raulin, Niel, Tanniou, Le Floch, tous originaires du Havre, reconnaissent la côte normande : Trouville, Deauville, Houlgate, Riva-Bella. Il n'y a plus de mystère, les commandos français connaissent le lieu du débarquement. Les officiers instructeurs et ceux de l'Intelligence Service ne sont pas dupes. Lord Lovat est prévenu. Il convoque Kieffer et lui demande que ses hommes soient discrets et qu'ils gardent ce secret pour eux[30]. »

Pour d'autres, comme Jacques Sénée, c'est Lavezzi qui aurait reconnu l'endroit du Jour J :

« Le soir en grand secret, Lavezzi, l'adjoint de Hulot, me confie qu'il a parfaitement reconnu la région où nous devons débarquer, c'est en France, en Normandie, à l'embouchure de l'Orne. Cette nouvelle me plonge dans une joie sans bornes [...]. Les hommes savent qu'ils vont en France et tout le monde est heureux[31]. »

Dans son journal, Robert Saerens note à la date du vendredi 26 mai :

« Nous examinons dans la salle des plans, les cartes et maquettes de la région où nous opérerons. Tous les noms sont camouflés, mais nous reconnaissons la côte de Normandie.

Notre secteur est Ouistreham, à l'embouchure de l'Orne (reconnu parce qu'un camarade demeure dans cette région). Mais il nous est interdit d'en parler même entre nous[32]. »

Kieffer, lui-même, confie dans son ouvrage avoir reconnu les « quatre kilomètres de côtes, ce petit port, ce canal et ce fleuve sur le tronçon de la carte maquillée[33] ».

Toujours est-il que les commandos français ont découvert rapidement que c'est en Normandie qu'ils allaient débarquer. Dans leurs rangs figurent en effet pas moins de 16 Normands, dont 11 Havrais, ayant de suite reconnu les contours de la côte normande[34]. Sans compter tous les autres marins qui ont pu naviguer le long de ces côtes ou y séjourner avant le déclenchement de la guerre. Certaines sources rapportent même ces mots prononcés par Guy de Montlaur, sergent de la *troop* n° 1, lorsqu'il découvre que la ville de « Singapour » est en fait Ouistreham et son casino : « Ce sera un grand plaisir d'y retourner, j'ai perdu beaucoup d'argent dans cette ville[35]. »

Les objectifs des Français

Seule troupe française du n° 4 Commando, le bataillon de Kieffer allait recevoir une mission très spécifique. C'est le colonel Dawson qui prit la décision de confier aux hommes de Kieffer une mission indépendante de celle du reste du n° 4 Commando. Cela semblait faire partie de son plan :

« Cela leur donnait l'occasion de s'attaquer à quelque chose qui était dans le champ de leur propre compétence et sous leur propre autorité. La batterie[36] que le n° 4 Commando devait attaquer était tellement compliquée, dans son plan, qu'il aurait très été difficile d'intégrer les Français dans l'attaque de cet objectif, qui plus est avec la différence de langue, etc. Nous n'avions jamais été engagés ensemble auparavant dans une action commune, et bien que nous n'ayons jamais eu, par la

> suite, le moindre problème, j'avais estimé que, pour cette première opération, il était préférable de donner aux Français leurs propres objectifs[37]. »

Dawson, prudent, mais totalement confiant dans les hommes du 1er BFMC, donna aux Français, on l'a vu, l'appui d'une section de mitrailleuses Vickers pour exécuter leur mission. Les itinéraires et les objectifs de chacune des *troops* sont expliqués aux officiers et aux sous-officiers par des membres de l'*Intelligence Service*. Les groupes spécifiques, comme la section sanitaire, les agents de liaison et les radios, sont pris à part pour des consignes particulières.

La mission confiée à la troupe de Kieffer s'articule en trois temps. Il y a tout d'abord la phase de débarquement. Tandis que les hommes de la 4e brigade spéciale seront déposés sur les plages *Juno*, *Gold* et *Sword*, les commandos de la 1re brigade de lord Lovat seront engagés en bloc sur les plages de *Sword*[38]. Le débarquement doit se faire au lieu-dit « La Brèche » à Colleville-sur-Orne, à 2 km à l'ouest de Riva-Bella, dans le secteur *Queen Beach Red*, qui est lui-même le secteur le plus à l'est de la zone de débarquement britannique. Débarqués à la suite des chars des 13e et 18e hussards, et des fantassins britanniques de la 8e brigade qui auront « préparé » la plage, les Français doivent remonter droit devant eux vers les bâtiments en ruine d'une colonie de vacances, y déposer leurs sacs avant de se rassembler et filer vers leurs axes de marche.

Pour la *troop* 1 de Guy Vourc'h, il s'agit d'emprunter la route parallèle à la plage, le long de la voie de chemin de fer, avant de bifurquer vers la gauche, perpendiculaire à la mer, pour prendre le casino de Riva-Bella, l'objectif final. Pour les hommes de la *troop* 8 de Lofi, le travail consiste à progresser le long de la côte en « nettoyant » tous les ouvrages fortifiés qu'ils rencontreront, et ce jusqu'au pied du casino. Quant aux hommes d'Amaury, ils appuieront la *troop* 1 avant de fixer leurs tirs sur les positions du casino.

Ce sont les Français qui ont reçu l'honneur de débarquer les premiers parmi toutes les troupes de la 1re brigade spéciale de commandos. Derrière eux suit immédiatement le nº 4 Commando, puis à H+60 (60 minutes plus tard) le quartier général de la brigade. À H+90 débarqueront le Commando nº 6 et le nº 3 Commando. Enfin, le 45e *Royal Marine Commando* fermera la marche de la 1re brigade en débarquant le dernier. Il devra, après être passé sur la rive droite de l'Orne, « ouvrir » la route de Cabourg à l'extrémité de la tête de pont ainsi constituée[39].

En définitive, sur les 2 500 commandos de la 1re brigade débarqués sur *Sword*, seuls ceux appartenant au nº 4 Commando, au total 600 hommes, iront combattre dans Ouistreham, tandis que les autres poursuivront leur route vers leurs objectifs plus loin dans les terres.

Après avoir laissé à l'infanterie britannique le soin de « nettoyer » définitivement les positions ennemies dans Ouistreham, les Français entameront la seconde partie de leur mission, cette fois-ci avec le reste du Commando, c'est-à-dire la progression en direction du sud-est sur « une distance de 12 km en profondeur, afin de faire la jonction avec la 6e division aéroportée qui devait être lâchée dans la nuit du 5 au 6 et rejoindre les effectifs de la 1re brigade spéciale[40]. »

Enfin, dernier acte de cette première journée en France, prendre position sur les hauteurs d'Amfreville, sur la rive droite de l'Orne, avec l'ensemble de la 1re brigade spéciale et empêcher ainsi toute offensive allemande sur ce flanc oriental du débarquement pendant toute la durée de la campagne de Normandie. Les deux dernières phases de cette mission étaient donc plutôt classiques. Les commandos devaient les exécuter dans la continuité de la première phase, celle du débarquement, phase pour laquelle ces hommes s'étaient durement entraînés depuis plusieurs mois.

Pour les hommes du nº 4 Commando, un débarquement sous le feu de l'ennemi, suivi d'une attaque en tenaille sur les positions de batteries allemandes, était un exercice qui ressemblait très étrangement à celui qu'ils avaient exécuté deux ans auparavant à Dieppe. C'est à peu près le même scénario qui est proposé cette fois-ci aux commandos de Dawson, à qui on demande de prendre une batterie allemande dans un secteur densément fortifié du mur de l'Atlantique. À la différence près, cette fois-ci, que l'exercice de raid sur une côte ennemie ne devait pas se terminer par un rembarquement immédiat une fois la batterie détruite, mais bien par la poursuite des combats, par le maintien d'une position défensive durant plusieurs semaines, afin de permettre l'offensive sur Caen, l'une des clés du succès de la bataille de Normandie.

Le système de défense allemand à Ouistreham

Les Français devront opérer dans la partie occidentale de Riva-Bella, en exécutant une manœuvre en tenaille destinée à se refermer sur l'ancien casino (la *troop* 8 en progression le long de la plage et la *troop* 1 surgie depuis l'intérieur des terres), tandis que les Anglais continueront leur marche vers l'est de la ville, pour attaquer les six pièces d'artillerie, et les points forts le long du port.

La position du casino de Ouistreham fait partie d'un ensemble complexe et vaste de fortifications mises en place par les troupes allemandes au cours de l'année 1942. Pouvant trop facilement servir de repère aux troupes alliées depuis le large (la possibilité d'une invasion par la mer ayant été démontrée avec le raid de Dieppe), les Allemands ont, dans un premier temps, préféré raser le bâtiment du casino à partir du mois d'octobre 1942. L'ancien établissement de jeux a alors été transformé en véritable forteresse. Une pièce lourde devait même y être installée, mais Rommel a jugé utile de la déplacer dans les terres. À la veille du débarquement, le soubassement du casino est équipé de deux canons de 20 mm sous coupole en béton.

Toujours sur la frange côtière de Riva-Bella, mais plus à l'est, les Allemands ont installé une artillerie côtière de six pièces de 155 mm françaises, placées dans six grands encuvements. Confiés à la *Heeres-Küsten-Artillerie-Abteilung 1260* (HKAA), ces canons sont chargés de verrouiller l'estuaire de l'Orne. À partir de 1943, les pièces d'artillerie sont protégées par un large retranchement long de 1 200 mètres à partir de l'estuaire et profond de 200 mètres. En mai 1944, quatre casemates sont en cours de construction. Dans l'attente de la fin du chantier, et pour éviter qu'elles ne soient détruites par des bombardements aériens des Alliés de plus en plus fréquents, les six pièces de 155 mm ont été déplacées à l'est de Saint-Aubin-d'Arquenay, où elles se trouveront toujours le 6 juin.

L'ensemble de ce point d'appui ainsi fortifié, codé par les Allemands *Stützpunkt 08* de Riva-Bella, est dominé par un imposant poste de direction de tir haut de 17 m, qui doit diriger le tir de la 1/HKAA 1260.

À l'ouest, à Riva-Bella, a été constitué un autre point d'appui, secondaire, le *Wiederstandsnester* Wn 10, qui dispose d'une casemate avec cloche blindée[41], d'un abri et d'encuvements pour mitrailleuses. Ce Wn englobe la position du casino, qui a reçu avant le débarquement une pièce antichar installée dans les caves en plus de ses deux pièces de *Flak* 20 mm sur le toit. L'ensemble de ce système défensif, véritable complexe militaire construit dans une zone restreinte, constitue le *Stützpunktgrupp* de Riva-Bella, rassemblant la totalité des points d'appui, que ce soient des batteries ou des points d'appui plus modestes, de ladite zone. Au total dans ce secteur de Riva-Bella-Ouistreham, autour du Wn 10 et du StP8, environ une quarantaine de points fortifiés et armés, défendus par des champs de mines, des fossés antichars, des réseaux de barbelés, des obstacles de plage.

Sur la route des Français, depuis leur point de débarquement jusqu'au pied du casino, toute une série d'obstacles. Pour la *troop* 8, une douzaine de nids de mitrailleuses à prendre à revers, avant d'arriver sur le Wn 10 : un abri pour pièce de 75 mm, deux emplacements pour mitrailleuses, et une casemate avec cloche blindée. Pour la *troop* 1 depuis la colonie de vacances, peu de difficultés le long de la route principale avant de bifurquer vers le casino. Pour la K Gun qui doit progresser entre les deux *troops* à l'intérieur de Riva-Bella, pas de grosses difficultés non plus.

Depuis leur arrivée au camp, les commandos ont étudié longuement les objectifs et chaque groupe connaît à la perfection les moindres détails des points forts qui leur feront face en France. Les instructeurs britanniques n'ont pas manqué de faire observer que, malgré le bombardement naval et aérien des positions ennemies, 50 % de pertes seront à envisager. Une chance sur deux !

Le 2 juin, c'est le chef des Opérations combinées, le major Laycok, qui a remplacé lord Louis Mountbatten, suivi de lord Lovat, qui passe en revue les volontaires franco-britanniques. Les commandos ont reçu une somme de 250 francs estampillés du drapeau français, la monnaie qu'ils devront utiliser une fois débarqués en Normandie. La pression monte peu à peu, l'événement semble se préciser. Le dimanche 4 juin, des offices religieux sont organisés dans le camp, pour les croyants et pratiquants des diverses confessions. L'assaut est prévu pour le lendemain.

L'après-midi, les *troops* se forment et s'alignent non loin des portes du camp. Mais, vers 17 h 00, le vent s'est levé et maintenant la pluie tombe. L'averse tourne vite à la tempête. Les hommes reçoivent l'ordre de regagner leur tente. L'attente commence. Vers 18 h 00, le contrordre tant redouté arrive. L'embarquement est remis au lendemain. Le soir-même, un dernier film est projeté, une œuvre avec Ginger Rogers et Fred Astaire, et comme tous les soirs, à 23 h 00, ce sera l'extinction des feux.

Lundi 5 juin, vers midi, c'est enfin le grand départ. Tous les hommes quittent le camp. Comme dans tout le sud de l'Angleterre, des camions se mettent en marche en direction des zones portuaires. Les Français, comme 2 000 autres commandos, sont conduits dans le petit port de Warsash sur la rivière Hamble, entre Portsmouth et Southampton. Là les attendent les navires de trois flottilles de douze bateaux chacune[42]. Dix routes d'acheminement ont été préalablement déblayées des mines entre l'Angleterre et la France, et chaque gros transport de troupes, à distances variées de la côte française, à sa propre position de mise à l'eau pour les embarcations destinées à faire la navette vers les plages. Sur les quais de Warsash, pas de paquebots ni de transports de troupes pour les Français, mais deux petites barges de débarquement prévues pour 80 hommes, des *Landing Craft Infantry Small* (LCIS), les plus petites embarcations engagées dans le débarquement de Normandie. Les Français sont montés aussitôt à bord : sur la barge 527, Kieffer prend place avec son PC, l'ensemble de la *troop* de Guy Vourc'h et une moitié de la section Amaury. Sur l'autre barge 523, la deuxième moitié de la K Gun et l'ensemble de la *troop* d'Alexandre Lofi se sont à leur tour installés. Chez les Français, l'excitation et le désir d'en découdre sont au rendez-vous :

> « Pour moi le D-Day a vraiment commencé dans l'après-midi du 5 juin. Cet après-midi-là, donc, nous venons d'apprendre qu'on embarque nos commandos. Tous les officiers comme moi les regardons monter à bord. Ils ont un moral du tonnerre, les Français surtout. En répondant à l'appel des officiers chargés du contrôle, tous les hommes du Commando Kieffer répondent "présent" et "sans billet de retour s'il vous plaît" comme un mot de passe qui se repasse de bouche en bouche. Certains disaient ça en Anglais : *No return ticket please*, avec leur accent de pêcheurs bretons qui se sont sauvés en Angleterre pour venir se battre en France[43]. »

Les deux barges s'élancent vers 16 h 30 pour intégrer un important convoi protégé par des vedettes rapides, corvettes et autres destroyers. À la sortie du Spithead, l'armada se groupe alors entre Southampton et l'île de Wight, pour se diriger vers le large jusqu'au lieu de rendez-vous, « Piccadilly Circus ». À partir de là, les différents convois prennent leur route définitive en direction des plages du débarquement.

177 bérets verts français ont désormais rendez-vous avec l'Histoire. Parmi eux Laurent Casalonga, l'homme du raid d'Életot en septembre 1943, se livre à une dernière réflexion :

> « À allure réduite notre barge avance sur une mer houleuse. Nous arrivons bientôt au point de notre rassemblement de notre flottille, la machine ronronne et nous avançons plus vite, ballottés par les flots. Pourvu que le temps reste stationnaire, la traversée va être rude. [...] À côté de moi, Rousseau, Flesh n'ont pas l'air très bien. Heureusement on ne peut pas se voir, car je dois être vert. J'ai l'estomac qui monte jusqu'à la gorge et qui redescend. [...] Les gars dorment malgré le bruit du moteur. Je croise Le Floch qui monte sur le pont en chantant une vieille chanson "ça sent si bon la France" de Maurice Chevalier[44]. »

Chapitre 12

LES FRANÇAIS DÉBARQUENT EN NORMANDIE

À bord des deux barges, bon nombre de commandos français peinent à trouver le sommeil. Certains sont malades, d'autres anxieux. Et puis il y a ceux qui ne veulent rien rater du grand spectacle qui s'offre à eux, plongés au cœur de cette formidable armada qui fait route vers la Normandie. Pour les hommes de Kieffer, la nuit de toute façon est de courte durée. Leur réveil a été programmé à 4 h 30. Trente minutes plus tard, encore assez loin des côtes, les barges coupent leur moteur. Mais le silence est rapidement brisé. Pendant presque deux heures, les bombardements aériens prévus pour appuyer l'assaut des troupes sur les plages pilonnent sans relâche les défenses ennemies. L'artillerie navale elle aussi s'est mise de la partie dans un fracas étourdissant. Le *D-Day* vient véritablement de commencer.

> « Soudain le coup de baguette d'un chef d'orchestre de l'apocalypse déchaîne le vacarme : c'est effroyable, tout ce qui peut tirer vomit sa charge de mitraille. Assez loin sur notre arrière, les tourelles de 16 pouces du *Warspite* et du *Nelson* tirent sans discontinuer. Leurs monstrueux obus passent au-dessus de nos têtes avec le bruit d'un train de marchandises. À bâbord, un destroyer polonais ou norvégien coule par l'avant, une mine sans doute. Sur son arrière, dressé comme une supplication vers un ciel qui l'abandonne, glissent et tombent à l'eau, jonchée d'épaves et couverte de mazout, des fourmis humaines pour qui la guerre et le débarquement ne signifieront bientôt plus rien[1]. »

Après le feu d'enfer déversé sur les côtes ennemies, les barges de débarquement reprennent une à une leur route au milieu des gerbes d'eau, des pièces d'artillerie qui explosent et des épaves qui jonchent désormais la surface de la mer. Les transports de troupes se sont mis à l'arrêt à environ 11 km de la côte, afin de mettre à l'eau les 14 barges devant embarquer le n° 4 Commando britannique du colonel Dawson. Après avoir fait route un moment ensemble, les barges des Français, comme convenu, dépassent maintenant celles des Britanniques. À 7 h 25, les chars britanniques sont mis à terre comme prévu sur le secteur *Sword*. À 7 h 30, les bataillons de la 8e brigade les suivent aussitôt. À 7 h 31, c'est enfin au tour des commandos français d'entrer en scène.

Çà et là, des gerbes d'eau entourent les hommes recroquevillés à bord des deux barges. Dans ce déluge de feu, les marins anglais restent étonnement stoïques, tandis que les commandants des barges, droits sur leur passerelle, scrutent l'horizon avec leur jumelle. Surtout ne pas débarquer les commandos au mauvais endroit sur la plage. À bord règne à présent un étrange silence, personne ne parle, tous se remémorent les premiers gestes à accomplir lors de la mise à l'eau des passerelles de débarquement. Quand soudain le silence est rompu par l'ordre tant attendu : « Tenue de combat ! » Chaque homme gagne le pont après s'être emparé de son sac et de 30 kg de munitions, des charges explosives, des rations pour 5 jours et des armes individuelles. Malgré une mer de plus en plus démontée, les barges du n° 4 Commando continuent à avancer en bon ordre. Les tirs ennemis redoublent d'intensité. Les Français peuvent maintenant apercevoir les balles traceuses des mitrailleuses allemandes qui tirent vers eux. Les hommes se protègent comme ils peuvent en s'allongeant sur le pont. La côte se fait de plus en plus nette, la tension monte, les commandos peuvent distinguer les obstacles antibarges et antichars, la plage enfin. Une légère secousse se fait ressentir à bord. Les barges viennent de toucher le sol de France.

La barge 523 déploie rapidement ses deux passerelles latérales pour mettre à terre sans difficulté les hommes de la *troop* 8 qui traversent aussitôt la plage sous le feu de l'ennemi. À bord de la barge 527, qui vient elle aussi de toucher terre, les commandos Pinelli, Piaugé, Dumenoir, Casalonga et Beux s'élancent les premiers sur la rampe de gauche. Le mouvement est à peine engagé lorsqu'un obus allemand vient s'écraser sur l'avant tribord de la barge, emportant la coupée et les hommes qui s'y étaient engagés. L'avant du bateau est pulvérisé. Pinelli s'effondre, les jambes criblées d'éclats. Les commandos n'ont d'autre solution que de refluer vers l'arrière de la barge. La manœuvre de mise à terre des commandos s'annonce alors compliquée. Mais c'est sans compter sur l'initiative du commandant de la barge 523, qui va faire preuve d'une solidarité absolue dans ce moment dramatique. Après avoir fait évacuer tous les hommes de sa barge, le lieutenant Jack Berry décide en effet de rester au bord de la plage pour placer son embarcation le long du LCI (S) 527, permettant ainsi de prendre à son bord les commandos français qui n'avaient pas encore pu débarquer. Par cet acte, Berry effectue ainsi deux débarquements, 45 minutes avant l'arrivée des deuxièmes vagues de commandos[2].

Le groupe de Lofi débarque sur la plage sans trop de difficultés, avec dans l'ordre la première section, le groupe de commandement, puis la deuxième section. Sitôt sur la plage, les commandos sont pris en enfilade par les tirs d'un blockhaus situé sur leur gauche. Les commandos Rousseau, Flesch, Casalonga, Reiffers et Piaugé sont fauchés, tandis que Dumenoir, grièvement touché, gît sur le sable le ventre ouvert. Vourc'h et Pinelli blessés, c'est le commando Jean Mazéas qui prend le commandement de la *troop* 1. Blessé à la cuisse par un éclat d'obus, Kieffer attend les premiers secours. Les commandos de la *troop* 8, qui sont parvenus à se hisser en haut de la plage, se sont massés le long des barbelés barrant la sortie vers les ruines de la colonie de vacances. Les unités spéciales britanniques, débarquées quelques minutes avant eux, étaient chargées d'établir un passage dans le champ de mines séparant la plage du centre de regroupement. Mais les soldats de l'*East Yorkshire Regiment*, cloués au sol par les tirs ennemis, allaient perdre environ 200 hommes en quelques minutes.

Lorsque les premiers hommes de la *troop* 8 se présentent devant le champ de mines, les barbelés qui le protègent sont donc encore intacts. Lofi ordonne alors à Marc Thubé de couper les barbelés à la cisaille. Une fois la brèche ouverte, les commandos s'engouffrent sans le savoir dans un champ de mines antichar, mais parviennent malgré tout à rejoindre les ruines de la colonie de vacances aux environs de 8 h 00. À cet instant de la bataille, les pertes françaises sont importantes : 3 tués et 26 blessés, dont tous les officiers de la *troop* 1. De leur mission de reconnaissance en direction du « château », le colonel Dawson et Jean Mazéas, le seul officier encore valide de la *troop* 1, reviennent à leur tour blessés.

À partir de leur point de rassemblement, les Français ont demandé et obtenu l'honneur de s'élancer les premiers dans les rues de Riva-Bella, marchant ainsi en tête du Commando franco-britannique. Dans les ruines de la colonie de vacances, à 8 h 10, l'ordre est donné aux Français de reprendre la route départementale qui mène de Lion-sur-Mer vers Riva-Bella et Ouistreham. Et ce sont les hommes de la *troop* 8 qui s'élancent les premiers vers le parc du « château ».

Les combats de la troop *8*

Contrairement à l'idée généralement reçue, la *troop* 8 ne prendra pas part à l'attaque du casino. L'offensive lancée sur son objectif principal, un blockhaus extrêmement bien défendu à 700 mètres de son point de débarquement, ne laissera en effet pas le temps à la *troop* 8 de poursuivre son mouvement jusque devant le casino fortifié.

En réalité, l'objectif de la *troop* 8 est un ensemble de fortifications, le Wn 10, qui marque la limite occidentale du *Stütz-*

punktgruppe de Riva-Bella avec, à l'est, le St P8 et, au centre, le casino fortifié. Le Wn 10 est un point d'appui très bien défendu par deux pièces d'artillerie, des réseaux de tranchées, des barbelés, des champs de mines et des positions de mitrailleuses. Laissant les ruines de la colonie de vacances, la *troop* 8 doit se diriger à nouveau vers la plage pour rejoindre le parc du « château », en réalité une grosse bâtisse, d'où chacune de ses sections partira attaquer le Wn 10. Pour l'aider dans sa mission, le commandant Kieffer lui a adjoint une section de la K Gun, celle du lieutenant Hubert, qui doit la rejoindre au sud du blockhaus.

Lorsque la *troop* 8 s'élance enfin, c'est la 2e section du lieutenant Hulot qui ouvre la marche. Ses deux sous-sections traversent alors le parc du « château » : Hulot avec la première sous-section de Klopfenstein, et Lavezzi, son adjoint, avec la sous-section de Sénée. À la première résistance qui se présente, la sous-section Klopfenstein doit appuyer la section Sénée, prévue pour attaquer. Pour rejoindre la route longeant la mer, les commandos traversent un nouveau champ miné. Les deux sections de Lofi progressent par roulement – lorsqu'une section attaque, la seconde la dépasse – en nettoyant les villas du bord de mer. À l'aide de fumigènes, de grenades et de rafales de mitraillettes, elles parviennent à déloger, les uns après les autres, tous les groupes ennemis réfugiés dans leur blockhaus et les nombreuses galeries de liaison. Durant cette phase de progression, la résistance de l'ennemi est constante, ralentissant considérablement l'action des commandos :

> « Montean, Reiffers et Lesca, vont fouiller les villas bordant la mer. Aux clôtures des jardins entourant les villas, les fameuses pancartes *Achtung Minen*. À ce moment, une bombe de mortier tombe au milieu de la sous-section Klopfenstein[3]. La *troop* leader, arrivant à cet instant, se précipite au secours des blessés, suivi des hommes de la sous-section Sénée. Il faut noter ici la belle attitude du matelot Létang grièvement blessé (il mourra peu de temps après), qui presse ses camarades de le laisser de peur qu'ils soient eux-mêmes blessés[4]. »

Les rescapés de la section Klopfenstein se sont rapprochés de la sous-section Sénée, emmenée par Hulot légèrement blessé au pied. Conscient des pertes dans les rangs de sa *troop*, Alexandre Lofi ordonne alors à Hulot de rejoindre la 1re section du lieutenant Bagot. Mais bientôt la progression qui vient de commencer doit être stoppée, la liaison radio ne pouvant être prise avec Bagot. Tandis que Lofi part au-devant de la section Bagot, la section Sénée-Hulot reprend sa progression, avant de s'établir en défense devant la position forte tenue par l'ennemi, le Wn 10. Celui-ci ne va tomber qu'avec le renfort des troupes britanniques chargées d'occuper la ville.

Dans le même temps, la section Bagot est parvenue à 200 mètres d'un premier nid de résistance allemand laissé intact par les bombardements alliés. Au centre, le « château » au milieu d'un parc. Réalisant qu'une partie des Allemands quittent la position pour les contourner, Lofi fait exécuter un mouvement d'encerclement par les sous-sections Chausse et Bagot. Ayant « nettoyé » la position, la section Bagot se reforme et emboîte le pas à la sous-section Sénée, qui avait été prise à partie par les tirs de mortiers allemands.

La route parallèle à la mer, le boulevard du maréchal Joffre, est alors empruntée par les commandos, la section Hulot en tête, suivie de la section Bagot, qui finit par la dépasser avant de se diviser en deux groupements : la sous-section Bagot, chargée de « nettoyer » toute forme de résistance ennemie bordant la plage, et la sous-section Chausse, qui doit progresser le long du boulevard. Face à eux, à plusieurs centaines de mètres, le Wn 10.

C'est la sous-section Bagot qui reçoit de Lofi l'ordre de gagner la plage pour se rendre compte de l'état des défenses allemandes devant le point d'appui.

> « Bagot installa prudemment sa section pour l'assaut [...]. Je plaçai Hulot en réserve avec la sous-section de Chausse sur le flanc gauche du blockhaus, et avec une énorme détermination

Hulot tenta d'y pénétrer en jetant des grenades en direction des tranchées. Chausse en position sur le flanc gauche ouvrit le feu avec tout ce qu'il pouvait, mais malgré toute l'efficacité de ses tirs, comme les grenades de Hulot, le blockhaus demeura intact et les Allemands décuplèrent leur tirs contre nous[5]. »

Les hommes de Lofi essuient un sérieux tir de canon antichar allemand avant de se replier. Avant cela, Lofi donne un dernier ordre à la section de Bagot d'aller épauler la section K Gun, menacée désormais sur le flanc droit du blockhaus par un mouvement d'encerclement. C'est au cours de ce mouvement que Lechapponnier est grièvement blessé. Tous les commandos de la *troop* 8 se replient et se regroupent ensuite sur la route principale. Après avoir évacué les blessés, tous les rescapés de la *troop* 8 rejoignent leur point de départ, les ruines de la colonie de vacances. Les premiers prisonniers allemands sont aussitôt conduits vers la plage. Deux d'entre eux, encadrés par deux commandos britanniques, sont pris à part par le commando Reiffers, qui parle allemand, pour un interrogatoire sommaire. Profitant d'un moment d'inattention, un Allemand saisit une grenade qu'il avait réussi à dissimuler avant de la lancer dans le groupe, tuant un Anglais et blessant grièvement l'autre. Reiffers déjà blessé, reçoit sa deuxième blessure de la journée. Tous ceux qui sont présents sont également légèrement blessés de nouveau. Immédiatement les commandos Klopfenstein et Rougier abattent ces deux prisonniers[6].

Les combats de la section K Gun

Scindée en deux colonnes, la section de mitrailleuses a progressé avec la *troop* n° 1 le long des 2 km de la route principale, jusqu'au carrefour de la route de Caen, emprunté l'avenue Pasteur, avant de revenir vers l'ouest de la ville pour se porter vers son objectif. Plus loin, le lieutenant Amaury a en effet rétabli le contact avec les Allemands. Le groupe de mitrailleuses s'est engagé dans le boulevard d'Angleterre, au sud du Wn 10, pour appuyer les éléments de la *troop* 8 qui y convergent. C'est l'officier Robert Saerens et ses quatre mitrailleuses qui couvrent la progression de Hubert et du groupe Coste, partis à l'assaut du bunker.

Vers 10 h 00, le groupe Saerens est en vue de l'objectif : un cratère de bombe qui doit lui servir de base de départ pour l'attaque. Une de ses pièces est en avarie, aussi est-il passé en 2e échelon, le groupe Coste se portant avec le sous-lieutenant Hubert vers une maison. Ils sont pris par le feu d'armes automatiques partant d'une butte sur la gauche[7]. Augustin Hubert est abattu d'une balle en pleine tête, au moment où il se redresse pour faire signe à Saerens de le rejoindre. Marcel Labas, son agent de liaison, tombe également à ses côtés, atteint par le même tireur isolé. Le quartier-maître Lemoigne a été abattu avenue Pasteur quelques minutes auparavant.

La section K Gun éprouve d'énormes difficultés pour progresser, et sert de cible idéale aux armes automatiques du blockhaus allemand. Les mitrailleuses Vickers supportent assez mal le sable et l'eau de mer. Elles s'enrayent régulièrement, nécessitant leur démontage, leur nettoyage puis leur remontage, le plus souvent sous le feu de l'ennemi. Le commando Paul Demonet est à son tour atteint, blessé au visage. La section de mitrailleuse perd du terrain et commence à lâcher prise. Un début d'encerclement est même en train de se dessiner. Le lieutenant Amaury envoie alors Saerens et sa sous-section reprendre contact avec la *troop* 8.

Dans les dunes près de la plage, le contact est pris avec la section Bagot, venue à la rescousse. À cet instant les commandos français attendent l'intervention d'un char que Lofi a demandé par radio. Il ne viendra jamais. Tandis qu'une pièce allemande antichar se met en position face à la villa en ruine occupée par les Français, Amaury a juste le temps de faire évacuer les lieux avant qu'un coup direct ne détruise la position française. Des ordres sont demandés au PC : les hommes sont évacués vers la route principale, où ils retrouvent vers 11 h 00 les commandos de la *troop* 8 en cours de regroupement. Le nettoyage du Wn 10 sera fait plus tard par d'autres éléments britanniques.

L'attaque du casino par la troop *1*

Du côté de la *troop* 1, il ne reste qu'un seul officier encore valide pour assurer le commandement, le lieutenant Mazéas. À sa suite, la *troop* gagne la route principale de Riva-Bella, battue par les mortiers. Le radio René Goujon qui les accompagne est sauvé par son poste de radio porté sur la poitrine. L'éclat s'est fiché dans son poste, devenu par conséquent inutilisable. Lorsque Mazéas est blessé à son tour au bras droit, il doit laisser son commandement au maître principal Hubert Faure. Kieffer, qui a été soigné, et le personnel de son PC sont venus renforcer les rangs clairsemés de la *troop* 1. Il prend directement le commandement de l'unité, faisant de Faure son second.

À 8 h 15, la *troop* 1 s'est engagée le long de la voie ferrée et de la route principale menant vers le centre de Riva-Bella, dans une ville qu'elle croit déserte, Ouistreham devant avoir été évacuée par les Allemands. Mais certains civils, qui ont souhaité rester chez eux, sortent désormais de leurs abris pour venir à la rencontre des Français. La progression se fait sans réelle difficulté, par moment derrière la protection de chars Sherman, jusqu'au carrefour de la rue Pasteur. Les deux sections de la *troop* 1 sont commandées par le maître Lardennois et le second maître de Montlaur. Avant de filer vers le casino, Hubert Faure envoie Lardennois en mission de reconnaissance, vers le port de Ouistreham, pour juger de l'état de fonctionnement des écluses pour l'acheminement ultérieur de matériels par le canal de l'Orne.

À 8 h 30, une demi-heure après avoir débarqué, la *troop* 1 est enfin parvenue à l'angle de la rue Pasteur et de la route de Lion. Tandis qu'une section prend possession du carrefour, un groupe conduit par Guy de Montlaur s'engage vers le casino. Jusqu'à présent, tout semble se dérouler comme convenu. Mais en réalité l'assaut s'annonce plus difficile que prévu : à 200 mètres du casino, en travers de l'avenue Pasteur, un système de défense inattendu fait face aux commandos : un mur en béton, formant une chicane en son milieu ne permettant le passage que pour un seul homme, et derrière ce mur un large fossé antichar qui complète la ligne de défense. Entre les tirs des *snipers* et le mur en chicane, la section de la *troop* 1 est prise au piège, s'abritant comme elle le peut dans les ruines et les jardins des villas des alentours.

À cet instant de la matinée, les effectifs de la *troop* 1 ont été divisés par trois depuis son débarquement, mais sa base de feu reste intact : toutes les armes automatiques des blessés et des tués ont en effet pu être récupérées par les soldats qui n'avaient que de simples fusils. Réfugiés à l'abri dans un jardin voisin, les commandos attendent les consignes de Montlaur. Vers 9 h 00, estimant qu'il n'existe pas d'autre accès possible, Montlaur tente un premier passage à travers la chicane. Paul Rollin est désigné pour s'élancer le premier. Mais à peine a-t-il franchi la chicane qu'il est aussitôt atteint d'une balle en pleine tête, tirée par un *sniper* allemand. Le capitaine Lion et Bolloré, tout juste arrivés pour y établir leur poste de secours, tentent alors de ramener le corps de Rollin à l'abri. C'est en tirant vers lui le cadavre de Rollin que Lion tombe à son tour, touché en plein cœur. C'est maintenant Montlaur qui empoigne le corps de Rollin, aidé de Bolloré. Tous les hommes sont revenus dans leurs lignes. Le corps de Lion est ramené peu après.

La troupe de Kieffer, comme les autres unités du n° 4 Commando, ne dispose pas d'armes lourdes, si ce n'est ses deux lance-roquettes PIAT *(Projector Infantry Anti-Tank)*, destinés à l'attaque des blindés. Deux groupes sont constitués de chaque côté du mur. Sur le côté gauche, Faure et Lardennois installent leurs deux PIAT au premier étage d'une petite villa. La marge de manœuvre est plus que réduite, car ils ne disposent que de quatre projectiles. Les deux premiers, tirés simultanément, atteignent les pièces anti-aériennes disposées au sommet du casino, tuant au passage leurs servants, alors que les deux tirs suivants ne font que toucher les embrasures en les élargissant un peu plus[8].

À court de munitions, Faure et Lardennois évacuent la villa quelques minutes avant qu'elle ne soit détruite par un tir de 88 mm, parti à 800 mètres de là. C'est dans ces circonstances qu'Émile Renault, un des tireurs d'élite du bataillon, qui avait pris place dans la villa, est mortellement atteint par un éclat d'obus. Devant cette situation critique, Kieffer décide alors d'employer les grands moyens, en décidant de dérouter un char britannique :

> « J'apprends par radio-téléphonie que 6 tanks Centaur viennent de débarquer. Laissant le commandement au maître principal Faure, je retourne dans la ville pour essayer d'en amener un. Après bien des difficultés, on consent à m'en donner un, bien qu'il eût été chargé d'une autre mission et, accompagné de mon fidèle matelot Devager, je saute sur le tank et montre la direction à suivre. Nous restons tous deux sur le tank sans protection et rejoignons la troupe n° 1 devant le mur antichar, il est 9 h 25. Je décide de garder le mur comme protection et de passer avec le tank par une cour adjacente traversant murs, arbres, etc. et nous nous installons face au casino, où le tir sous ma direction à vue est ouvert. Les deux premiers obus portent en plein dans le casino, dont les canons se taisent immédiatement[9]. »

Trente minutes plus tard, Kieffer envoie les sections Montlaur et Lardennois « nettoyer » les abords du casino. Sur le flanc droit, la résistance allemande semble plus acharnée, et des tirs proviennent encore du château d'eau[10].

Il semble que les Français aient mis longtemps à comprendre que les tirs ne venaient pas uniquement de la position du casino, mais également de ce château d'eau sur leur droite, confondu ici avec la plate-forme du belvédère. Blessé une seconde fois au bras, Kieffer remonte sur son char, qu'il dirige cette fois-ci directement vers le belvédère. À 100 mètres de l'ouvrage, quatre coups d'obus partent et le réduisent au silence. Faisant partie de la section Lardennois, le commando Lanternier ramène du belvédère les 11 premiers prisonniers. L'action des hommes de la *troop* 1 s'arrête là, vers 11 h 20, au moment où le colonel Dawson ordonne par radio à tous les effectifs de son commando de se rassembler au sud de la ville, à nouveau dans les ruines de la colonie de vacances. Parvenus au lieu de rassemblement, les Français récupèrent leur sac et peu avant 13 h 00, toujours sur l'ordre de Dawson, se remettent en marche avec une partie des effectifs disponibles du n° 4 Commando.

L'action du n° 4 Commando à Ouistreham

Pendant que les commandos français « nettoyaient » le point d'appui de Riva-Bella, les autres *troops* du n° 4 Commando avaient avancé jusque vers le port de Ouistreham, atteint vers 10 h 00. Dans le secteur des écluses, la résistance allemande avait été telle qu'il avait fallu attendre le milieu de l'après-midi, et l'intervention des chars du 79e *Squadron*, pour libérer de manière définitive cette partie de la ville.

Du côté des fantassins, la *troop* C, qui formait l'avant-garde du Commando n° 4, avait poursuivi la route principale vers Ouistreham. Cette force était chargée de s'occuper de l'opposition ennemie en cours de route. Derrière cette avant-garde, les commandos de la *troop* D devaient sécuriser les entrées de la batterie. Mais, pour cela, il leur fallait traverser l'important fossé antichar, pour lequel ils avaient prévu initialement une échelle télescopique, devenue inutilisable après avoir été endommagée au cours du débarquement.

Dans les pas de la *troop* D, la *troop* A s'était élancée avec ses mitrailleuses K Gun. Elle était chargée de fournir un appui feu rapproché, une fois que ses armes auraient été installées dans les étages de villas donnant sur la batterie. Enfin suivaient les deux *troops* d'assaut à proprement parler, la *troop* E, chargée de la destruction des canons du flanc droit, et la *troop* F, chargée du flanc gauche de la batterie.

Tandis que les six troupes britanniques du n° 4 Commando se déployaient ainsi dans tous les quartiers de la ville, le colonel Dawson implantait son poste de commandement opérationnel à mi-chemin, entre l'avenue Pasteur – le secteur opérationnel des Français – et le point de départ de l'attaque britannique vers les batteries allemandes. Enfin, dernière unité britannique à entrer en scène, la section d'armes lourdes du commando devait se placer en position de tirs, avec ses mortiers, au carrefour à partir duquel les *troops* devaient quitter la route principale pour bifurquer en direction des batteries allemandes.

La *troop* C entame sa progression avec l'appui d'un char britannique isolé, trouvé là par hasard, avant d'essuyer de lourdes pertes lorsqu'elle bifurque vers la batterie, se plaçant alors dans l'axe de tir d'une arme lourde. Avec la *troop* A qu'ils ont rejointe, les deux groupes réfugiés dans les étages des villas alentour « préparent » le terrain pour les *troop*s D, E et F, qui doivent arriver. Le franchissement du fossé antichar n'a pas été une difficulté, puisque des planches, trouvées non loin de là, ont été jetées en travers du fossé. Elles permettent de faire passer rapidement les hommes des *troop*s d'assaut, qui se ruent vers les canons, avant de découvrir qu'ils ne sont plus là, « tout ce qu'ils trouvèrent à la place furent des pylônes téléphoniques, coupés à la taille de vrais canons, et positionnés sur des chariots improvisés[11] ».

Passé l'effet de surprise, les *troops* britanniques nettoient la totalité du site, constituant de nombreux prisonniers, en essuyant de nombreuses pertes dans leurs rangs, avant de se préparer à la deuxième phase de leur mission : la jonction avec les parachutistes britanniques à Bénouville.

La jonction avec les parachutistes à Bénouville et l'installation à Amfreville

À partir de 13 h 00, le Commando Kieffer entame à son tour la deuxième phase de sa mission : une progression vers le bourg de Colleville. Au départ de Ouistreham, certains soldats de la *troop* 8 se sont procuré un chariot allemand, dans lequel ils ont chargé leurs sacs. L'idée de ce moyen de transport fut vite abandonnée, tant ce chariot devint vite une cible pour les *snipers* allemands embusqués sur la route reliant Colleville à Saint-Aubin-d'Arquenay. Avant les Français, pendant que les hommes de Kieffer nettoyaient Ouistreham, les soldats des n° 3 et n° 6 Commando sont passés par ces villages. Au sein du n° 4 Commando, seule une *troop* commandée par le major Menday, l'adjoint de Dawson, a choisi la route de l'ancien chemin de halage, le long du canal, pour descendre plein sud, du port de Ouistreham vers le pont basculant de Bénouville.

Lors de la traversée du village de Saint-Aubin-d'Arquenay, le lieutenant Amaury, chef de la section K Gun, est atteint d'une balle dans le bras, tirée par un tireur abrité dans le clocher du village. Amaury confie son commandement à Robert Saerens avant d'être évacué vers la plage. Le matelot Wallen, lui aussi touché par une balle de mitrailleuse, doit rebrousser chemin vers la plage. Après Saint-Aubin, les commandos traversent une plaine littéralement jonchée de planeurs et de parachutes, en fait une des *drope zones* de la 6ᵉ *Airborne* britannique. René Goujon, est un des *signals* du n° 4 Commando :

> « Hermanville, puis Colleville et Saint-Aubin d'Arquenay sont traversés sans autres problèmes que des tirs de mortiers et les tireurs d'élite qui nous infligent quelques pertes : en fait pas d'opposition sérieuse. [...] En traversant cette plaine, j'ai l'impression d'être tout nu sans aucune protection. Pourtant rien ne se passe. Bientôt c'est l'entrée de Bénouville. La des-

cente en face de la mairie est pénible, la côte est battue par des 88. Nous tournons à gauche et nous apercevons le pont-bascule sur le canal et, plus loin, le pont sur l'Orne[12]. »

Les deux ponts sont tenus par les *Airborne*s du général Gale depuis le milieu de la nuit. Mais, depuis le château de Bénouville, et sur l'autre rive, entre les deux cours d'eau, les Allemands se sont solidement organisés. Une contre-attaque est même annoncée au moment où arrivent les éléments français. Devant cette menace, Kieffer fait arrêter ses hommes et placer ses quatre mortiers disponibles en position. Un tir de fumigène est ouvert du côté sud du pont et sur le pont lui-même. Les deux *troop*s s'y engouffrent, protégées par le haut parapet métallique couvrant les flancs du pont. Parmi les dix derniers hommes qui passent, trois sont blessés : le quartier-maître Derrien et Pierre Quéré touchés à la jambe, Jean Perrone atteint d'une balle dans le dos. Ils sont aussitôt dirigés vers la maison la plus proche, le café de la famille Gondré, transformé pour l'occasion en centre de premiers secours.

Il est 16 h 15 lorsque les commandos franchissent le canal et l'Orne. Aussitôt passé le deuxième pont – le pont sur l'Orne –, ils bifurquent sur leur gauche, longeant la berge de l'Orne jusqu'à la Basse-Écarde.

> « Nous nous enfonçons dans un chemin creux… Nous sommes harassés et à chaque arrêt nous tombons à moitié par terre […]. Colonne par un, les troupes longent un sentier sur le flanc d'une falaise presque à pic (falaise des Écardes), l'herbe très haute à droite, un petit ruisseau à gauche. Les *snipers* allemands s'acharnent en direction du pont et ne s'occupent pas trop de nous. Le commandant envoie un agent de liaison en arrière… Il y a une troupe qui ne suit pas. Je m'assois sur l'herbe quelques instants avec le commandant […]. Je pose mon sac à côté de moi et je m'allonge. Nous sommes trop fatigués pour parler… mais pas assez pour ne pas sentir le parfum de cette herbe grasse et pour ne pas entendre le son de ce ruisseau. Un calme prodigieux pendant quelques instants. Je réalise que je suis en France depuis huit heures[13]… »

La progression reprend sur la droite avec l'ascension de la route conduisant au Plein, au nord-est d'Amfreville. Interminable pour tous les commandos, cette côte traverse plus loin la route de Cabourg, au carrefour de l'Écarde :

> « Penchés en avant, accablés sous le poids du sac et de nos armes, trempés de sueur, les pieds gonflés par la chaleur dans nos gros souliers de caoutchouc, nous mettons un pied devant l'autre et l'autre devant le premier, la tête vide, les dents serrées. Nous dépassons quelques commandos légèrement blessés depuis le matin mais qui ont voulu continuer […] tenir, tenir… l'idée obsédante. Quelques paysans ont rempli des grands seaux de cidre et avec des brouettes longent la colonne[14]. »

Philippe Kieffer, qui assure le commandement de la *troop* 1, a perdu quasiment tous ses chefs. En route, il parvient à faire la liaison avec les Anglais du nº 4 Commando à hauteur du carrefour de l'Écarde. Là, il accorde à ses hommes une demi-heure de repos.

> « Peu de temps après arrive le brigadier lord Lovat et son état-major. Il m'adresse publiquement des félicitations et des compliments "sur la conduite admirable et le bon travail de mes commandos français" – desquels je n'attendais rien de moins. Il me donne une idée de la situation générale et l'ordre de me diriger vers l'est pour prendre position en avant du Plein (nord-est d'Amfreville)[15]. »

Au carrefour de l'Écarde, la *troop* 1 est prise à partie par un tir violent de mortiers et de 88 mm, infligeant des pertes supplémentaires dans ses rangs. Après la longue montée, la *troop* investit le village du Plein-Amfreville, libéré par le nº 6 Commando quelque temps auparavant.

À cet instant, la mission de Kieffer devient très claire : repousser toutes les contre-attaques que l'ennemi ne manquera pas de tenter. Amfreville est sur une hauteur, sa libération a été chèrement payée et cette position stratégique ne doit absolument pas être reprise. C'est sur cette position du Plein que les Français s'installent dans la soirée. Ils participent dès lors à une ligne de défense établie de Sallenelles au nord jusqu'à Bréville au sud, constituée respectivement du 45e *Royal Marine Commando*, du n° 3 Commando, du n° 4 Commando et du n° 6 Commando à l'extrême sud. Avec les parachutistes de la 6e division aéroportée, les unités de la 1re brigade de commandos reçoivent l'ordre de protéger l'aile ouest du Débarquement. Une longue période de guerre de position commence pour empêcher les Allemands de prendre de flanc la 2e armée britannique du général Dempsey.

Il est près de 21 h 00 quand les Français reçoivent l'ordre de creuser des tranchées dans un verger et d'y tenir position aux côtés d'une troupe du n° 6 Commando. Kieffer prend possession du Plein en y positionnant des nids de mitrailleuses et les deux canons PIAT. S'y ajoutent quatre fusils mitrailleurs, huit *Tommy guns*, des mortiers et les 19 fusils de la *troop* 1. Sérieusement décimée dans la matinée, cette unité se voit alors renforcée de deux mitrailleuses Vickers, placées sous le commandement d'un lieutenant du n° 3 Commando. Les premières patrouilles sont également organisées et aussitôt envoyées vers le nord et le sud pour prendre les premiers contacts.

C'est également à cette époque que le chef de la *troop* 1 reçoit les premiers renforts de volontaires normands pour les commandos. Sur les trois prétendants, deux sont acceptés. Le premier, « commando » depuis une heure, doit être évacué après avoir reçu un éclat d'obus pendant qu'il creusait sa tranchée. Le second, venu de Caen où il a laissé sa famille, demande, le lendemain de son affectation, l'autorisation exceptionnelle de regagner la ville pour prendre des nouvelles et régler les dernières affaires. Ce comportement douteux attire l'attention de l'officier d'*Intelligence* qui décide de lui confier, afin de le tester, une mission de renseignements dans la ville. Personne ne le reverra plus avant le 30e anniversaire du Débarquement. Arrêté par les Allemands, dans leur ligne, il fut alors envoyé dans un camp en Allemagne[16].

Des contacts sont également établis sur l'aile gauche de Kieffer à Hauger, petit hameau d'Amfreville, avec le n° 4 Commando et, sur sa droite, avec des parachutistes de la 6e *Airborne*. Dans Amfreville même, les liaisons sont réalisées avec le n° 6 Commando. Poursuivant sur la route de Sallenelles, le PC du n° 4 Commando s'est quant à lui fixé au hameau Hauger. C'est là en effet que s'est installé le major Menday, qui a remplacé le colonel Dawson, blessé, à la tête du n° 4 Commando.

Dans la soirée, tous les Français sont « éparpillés » dans le secteur d'Amfreville, enterrés dans des tranchées de fortune construites à la hâte : la *troop* 1 dans un pré situé à l'est de l'église, la section K Gun à 100 mètres sur la droite, en contrebas, et la *troop* 8 plus à droite encore, à l'orée d'un petit bois en direction de Bréville, face à des éléments de la 736e division d'infanterie allemande.

Le bilan du 6 juin 1944

Des pertes humaines importantes

À l'arrivée à Amfreville, Philippe Kieffer a perdu environ 25 % de ses hommes, avec au moins 44 commandos tués, ou blessés évacués dans la journée vers l'Angleterre. Avec 10 tués dans la matinée du 6 juin, les pertes françaises sont conséquentes. C'est la *troop* 1 qui paie un lourd tribut, avec cinq tués : trois commandos perdus sur la plage lors de la phase de débarquement (second maître Dumenoir, matelot Flesch, matelot Rousseau) et deux commandos tués avenue Pasteur lors de la prise du casino (*lance caporal* Renault, matelot Rollin)[17].

La *troop* 8, dont les conditions de débarquement ont été plus favorables, n'enregistre qu'un seul tué à la 2e section, lors des combats dans Riva-Bella, avec la perte du quartier-maître Létang. La section K Gun, qui ne comptait aucune victime sur la plage, perd trois des ses hommes à peu près au même moment dans Riva-Bella, boulevard d'Angleterre (matelot Marcel Labas, sous-lieutenant Augustin Hubert) et avenue Pasteur (quartier-maître Jean Lemoigne), au moment de la conquête du Wn 10.

Enfin le service médical avait perdu son chef, le médecin capitaine Robert Lion, tué avenue Pasteur. Au final, trois hommes tués sur la plage et sept hommes tombés dans les rues de Ouistreham, dont quatre avenue Pasteur.

Du côté des blessés, la liste est longue. Elle compte notamment 34 Français, évacués le jour-même : 19 hommes de la *troop* 1 (dont 13 blessés sur la plage), 12 hommes de la *troop* 8, 2 hommes de la K Gun et 1 homme du service médical[18]. Au soir du 6 juin, la *troop* 1 est passée de 69 à 41 commandos, soit plus de 40 % de pertes, perdant tous ses officiers au cours de la journée, Vourc'h, Mazéas, Pinelli. Seul Hubert Faure est encore en poste, auprès de Kieffer blessé. En passant de 24 à 19 commandos, la K Gun a perdu 21 % de ses effectifs. Enfin, la *troop* 8 est passée de 71 à 58 hommes, plus de 18 % de pertes, mais garde avec elle tous ses officiers, Lofi, Vourc'h, Bagot et Hulot (blessé légèrement, il ne sera évacué que le 12 juin).

Les combats dans les rues de Ouistreham ont occasionné un peu plus de blessés que le débarquement en lui-même : 13 hommes (tous de la *troop* 1) touchés directement sur la plage, 17 autres blessés lors des combats à Ouistreham et enfin 4 autres durant la progression vers Amfreville. On l'a vu également, ces combats de rues ont été plus meurtriers – sept morts – que le débarquement en lui-même, au cours duquel trois hommes ont été tués.

Les combats menés par la *troop* 8 et la section K Gun pour la prise du Wn 10 ont causé la mise hors d'état de 14 commandos. Ceux menés par la *troop* 1 face au casino, huit pertes. Au sein de la troupe française, les pertes totales atteignent ainsi près de 25 % des hommes, diminuant très largement ses effectifs, et laissant présager une campagne de Normandie compliquée et difficile au moment même où l'ennemi, au contraire, cherche à se renforcer sur cette partie du front.

Au regard de ces chiffres, on constate que c'est le bataillon de Philippe Kieffer qui essuie le plus de pertes parmi toutes les formations de la 1re brigade spéciale au cours de la journée du 6 juin 1944 : 77 % des tués et 18 % des blessés[19]. L'unité de fusiliers marins avait, il est vrai, débarqué en premier, devant Colleville, essuyant les premiers tirs allemands et supportant les premiers morts parmi les commandos du nº 4 Commando et plus largement ceux de la 1re brigade.

Ces chiffres traduisent combien a été particulièrement meurtrière la phase d'assaut de la position du Wn 10 et du casino de Ouistreham, démontrant que la principale puissance de feu de l'ennemi s'étaient concentrée sur cette partie-là des fortifications allemandes de Ouistreham-Riva-Bella. On comprend mieux ainsi les raisons pour lesquelles les taux de pertes sont aussi considérables pour les Français du 6 juin : un débarquement en première vague, et un assaut face à la plus redoutable puissance de feu ennemie existant sur ce secteur du Débarquement. Mais les pertes encourues par les Français ne sont pas pourtant dues qu'à ces deux seuls facteurs. Une puissance de feu limitée, une stratégie d'attaque discutable, combinée à des renseignements incomplets sur les défenses allemandes, ont lourdement pesé dans la balance, au moment de livrer le combat.

Une disproportion importante entre les puissances de feu allemande et française

Dans la matinée du 6 juin, face au Wn 10 ou face à la position du casino, il est certain que les Français ont manqué d'armes lourdes pour répondre efficacement aux tirs allemands. Avec deux sections de troupes d'assaut et une section de mitrailleuses légères, le bataillon français n'était pas en mesure de répondre aux tirs allemands de 75 mm, 88 mm ou de *Flak* 20 mm. Pourtant, au sein même du nº 4 Commando, une *troop* lourde – composée d'une section de mitrailleuses lourdes et d'une section de mortiers – avait bien débarqué avec les Français. Mais cette *troop* était partie opérer directement à l'est du dispositif de défense allemand, vers les écluses de Ouistreham, puisque l'objectif du nº 4 Commando, à cet endroit, était la mise hors d'état d'une batterie de six canons de 155 mm. Au moment de débarquer, pour la première phase de l'opération, chaque *troop* française est équipée de quatre fusils mitrailleurs, de huit mitraillettes, de 30 revolvers Colt, 2 lance-flammes, 30 fusils Lee-Enfield et de deux lance-roquettes PIAT, avec chacun leur deux bombes. La section K Gun dispose quant à elle de quatre mitrailleuses K Gun. Des *troops* françaises plutôt bien armées, si on ajoute à cela les dix grenades que porte chaque homme, mais en réalité peu d'armes lourdes dans l'équipement des hommes.

Arrivée en position face au casino, la *troop* 1 a été incapable de répondre efficacement aux tirs allemands venus du sous-bassement fortifié. Privé d'armes lourdes, le bataillon ne disposait en fait que de ses deux lance-roquettes PIAT. Pris entre les tirs croisés du casino et ceux du belvédère, deux plates-formes abritant des pièces de *Flak* 20 mm, et abrités au pied d'un mur anti-char infranchissable, les Français sont en position très délicate au moment de passer à l'assaut. C'est à cet instant que la recherche d'un blindé britannique, à la puissance de feu suffisante pour réduire celle de l'ennemi, est devenue la priorité de plusieurs officiers du bataillon. Kieffer en premier lieu, pour qui « c'eût été un suicide inutile de partir à l'assaut du casino avec la compagnie réduite de moitié et sans appui d'artillerie[20] ».

Les missions des chars débarqués sur *Sword Beach* le 6 juin 1944 avaient clairement été préparées par les stratèges alliés. Il s'agissait principalement des blindés de la 79ᵉ division blindée. Les chars spéciaux Flails (fléaux) du *Squadron* A du *22ᵉ Dragoons*, débarqués à 7 h 20, devaient s'attaquer aux obstacles des plages, essentiellement les mines. Pour les chars du *79ᵉ Squadron* du *5ᵗʰ Assault Regiment Royal Engineers*, débarqués à 7 h 25, les obstacles et les bunkers étaient les premiers objectifs, tandis que les derniers chars arrivés sur la plage, les chars Sherman amphibies de la 27e brigade blindée, ils devaient être employés à la réduction des positions défensives « légères ».

Les blindés des *Squadron* A et B du 13/18e *Hussars* avaient bien débarqué sur le secteur *Sword*, quelques minutes avant les commandos, mais ils n'étaient pas disponibles pour appuyer la troupe française dans son assaut[21]. Placés sous le commandement de la 3e division d'infanterie britannique, ces blindés avaient en revanche accompagné, le long de la route principale, la progression des commandos, ces derniers se servant de ces véhicules blindés comme autant d'abris mobiles au cours de leur avancée. Mais lorsque les Français avaient bifurqué vers le casino, les chars avaient poursuivi leur chemin avec le reste du nº 4 Commando pour rejoindre les rives de l'Orne, puis s'emparer de Caen. Après avoir dégagé la plage vers 8 h 30, le 13/18e *Hussars* a progressé vers Hermanville, Lion-sur-Mer et Colleville, délaissant ainsi le secteur de Ouistreham-Riva-Bella.

Si plusieurs écrits de témoins indiquent que le char « récupéré » par Kieffer était un des chars Duplex Drive du 13e/18e *Hussars* « récemment débarqué » et qui aurait été détourné de sa route[22], il faut plutôt privilégier la version présentée par Kieffer lui-même dans son rapport, qui mentionne le recours à un char Centaur. Plus d'une heure après les commandos, les chars Centaur ont en effet débarqué sur *Sword*, *Gold* et *Juno*. 48 chars sur les 80 de prévus débarquent très en retard sur les prévisions. Peu utilisés par rapport aux autres chars débarqués avant eux en soutien de l'infanterie, ils jouent en revanche un rôle déterminant auprès des commandos français lors de l'assaut sur le casino. C'est donc un de ces chars, équipé d'un obusier de 95 mm, que Kieffer fait amener au pied du casino pour appuyer la *troop* 1 en difficulté, et pour y réduire le tir de l'ennemi, avant de faire feu sur la position du belvédère.

L'idée reçue selon laquelle Kieffer aurait détourné de sa route, et de sa mission initiale un char britannique tombe alors, puisque la mission de ces chars Centaur était précisément de servir d'appui feu aux troupes de commandos engagées à créer une tête de pont le matin du 6 juin[23]. À Ouistreham, la réussite de Kieffer tient plutôt dans l'exploit d'avoir su trouver, alors que la situation de sa *troop* était plus que préoccupante, l'un de ces 48 chars Centaur « éparpillés » sur les trois plages anglo-canadiennes. Selon le commando Guy Hattu, ces chars étaient à la disposition des commandos, les hommes le savaient, et il suffisait de demander aux Britanniques leur appui, en cas de besoin au cours de la bataille.

En réalité, la tâche s'était avérée plus compliquée dès l'instant où les transmissions radio s'étaient dégradées au cours de la matinée. Faute de liaison radio avec la section de commandement de Kieffer ou avec le PC du n° 4 commando, et devant l'urgence de la situation, ce sont des initiatives individuelles de reconnaissance qui se sont organisées pour rechercher, dans Ouistreham, le char providentiel qui « débloquerait » la situation.

Kieffer est parti le premier avec son aide de camp, le commando Devager de la troupe de commandement, chercher ce char Centaur qui lui fait défaut. Ne le voyant pas revenir, Guy Hattu, lui aussi du QG du bataillon, est envoyé à son tour en reconnaissance dans les rues de la ville, à la recherche de son commandant, et d'un char :

> « Je cours vers la ville, je rencontre un groupe de civils que j'interroge. On a vu un char partir de ce côté-là. À tout hasard je m'y dirige. J'aperçois de loin un char Centaur, celui qu'il nous faut. Il vient vers moi et je fais de grands gestes, j'aperçois le commandant (Kieffer) qui, bien que blessé, a couru toute la ville à la recherche du char et le ramène[24]. »

Au sein de la *troop* 1, le lieutenant Faure a chargé également le commando René Goujon de faire le nécessaire pour trouver l'appui d'un blindé au moment de l'attaque du casino. Arrivé devant le colonel Dawson, celui-ci lui apprendra que Kieffer est déjà parti à la recherche d'un blindé.

Il n'y a pas qu'à la *troop* 1 que le recours aux blindés britanniques est devenu une urgence. Relativement « épargnées » lors des opérations de débarquement, la section K Gun et la *troop* 8, ont, comme la *troop* 1, éprouvé de grandes difficultés pour rejoindre leurs objectifs, puis pour les neutraliser. Le récit du commando Andriot de la section K Gun fait ainsi état de la démarche de son officier pour envoyer un de ses hommes, le commando Géry, aller chercher un blindé, tant la situation pour sa section est devenue critique, avec trois morts et des armes « capricieuses » connaissant dysfonctionnement sur dysfonctionnement. Géry ne parviendra pas à dérouter un char vers le secteur français, Amaury décidant alors le repli vers son point de départ. Du côté de la *troop* 8 enfin, Alexandre Lofi avait également demandé l'aide d'un blindé allié, qu'il ne verra jamais venir.

Opérant au plus près de la plage, le long de la ligne de défense allemande vers le Wn 10, la 2e troupe française d'assaut, commandée par Lofi, a été plus exposée que les autres à la puissance de feu ennemie. Même pris à revers, par l'intérieur des terres, les Allemands ont en effet toujours pu continuer à tirer depuis leurs différentes casemates, encore opérationnelles malgré la préparation d'artillerie alliée.

La section K Gun qui devait appuyer cette *troop* a connu elle aussi de grosses difficultés avec ses mitrailleuses Vickers. Au cours de cette journée, elle est pourtant la seule unité mobile capable de fournir l'appui feu nécessaire aux troupes d'assaut n° 1 et 8. C'est la raison pour laquelle Philippe Kieffer avait décidé de la mettre à la disposition de la *troop* n° 8 au cours de sa progression le long de la plage et au moment de l'assaut sur le Wn 10[25].

Au cours de l'assaut sur le blockhaus, destiné à appuyer l'attaque de la *troop* 8, c'est une succession d'incidents répétitifs qui contrarie sérieusement le bon déroulement de la manœuvre. Un premier bond du groupe Saerens doit lui permettre de se porter dans un cratère de bombe distant d'environ 150 mètres du blockhaus. Entre ce cratère de bombe et le blockhaus, quelques villas et, entre les villas et la position de tir de Saerens, une distance d'environ 100 mètres. C'est de cette position de tir que le groupe Saerens doit protéger la progression du groupe Coste vers ces villas.

Dès la mise en batterie du groupe Coste, le groupe Saerens doit le rejoindre pour exécuter, avec les quatre K Gun ainsi regroupées, le tir de neutralisation nécessaire pour l'attaque de la *troop* 8. Voilà pour la manœuvre imaginée par le lieutenant Amaury, mais sur le terrain les choses sont bien différentes :

> « Le groupe Coste me rejoint et exécute aussitôt un autre bond, sous les ordres d'Hubert, pour atteindre la première maison. Ils reçoivent des coups de feu provenant de la butte et ils terminent leur bond sous le feu pour arriver à la position de batterie d'où ils ripostent, mais leurs pièces s'enrayent. Hubert se découvre alors à demi pour me faire signe de les rejoindre et je le vois tomber. Les pièces Coste silencieuses, je vais faire le bond sous la protection des miennes, par pièces successives. Laissant la pièce 1 (Piriou) en batterie, je pars avec la pièce 2 (Cartier) dès l'ouverture du feu. Peu après la première rafale de la pièce 1, l'arme s'enraye. J'étais alors à mi-bond. Je laisse la pièce 2 terminer son bond et je retourne vers la pièce 1, qu'il faut démonter et nettoyer tout en se protégeant avec les fusils. Pendant le démontage, les autres pièces ont ouvert le feu sur le blockhaus. L'incident de tir est vite réparé et je rallie mon autre pièce avec la pièce 1[26]. »

Pour chaque pièce, un chef de pièce et deux servants, c'est-à-dire deux hommes qui portent les munitions. Pour les quatre pièces qui équipent la section le 6 juin, douze hommes sont donc nécessaires, les douze autres hommes de la section étant équipés de fusils. La section est répartie en deux groupes commandés par les seconds maîtres Saerens et Coste, avec dans chaque groupe deux pièces[27]. La technique utilisée, la progression par bonds – dès qu'un groupe a rejoint l'autre groupe, il le couvre à son tour, puis une fois la position atteinte, il le rejoint couvert par ses tirs, et ainsi de suite jusqu'à l'objectif – ne fonctionne que si les armes sont pleinement opérationnelles. À plusieurs reprises, les Français n'ont pas pu répondre aux tirs allemands, car leurs armes ne fonctionnaient tout simplement plus. L'accumulation des pertes au sein du groupe Coste, Lemoigne, Hubert puis Labas, mais également des blessés, Demonet, a désorganisé progressivement la tactique mise au point par Amaury.

Une stratégie mise à mal

De plus, le contact rompu avec la *troop* 8, impossible à rétablir faute de liaison radio, a obligé la section K Gun à supporter plus longtemps que prévu les tirs allemands. Les radios du commando n'ont pas fonctionné de façon normale, ayant souvent pris l'eau au cours de la phase de mise à terre des commandos. La répartition des radios au sein de la troupe française avait pourtant bien été réalisée : douze commandos était dotés de radios, assurant ainsi la liaison des éléments du bataillon, avec un appareil de courte portée « SW38 » par section et d'un « SW68 » par troupe. La section de commandement disposait également de deux radios[28]. En doublure des transmissions radio, un homme par section et deux pour la section de commandement avaient été préalablement désignés pour jouer le rôle d'agents de liaison.

On a vu l'importance, sur le terrain, de ces missions de reconnaissance à la recherche d'un appui blindé salvateur. Ces liaisons se sont donc faites la plupart du temps par l'envoi même de ces agents de liaison, d'une troupe à l'autre, dans les rues de Ouistreham-Riva-Bella : ne voyant pas arriver la *troop* Lofi, et en pleine phase de combat, c'est le groupe de Saerens qui est en effet chargé d'aller chercher lui-même la liaison avec Lofi, et c'est la section de Bagot qu'il rencontre quelques instants plus tard. La section Bagot, en difficulté au sein de la *troop* 8, n'a pas pu non plus être rejointe, comme l'avait demandé Lofi, par la section Hulot, la liaison radio du commando Bougrain n'arrivant pas à être établie entre les deux sections. C'est Lofi lui-même qui s'est chargé d'aller au-devant de la première section.

Ces nombreuses défaillances dans le système des communications ont fini par désorganiser et ralentir les progressions des unités, qui opéraient de manière indépendante sur le terrain, désorganisant même l'action des sections d'une même *troop* qui devaient progresser vers le même objectif. Il avait été décidé que chaque *troop* britannique du n° 4 Commando porterait l'assaut sur un objectif proportionné à son nombre et à son armement, les compagnies devant attaquer indépendamment dans leur propre secteur en « s'assurant que la liaison fût bien établie avec la compagnie voisine qui la flanquait : où se terminait la ligne de front d'une *troop*, celle de l'autre devait commencer[29] ».

Cette stratégie mise au point par Kieffer et Dawson avait trouvé ses limites : jamais les trois *troop*s françaises ne furent « reliées » les unes aux autres lors des combats dans Riva-Bella. La *troop* 1 resta seule face au casino, la section K Gun fut coupée la plupart du temps de la *troop* 8, elle-même isolée sur le flanc occidental du Wn 10, tandis que la *troop* 1 avait sur sa droite le reste du Commando n° 4 qui opérait vers le port et les écluses. La section K Gun, qui devait être employée en section d'appui, se retrouve rapidement isolée sur le terrain, contrainte d'agir comme une classique unité d'assaut, alors qu'elle n'en a ni l'effectif, ni l'armement lourd adéquat.

Pour le commando Francis Guezennec, pourvoyeur à la section K Gun, « le schéma tactique fut vite dépassé dès la mise en route des *troops* françaises depuis leur point de rassemblement dans les ruines de la colonie de vacances ». À cet instant en effet, un certain flottement est venu perturber l'organisation patiemment mise au point en Angleterre. Et d'après lui, c'est sa *troop*, la section K Gun, qui aurait ouvert la marche, alors qu'elle aurait dû, au contraire, s'élancer dans le sillage des deux autres *troops* d'assaut[30]. D'où cette erreur, d'avoir progressé en tête très loin dans Ouistreham, le long de la route principale, encouragé il est vrai par l'absence totale d'opposition allemande, avant de se rendre compte que le carrefour où la section devait bifurquer avait été dépassé. C'est en empruntant l'avenue de la Mer, à la hauteur de la station de tramway, que la K Gun s'est engagée dans Ouistreham, perpendiculairement à la mer, avant de revenir sur ses pas en marchant cette fois-ci plein ouest vers son objectif initial.

La progression sur les arrières des fortifications allemandes, destinée à prendre l'ennemi à revers et à le couper de toute communication avec l'intérieur des terres, l'acculant ainsi à la mer, ne remplit pas non plus tous ses objectifs. Pour les remplir, les sept *troops* du n° 4 Commando avaient au départ toutes emprunté le même chemin, le long de la ligne du tramway sur la route principale vers Riva-Bella : ouvrant la marche la K Gun, suivie de la *troop* 8, de la *troop* 1, puis des quatre autres *troops* britanniques marchant à leur suite.

Les unes après les autres, toutes les dix minutes, chaque *troop* avait alors « décroché » vers son propre objectif : la *troop* 8 vers le Wn 10, la section K Gun et la *troop* 1 vers le casino. Enfin, empruntant la rue Pasteur ou continuant sur la route principale, les troupes britanniques avaient poursuivi vers le port et les écluses. L'avantage de cette tactique était selon Kieffer de « permettre à chaque *troop* d'aborder successivement son secteur en étant assurée de la protection des ses arrières, couverts par les colonnes qui la suivaient[31] ».

Durant un temps, sur ces 2 km de route séparant la colonie de vacances du casino, la *troop* 1, emmenée par Hubert Faure, se retrouve seule à ouvrir la marche, avec le risque omniprésent d'être prise à partie par les tirs ennemis :

> « En entreprenant cette progression de plus de 2 km vers le casino, je sais bien que la colonne s'étirera et même que des attaques ennemies probables peuvent réussir à la scinder en tronçons, aussi je désigne un second maître pour demeurer en serre-file et faire activer le personnel vers le but prioritaire : le casino. Pour cela il faut éviter de se laisser accrocher en route sous aucun prétexte[32]. »

Hubert Faure est conscient du danger de cette marche à pas rapide et à découvert vers son objectif final. Il rencontre d'ailleurs plusieurs tirs ennemis aux différents carrefours, points de passage forcés, l'obligeant à les contourner par les jardins situés à l'arrière des villas, avant de regagner la route principale :

> « Aux premiers carrefours, plus près de la côte, nous devons passer par bonds, d'où des pertes de temps et des retards dans l'acheminement du personnel. En effet, bien que nous arrivons encore à contrôler les troupes qui sont à portée de voix, l'étirement de la colonne ne le permet plus complètement[33]. »

Parti des ruines de la colonie de vacances avec une cinquantaine d'hommes – les rescapés de la *troop* 1, auxquels se sont joints les hommes de la *troop* de commandement de Kieffer – Hubert Faure se présente au débouché de l'avenue Pasteur avec seulement une quinzaine de commandos. Selon lui, certains commandos français « profitant de l'encadrement déficient après les pertes du débarquement se sont en effet laissé prendre au piège des combats en cours en s'intégrant parfois à d'autres unités », ce qu'il voulait à tout prix éviter[34].

Gwenn-Aël Bolloré fait partie de ces hommes qui progressent tant bien que mal sur les talons d'Hubert Faure, incorporé au sein d'un groupe « à vrai dire disparate, des commandos anglais de différentes *troops*, quatre ou cinq français », avouant au passage « qu'un léger flottement se manifeste[35] » dans cette longue progression. Pour se protéger des *snipers* embusqués dans les ruines des maisons et qui retardent leur avance, Bolloré et beaucoup de ses camarades préfèrent se faire dépasser par des chars britanniques progressant derrière eux, profitant de cette protection inespérée, mais fort risquée.

> « Mus par une sorte d'instinct, nous nous rangeâmes derrière le char, en grappes, contre toute doctrine militaire : un

> obus antichar et c'en était fait de nous. Je poursuivis ma marche derrière l'engin, qui me paraissait invulnérable[36]. »

L'appui des chars britanniques, Sherman ou Centaur selon les témoignages des uns et des autres, ne dure qu'un temps, les blindés devant en effet poursuivre vers le port et les écluses, abandonnant les commandos français devant l'avenue Pasteur. À cet endroit, fort heureusement pour Hubert Faure, arrive rapidement derrière lui Lardennois à la tête de la deuxième section. Faure, qui a tout de suite mesuré l'importance du feu ennemi observé au sommet du soubassement du casino, a immédiatement réalisé que la prise de cette position allemande ne sera pas possible avec ses seuls effectifs. Les commandos Rollin, Lion et Renault ont déjà été tués, atteints par les balles des *snipers* ou les éclats d'obus.

Impuissant pour mener une attaque, Faure repousse encore le moment de l'assaut, préférant attendre l'arrivée des commandos retardataires, récupérés par les agents de liaison. Il envoie dans le même temps des messages par l'intermédiaire des commandos Bouilly et Goujon, en direction de Kieffer, blessé, qui est resté à l'arrière. Il lui réclame des renforts en hommes et surtout l'appui d'un char. Faure reçoit alors rapidement le renfort de Guy Hattu et de l'ensemble du groupe de commandement de Kieffer, qui finit par arriver :

> « Le commandant Kieffer arrive malgré le handicap de sa blessure, il venait de se faire panser dans une clinique encore ouverte, tenue par des bonnes sœurs. Nous envisageons ensemble les possibilités d'assaut. Notre conclusion est la même [...]. La solution suggérée, l'appui d'un char Centaur, est la meilleure[37]. »

Si on voit très clairement qu'à Riva-Bella et à Ouistreham aucune des *troops* de commandos ne fut surprise sur ses arrières, ni même encerclée[38], en revanche, c'est toujours en marchant vers la mer, face à la puissance de feu allemande, qu'elles ont connu les plus grandes difficultés à progresser. À peine entamée par les bombardements aériens et par l'artillerie alliée, cette puissance de feu ne baissa pas d'intensité durant les premières heures des combats. Entièrement tournée vers l'intérieur, puisque aucun bombardement à partir du débarquement ne vient la menacer au cours de la matinée, elle oppose une vive résistance jusqu'à ce que les liaisons entre les blockhaus et le poste de direction de tir soient définitivement coupées.

De mauvais renseignements

La présence de ce poste de direction de tir est primordiale dans le système de défense allemand. C'est à lui que revient le soin de préparer toutes les indications de tirs destinées aux différents blockhaus installés sur la plage et qui forment le groupement d'artillerie côtière *1/Heeres-Küsten-Artillerie-Abteilung* 1260. Sans cette installation, les tirs des batteries allemandes ne peuvent être effectués par les artilleurs qu'à l'aveugle.

Or, les Britanniques ignorent purement et simplement l'existence de ce poste de direction de tir, qui n'a pas été relevé, en tant que tel, par les différentes analyses de photographies aériennes ou par les renseignements fournis par les relevés de la résistance normande. Lors de leur approche vers les canons de 155 mm, certains commandos britanniques ont été quelque peu décontenancés par cette découverte :

> « Nous nous sommes installés aussitôt à l'étage d'une maison. Le reste de la *troop* était dans d'autres maisons alentour. Quelle merveilleuse vue nous avions sur les positions de la batterie. Mais au milieu de tout ça, il y avait une tour de contrôle, un poste d'observation de 60 pieds de haut. Durant notre *briefing*, nous avions pensé qu'il pourrait s'agir d'un tas de décombres […]. Les Allemands jetaient depuis le toit de cette tour des grenades sur nos hommes en train de se mettre en position pour l'assaut[39]. »

Sitôt entrés dans Ouistreham, les commandos britanniques ont donc été intrigués par cette construction, ont tenté d'approcher cette imposante tour, rapidement repoussés par les tirs allemands et des jets de grenades. Comme les Français, ils ne disposent comme armes lourdes que des seuls PIAT de la *troop*. Comme les Français avec leur PIAT, un des tireurs qui vient de lancer deux coups directs sur le poste de tir trouve que ces tirs n'ont aucun effet, si ce n'est de provoquer « une averse de grenades ennemies[40] ».

Les commandos vont donc se contenter de contourner cet obstacle imprévu, qui reste plusieurs jours durant une véritable menace. Ce n'est que le 9 juin 1944 que le 3e groupe de plage du 91e *Field Company*, chargé du « nettoyage » des plages, investit à coup de charge explosive la forteresse allemande, y délogeant à leur grande surprise 53 soldats allemands terrés depuis le 6 juin dans cette forteresse.

Les commandos ont en revanche vite compris le lien entre ce poste de direction de tir et les différents blockhaus sur la plage, cherchant alors le passage des câbles téléphoniques afin de les sectionner. C'est un civil ouistrehamais, résistant du Front national, Marcel Lefèvre, qui indiquera aux Français un regard par où passe le câble téléphonique allant du poste de direction de tir vers les différents points forts. Et c'est le sergent de Montlaur, accompagné du caporal Zivolhava, qui fera sauter ce câble[41]. Les lignes de communication ennemies reliant le poste de direction de tir aux différents blockhaus se trouvaient alors interrompues, mais encore fallait-il pour les commandos français trouver le moyen de s'emparer du casino, qui n'avait pas cessé pour autant de tirer.

Plus à l'ouest du secteur, les commandos n'ont pas non plus mesuré l'importance du système défensif allemand, faute de renseignements précis sur ces obstacles. Tout d'abord un fossé antichar creusé le long de l'axe avenue du maréchal Joffre-la Redoute, coupant ainsi les axes routiers perpendiculaires remontant vers les plages, l'avenue de la Mer, l'avenue Clemenceau et l'avenue Pasteur, par où doivent s'engouffrer les combattants français. Répertorié sur les cartes alliées du 6 avril 1944, ce fossé n'a pas livré aux Alliés sa profondeur particulièrement importante, qui empêche tout franchissement.

Ce qui n'a pas non plus été repéré cette fois-ci par les photographies aériennes étudiées en Angleterre est la présence du mur antichar barrant le haut de l'avenue Pasteur et interdisant l'accès à l'esplanade du casino :

> « La rue où elle se trouve (la *troop* 1) présente une particularité qui n'avait pas été remarquée sur les photographies aériennes. Elle est à 200 mètres du blockhaus, coupée par un mur antichar de béton, haute de 2 m. Au milieu du mur il y a un passage juste assez large pour permettre à un homme de le traverser[42]. »

Pendant huit jours, les Français avaient étudié les photos de cette rue : « Nous connaissions hier encore toutes les maisons, l'étendue des cours et des jardins à traverser, mais le bombardement aérien et naval a labouré le terrain[43]. » L'avenue Pasteur est dans le plein axe de tir des armes allemandes du casino. Obstacle inattendu, le mur antichar devient paradoxalement pour les hommes de la *troop* 1 un extraordinaire abri leur permettant de se poster à 200 mètres du casino, avant de préparer leur attaque : « Contrairement à ce qui avait été prévu par les ingénieurs de l'Organisation Todt, ce mur, loin d'être un obstacle pour les attaquants, fut une sorte de rempart[44]. »

La progression des commandos français sur les trottoirs de gauche et de droite se fit en effet à l'abri du mur, avec l'impossibilité pour les tireurs allemands du casino de voir avancer vers eux leurs ennemis. Pendant longtemps d'ailleurs, aussi longtemps que va durer leur progression dans la rue Pasteur, les Français ne seront pas repérés, et tandis qu'ils se positionnent derrière le mur antichar, les canons du casino tirent encore vers la mer.

Pour Philippe Kieffer, une fois sa *troop* regroupée, et une fois franchi le mur, l'attaque du casino doit se dérouler comme initialement prévu, en attaquant de chaque côté de l'ouvrage fortifié avec ses deux sections de la *troop* 1. La disposition de ses hommes, on l'a vu, est alors classique et absolument symétrique : à droite comme à gauche de la rue, deux *Bren guns*, quatre *Tommy guns*, un lance-flammes. Mais dès l'instant où les deux lance-roquettes français ont ouvert le feu vers le casino, l'effet de surprise a disparu et la présence des commandos a été aussitôt découverte. À ce moment, les tirs du casino, auxquels vont s'ajouter les tirs de *Flak* du belvédère, vont se concentrer exclusivement vers l'avenue Pasteur, à l'intérieur des terres, causant dans les rangs français les pertes que l'on connaît.

Les conditions de l'assaut, telles que Kieffer les avaient envisagées au préalable, ne sont dès lors, plus du tout les mêmes : avec des effectifs réduits d'un tiers, un obstacle infranchissable sans pertes sévères, les tirs croisés du belvédère et du casino, des transmissions radios sérieusement détériorées, l'absence d'armes lourdes, la *troop* 8 qui ne parvient plus à progresser le long de la plage, l'attaque directe de l'objectif est devenue techniquement impossible.

Le dernier élément de la défense allemande, enfin, à avoir mal été évalué par les commandos est cet ancien observatoire transformé en tour de *Flak* par les Allemands, le belvédère, disposé à l'arrière de la ligne de défense du *Stützpunktgruppe* de Riva-Bella. Le matin du 6 juin 1944, il abrite en son sommet une pièce anti-aérienne de 20 mm qui, de sa position centrale et dominante, balaie consciencieusement le secteur des commandos français rassemblés au pied du casino et pris entre deux feux. Sa tâche est d'autant plus facile que son axe de tir a été considérablement dégagé à la suite des bombardements alliés qui ont précédé le Débarquement et qui ont détruit de nombreuses villas alentour. Il semble que les Français, et notamment les officiers de la *troop* 1, bloqués au pied du casino, ne se soient pas aperçus, durant longtemps, que « le gros du feu qui freine la progression des voltigeurs provient d'un belvédère de béton bâti sur pilotis à deux cents mètres sur la droite de la rue Pasteur[45] ».

Fixée sur son objectif du casino, la *troop* 1 concentre en effet toute son attention sur celui-ci. Au sommet du belvédère est mise en place une pièce d'artillerie, mais également des observateurs qui guident les tirs d'autres pièces allemandes et notamment une pièce lourde de 88 mm, prenant les commandos à partie. C'est un tir de ce 88 mm qui atteindra la villa qui abritait les deux lance-roquettes français, tuant d'un coup direct le commando Émile Renault, posté à l'étage. Quelques minutes plus tard, au moment de l'assaut sur le casino, dans les minutes qui suivent les tirs du char Centaur amené par Kieffer, la section Lardennois, qui est partie sur la droite de l'objectif, essuie de nombreux tirs venus du belvédère. Kieffer fait placer le même Centaur à moins de 100 mètres de l'observatoire, envoyant quatre nouveaux obus, qui réduisent au silence la position allemande. Lanternier finit alors le travail, « entraîne sa section dans sa direction [...]. Un autre chef de section, Hubert Faure, manœuvre aussi vers le dernier point de feu. Des commandos anglais prennent l'ouvrage en tenaille[46] ». Ainsi se termine l'action des commandos français dans le secteur du casino.

Les Français du n° 4 Commando, débarqués à 7 h 30 et rappelés au point de départ peu avant 11 h 30, sont donc restés 4 heures à combattre dans le secteur Riva-Bella/Ouistreham dans cette matinée du 6 juin 1944. En croisant le rapport de Philippe Kieffer, et les récits des principaux témoins, le *timing* précis a été le suivant : une fois regroupés dans les ruines de la colonie de vacances, les Français s'élancent vers 8 h 15. À 8 h 30, après avoir parcouru en courant le 1,8 km de la route principale en un quart d'heure, les premiers éléments de la *troop* 1 se présentent à l'angle de l'avenue Pasteur. À 9 h 00, les premières tentatives d'assaut sont lancées contre les tireurs du casino. À 9 h 25, Kieffer se présente avec le char britannique face au casino. À 10 h 00, après avoir « neutralisé » la position du belvédère, l'assaut des deux sections de la *troop* 1 est lancé sur les flancs de la position. À 11 h 20 enfin, l'ordre est donné à tous les commandos de faire le chemin inverse, afin de se regrouper dans les ruines de la colonie de vacances. Il avait été décidé qu'à H+4 le n° 4 Commando entamerait son repli de Ouistreham, pour commencer sa progression vers Bénouville, où la jonction devait être établie avec les parachutistes britanniques de la 6e *Airborne*.

La question se pose dès lors de savoir si, à Ouistreham, les objectifs des *troops* n° 8 et n° 1 ont bel et bien été réalisés, lorsqu'il est demandé aux Français de décrocher vers la colonie de vacances.

Des objectifs réalisés ?

Les rapports et les comptes rendus d'opération mentionnent unanimement que le travail a été réalisé conformément aux objectifs initiaux. Rappelons tout d'abord que la *troop* 8 devait « nettoyer » sur son chemin l'ensemble des blockhaus et des petits points d'appui avant de s'emparer de l'ensemble du Wn 10 à l'ouest du *Stützpunktgruppe* de Riva-Bella.

Si les Français parviennent bien à progresser le long de la plage, en s'emparant de l'abri et de la pièce de 50 mm, en revanche, ils ne réussissent pas à s'emparer de la dernière position qui leur permettrait de s'approcher davantage du soubassement fortifié du casino, pour venir épauler l'autre *troop* 1[47]. Kieffer note dans son rapport que « la n° 8 avait neutralisé la position ennemie en partie, sans pouvoir nettoyer complètement, n'ayant pas eu le support des tanks, mais faisant des prisonniers[48] ».

Le rapport du lieutenant Bagot, le commandant de la 1re section de la *troop* 8, fait à peu près le même constat, consignant le repli de la section vers la route principale, repli ordonné par Lofi, au moment où elle vient d'essuyer un tir d'armes automatiques devant un *strongpoint* allemand. À peu près au même moment, la 2e section du lieutenant Hulot est contrainte elle aussi de faire marche arrière, après avoir progressé et s'être établie au-devant d'un *strongpoint* – en réalité le même qui tire sur la section Bagot – « où l'ennemi s'est maintenu. Il se rendra peu après, à l'arrivée des troupes chargées d'occuper la localité[49] ».

Du côté de la section K Gun, ce point d'appui allemand semble avoir posé le même problème. Dans son journal personnel, le commando Robert Saerens confirme en effet que le blockhaus n'a pas pu être pris :

> « Nous allons alors essayer d'attaquer le blockhaus. Quelques essais pour trouver des positions de tir nous montrent rapidement que nous servons de cibles aux armes automatiques du blockhaus. Nous ne pouvons pas grand-chose contre un objectif de ce genre. Au cours d'une autre tentative pour ouvrir le feu sur un autre créneau, un de mes tireurs est blessé. Nous demandons alors au PC qui nous fait dire de nous replier vers la route, le nettoyage sera fait plus tard par d'autres éléments[50]. »

La K Gun décroche alors, tout en restant en appui de la *troop* 8, « la réduction du blockhaus incombant à des éléments mieux armés[51] ».

La conclusion est donc la suivante : le Wn 10, l'objectif de la *troop* 8 n'a pas été totalement pris, mais en partie seulement, la position tombera plus tard sous l'action des troupes britanniques. Il était impossible pour les Français, avec leurs armes et leurs effectifs engagés contre le dernier blockhaus, de le faire tomber comme prévu. Les Français s'épuisaient contre cette position, les pertes s'accumulaient à la *troop* 8 comme à la section K Gun, et le temps de revenir vers la colonie de vacances approchait. Il était hors de question pour Lofi de laisser ses hommes dans une telle situation. Aussi a-t-il ordonné au même moment le repli général, ou plutôt le regroupement des hommes des deux *troops*, valides et blessés, sur la route principale, tenue hors de portée de l'ennemi par les troupes britanniques.

Du côté de la *troop* 1, du moins pour les sections présentes durant l'attaque du casino, on vient de voir qu'à défaut de l'assaut direct sur le soubassement fortifié, c'est la position du belvédère qui semble avoir été prise par les hommes de Kieffer, les Britanniques se chargeant de « finir » le travail. Aucune mention, dans le rapport de Kieffer, n'est faite concernant la prise réelle du casino, même si Kieffer a « demandé au maître principal Faure d'envoyer la section de Montlaur sur la gauche faire du nettoyage, tandis que la section Lardennois part sur la droite avec la même mission[52] ». Kieffer poursuit en décrivant l'attaque du belvédère, conduite par la section Lardennois, et la sous-section Lanternier.

Pour Guy Hattu, commando au QG de Kieffer, la prise du casino n'a pas pu être réalisée, faute de temps pour ainsi dire :

> « Plus un coup de feu ne part du casino. La position du belvédère, que le char n'a pas oubliée, s'est tue elle aussi. Comme nous nous concertons avec le commandant pour franchir la route (fossé anti-char) et parvenir au casino, l'ordre impératif nous arrive de nous regrouper immédiatement en ville. Nous n'aurons pas la satisfaction de faire prisonniers nous-mêmes ceux que nous venons de réduire au silence. Mais notre mission est remplie[53]. »

Pour certains commandos, la mission est remplie, pour d'autres, achevée. Dans ces deux formulations, il est bien clair qu'il ne s'agit que de la première phase de la mission du 6 juin, c'est-à-dire la phase d'assaut sur Ouistreham. Pour Kieffer et ses hommes, la mission initiale est loin d'être terminée, puisqu'elle comporte une seconde partie, tout aussi importante. Il leur avait en effet été ordonné, après l'assaut, « de nettoyer les positions, de couvrir le même jour, en profondeur, une distance de 12 km et de rester coûte que coûte en position défensive, tandis que le gros du débarquement se faisait à l'ouest[54] ».

Le rapport de Kieffer accorde une place tout à fait significative à ce qui fut réalisé au cours de la seconde partie de cette journée du 6 juin, avec ses hommes valides. Les Français devaient rejoindre leurs positions à l'extrémité orientale de la zone du Débarquement, et ce, avec leurs camarades des n° 3, n° 4 et n° 6 Commandos, et la 6e *Airborne*, pour protéger l'installation de la tête de pont alliée en Normandie, au cours des prochaines semaines, durant toute la bataille. Parvenu le 6 juin au soir, « en position défensive de l'autre côté de l'Orne, entre Merville, Gonneville et Bréville[55] », le Commando n° 4 allait ainsi entamer une nouvelle phase opérationnelle.

Il n'avait donc pas été prévu du côté français de s'attarder dans Ouistreham au-delà de 11 h 30, objectifs réalisés ou non, dès l'instant où la réussite de la seconde partie de la mission reposait entièrement sur un *timing* précis, sur la rapidité avec laquelle le n° 4 Commando et les Français feraient la jonction avec les parachutistes à Bénouville, avant de s'installer sur les hauteurs du village d'Amfreville, au-delà de l'Orne.

À l'heure où les Français quittent Ouistreham, quatre heures après avoir débarqué, des milliers de soldats britanniques sont arrivés derrière eux, pour sécuriser la tête de pont sur *Sword*[56]. Il s'agit entre autre des hommes du *2nd Bataillon East Yorkshire* de la 8e brigade, débarqués sur *Queen Red*, qui ont terminé le nettoyage de tous les ouvrages du *Strongpoint* n° 20 devant Hermanville, avant d'atteindre la route côtière à 9 h 30. Après avoir marché sur Riva-Bella pour relever le n° 4 Commando, c'est cette unité qui prendra possession de la batterie du château d'eau entre Ouistreham et Saint-Aubin-d'Arquenay. De plus, dans le même temps, la réaction allemande reste envisageable au sud et à l'est de ce point du débarquement. Les Alliés savent que des divisions positionnées autour de Caen peuvent rapidement réagir en faisant mouvement vers la tête de pont et mettre en péril le bon déroulement d'Overlord. Il s'agit des 8 000 hommes de la 716e division d'infanterie, ayant son QG à Caen, mais aussi et surtout des éléments de la 21e *Panzer-Division*, répartis entre Thury-Harcourt et Saint-Pierre-sur-Dives depuis le 1er mai 1944. Enfin, la 12e SS *Panzer-Division*, installée entre le pays d'Auge et Évreux, à l'est de la tête de pont alliée, la *Panzer Lher*, dans l'Eure-et-Loir, et la 116e *Panzer Division*, au nord de la Seine, sont autant de menaces supplémentaires pesant sur ce flanc est du Débarquement.

Après l'assaut, et passé l'effet de surprise, la deuxième urgence consiste à organiser rapidement un verrou solide sur le flanc gauche de la tête de pont. C'est cette mission qui a été confiée aux commandos (et aux parachutistes), et qui constitue la deuxième phase de leur action au cours du 6 juin. Il s'agit d'une marche forcée, à laquelle sont très habitués les soldats britanniques. Mais « comparée à la marche d'approche précédente dans Ouistreham, vers le casino et les batteries, cette nouvelle progression à découvert, à travers des champs, fut comparativement tranquille, excepté les quelques fâcheux tirs de mortiers et des obus sifflant au-dessus, destinés à ceux qui étaient encore sur les plages[57] ».

Il s'agit également, pour le n° 4 Commando, de retrouver les autres éléments de la 1re brigade de lord Lovat, qui ont débarqué à Colleville trente minutes après le n° 4 Commando : le QG de lord Lovat mis à terre à 8 h 40, suivi en premier du n° 6 Commando, du n° 3 Commando à H+90 et enfin du 45e *Royal Marine Commando*, soit au total une force de 1 900 hommes. Tandis que les Français du n° 4 Commando recevaient l'ordre de se rassembler dans les ruines de la colonie de vacances, le reste de la brigade arrivait au même moment en vue du pont de Bénouville. Une fois débarquée sur *Queen Beach*, secteur *White* et secteur *Red*, derrière les blindés de la 79e division blindée et les hommes de la 8e brigade, l'unité de lord Lovat (sans le n° 4 Commando) avait en effet traversé Colleville, obliquant ensuite vers le sud-est pour traverser Saint-Aubin-d'Arquenay, avant d'arriver dans Bénouville et de passer le pont basculant aux alentours de midi.

Cette deuxième phase de la mission du Commando Kieffer et du n° 4 Commando fut particulièrement réussie, puisque tous les hommes sont en position le soir du 6 juin, à l'est de l'Orne, conformément aux prévisions, et sans avoir connu de pertes supplémentaires, à part quelques hommes blessés au cours de la progression dans les terres. Ceci étant dit, l'objectif exposé par Kieffer dans son rapport – l'établissement d'un périmètre de protection du Débarquement entre les localités de Bréville, Merville et Gonneville – dut largement être revu à la baisse. C'est seulement autour du village d'Amfreville que le gros de la 1re brigade spéciale put se positionner. Les contre-attaques allemandes sur les positions de la *6e Airborne* britannique, dans le secteur des ponts sur l'Orne et du canal, étaient telles qu'elles contraignirent en effet le général Gale et lord Lovat à modifier considérablement leurs plans initiaux.

Ainsi limité le soir du 6 juin 1944 à un territoire plus compact et resserré sur les hauteurs de l'est de l'Orne, le périmètre de protection se déploie essentiellement autour d'Amfreville, position clé sur laquelle ont dû s'établir les commandos de Lovat au terme de leur progression de la journée. Franceville-Plage, l'objectif du 45e *Royal Marines Commando*, n'avait pas pu être atteint, les soldats ayant été stoppés à trois kilomètres de l'entrée du village, sur la route de Cabourg. Il leur avait alors été demandé de s'arrêter et de creuser des tranchées à Merville, relevant ainsi le 9e bataillon de parachutistes de la *6e Airborne*, qui s'était emparé de la batterie allemande. Dans le même temps, le n° 3 Commando fut envoyé pour épauler le 12e bataillon de parachutistes de la *6e Airborne*, qui avait dû livrer un dur combat dans le village du Plein. Le Plein fut finalement « nettoyé » au cours de l'après-midi par le n° 3 Commando. Enfin le n° 6 commando fut envoyé entre Le Plein et Bréville. Le n° 4 Commando, on l'a vu, se positionna à partir de 20 h 00 au hameau Hauger, entre Sallenelles et Le Plein.

Du nord au sud, une ligne de défense plus ou moins continue, passant par Merville, Amfreville, Bréville et Ranville, a donc pu être établie. Mais elle reste bien mince au regard des objectifs initiaux. En réduisant l'ampleur du verrou sur le flanc est du Débarquement, les commandos britanniques, davantage regroupés, représentent ainsi une force non négligeable de 2 500 hommes, à laquelle viennent s'ajouter les effectifs de la 6e brigade d'infanterie aéroportée, qui atterrissent à partir de 21 h 00 sur ce secteur. Établir ce verrou défensif, c'est s'assurer que le front est continu en tout point, sans brèches, par lesquelles l'ennemi pourrait s'infiltrer. C'est à quoi s'emploie activement Kieffer, qui fait travailler ses hommes « jusqu'à minuit pour consolider la position et creuser des abris profonds pour parer à toute contre-attaque au petit jour[58] ».

Malgré le fait que les objectifs finaux ne furent pas complètement atteints, la 1re brigade spéciale a réussi sa mission principale, qui consistait à établir la jonction avec les troupes aéroportées. Dans sa globalité, la mission confiée aux Français a été remplie de la même manière, même si les assauts sur les objectifs de Ouistreham n'ont pu être menés conformément aux prévisions, ni achevés dans les temps impartis. On a vu toutes les raisons qui avaient empêché les hommes de Kieffer de vaincre définitivement ces positions, laissant les Britanniques achever le travail commencé. Le *timing* n'en a pas été pour autant bouleversé, puisque les commandos de la brigade se sont tous regroupés le soir-même à l'est de l'Orne, pour fermer la zone orientale du Débarquement. Si le déroulement des opérations de la 1re brigade spéciale n'a pas été contrarié dans ses grandes lignes, en revanche les pertes enregistrées par ses différentes unités ont été importantes, à commencer par les *troops* françaises elles-mêmes. Sur 2 500 hommes que compte la brigade lorsqu'elle prend pied en Normandie, 289 manquent à l'appel à l'aube du 7 juin, soit un taux de pertes de 11,5 %[59].

Chapitre 13

L'ÉPROUVANTE BATAILLE DE NORMANDIE

Les 138 commandos français rescapés du 6 juin, mis provisoirement à la disposition du n° 3 Commando, s'enterrent progressivement sur les hauteurs d'Amfreville pour la nuit. Par groupes de trois, les hommes creusent leur abri. Tandis que le premier mange, le second creuse et le troisième, l'arme au poing, se tient en alerte. Installés à 200 mètres au sud-est de l'église du Plein, les hommes de Kieffer se positionnent en équerre, chacune des deux *troops* appuyée par deux mitrailleuses en bordure d'un champ, la *troop* 1 parallèle au village, la *troop* 8 perpendiculaire à celle-ci, face à la ligne ennemie, tenue par les Allemands de la 711e division d'infanterie. Au cours de leur première soirée en Normandie, l'ordre a été donné aux commandos de ne surtout pas répondre à l'ennemi, afin que leur ligne de défense ne soit pas découverte trop tôt.

Dans son rapport dicté une semaine plus tard depuis l'Angleterre, Kieffer insiste sur la porosité des lignes de front durant ces premières heures : « L'ennemi, s'infiltra cependant en petit nombre jusqu'au village et nous fûmes toute la nuit l'objectif de tireurs de position allemands[1]. »

Les renforts des troupes allemandes

Les Allemands n'ont en effet pas tardé à réagir au débarquement allié. Lorsque les Français s'installent à Amfreville, la

711e division d'infanterie est déjà en place à l'est de l'Orne. Mais ce n'est pas véritablement cette division que les hommes de Kieffer doivent craindre. S'il est une unité que les commandos peuvent redouter le plus, c'est plutôt la 21e *Panzer division*, seule réserve opérationnelle blindée postée à proximité du secteur *Sword*. Sitôt propagée la nouvelle du Débarquement, elle s'est mise en marche vers 4 h 00 du matin. Les compagnies du régiment de *Panzer Grenadier* 125 du major von Luck se sont élancées les premières à l'est de l'Orne, contre les parachutistes britanniques de la 6e *Airborne*. Au même moment, sur l'autre rive de l'Orne, la 8e compagnie lourde du 192e régiment de *Panzer Grenadier* les a rejoints dans le secteur de Bénouville, tandis que la 4e compagnie du 22e régiment de *Panzer*, et la *Panzer Jager Abteilung* 200 (unité de chasseurs de la 21e *Panzer*) attaquaient la tête de pont des parachutistes en direction de Ranville. L'ensemble de ces forces allemandes était placé sous le commandement de von Luck.

Toutes ces contre-attaques lancées contre ses parachutistes contraignent le général Gale à demander à lord Lovat le renfort de ses commandos. Celui-ci accepte de détacher des éléments de son Commando no 3 sur Le Plein et sur Ranville.

Il faut cependant attendre 7 h 00 du matin pour que la division blindée allemande se mette véritablement en route vers la tête de pont aéroportée[2]. Mais à peine le mouvement est-il amorcé vers l'est de l'Orne que les blindés sont contraints de changer de cap pour se diriger de toute urgence au nord de Caen[3]. En se positionnant au nord de la capitale bas-normande dès 10 h 00 du matin, la 21e *Panzer* oblige le commandement britannique à revoir l'ensemble de ses intentions stratégiques[4].

À cet instant, du côté anglais, la situation n'est pas fameuse. À l'ouest, le 41e Commando n'a pu s'emparer de Lion-sur-Mer. Au centre, la 8e brigade d'infanterie reste bloquée devant la ligne de défense tenue par la *Panzer Jager Abteilung 200*. Enfin à l'est de *Sword*, la 6e *Airborne* continue de subir les assauts de von Luck. La 9e brigade, qui a débarqué vers 10 h 30 sur *Sword* et qui devait se porter sur *Juno Beach*, est par conséquent envoyée directement sur le flanc est pour renforcer la liaison avec la 6ᵉ *Airborne*, et rendre plus compacte et plus solide la tête de pont alliée dans ce secteur.

Contrairement à leur camarades britanniques qui doivent attaquer vers Caen, la 1ʳᵉ brigade de commandos et la 6ᵉ *Airborne* n'ont pas reçu de mission offensive, devant « se contenter » de défendre la rive est de l'Orne de toute contre-attaque allemande, et avec tous les risques que cette mission comporte. Devant les positions tenues par les Français, des bois et les marais de la Dives, dans lesquels sont tombés de nombreux paras avant d'être capturés par les Allemands, ainsi que des éléments de la 21ᵉ *Panzer* rôdant vers Bréville et entre Caen et la mer. Les Allemands sont là, tout proches. Comme tous les hommes de la 1ʳᵉ brigade spéciale formant la dernière ligne de rempart, Kieffer attend avec ses hommes le départ de la contre-attaque allemande.

À partir du 7 juin, le principal souci de la brigade de Lovat est de consolider les positions atteintes le 6 juin, tout en conquérant ce qui n'a pas pu être libéré la veille. Tandis que le nº 3 Commando est envoyé sur la route de Sallenelles/Ranville pour couvrir le flanc gauche de la brigade, le 45ᵉ *Royal Marine Commando* reçoit l'ordre de se replier de sa position isolée de Merville pour renforcer ses positions au sud de Sallenelles, tandis que le Commando nº 4 fait de même au hameau Hauger. Dans le même temps, deux opérations offensives sont exécutées au cours de cette matinée. La première d'entre elles, confiée à deux *troops* du nº 3 Commando et au 45ᵉ *Royal Marine Commando*, est la reconquête de Franceville-Plage et des batteries de Merville. Les combats sont sévères et les résultats pas toujours à la hauteur des espérances. La seconde opération est confiée au nº 6 Commando, qui attaque devant Bréville avant de s'emparer de quatre pièces d'artillerie et deux pièces de *Flak* 20 mm.

Malgré la réussite de son offensive, le 45ᵉ *Royal Marine Commando* continue invariablement d'être en position isolée dans Merville, et toujours sous la menace de l'ennemi, dont la pression s'exerce également sur les positions du n° 4 Commando. Au cours de l'après-midi, les pertes se sont considérablement accrues, tandis que les rations, les munitions et les réserves en eau commencent à se réduire. Face à cette situation critique, lord Lovat obtient du général Gale de renoncer à ses deux objectifs pour se concentrer sur la ligne de défense Hauger/Bréville. Au cours du 6 juin 1944, la brigade a perdu 289 hommes, alignant ainsi 2 211 soldats pour consolider la tête de pont. Deux jours plus tard, au soir du 8 juin, elle a perdu encore 838 hommes supplémentaires, soit au total 45 % de ses effectifs en moins depuis le Débarquement[5].

Les missions du 1er BFMC

Du côté des Français, la principale mission de Kieffer est de consolider la position, en s'assurant tout d'abord que toutes les maisons du Plein sont sûres. Après les avoir toutes faites fouiller par des patrouilles, le bataillon se prépare à une attaque de blindés allemands, annoncée depuis le bois du Mariquet à Ranville. Mais avant cela, les hommes de Kieffer sont appelés pour soutenir l'offensive du Commando n° 6, prévue sur Bréville. En couvrant cette attaque sur son flanc gauche, le village de Bréville est occupé vers 19 h 00. Au cours de cette opération, les Français se sont avancés de 700 mètres environ sur leur droite. À la nuit tombée, Kieffer fait envoyer des patrouilles plus en avant autour des premières maisons, devant le Bas de Bréville. Elles rentrent rapidement après avoir essuyé des échanges de tirs mais sans pertes dans leurs rangs.

Le compte rendu du lieutenant de vaisseau Montlaur revient sur le déroulement de ces patrouilles de nuit :

> « Vers 23 heures, un second maître de la *troop* 1 pousse une reconnaissance, accompagné d'un quartier-maître et de deux matelots. Ils s'éloignent vers l'est, jusqu'à une distance de 1 km, au lieu-dit le Bas de Bréville. Aucun contact avec les

> Allemands. Mais le lendemain matin, le 8, à 5 heures, les mêmes veulent refaire le chemin parcouru quelques heures avant : or, à 200 mètres de leurs lignes, ils perçoivent une forme allongée. Le second maître tire et casse la jambe gauche d'un caporal allemand. Ce dernier est amené au Plein, puis au quartier de lord Lovat, à Hauger. Le prisonnier dit appartenir à l'un des deux bataillons portés de la 12e *SS Hitler Jugend* stationnée à l'est du Bas de Bréville[6]. »

La pression s'accentue autour des positions des commandos de la 1re brigade. D'autant plus que lord Lovat a été clair envers ses hommes : pas de coup de feu et de riposte avant 50 mètres et rester aussi camouflé que possible. Il s'agit bien de livrer une guerre défensive, à laquelle les soldats de Kieffer n'ont pas été véritablement préparés.

Une guerre défensive qui n'interdit pas aux hommes de Kieffer de traverser les lignes allemandes. Dans la matinée du 7 juin, sur ordre du commandant du n° 4 Commando, les Français passent à l'action. Dans le secteur des *troops* françaises, l'activité ennemie semble si importante au loin, laissant croire à la préparation d'une attaque imminente en direction de Sallenelles, qu'il est en effet demandé à Kieffer d'y envoyer une patrouille. C'est le sergent Lardennois de la *troop* 1, qui a déjà conduit le 6 juin et avec succès une patrouille en direction des écluses de Ouistreham, qui reçoit l'ordre de pénétrer dans Sallenelles, sans se faire repérer et si possible sans tirer un coup de feu, afin de contacter les habitants, s'il y en a encore, et de recueillir auprès d'eux des informations sur les positions allemandes. Lardennois constitue une petite patrouille de deux hommes, Corbin et Guyader. Il réussit parfaitement à s'infiltrer dans le village sans être vu. Si la majorité des habitants ont fui les combats, quelques paysans ont choisi de rester. Lardennois parvient à les contacter et à recueillir une information particulièrement précieuse. D'un poste de guet bien placé, Lardennois observe ainsi durant deux heures l'activité du blockhaus allemand voisin, avant de revenir dans ses positions. Hubert Faure, le patron de la *troop* 1, accompagne Lardennois au QG du major pour le *debriefing* :

« Lardennois révéla que la fortification était placée dans un marécage, non loin du village, protégé par des champs de mines autour. La garnison était composée d'une quinzaine d'hommes sous le commandement d'un sergent-major fanatique. Leur armement se composait d'un canon de 88 mm sous tourelle, capable d'ouvrir le feu uniquement vers le large à l'est de l'Orne. Aucune vue directe n'était possible vers les plages du débarquement. Plusieurs mitrailleuses enfin complétaient la puissance de feu allemande[7]. »

Devant l'accroissement des tirs de *snipers* et des tirs de mortiers au début de l'après-midi, Kieffer estime qu'il est plus prudent de reporter toute action offensive dans cette direction. Face à la pression qui ne cesse de croître sur les commandos, le commandant du n° 4 Commando renonce à son tour à toute action offensive.

Le lendemain, 8 juin, à deux heures du matin, des chars allemands sont annoncés à 2 km au sud des positions de Kieffer. Redoutant toujours une attaque des *Panzer*, Kieffer envoie à nouveau une patrouille vers Bréville, mais qui ne donne rien. Les Français sont sur leur garde. Ils mettent en position leur PIAT, dans l'attente du début de l'offensive. Cette attente va durer toute la journée du 8. Aussi Kieffer en profite-t-il pour veiller au ravitaillement en vivres et en munitions, pour visiter les différents postes de tir, avant de se rendre vers un poste de secours pour se faire soigner. Depuis le 6 juin, il traîne toujours deux vilaines blessures qui le handicapent.

L'évacuation de Philippe Kieffer

Deux fois blessé au cours du 6 juin, Kieffer se résout à faire examiner ses blessures, qui n'ont fait qu'empirer depuis le Débarquement. Blessé à la cuisse et au bras, le patron des commandos français se présente au médecin-chef dans un tel état qu'un pansement rapide doit être effectué. Mais ce pansement ne suffit pas, et le verdict médical tombe brutalement : Kieffer ne peut plus rester dans cet état en Normandie et doit être rapatrié dans un hôpital militaire en Grande-Bretagne. La nouvelle est terrible pour Kieffer et pour ses hommes, qui conçoivent assez mal de devoir se séparer de celui qui est leur chef depuis 1942, alors que la bataille de Normandie ne fait que commencer. Avant de quitter Amfreville, Kieffer doit maintenant passer son commandement. Au bataillon peu d'officiers sont disponibles pour prendre le relais. Le maître principal Faure ne peut quitter son commandement de la *troop* 1. C'est donc du côté de la *troop* 8 que Kieffer trouve une solution, en désignant à la tête du bataillon son commandant, Alexandre Lofi, Francis Vourc'h devenant le nouveau chef de la 2e *troop* française. Quant à la section de mitrailleuses, après la mort d'Hubert et la blessure d'Amaury, Kieffer en confie le commandement au quartier-maître Coste.

Après un dernier passage au quartier général de lord Lovat et de Dawson, dans l'espoir ultime d'un ajournement de son départ, Kieffer se résout à quitter ses hommes. Évacué par la plage de Lion-sur-Mer, il traverse la Manche à bord d'un *Landing Craft* aménagé en navire-hôpital. Débarqué en Angleterre, il est conduit au *Warwick Emergency Hospital.* Tout danger d'amputation étant éloigné à partir du 11 juin, Kieffer se résigne à une longue convalescence, loin du champ de bataille.

En Normandie, maintenus en position dans leurs abris, privés de leur chef, les Français tiennent comme ils le peuvent la tête de pont qu'on leur a confiée. Les alertes se succèdent, les obus de mortier n'en finissent plus de pleuvoir sur les tranchées. Le 9 juin, la *troop* 8 essuie de nouvelles pertes. Au sein de la section Hulot, le maître Lavezzi, grièvement blessé par un éclat de mortier, doit être évacué. Légèrement blessé par le même projectile, le second maître Sénée peut rester parmi les siens. À la section K Gun, restée en ligne pour épauler le nº 6 Commando vers Bréville, seul le matelot Monceau a été blessé par un éclat d'obus. Les duels d'artillerie se prolongent tard dans la soirée, annonçant l'imminence de la riposte allemande.

La contre-attaque allemande du 10 juin 1944

Ce jour-là, dès 6 heures du matin et jusqu'aux environs de 17 h 00, la poussée ennemie va se faire sentir pour la première fois depuis le Débarquement. Avec une violence sans précédent, les positions du n° 4 et du n° 6 Commando sont lourdement atteintes par l'offensive allemande, déclenchée depuis Bréville.

Les commandos de la *troop* 8 subissent de plein fouet les tirs de mortiers. La préparation d'artillerie est telle que les intentions de l'ennemi ne font plus de doute : reprendre ce jour-là la position du Plein coûte que coûte, pour « essayer de déloger les commandos de la crête[8] ». Les pertes françaises deviennent sérieuses. Dans cette seule matinée du 10 juin, 29 hommes sont touchés, dont 3 nouveaux tués[9].

Pour permettre la contre-offensive, confiée au n° 3 Commando à partir du château d'Amfreville, lord Lovat ordonne aux Français de la *troop* 1 de cesser le tir. Les 350 hommes de Peter Young peuvent ainsi attaquer vers Bréville sur un front compris entre le château et la ferme de Longuemare. Pendant ce déploiement, la K Gun et la *troop* 8 maintiennent leurs tirs sur le flanc gauche, fixant sur ce secteur l'infanterie de la 346e division allemande et les blindés de la 21e *Panzer*. Prises à revers, coupées de leurs arrières accrochés par le n° 3 Commando, puis finalement « encerclées », les unités allemandes se retrouvent rapidement prises au piège. Avec l'arrivée dans la soirée des chars britanniques de la 27e brigade blindée, la contre-attaque allemande du 10 juin prend fin dans un désordre et un repli indescriptibles[10].

C'est au cours de cette attaque du 10 juin que le matelot Gersel de la section K Gun est tué, tandis que le commando Bégot, très sérieusement touché au visage, est évacué d'urgence vers un poste de secours. Depuis le 6 juin, René Gersel partageait son abri de fortune, en réalité une simple tranchée améliorée, avec Jean Le Bris. Aménagée derrière une ferme, à l'est de la place d'Amfreville, cette longue tranchée abrite également depuis le 6 juin d'autres commandos de la K Gun, Francis Guezennec, Marcel Ravel ou Yvon Monceau. Au cours de l'attaque du 10 juin, les tirs de mortiers allemands venant de Bavent, face aux tranchées de la K Gun, pulvérisent littéralement les Français. Les commandos Maxime Legrand et Jean Lebris sont atteints et sérieusement blessés à la tête[11]. Dans la soirée, la section K Gun doit abandonner ses positions du Plein, relevée par d'autres commandos de la brigade. La *troop* 1, quant à elle, est partie prendre position au carrefour de l'Écarde, tandis que la *troop* 8 et la K Gun se replient en bon ordre à Hauger.

Au cours de cette violente bataille se sont affrontés deux bataillons de la 346ᵉ division d'infanterie allemande[12] – les 744ᵉ et 857ᵉ bataillons – soutenus par des éléments de la 21ᵉ *Panzer*, et la 153ᵉ brigade britannique de la *51st Higland Division*. C'est le *5th Black Watch* qui marche sur Bréville[13]. Contrairement à la version donnée par Guy de Montlaur, plusieurs années après la guerre, des combats du 10 juin 1944, ce n'est pas aux éléments de la *12e Panzer SS Hitlerjugend*[14] que les Français ont été opposés, mais bien à la 346ᵉ division allemande, à ses deux bataillons portés, renforcés par les blindés de la 21ᵉ *Panzer*.

Le 10 juin fut un jour très critique pour tous ceux qui tenaient ce jour-là le flanc est du Débarquement et qui n'avaient auparavant jamais été confrontés à une telle attaque allemande. « Cette journée du 10 juin fut vécue par tous avec une telle intensité que nous avions perdu toute notion du temps », écrira plus tard un combattant français[15]. Le 10 juin marque un tournant, une bascule, puisque, dans les jours suivants, jamais plus les forces allemandes ne seront en mesure de réitérer ce type d'offensive, laissant les troupes commandos et parachutistes sur leurs positions défensives jusqu'à la mi-juillet.

Malgré la violence de l'attaque allemande, les positions tenues par les commandos ont particulièrement résisté. Aucun repli surtout n'a été ordonné. L'appui aérien allié, combiné aux tirs de l'artillerie navale à partir de la côte, ont considérablement compromis la progression des troupes ennemies vers la tête de pont. Si les Commandos n° 4 et n° 6 ont été les deux unités de la brigade à avoir supporté l'essentiel de l'attaque allemande, les autres formations, le Commando n° 3 et le 45e *Royal Marine Commando*, ont joué un rôle primordial, « lorsque la bataille tourna à l'avantage des commandos, en mettant sur pied des patrouilles envoyées dans le *no man's land*, où l'ennemi subit de lourdes pertes[16] ».

Il n'y a pas eu de repli, mais pour les Britanniques les conséquences de cette journée du 10 juin sont particulièrement terribles.

> « Comme le souffle qui suit le passage d'un ouragan, la violence de la dernière attaque laissait un silence de mort sur le terrain. Il n'était pas question d'une trêve pour enterrer les morts. Les premiers sentiments de joie d'être du côté des vainqueurs furent dépassés par un profond sentiment d'avoir tout perdu. Tout était désolation. Les survivants, partout, se tenaient magnifiques dans la pénombre du soir… Des brancardiers se déplaçaient sur toute la ligne de front, des médecins et des blessés, aidés par des équipes médicales, allaient et venaient. Des équipes de fossoyeurs se mettaient au travail[17]. »

Le Commando n° 4 a perdu 50 % de ses effectifs depuis son départ d'Angleterre. Du côté des *troops* françaises, le bilan est également sévère. Avec 29 pertes supplémentaires, dont trois tués, les effectifs du bataillon ont encore fondu de 16 %, atteignant 104 hommes, soit une perte de 41 % par rapport à l'effectif initial avant le Débarquement. Il semble, une fois de plus, comme au pied des fortifications allemandes dans Ouistreham, que les troupes françaises ne fussent pas en mesure de s'opposer aux assauts ennemis, prenant de plein fouet l'attaque allemande, se protégeant dans leurs abris des pluies d'obus et de mortiers qui s'abattaient sur elles. Les positions françaises furent également le seul endroit de l'attaque du 10 juin sur lequel les Allemands envoyèrent des chars aux côtés de leurs troupes d'infanterie. L'un d'entre eux, isolé, réussit même à s'infiltrer à l'arrière de leur position, avant d'être finalement atteint par un tir de PIAT. L'infanterie allemande, pourtant nombreuse à ce moment-là, commit alors une grave erreur, pour des raisons inexpliquées, en décidant de stopper son mouvement initial vers les positions françaises, pour y inclure une formation d'assaut supplémentaire. Les Français, comme les Britanniques, s'étaient longuement entraînés à attendre l'ennemi, le laissant venir vers eux, avant d'ouvrir sur lui toute sa ligne de feu. Comme les autres commandos, les Français du n° 4 Commando avaient reçu l'instruction, « en cas d'attaque, de ne riposter qu'au dernier moment[18] ».

À cet instant, les hommes de Lofi ont donc une chance inespérée, avec cette halte allemande, de reprendre l'avantage sur l'ennemi. Pourtant « un char réussit à tirer tout ce qu'il avait [...]. Je revois le courageux Gersel, un des tireurs de la K Gun, tomber instantanément, tué d'une balle en plein front... puis un éclat d'obus tiré du char emporter la moitié du visage de son camarade, Bégot[19] ».

Au lendemain du 10 juin 1944, tandis que la *troop* 8 et la section K Gun sont restées en appui sur les hauteurs d'Amfreville, la *troop* 1 est redescendue sur l'Écarde. Elle a installé son poste de commandement au croisement des deux routes, celle qui conduit à Sallenelles et l'autre qui monte vers Le Plein, dans une ancienne auberge évacuée par ses propriétaires.

> « Cette mission, après l'enfer de cette journée, nous paraissait comme un départ au repos à l'arrière. Nous arrivâmes sans encombre au carrefour, sur lequel se trouvait installée une magnifique auberge normande, hôtel-restaurant-tabac. Nous nous y installâmes, d'autant plus que ce bâtiment était élevé

d'un étage, surmonté d'un grenier qui pouvait servir d'observatoire, en même temps que PC. Nous installâmes des postes de défense tout autour, pendant que des patrouilles légères ratissaient les environs[20]. »

La contre-attaque allemande du 10 juin a montré que l'ennemi n'a pas renoncé à percer les lignes franco-britanniques. Tenant Franceville-Plage, l'entrée de Sallenelles et la bande de terrain comprise entre l'Orne et le canal, l'ennemi souhaite unir le front pour prendre à revers la tête de pont alliée, encore très fragile. Cinq jours après le Jour J, le secteur de la Pointe-du-Siège, du blockhaus de Sallenelles jusqu'au pont de Ranville, n'est toujours pas totalement sécurisé. La mission de la *troop* 1 est donc de « nettoyer » l'embouchure de l'Orne, et rendre sûre cette route entre Franceville et Sallenelles et entre la Basse-Écarde et Sallenelles.

Une première patrouille française, conduite par Lardennois, avait déjà été envoyée dans le secteur de Sallenelles. La poursuite de cette mission avait alors été ajournée devant l'offensive allemande du 10 juin. Dans la soirée, la situation s'était dégradée vers l'aire d'atterrissage des planeurs à l'ouest d'Amfreville, au carrefour de l'Écarde. Les premières patrouilles sont alors envoyées vers la Basse-Écarde et, plus loin, vers le terrain d'atterrissage des planeurs, où des *snipers* ont été signalés. Après une nuit très agitée, durant laquelle les patrouilles allemandes sont venues harceler la position des Français, les hommes de Faure reprennent leur poste du haut de leur observatoire. Bientôt des mouvements ennemis sont observés le long du canal et semblent se rapprocher des commandos. Les demandes de tirs ont à peine été adressées au PC du bataillon à Hauger que le carrefour de l'Écarde est attaqué subitement par des tirs de mortiers annonçant l'arrivée d'une patrouille allemande, une cinquantaine d'hommes appuyés de deux canons chenillés. Deux équipes sont mises sur pied pour se rendre vers la Basse-Écarde, lieu de départ des mortiers. Lardennois et Montlaur, qui en ont pris le commandement s'engagent alors de part et d'autre de la route descendante. Six commandos supplémentaires de la *troop* 1 tombent au cours de l'affrontement, dont le quartier-maître Pierre Vinat, tué sur le coup[21].

D'un seul coup, 10 % des effectifs de la *troop* 1 sont mis à nouveau hors de combat. À partir de cet instant, la *troop* 1 est rappelée et relevée dans ce secteur, contrôlé depuis par les Anglais. Les commandos ratissent une dernière fois la zone comprise entre les planeurs et Amfreville, où quelques *snipers*, là encore, ont été signalés. Après les combats de l'Écarde, la *troop* 1 est envoyée en protection du PC de la brigade.

Une guerre de position

Après le choc du 10 juin et la prise, durant les deux jours suivants, du village de Bréville, la vie de la brigade s'organise au Plein, à Hauger et dans le secteur autour d'Amfreville et Bréville. Le 13 juin au matin, les parachutistes de la 6e *Airborne*, appuyés par des commandos et de l'infanterie, tiennent définitivement le village de Bréville entre leurs mains. Du côté français, ces trois jours de bombardements se soldent par 4 morts et 31 blessés, dont 17, grièvement atteints, sont à évacuer vers l'Angleterre[22].

Des patrouilles de reconnaissance se succèdent ensuite durant un mois et demi entre Merville au nord et le bois de Bavent au sud. Les groupes doivent s'infiltrer au sein des premières lignes allemandes sur une profondeur de 4 à 6 km, dans le seul but de maintenir l'adversaire en état d'alerte permanente. Au cours de ces missions, les hommes ne portent sur eux ni papiers, ni pièce d'identité, ni cartes…

> « Les hommes préfèrent cent fois tomber dans ces randonnées de nuit que de figurer parmi les 5 ou 6 tués ou blessés que nous comptons chaque jour par l'effet de l'artillerie adverse, ou parfois des bombardiers légers, qui nous rendent

> une courte visite à la chute du jour. Dans la brigade, les patrouilles de nuit deviennent une sorte de compétition pour le Commando. Spécialiste du combat dans l'obscurité, dès le crépuscule, il trouve un développement extraordinaire de tous ses sens. L'Allemand, au contraire, craint la nuit et déteste se battre contre ces hommes au visage maquillé de noir, qui arrivent toujours par où ils ne sont pas attendus. Ces sortes d'expéditions rappellent aussi au commando sa raison d'être. Il a peur d'être considéré comme un vulgaire fantassin[23]. »

Ce choix stratégique – cette politique de « défense offensive »[24] – a été défini par le commandement de la 1re brigade spéciale, devant la tournure que prenait la campagne de Normandie, appelée visiblement à durer. Selon le plan initial, Montgomery devait en effet prendre la ville de Caen le soir du 6 juin, ce qui fut un échec. Trois attaques successives avaient été lancées sur la capitale bas-normande, mais elles échouèrent également. Il faudra attendre le 19 juillet 1944, quarante jours après le *D-Day*, à la suite d'un bombardement aérien, pour que la ville de Caen puisse être totalement prise par les Alliés. Ce piétinement des Britanniques au nord de Caen eut pour conséquence immédiate le maintien obligé des forces *Airbornes* et commandos sur le flanc gauche de la tête de pont, jusqu'à ce que Montgomery déploie ses forces à l'assaut de Caen et, par la suite, jusqu'à ce que la menace d'une attaque ennemie sur le flanc de la tête de pont soit définitivement éliminée.

Avant le *D-Day*, il avait été annoncé aux commandos que ce séjour en Normandie serait court, que le maintien de la tête de pont ne serait qu'une affaire de quelques jours, et qu'ils seraient rapidement retirés du terrain aussitôt que les Alliés auraient percé la tête de pont. Mais à *D-Day* + 6, la situation n'évoluait guère et on ne pouvait pas ne pas employer ces troupes de choc et d'assaut qu'étaient les commandos britanniques. Après le choc du 10 juin, la vie des hommes en première ligne commença à s'améliorer. Si les premières lignes ne furent plus sujettes aux tirs quotidiens et irréguliers des *snipers* allemands ou aux attaques d'escarmouche, les hommes n'en continuaient pas moins d'être la cible d'incessants bombardements et de tirs de mortiers, auxquels vinrent s'ajouter par moment, des attaques de patrouilles.

C'est pour faire face à ce changement de situation, et pour contrer la stratégie de l'ennemi, que le commandement britannique des commandos décida de préparer et d'opérer une politique dite « de défense offensive », reposant sur un programme défini, principalement par l'emploi de tireurs isolés, le jour – les *snipers* – et des patrouilles de combat, la nuit. Ces patrouilles reposent en règle générale sur des équipes constituées par deux hommes, un tireur d'élite et son observateur en couverture. Vêtus de tenues camouflées, se couvrant mutuellement, ils s'infiltrent en rampant au plus près des lignes ennemies, utilisant toutes les protections du terrain. À première vue, ce changement d'organisation tactique ne devait présenter aucune difficulté aux hommes de la 1re brigade. Répété chaque nuit sur de multiples points des lignes ennemies, ce dispositif finit par atteindre son objectif. Privés de moyens de reconnaissance et de moyens de communication, les Allemands, pourtant supérieurs en nombre, vont penser très longtemps avoir à faire à un sureffectif adverse, dans ce secteur, les contraignant à ne rien envisager ni entreprendre dans l'immédiat à l'encontre des unités britanniques.

Les parachutistes de la 6e *Airborne* et les commandos de la 1re brigade « verrouillent » ainsi durablement toute tentative de contre-attaque sur ce front. Plus au sud, les fantassins de la 51e division britannique tiennent toujours la tête de pont à l'est de l'Orne, face à la 21e *Panzer*.

> « Cet effort constant, de la part des commandos, ne leur "coûtait pas trop cher" : ayant toujours l'initiative de l'attaque, surprenant leur adversaire à tous les coups, leurs pertes furent relativement faibles. Des rencontres fréquemment meurtrières se produisaient à la ferme de Longuemare ou à celle du Moulin du Buisson[25]. »

C'est précisément à la ferme de Longuemare, à l'est d'Amfreville, que le commando français Otto Zivolhava, au cours d'une de ses nombreuses patrouilles, se heurte, le 24 juillet, à une patrouille allemande deux fois supérieure en nombre. Malgré tout, après un vif affrontement, sa sous-section prend le dessus et inflige des pertes sévères à l'ennemi, malgré quelques blessés dans ses rangs. Ces embuscades firent quelques pertes chez les Français. En effet, un autre jour, une patrouille de deux commandos, rapidement repérés, essuie de sérieux tirs de barrage allemands. Les deux hommes sont touchés. Le premier, blessé à la main, peut regagner facilement ses lignes sous les tirs de mortiers. Le second, Georges Gicquel, est grièvement blessé et, malgré une tentative de retour, ne parvient pas à rebrousser chemin. Moins d'une demi-heure plus tard, l'alerte ayant été donnée, une section emmenée par Zivolhava revient sur les lieux du drame. Jusqu'à présent, depuis le 6 juin, aucun commando français n'a été fait prisonnier, aucun blessé n'a été abandonné dans les lignes ennemies. Le corps de Gicquel sera retrouvé quelques jours plus tard, pendu à un arbre et criblé de balles allemandes[26]. Au sein de la troupe française, le choc est terrible :

> « Jusqu'à ce jour, menant une guerre totale, nous en respections malgré tout les règles, et restions humains vis-à-vis des prisonniers qui se rendaient. Nous ne les gardions pas, mais les expédions sous bonne garde, immédiatement vers l'arrière, où ils se trouvaient embarqués vers l'Angleterre [...]. En tant que *Free French Marines Commandos*, nous gardions néanmoins l'arrière-pensée qu'avec l'Allemand, particulièrement le SS, le combat tenait plutôt du règlement de compte, et craignions le sort qui nous serait réservé si nous venions à être faits prisonniers par des fanatiques. Jusqu'à ce jour, nous espérions tous que cela se passerait normalement, mais à notre arrivée sur la place principale de Bavent, nous fûmes tous sidérés par le spectacle qui nous y attendait, et qui avait été sciemment préparé pour nous les *Free French*. Un avertissement ! Un défi ! Ou tout simplement une insulte ! [...] Que pouvait signifier ce cadavre de Gicquel, notre camarade, le valeureux

Savoyard, pendu à la haute branche d'un arbre, langue pendante ? Il n'avait pourtant commis d'autre crime que de combattre loyalement, à découvert, les armes à la main, et avait cru pouvoir faire confiance à des adversaires qui l'avaient surpris et fait prisonnier, la veille de notre offensive. Cet assassinat, était un message en clair, et non un acte isolé, l'action délibérée de soldats indisciplinés. C'était une action commandée, réfléchie ! Presque un appel à la loi du talion ! [...] Que fut dure notre réaction ! Difficile à supporter la vue du corps d'un ami, quitté la veille, se balançant dans un arbre au bout d'une corde[27] ! »

Cette ferme de Longuemare est un des objectifs des patrouilles françaises, mais aussi allemandes. À la croisée des deux secteurs ennemis, cette position attire tous les volontaires pour les patrouilles. Le 15 juin, c'est au tour de la 2ᵉ section de la *troop* 8, celle de Sénée, qui a dû remplacer Hulot évacué le 12 juin, et qui vient de recevoir à Longuemare le renfort de la 1ʳᵉ section. Ces patrouilles dans le *no man's land* rythment le quotidien des hommes, quand il n'y a pas de relèves à effectuer ou de tranchées sur de nouvelles positions à creuser. Mais elles ne sont pas sans danger, elles ont également leur lot de pertes. Le 24 juin 1944, c'est le commando Guy Laot qui ne rentre pas vivant d'une patrouille dans les lignes ennemies. Sa mort allonge encore un peu plus la liste des pertes de la *troop* 8[28].

Cette longue période statique – excepté les patrouilles de nuit – sous le feu incessant des mortiers allemands, au Plein, puis au hameau Hauger, où le bataillon français reçoit l'ordre de s'installer à partir du 21 juin, inquiète Alexandre Lofi, qui constate chez ses hommes une baisse de l'attention, ainsi qu'une baisse de leur moral. Il décide alors de multiplier le nombre des patrouilles françaises, mais surtout de mener des contre-attaques offensives dans le *no-man's land*, allant à l'encontre des avertissements de ses supérieurs, qui lui reprochent de « révéler leurs positions[29] ».

Le 29 juin 1944, le bataillon français fait mouvement devant Bréville en ruine, précédant le mouvement général du nº 4

Commando sur cette position 15 jours plus tard[30]. Le plan des défenses du commando à Bréville est différent de celui établi à Hauger. Le QG du commando est installé dans la plus importante maison du village, tandis que les troupes de combat s'établissent dans des tranchées creusées de manière semi-circulaire, autour du village, face à l'ennemi. Les Français occupent les tranchées creusées et aménagées par les Allemands avant leur retraite. L'unité est employée à dégager les obus abandonnés dans le voisinage par les batteries d'artillerie ennemies. Quinze jours plus tard, une délégation du bataillon participe aux cérémonies dans les villages libérés.

Le 14 juillet, les commandos français sont présents pour la cérémonie qui se déroule devant l'église d'Amfreville, ainsi qu'à Bayeux devant le monument aux morts. À Bayeux, Alexandre Lofi et un détachement de six hommes y rendent les honneurs en présence de la population et des résistants locaux[31] : « Ceci a été la première fois qu'une unité française combattante sur son propre sol put rencontrer ses compatriotes en temps de paix[32]. » À Amfreville, les commandos français, entourés de leurs camarades britanniques (commandos mais également parachutistes), fêtent à leur manière leur premier 14 juillet en territoire libéré. À cette occasion, ce vendredi, une messe en plein air est célébrée par le curé de la paroisse, assisté de l'abbé de Naurois, l'aumônier du bataillon français et du n° 4 Commando. Entre le fanion du 1er BFMC, celui de la commune portée par un ancien de 14-18, le drapeau français et l'*Union Jack* britannique, la population d'Amfreville et des environs s'est rassemblée pour rendre hommage à tous les soldats tombés depuis plus d'un mois et demi sur le sol normand. C'est au cours de cette messe cette qu'est inauguré devant l'église le premier site commémoratif de Normandie, érigé en l'honneur des commandos britanniques, un monument en pierre surmontée d'une croix blanche.

À Amfreville, les Français sont un peu à part. Ils sont chez eux, tant les relations établies avec la population ont de suite été très bonnes. Des relations d'amitié se créent au fil des jours.

Certains commandos sont invités à prendre leur repas chez l'habitant, comme Chauvet, Boccadoro, Lanternier et Laffont, qui fréquentent assidûment la boulangerie du village.

Le 10 juillet, le contre-amiral Thierry d'Argenlieu fait le déplacement en Normandie pour venir inspecter ces libérateurs français, devenus si populaires. Mais l'inspection de Bréville ne parvient à faire oublier la déception présente chez certains commandos, suite à la « non-visite » du général de Gaulle lors de son passage en Normandie le 14 juin dernier. On peut penser que les autorités de la France Libre se sont alors rattrapées en dépêchant « leur » amiral, fidèle aux commandos depuis ses visites d'Eastbourne. Ce jour-là, à Bréville, un homme accompagne d'Argenlieu : Jacques Kayser, chef du service de correspondance de guerre et officier de presse du général Kœnig, qui consigne dans son carnet ce moment particulier :

> « Au poste de commandement des bérets verts, un jeune colonel anglais souriant, décidé, bronzé, nous reçoit avec une amabilité joyeuse. Il fait prévenir les officiers du Commando n° 4, le Commando français. Arrivent successivement l'abbé de Naurois et trois lieutenants. Quels abords sympathiques ! Quels visages francs, ardents ! [...] Nous visitons le commando. Les hommes sont en ce moment en soutien à environ cent mètres des premières lignes. Ils creusent des tranchées. Ils y ont emmené ce qu'ils ont pu trouver pour en rehausser le confort : des transatlantiques, par exemple. De temps en temps sifflent des balles. Au loin, pas très loin, les bruits de la bataille de Caen [...]. Les hommes, pour la plupart, paraissent fatigués, les traits tirés. Ils sont en ligne, en action, depuis un mois. Les conditions physiques sont rudes. L'amiral d'Argenlieu passe ; les uns s'arrêtent dans leur travail, les autres continuent. Il parle, on l'écoute avec déférence, mais avec à peine de satisfaction. Ce qu'on souhaite, c'est ou bien l'action ou bien un peu de détente... mais pas du terrassement[33]. »

Plus d'un mois après avoir été évacué en Angleterre, Philippe Kieffer retrouve enfin la Normandie, le 16 juillet 1944.

À peine arrivé, il est tout de suite mis à l'honneur par le général Montgomery, qui lui décerne à Amfreville, dans les carrières de l'Écarde, l'*Immediate Military Cross*, décoration prestigieuse décernée par Sa Majesté Britannique. Kieffer ne pouvait songer à un retour plus glorieux. Mais cette grande satisfaction va être de très courte durée. Kieffer retrouve son unité après cette longue d'absence, mais le bataillon qu'il a laissé à Amfreville trois jours après le Débarquement n'a plus grand-chose à voir avec celui qu'il retrouve à Bréville. Dans l'intervalle, un malaise général semble avoir gagné les hommes encore valides sur le front. Kieffer n'avait rien vu venir de son lit d'hôpital et au contraire les nouvelles qu'on lui communiquait de la Normandie ne laissaient rien présager de tel. Les lettres de ses officiers insistaient en effet toujours sur le moral intact des troupes. Alexandre Lofi, à qui il avait passé son commandement, avait régulièrement correspondu avec lui sur ce ton :

> « Ne vous inquiétez pas, Commandant. Le moral des hommes, en dépit des fatigues et des pertes lourdes, reste très haut. La troupe que vous avez formée est digne de ce que vous en attendiez. Toutes les patrouilles, toutes les missions qui lui ont été confiées ont été parfaitement exécutées. Chacun fait son devoir à la place qui lui a été désignée. Bon courage et prompt rétablissement[34]... »

Enterrés depuis un mois dans des tranchées, désorientés par le départ de leurs officiers (Mazéas, Vourc'h, Amaury, Hulot), et de leur chef (Kieffer puis plus tard Dawson et Lovat), évacués les uns après les autres, les commandos français semblent également usés par l'inactivité, malgré la reprise en main de Lofi. Pour Kieffer, gonflé à bloc depuis son retour, il était désormais impératif de redresser la barre. Avec l'aval du commandement britannique, il obtient la relance immédiate des patrouilles de nuit avec cette fois-ci, comme objectif, des missions plus en profondeur dans le camp ennemi, jusqu'à deux ou trois kilomètres derrière la ligne de front. Ce type d'action, conforme à l'emploi tactique des commandos, regonfle immédiatement le moral des troupes.

Le terme de « ligne de front » proprement dit ne reflète pas la réalité de cette guerre de position, telle que la connaissent les commandos. La ligne de front « propre » ressemble plus à une vaste marche d'un kilomètre et plus de large, où parfois les maisons d'un même hameau sont tenues par l'un et l'autre des deux camps. Les incidents entre combattants d'une même unité se produisent fréquemment, malgré les mots de passe préalablement transmis. Certaines patrouilles préfèrent attendre le lever du jour pour revenir dans leurs lignes.

Le 26 juillet, l'avance vers l'est continue pour le n° 4 Commando. Le bataillon de Kieffer quitte Bréville pour se porter dans des trous de combat à la lisière du bois de Bavent. Ils y relèvent un bataillon *Airborne* qui tenait la position depuis plusieurs jours. Ils vont y rester jusqu'au 16 août 1944, alors que le général Dempsey porte l'offensive anglo-canadienne au-delà de Caen, contre les défenses allemandes du mont Pinçon, près de Thury-Harcourt. À l'est, l'aile alliée ne subit pas de réaction majeure de la part de l'ennemi. Celui-ci reste toujours invisible, se manifestant par des tirs sporadiques de mortiers et des bombardements continus, infligeant des pertes et de nouveaux blessés au sein du Commando.

Comme pour leurs camarades britanniques, la fatigue a considérablement atteint les commandos français. Voilà maintenant deux mois qu'ils sont en ligne et sans repos – ils entament leur 63e jour sur le front –, même s'ils ont en face d'eux un ennemi de moins en moins offensif. Devant Bavent, le programme des patrouilles s'accroît encore, donnant d'excellents résultats et permettant aux commandos de dominer pleinement ce secteur. Mais cette stratégie n'est pas sans conséquence. Elle amène en réalité de nouveaux problèmes : elle exige des missions supplémentaires et une prise de risque de la part d'hommes déjà physiquement épuisés par la bataille. De plus, ce phénomène est aggravé par le fait que le nombre quotidien des pertes et des blessés continue d'amoindrir les effectifs de l'unité.

Avant son retour, et constatant la faiblesse de ses effectifs en Normandie, Kieffer avait déjà demandé un détachement de renforts. Celui-ci avait fini par arriver et rejoindre l'unité à Amfreville. À sa tête, le capitaine Willers, qui allait seconder de manière très efficace Alexandre Lofi, rare officier encore valide depuis les évacuations de Mazéas, Pinelli, Faure et G. Vourc'h[35].

Puis ce fut au tour des blessés de retour de convalescence et de quelques renforts d'être aussitôt envoyés au feu, presque immédiatement dès leur arrivée. Ce n'était pas l'idéal, mais heureusement, fait étrange, cela fonctionna bien ; ceci était dû principalement au fait que les nouveaux arrivants furent intégrés aussitôt par petits groupes dans les différents sections de l'unité. Au début du mois d'août, sous la conduite du capitaine Guy Vourc'h, un groupe de 34 commandos soignés en Angleterre embarque de nouveau à Portsmouth en direction de la Normandie. Kieffer accueille en personne ces « revenants » le 7 août 1944, avant qu'ils ne retrouvent les rangs de leur groupe et de leur section.

Chez les Français, les temps de repos disparaissent bien vite même si, régulièrement, des départs à l'arrière, pour certains en bord de mer, sont organisés par le QG de la 1re brigade de commandos. À la veille de l'attaque de Bavent, les derniers roulements sont en place. Cette fois-ci, c'est au tour d'un commando rescapé de la *troop* Amaury, François Andriot, de partir au repos :

> « Le 13 août, un homme de la section K Gun est désigné pour aller passer trois jours au camp de repos de la 6e *Airborne*, à Ouistreham, et c'est moi… Je pars avec un fusil, mes "bagages" et passe au QG du n° 4 Commando, rejoint par un camarade d'une autre *troop*, natif du Havre. Nous embarquons avec d'autres commandos anglais et arrivons à Ouistreham vers la fin de l'après-midi par un temps magnifique. Le camp est dans des villas sur la plage de Riva-Bella, très près

d'où nous avons débarqué le 6 juin. [...] La plage est déminée, mais toujours couverte de véhicules brûlés, péniches de débarquement coulées, et de tous les débris de la guerre. »

Andriot et ses camarades arpentent la ville, rencontrent les FFI « semblant très fiers et pensant probablement avoir libéré la Normandie... ».

« Nous entrons dans un café où un accordéon joue une danse endiablée et nous réalisons que le patron est en train de faire fortune, 15 francs un verre de cidre. Voyant que nous ne serons jamais reconnus pour Français, nous sortons en compagnie de deux jeunes Français, marins pêcheurs de Ouistreham, très amicaux envers nous. [...] Ce soir-là nous passons le temps dans un *tea-room* tenu par deux jeunes filles de Ouistreham pour les soldats, lesquelles parlent très bien l'anglais... »

Ainsi se déroule le séjour des deux commandos dans Ouistreham libéré, loin des canonnades du bois de Bavent. Pourtant Andriot et son camarade doivent retrouver leur ligne le matin du 17 août. Acheminés par jeep, ils rejoignent le 17 au matin les positions laissées quatre jours auparavant, qu'ils découvrent désertées depuis peu. Trois kilomètres plus loin, ils parviennent à rejoindre le PC du n° 4 Commando dans une ferme détruite. La section d'Andriot est plus loin, établie près du village de Bavent. La veille, le 16 août, le village vient d'être libéré par leurs camarades.

Les combats à Bavent ou le retour à une phase offensive

L'« immobilisme » des commandos de la 1re brigade prend fin avec l'attaque sur Bavent, déclenchée le 16 août 1944. Depuis le 10 juin, où des chars allemands ont été aperçus durant l'attaque, le contact visuel avec l'ennemi avait été totalement rompu. Pendant plusieurs semaines, présent dans les lignes adverses, l'ennemi est resté invisible et insaisissable. Une guerre à distance s'est installée, sans contact direct, les patrouilles britanniques se risquant dans le *no man's land*, tandis que le gros des troupes enterrées à Amfreville ou Bréville ont subi, sans avoir toujours les moyens d'y répondre, les tirs de mortiers et les bombardements incessants des Allemands. À une guerre d'usure – qui eut pour objet d'épuiser physiquement et psychologiquement les hommes – allait désormais succéder une guerre de vitesse.

La rupture du front intervient à la mi-août. C'est au Commando n° 4 que le commandement britannique a décidé de confier la rupture des lignes devant Bavent, sitôt l'annonce du « décrochage » et du repli allemand.

Situé non loin de Troarn, le bois de Bavent est entièrement miné, de mines antipersonnel et autres *bobbies traps*[36], et tenu par les Allemands, qui organisent dans tout ce secteur des patrouilles, mais aussi des bombardements de 88 mm et de mortier. Face à cet ennemi retranché et sérieusement organisé, les Britanniques ont attendu patiemment le bon moment pour attaquer ses positions. Depuis des semaines, de jour comme de nuit, les commandos subissent les bombardements allemands, allongeant inexorablement la liste des victimes. Dans la plupart des communiqués d'état-major, ces secteurs d'opérations sont pourtant qualifiés de « secteurs calmes ». Mais tous les jours arrivent de nouveaux morts et des blessés, parmi eux le lieutenant Bagot, chef de section à la *troop* 8. Blessé à la joue et à la mâchoire par un éclat de mortier, il est aussitôt évacué.

Dans ce bois de Bavent, des passages principaux ont été aménagés et balisés par les démineurs du n° 4 Commando. Malgré cela, la position reste difficile et parfaitement tenue. Entre le 27 juillet et le 15 août, les Français ont dû évacuer 23 nouveaux commandos, 13 hommes blessés par les tirs d'artillerie et 10 autres pour maladie. Le déclenchement de l'offensive sur Bavent est ordonné le 16 août. Selon les renseignements de l'*Intelligence Service*, les Allemands seraient en train de procéder à l'évacuation de leur position. Au soir du 15 août, le colonel Dawson, qui a retrouvé son commandement à la tête du n° 4 Commando, fait donc transmettre l'ordre à toutes ses troupes de se préparer à marcher sur Bavent, la poussée vers la Seine de la ligne de front ayant été décidée par le haut commandement allié dans le cadre de l'opération Paddle[37].

Au petit matin, le n° 4 Commando s'élance pour percer les lignes à travers le bois de Bavent, en empruntant la voie ouverte par les sapeurs. Entièrement détruit, le village est pris sans presque tirer un coup de feu. En réalité, l'ennemi vient d'évacuer dans la nuit. Le repli allemand est général sur le front de Normandie. C'est donc une course poursuite qui s'engage dans les jours qui suivent. Ce jour-là, les commandos poussent leur reconnaissance en avant jusqu'à Bricqueville. Dans un paysage de marécages et de petits canaux, les hommes ne rencontrent aucun signe d'hostilité. Mais les conditions de la progression ne sont pas des plus sereines :

> « Une avance dure et pénible est effectuée sur des terres inondées, remplies de moustiques qui attaquent la peau des hommes. Les moustiques de la Dives sont plus terribles que les "Boches" qui se replient[38]. »

Le général Gale a décidé de combiner les parachutistes de la 6e *Airborne* aux bérets verts britanniques pour cette nouvelle phase de la bataille. Il s'agit, avec cette nouvelle stratégie, d'infiltrer tous les points de résistance allemands par une succession d'approches de jour comme de nuit utilisant les attaques des *Red Devil* et des commandos dans des actions coordonnées de « saute-mouton ». Il n'y avait plus de temps à perdre avec des actions de reconnaissance précautionneusement planifiées, « la vitesse d'exécution devait être la clé du succès[39] ».

Les combats de l'Épine, 20 août 1944

Bricqueville-en-Auge, partiellement inondé, est atteint, les rues sont désertes et le village est vite dépassé. L'ensemble de la 1re brigade, c'est-à-dire 800 hommes valides – soit 1/3 de l'effectif initial – franchit la Dives le 18 août à Robehomme.

Plus loin, les commandos français marchent, cherchant toujours le contact avec l'ennemi. Vers 17 h 00, les premiers renseignements transmis à Kieffer indiquent que l'ennemi est très proche. Kieffer ignore encore tout de son adversaire, ses effectifs, comme sa position précise et l'armement dont il dispose. Mais son objectif est parfaitement clair : traverser les lignes ennemies sans tirer un seul coup de feu, pour prendre à revers les Allemands en profitant de l'effet de surprise. Le 19 août au soir, les choses se précisent enfin, l'ennemi ayant été localisé, retranché aux abords de Dozulé, sur la route de Caen. L'ordre de préparer une attaque vient de tomber. Pour prendre ce point fort, les deux troupes françaises, appuyées chacune par une demi-section de deux mitrailleuses, rejoignent le reste de la brigade de commandos au Plain-Gruchet, à 7 km à l'est de Bavent. En colonne par un, les hommes longent une voie ferrée avant d'obliquer vers le nord-est sur Putot-en-Auge. L'ennemi semble encore une fois s'être replié, mais c'est à la hauteur du secteur de l'Épine que le contact est enfin repris avec des éléments d'infanterie.

Kieffer a rassemblé autour de lui 70 hommes. Ils sont à présent à 500 mètres de la ferme de l'Épine. Deux éclaireurs de la *troop* de Lofi ont été détachés pour examiner les postes avancés allemands. À leur retour, vers une heure du matin, les nouvelles transmises à Kieffer sont plutôt bonnes : l'ennemi est au repos dans ses tranchées, et son campement ne dépasse pas la centaine d'hommes. L'occasion est trop belle et trop rare. Kieffer décide de passer à l'attaque le plus rapidement possible. Il est 2 h 30 du matin quand il s'élance avec ses hommes sur les positions allemandes. Mais l'ennemi, une fois de plus, a déjà quitté les lieux, abandonnant ses mortiers encore en batterie et leurs munitions. La position sur laquelle viennent de s'installer les Français semble être définitivement tenue, quand soudain une fusillade déchire le silence de la nuit à 600 mètres sur la gauche. Laissant une section en réserve sur les hauteurs de l'Épine, Kieffer envoie la seconde vers les départs de tir repérés sur la gauche. Un tir de barrage prend à partie les hommes de la seconde section, emmenée par Lofi. Ce dernier réplique sans attendre, tout en conduisant le repli vers le mamelon de l'Épine, pour y retrouver la section laissée en réserve. Une fois la jonction réalisée, la *troop* au complet, appuyée par les K Gun, déclenche un tir d'opposition durant 20 minutes, en utilisant par la même occasion les trois mortiers allemands récupérés. Parallèlement, Kieffer a envoyé une section d'attaque sur le flanc de la position ennemie. C'est la section de Paul Chausse qui mène l'attaque dans la vallée, au bas de la ferme de l'Épine. À la tête de ses hommes, Chausse enfonce la ligne de résistance ennemie. Au cours de l'assaut, huit nouveaux commandos sont blessés, dont Zivolhava, touché à l'épaule, tandis que l'ordonnance du colonel Dawson est tué[40].

Ce choc bref contre ce qui semble être un élément retardateur se conclut par plusieurs dizaines de prisonniers allemands, rassemblés dans un champ. Le 20 août 1944, les commandos sont à présent sur la route vers Dozulé. La poursuite de l'ennemi qui décroche devant eux n'en finit pas de durer. L'offensive généralisée des Alliés, partout, fait éclater les lignes ennemies. Plus loin, sur les hauteurs de Putot-en-Auge, la bataille fait rage entre les parachutistes de la 6e *Airborne* et les Allemands de la 15e armée en repli. Mais ce combat n'est pas pour les commandos, les instructions leur intimant l'ordre de continuer leur chemin. Mais le contact avec l'ennemi a disparu. Selon les ordres de Berlin, ce dernier cherche à franchir la Seine pour échapper à l'encerclement.

Devant la « disparition » des forces allemandes, les Français ont la fâcheuse impression de marcher inutilement. Depuis le 18 août, ils viennent de parcourir près de 30 km. Ils ont marché vers Gonneville, le 21 août, qui tombe finalement aux mains des Anglais, laissant Dozulé sur leur droite, traversé la Croix-d'Heuland, au sud de Saint-Vaast-en-Auge, le 22 août. Leur progression a suivi un axe parallèle à la côte, à moins d'une dizaine de kilomètres à l'intérieur des terres. Mais maintenant dépassés sur les routes par des convois incessants des blindés, les Français réalisent qu'ils forment les arrières d'une armée conquérante. Des camions sont alors mis à la disposition de la 1re brigade de commandos pour la conduire plus en avant, et rétablir le contact avec les Allemands. Répartis dans plusieurs camions ou pour certains à pied, les commandos traversent sans heurt Tourgeville, Saint-Arnoult, passant la Touques à gué le 23 août, avant de reprendre la nationale en direction de Pont-l'Évêque, qui vient d'être libéré mais totalement en flammes, incendié par les troupes allemandes en repli. Une première halte dans l'après-midi du 24 permet enfin aux commandos français de se reposer.

Le n° 4 Commando dépasse la ville en feu dans la nuit, se livrant à des derniers accrochages au petit matin, dans le bois situé entre la forêt de Saint-Gatien et Surville. L'armée allemande est en train de vivre ses derniers instants en Normandie avant son repli derrière la Seine. Du côté des commandos, la mission reste identique : couper ses dernières lignes de retraite vers la Seine, pour terminer sa poussée en pays d'Auge. Après un arrêt près de Saint-Maclou le 25 août, les commandos sont alors à 7 km de Beuzeville. Du 26 août au 5 septembre 1944, les Français stationnent à Saint-Maclou.

C'est à ce moment que Kieffer apprend la nouvelle de la perte de son fils Claude, fusillé par les Allemands le 25 août 1944. Ce fils, Kieffer en parlait à peine à ses hommes, mais tous en connaissaient l'existence. Comme son père, Claude Kieffer avait refusé l'occupation allemande et avait choisi le camp de la Résistance et de la France combattante. Claude était encore au collège en septembre 1939, lorsque la guerre fut déclarée. Trop jeune pour être mobilisé et pour prendre les armes, il avait tenté quelques démarches pour gagner

Londres après la défaite en juin 1940. Mais responsable de sa famille depuis le départ de son père en Angleterre, il était resté auprès des siens, sa mère et sa sœur. De retour à Paris au moment où la Résistance s'organisait, il avait franchi le pas en entrant dans un mouvement de résistance à Villeneuve-Saint-Denis en Seine-et Marne, pour échapper au Service du travail obligatoire (STO). À ses côtés, dix autres jeunes âgés de 17 à 26 ans, comme lui réfractaires au STO. Tous avaient rejoint le mouvement de résistance de Tournan, rattaché au corps franc « Vengeance » et à l'Armée secrète. Le 25 août vers midi, le groupe, qui tenait une réunion chez un garde forestier, était arrêté par une unité d'artillerie allemande en retraite devant la poussée américaine. Embarqués aussitôt dans un camion en direction de Villeneuve-Saint-Denis, les résistants étaient conduits dans la forêt de Ferrières. C'est là qu'ils furent abattus à bout portant avant d'être enterrés dans une fosse commune, sommairement recouverte de branches[41]. Claude-Réginald Kieffer avait 21 ans[42].

Kieffer accuse le coup. Le soutien de ses hommes est immédiat à l'annonce du drame. Ce jeune homme exécuté par les Allemands avait le même âge que la plupart d'entre eux. Il partageait les mêmes combats et les mêmes valeurs qu'eux. Pour beaucoup de commandos, l'identification à ce fils pleuré par son père est réelle. Les messages de réconfort affluent de toute part. C'est tout d'abord Guy Vourc'h qui se charge le 5 septembre de transmettre à son chef les condoléances de son groupe :

> « Commandant, en ce deuil si douloureux qui vous frappe, nous tenons tous à vous dire la part que nous prenons à votre malheur et à vous assurer de notre sympathie. »

Puis le même jour, Pierre Amaury, le patron de la K Gun :

> « Monsieur le capitaine de corvette Kieffer, Commandant,
> Je vous prie d'agréer dans le douloureux événement qui vous

frappe, l'expression de ma profonde sympathie ainsi que mes plus sincères condoléances, avec mes sentiments respectueux dévoués. »

L'émotion est là, intense. Mais Kieffer décide de ne rien laisser paraître, se consacrant pleinement à ses hommes, à l'organisation de son bataillon et à la mission qu'on lui a confiée.

Cette mission, précisément, touche à sa fin à Saint-Maclou, où sont cantonnées les deux *troops* françaises. Kieffer attend patiemment les prochains ordres. Des permissions sont accordées aux commandos normands ou bretons, à Honfleur ou dans la région du Havre, par exemple, pour les quelques Havrais encore présents à l'unité. Certains assisteront ainsi aux derniers gros bombardements du Havre avant la capitulation allemande. Plus à l'est, on annonce que Paris vient d'être libéré. Le 31 août, le colonel Dawson invite Kieffer à prélever 25 commandos français de son bataillon pour un défilé le lendemain, à Paris. 25 commandos anglais et 25 français, avec deux jeeps et deux camions, quittent Beuzeville pour se rendre dans la capitale. Ensemble, ils participent au défilé du 1er septembre 1944 avant de revenir le même jour à Saint-Maclou. C'est lors de ce séjour dans la capitale libérée que le détachement français à l'heureuse surprise d'être abordé par le second maître Caron et le quartier-maître Meunier. Tous deux sont réintégrés officiellement à l'unité le 3 septembre, plus de huit mois après avoir été portés disparus lors du raid sur Gravelines.

Le 5 septembre 1944, Kieffer reçoit l'ordre de se préparer à quitter Saint-Maclou pour le lendemain matin. La fin de la campagne de Normandie vient de sonner. Embarqués à bord de camions, les Français rejoignent deux jours plus tard le port d'Arromanches. Après une nuit passée dans un campement militaire à l'entrée du port artificiel, les hommes prennent place le lendemain à bord d'un transport de troupes. Trois mois après avoir débarqué en Normandie, Kieffer et ses hommes s'apprêtent à retraverser la Manche cette fois-ci en sens inverse, cette fois-ci sans la peur au ventre. Arrivés à Folkestone le soir du 8 septembre, vers 23 h 00, les Français sont reçus par lord Lovat, venu en personne accueillir les commandos de sa brigade. Mais Folkestone n'est qu'une étape. Le point de chute des Français est encore un plus loin, au nord-est de Brighton, à Petworth. À peine descendus du bateau, et accompagnés par les notes d'une *Marseillaise* jouée en leur honneur, les commandos français s'engouffrent dans un train les conduisant vers leur destination finale.

Installé dans une immense propriété au milieu de la forêt, le camp de Petworth est devenu la base des commandos de retour de France. Les premières permissions sont accordées le 16 septembre. Les hommes de Kieffer partent se reposer en Angleterre, souvent dans des familles d'accueil, ou en France pour ceux qui le désirent. Pour d'autres, le choix est restreint : certaines régions de France n'étant pas encore libérées, des commandos se voient refuser leur départ en permission. À Petworth, c'est le lieutenant Mazéas qui assure ce travail administratif et qui s'assure de la transmission des dernières consignes. Les hommes de Kieffer savent notamment qu'en cas de retard le jour du retour, voire en cas d'absence, ils s'exposent à la plus lourde des sanctions pour les bérets verts : le renvoi de l'unité. Les Français partent en tenue de campagne avec leur arme individuelle, en toute autonomie, la Marine britannique et l'Armée assurant leur voyage aller et retour entre Portsmouth et Arromanches. Tous les hommes doivent impérativement être rentrés avant le 27 septembre, pour permettre de reformer le 1er bataillon de fusiliers marins commandos.

Car, pour l'unité française, l'aventure est loin d'être terminée, et le commandement britannique a déjà réfléchi à une nouvelle affectation des hommes de Kieffer. Pour l'heure, la première des urgences est d'assurer le niveau des effectifs du bataillon français, qui étaient tombés bien bas au cours de la bataille de Normandie, provoquant une sérieuse crise du moral dans les rangs des commandos.

Crise morale et crise des effectifs en Normandie

On a vu comment, après un mois d'absence en Angleterre, Kieffer avait retrouvé en Normandie son unité dans un état psychologique et physique plus que préoccupant. En dépit de l'impression exprimée par certains d'avoir été « abandonnés » en Normandie, les fusiliers marins commandos avaient pourtant été suivis d'assez près par les officiers de l'état-major des Forces navales en Grande-Bretagne. Dès le 15 juin 1944, une préoccupation majeure lie en effet le major-général Sturges (responsable des deux brigades spéciales de commandos en Normandie) – et une délégation d'officiers de la Marine française conduite par le commandant Laporte –, au sujet du sort de l'unité française. Lors de cette entrevue au quartier général des Opérations combinées à Londres, Sturges semble « très désireux de reconstituer les commandos français le plus tôt possible » pensant « que le rôle des commandos était loin d'être terminé et que l'on aura souvent besoin de leur service ». Il annonce en outre aux autorités françaises son intention de les relever du front, afin de reconstituer leurs deux troupes, durement touchées depuis le 6 juin 1944. Il est vrai que les chiffres des pertes françaises avancés par Sturges sont assez éloquents : 33 % des officiers et 18 % des hommes de rang. Il est possible de les compléter en tenant compte du nombre des tués, et celui des blessés/évacués en Angleterre : en quatre jours, entre le 7 juin et la contre-attaque allemande du 10 juin, Kieffer a perdu au moins 58 de ses hommes, dont 14 tués. Le 15 juin 1944, 33 % des Français manquent à l'appel, tués lors des combats (8 %) ou évacués dans les hôpitaux anglais (25 %).

Inemployé au début de l'année 1944, engagé tardivement dans Overlord à partir du mois d'avril 1944, le bataillon français semble enfin retenir l'attention des chefs militaires britanniques, au moment même où la bataille de Normandie se transforme en une guerre d'usure. Mais pour l'heure, il y a une première urgence à régler : le bataillon français manque d'éléments de renfort, mis à part le lieutenant Willers et quelques soldats qui viennent, début juin, de terminer leur formation commando en Grande-Bretagne. Du côté du commandement FNFL, celui-ci ne peut lui envoyer d'officiers ni de marins, ne disposant plus d'effectifs disponibles. La Marine est obligée de lancer un appel au commandement supérieur des troupes françaises en Grande-Bretagne.

Kieffer manque surtout cruellement d'officiers et de gradés, et il le fait savoir. Pour régler cette question urgente, l'état-major français n'a pas d'autre choix que d'avaliser les élévations de grades faites sur le théâtre d'opérations par les Britanniques eux-mêmes. Alexandre Lofi passe ainsi officier des équipages de 1re classe à titre définitif. De son lit d'hôpital en juin, puis dès son retour au front en juillet, Kieffer avait suivi l'avancement de ses hommes et appuyé une série de propositions pour certains d'entre eux. Le 24 juillet, les quartiers-maîtres Coste et Saerens reçoivent en conséquence le grade de seconds maîtres, fonction qu'ils occupaient dans les faits depuis le soir du 6 juin, après avoir perdu leurs officiers. Dans son rapport du 13 juin 1944, Kieffer revient longuement sur sa volonté de voir ses hommes récompensés pour leur action depuis le 6 juin. Des propositions de récompenses sont suggérées pour 11 officiers, dont le capitaine Lion, le sous-lieutenant Hubert, deux tués du 6 juin, et Lofi[43].

Ces promotions de grade sont une chose, mais elles ne peuvent combler à elles seules les pertes massives. Une liste de 81 pertes françaises (tués, évacués, malades et blessés) est transmise le 29 juin 1944 au PC de la brigade de lord Lovat : 96 hommes sont alors en ligne en Normandie[44]. Un mois plus tard, ils ne sont guère plus nombreux, avec 104 commandos stationnant à Bréville à la date du 26 juillet 1944. Aussi, un appel est lancé par le colonel Pierre de Chevigné, commandant le groupe de subdivisions libérées du front Nord, auprès du 3e bataillon du génie, unité française débarquée sur les côtes normandes. Réunis en commission à Bayeux le 23 juillet 1944,

Kieffer et le médecin du n° 4 Commando, le lieutenant Kennedy, sélectionnent ainsi 59 soldats. Ces hommes sont dirigés sur l'Angleterre pour y suivre une formation commando dans les plus brefs délais.

Au sujet de l'avancement interne, dans une lettre datée du 9 août 1944, et destinée à Thierry d'Argenlieu, le capitaine de vaisseau Héron de Villefosse constate que les questions d'avancement sont plus vite réglées chez les Anglais que par l'état-major des FNGB, pour la seule unité française débarquée le 6 juin 1944. Essayant de venir en aide à ces Français, il insiste sur la qualité des officiers et des sous-officiers rassemblés autour de Kieffer, et d'écrire laconiquement :

> « Le Commando est l'unique troupe française ayant débarqué en France au *D-Day*, elle a perdu plus de la moitié de ses effectifs au feu et n'a cessé depuis d'être en ligne. Aucune formation française, ou qu'elle soit, n'a certainement manifesté une plus grande bravoure. La Marine peut-elle continuer à méconnaître la valeur de ces hommes qu'elle utilise par ailleurs pour sa propagande[45] ? »

Sur le terrain, quelques volontaires normands viennent s'enrôler au cours de la progression du bataillon. Deux d'entre eux, Lecergue et Guyard, incorporés respectivement le 7 et le 8 juin 1944, sont évacués, tous deux blessés le 10 juin lors du pilonnage d'Amfreville par l'artillerie allemande. Le matelot Spinetta rejoint l'unité le 11 juin 1944, venu d'Angleterre par ses propres moyens, après s'être évadé de la prison militaire du camp de Bir-Hakeim à Emsworth-Havent, caché à bord d'un camion en partance pour les plages de la Normandie. Une fois en France, il a été conduit par les troupes anglaises sur la zone du bataillon français, sans enquête préliminaire[46]. Six autres Français venus d'Angleterre rejoignent le Commando le 7 août 1944, en compagnie des convalescents du bataillon, devant le bois de Bavent[47]. En outre, les Commandos n° 3, 4 et 6 ont détaché auprès de la troupe française onze hommes, affectés principalement à la section de commandement comme radios.

La durée de leur séjour varie d'une semaine à deux mois. Un seul officier français, le lieutenant Willers, en stage commando au moment du Débarquement, rejoint les Français à Amfreville à la fin du mois de juin 1944. Affecté au nº 4 Commando le 16 juin, il arrive au bataillon le 26 juin avant de recevoir le 16 juillet le commandement de la *troop* nº 1 à Bréville, Hubert Faure ayant dû être à son tour évacué.

Avant le premier véritable et conséquent renfort du 7 août, l'effectif de la troupe française était tombé au plus bas : 96 commandos au total encore présents en Normandie. Avec 17 soldats tués depuis le 6 juin, 36 autres évacués le soir du 6 juin 1944, 36 autres blessés ou malades évacués du 7 juin au 6 août 1944, l'effectif était devenu en effet bien maigre, se renforçant sensiblement avec le retour de 8 hommes dans le sillage de Willers courant juillet[48].

Le 7 août 1944, 34 commandos arrivent donc tout droit d'Angleterre. Ce contingent est tout d'abord composé de 27 blessés et malades de retour de convalescence, évacués après le 6 juin 1944[49]. Les accompagnent 6 nouveaux commandos, fraîchement brevetés et un homme de retour de punition. Ce retour important permet de réorganiser les sections et les troupes françaises dans leur format initial : 13 commandos retrouvent ou renforcent les rangs de la *troop* nº 1[50], 17 commandos intègrent ceux de la *troop* 8[51], Amaury reprenant le commandement de sa section K Gun, tandis que 3 hommes retrouvent le QG du bataillon[52].

Désormais fort de 130 hommes en Normandie, le bataillon pouvait envisager la suite de la campagne de manière plus sereine. Mais avec le jeu des départs et des arrivées entre le 7 et le 15 août, les mouvements des évacuations sur place de nouveaux malades ou de blessés légers, le bataillon ne pouvait guère aligner que 106 hommes au moment de l'assaut sur Bavent le 15 août 1944. Ce chiffre, d'ailleurs, sera le même lorsque les Français s'élanceront dans les combats de l'Épine du 16 au 19 août. Des effectifs plutôt stables, dépassant la centaine d'hommes. Le 31 août 1944, à la fin de la campagne de

Normandie, la liste d'appel du 1er BFMC ne comporte plus que 96 noms, soit 54 % de l'effectif initial. Parmi tous ces hommes, seulement 52 d'entre eux auront fait toute la campagne de Normandie depuis le 6 juin sans jamais avoir été retirés du front, pour maladie ou blessure[53]. Le problème des sous-effectifs du bataillon Kieffer n'est pas la seule raison du malaise et du malêtre chez les commandos français.

Formant une troupe à part – des Français sous commandement britannique, devant libérer leur propre territoire – les hommes de Kieffer vont également se sentir progressivement « abandonnés », non pas par leurs chefs britanniques, mais par les autorités françaises, qui tardent à leur manifester un signe de reconnaissance depuis qu'ils ont débarqué. Il faudra attendre la mi-juin pour que les Opérations combinées et les FNGB se rencontrent à Londres pour évoquer l'avenir de ces hommes.

L'absence du général de Gaulle en Normandie sur le front des commandos a été remarquée à plusieurs reprises, le 14 juin 1944 alors qu'il se rend à Bayeux, Isigny et Grandcamp, ou un mois plus tard le 10 juillet devant Bréville, préférant y envoyer l'amiral Thierry d'Argenlieu. Aucune visite non plus n'a été programmée le 14 juillet 1944. Le patron des FNGB a même tardé à féliciter ses hommes depuis qu'ils ont débarqué, puisque la première reconnaissance officielle n'intervient que le 26 juin : « J'attendais tout de l'ardeur combattive et de la vaillance de nos commandos. À ma confiance, ils ont répondu magnifiquement[54] ! »

En quittant Bréville et la position des commandos, l'amiral n'a cependant pas oublié de récompenser ses hommes pour leur bravoure en leur laissant une barrique de vin rouge, « pratique normale, paraît-il, dans la Marine[55] ».

Cette absence du général de Gaulle a été durement ressentie par les hommes de Kieffer, à commencer par Guy Hattu, officier du QG, exprimant son amertume dans une lettre écrite en Normandie, le 18 juin 1944, au lieutenant Guy Vourc'h, hospitalisé en Angleterre :

« Tu as dû apprendre le passage à Bayeux de de Gaulle et de sa suite (dont Schumann). Certains ici croyaient qu'ils viendraient. Pauvres pouilleux que nous sommes encore… Réunions, discours électoraux. Toujours est-il qu'ici nous n'avons jamais entendu prononcer le nom d'Amadis[56]. »

La lecture du rapport de Héron de Villefosse, commandant la Marine à Caen, rédigé le 9 août 1944, et adressé au commandant des Forces navales françaises en Grande-Bretagne, rend lui aussi particulièrement bien compte de cet affaissement moral au sein de la troupe :

« Le moral de cette unité est toujours splendide, et j'ai pu constater le prestige dont elle jouit auprès des troupes britanniques voisines, qui sont elles-mêmes des formations d'élite. L'insigne porté par le colonel britannique commandant le régiment, sur son béret, est celui de ce bataillon de fusiliers marins français placés sous ses ordres. Néanmoins une nuance d'amertume assez compréhensible commence à se faire jour chez nos hommes, constituant un petit noyau de Français isolés au sein d'une armée étrangère et ne pouvant communiquer que de loin en loin avec l'autorité maritime dont ils relèvent, ils ont à tort, ou à raison, l'impression d'avoir été perdus de vue (et non pas abandonnés !)[57]. »

En s'adressant ainsi à Thierry d'Argenlieu, Héron de Villefosse propose pour ces hommes oubliés des solutions concrètes : des promotions et des décorations. Le grade d'enseigne de vaisseau de 2e classe pour le maître Lardennois, pour Sénée, et pour les seconds maîtres Hattu et de Montlaur, le grade d'officier des équipages de 2e classe pour le maître Paul Chausse, enfin le grade de capitaine de corvette pour Kieffer, « bien qu'il n'ait rien demandé ».

Toutes ces demandes restent motivées bien évidemment par le caractère exceptionnel de l'engagement de cette troupe en Normandie, mais aussi pour corriger une situation jugée injuste en Normandie, une proposition quasi d'ordre moral, à une période où « la Normandie en général et Bayeux en particulier sont remplis d'officiers ou de pseudo-officiers dotés de grades relativement élevés, et dont un bon nombre n'ont jamais vu le feu[58] ».

Dominent donc le sentiment d'avoir été perdus de vue par les Français, et les autorités de la France Libre, mais également la sensation de n'être plus employés comme ils devraient l'être, condamnés à une action défensive, alors qu'en tant que troupe de choc, ils devraient passer à l'action. Maintenus à l'étroit dans une fragile tête de pont, « enfermés » dans un périmètre restreint, où rien n'est sûr, ni la ligne de défense, ni le point de départ de la prochaine action ennemie, dans l'attente du déclenchement d'une contre-attaque allemande, les commandos français ont vu leur rôle radicalement évoluer. Celui-ci ne semble plus du tout conforme à celui qui avait été défini en Angleterre. Le général Milles-Roberts, qui a pris le commandement de la 1re brigade spéciale, est même contraint de leur réexpliquer la mission qui, en effet, a dû être changée devant la tournure que prenait cette guerre de mouvement devenue guerre de position, véritable guerre d'usure.

Devant cet immobilisme forcé, certains commandos impatients se sont sentis « humiliés de ne pouvoir prendre part à l'assaut » qui faisait rage vers Caen et dont ils pouvaient entendre le bruit des canons depuis plusieurs jours. Une certaine démotivation, à en croire le rapport de Héron de Villefosse, mais qui, sur le terrain, n'a été confirmée par aucun signe de relâchement dans la discipline ou la combativité. À aucun moment ne figure, dans les archives du bataillon ou dans celles du nº 4 Commando, un rapport ou une allusion à une punition, une sanction pour fait d'indiscipline, de désertions, de manquement au règlement, comme ce sera le cas au cours des premiers mois de l'année 1945, lorsque les commandos français combattront aux Pays-Bas.

Malgré les nombreuses crises, les commandos français auront parfaitement exécuté leur mission en Normandie, conformément aux ordres établis, utilisant tous les moyens dont ils disposaient, sans renâcler, surmontant à chaque instant les difficultés qui se présentaient à eux, depuis le jour de leur débarquement sur *Sword Beach*. Rassemblés trois mois plus tard dans le sud de l'Angleterre à Petworth, Kieffer et ses hommes se préparent à présent à une nouvelle campagne militaire tout aussi difficile : un débarquement de vive force dans le port de Flessingue, suivi d'opérations offensives pour la libération du nord des Pays-Bas. Des combats aujourd'hui encore méconnus…

Chapitre 14

DERNIÈRES OPÉRATIONS AUX PAYS-BAS

Le 27 septembre 1944, tous les hommes de Kieffer sont rentrés de permission. Pas un seul homme ne manque à l'appel. Comme dans les semaines qui avaient précédé le débarquement en Normandie, Kieffer doit une fois de plus réorganiser son bataillon. On lui demande maintenant de le réarticuler en deux troupes allégées, ce qui le conduit à supprimer sa section d'appui feu créée pour la Normandie, la section K Gun. Les deux *troops* françaises doivent également changer de numéro. Désormais on parlera de *troops* n° 5 et n° 6, placées sous les ordres respectifs d'Alexandre Lofi et de Guy Vourc'h. Promu depuis le 4 septembre 1944 capitaine de corvette, Philippe Kieffer prend naturellement le commandement de ces deux nouvelles formations, une troisième *troop*, portant le n° 7, étant d'ores et déjà prévue pour rejoindre le bataillon au cours du mois de décembre. La réorganisation du bataillon est rapide et le séjour des Français à Petworth ne dure pas, puisque dix jours plus tard Kieffer reçoit l'ordre de faire mouvement vers Folkestone.

En réalité, le 8 octobre 1944, c'est l'ensemble du n° 4 Commando qui gagne Folkestone, pour embarquer à bord d'un LST : direction d'Ostende. Le 9 octobre, après une traversée sans encombre, les commandos débarquent en Belgique, avant de gagner la station balnéaire du Coq, libérée quelques jours plus tôt par la 1re armée anglo-canadienne. Pour ces nouvelles opérations, les Français sont toujours sous l'autorité du colonel

Dawson. Mais, cette fois-ci, le n° 4 Commando n'est plus intégré à la 1re brigade spéciale, comme ce fut le cas en Normandie, mais à la 4e brigade du général Leicester[1].

Le débarquement sur l'île de Walcheren

Consignés dans un camp au nord de la ville, les Français se préparent à participer à un vaste assaut frontal contre l'île de Walcheren, sous le haut commandement de la 1re armée canadienne du général Crérar[2]. Malgré sa libération par les Britanniques depuis le 4 septembre 1944, le port d'Anvers reste toujours inutilisable pour le mouillage des navires et donc pour l'approvisionnement des forces alliées parvenues aux portes de l'Allemagne. En effet, les îles de Beveland du sud et de Walcheren, formant la rive droite de l'estuaire de l'Escaut, restent à cette date entre les mains des troupes allemandes.

C'est à la 4e brigade qu'a été confié le soin de débarquer à Walcheren dans le cadre de l'opération Infatuate. C'est à Flessingue, ville portuaire située au sud de Walcheren, et séparée d'à peine quatre milles du port de Breskens, que doit se dérouler précisément le débarquement du n° 4 Commando franco-britannique. Tous les points stratégiques de l'île de Walcheren ont été fortifiés. D'après les renseignements parvenus au 21e groupe d'armées de Montgomery, 12 000 hommes y sont stationnés au sein d'unités d'artillerie, d'infanterie, de marine, du génie[3]… Chargées de la défense de l'île, ces troupes font partie de la 15e armée allemande et n'ont pas connu la bataille de Normandie. Les informations reçues semblent indiquer que le moral et la tenue de ces troupes sont excellents. Située dans la province de Zélande, l'île est entourée de terres gagnées sur la mer du Nord. Dans le cadre de l'opération Infatuate, le *Bomber Command* britannique a préparé des raids aériens destinés à détruire les digues et noyer les positions allemandes installées sur les polders de Walcheren. Le 2 octobre 1944 en effet, après de violents bombardements, la RAF réussit à ouvrir deux brèches à Westkappelle et à Flessingue, la mer s'y engouffrant et inondant une partie des terres. Mais les défenses allemandes, peu touchées, sont restées intactes, l'inondation, facilitant d'autant plus la tâche des défenseurs, complique sérieusement une éventuelle attaque.

À la suite de l'entrée en lice des unités commandos, la 155e brigade d'infanterie britannique doit débarquer pour appuyer la première vague d'assaut. En amont, une préparation d'artillerie est assurée par le cuirassé *Warspite* et les deux *monitors HMS Erebus* et *Roberts*, secondés à terre par 300 pièces de tout calibre. Des observateurs de tirs avancés accompagnent les commandos, assurant la coordination du feu avec les batteries d'artillerie. Avions Spitfire et Typhoons de la RAF se tiennent également prêts à appuyer les troupes au sol.

Durant cinq semaines, les troupes commandos poursuivent sans relâche leur entraînement, entre Ostende et Le Coq, entre le 9 et le 29 octobre 1944. Les exercices de débarquement et d'embarquement se succèdent à bord des LCA, les barges choisies par le quartier général des Opérations combinées pour la projection des premières vagues d'assaut.

Le 30 octobre, le commandant Kieffer est accompagné de ses deux commandants de troupes lorsqu'il reçoit les grands axes de sa mission au cours d'une réunion préparatoire avec le général Leicester. Le point de débarquement qu'on lui a fixé, le port de Flessingue, se compose d'une ville haute et d'une ville basse, divisées pour les besoins de l'opération en secteurs codés portant des noms de villes du sud-est de l'Angleterre, « Falmouth », « Troon », « Seaford », « Brighton », « Eastbourne », « Dover », « Bexhill »...

L'objectif des Français se présente de la manière suivante : après leur mise à terre au sud de la ville, face à un moulin dit du « Pays d'Orange », la *troop* 5 de Lofi doit prendre le contrôle du quartier baptisé « Worthing », à l'ouest de la ville basse en remontant du rivage en direction du nord-ouest, après avoir traversé les quartiers de « Seaford » et d'« Eastbourne ».

La *troop* 6 de Guy Vourc'h, qui doit débarquer au même endroit, se voit assigner le secteur de « Bexhill », à la charnière de la vieille ville et de la ville nouvelle, entre les chantiers navals et le lac artificiel de « Spui of Binnenboezem ». Détachés de la nouvelle *troop* d'appui et de transmission du n° 4 Commando, des éléments de mortiers de trois pouces sont désignés pour épauler l'action de la *troop* 6.

Le 30 octobre 1944, tous les commandos français sont informés de la mission qui doit débuter le 1er novembre 1944. Si les officiers et les hommes ne sont informés de la nature de l'opération que deux jours avant l'attaque, c'est uniquement « pour des raisons de sécurité et dans le but d'obtenir un effet de surprise absolument nécessaire, pour qu'une opération de ce genre soit menée à bonne fin[4] ». Le 30 octobre, les commandos sont donc sur le pied de guerre. Ils échangent leurs armes et leurs équipements défectueux, vérifient leur matériel, terminent leur derniers préparatifs. Le lendemain matin, ils prennent place à bord d'un train qui les emmène vers la ville de Breskens, port sur la rive gauche de l'estuaire de l'Escaut. C'est à partir de là que doit être effectué le débarquement sur Flessingue. C'est dans une ville totalement en ruine que les Français posent leurs sacs.

Dans l'après-midi du 31 octobre, par groupes de trente, les hommes se livrent à d'ultimes répétitions de débarquement et d'embarquement, avant qu'en fin de journée les batteries allemandes de 150 mm positionnées en face sur l'île de Walcheren ne les rappellent à la vigilance. Le pilonnage vise l'embarcadère vide de commandos, qui ont eu tout juste le temps de terminer leurs exercices avant de rejoindre les bivouacs. La nuit est très courte, puisque le rassemblement des hommes est prévu à 2 h du matin. L'embarquement des commandos à bord des *Landing Craft Assault* se fait en silence et avec rapidité… À 4 h 40, les embarcations prennent la mer, avant que ne se déclenche une formidable préparation d'artillerie sur Flessingue. Même si l'appui aérien n'a pu se faire, faute de conditions météo favorables, l'appui de l'artillerie navale écrase les positions allemandes durant une heure. Les premiers LCA débarquent sur la plage, face au Moulin d'Orange, à 6 h 45, rapidement suivis par les barges des Français, 550 hommes au total débarquant ainsi progressivement.

La plage foulée par les hommes de Kieffer, en ce 1er novembre 1944, n'a rien en commun avec les plages de Normandie. Ici, pas de sable mais des galets, pas de talus ni de dunes, mais des appontements en bois le long des quais, que les commandos franchissent en suivant les bandes de toile blanche déroulées par les sapeurs de la première vague d'assaut à travers les champs de mines. Tous les hommes de Kieffer franchissent la plage sans aucune perte.

Aucune zone de regroupement des hommes n'a été prévue par les stratèges. Aussi, une fois à terre, les deux *troops* françaises foncent droit vers leurs objectifs. Les hommes progressent rapidement vers le nord-ouest, maison par maison. La préparation d'artillerie a littéralement « matraqué » les défenseurs de Walcheren. Malgré tout, comme en Normandie, des tireurs embusqués résistent dans la ville en ruine, s'opposant à la progression des commandos. Après avoir évacué la plage, la *troop* 5 s'est élancée aussitôt à travers les rues de la ville, avant de buter sur une riposte sérieuse dans le secteur de « Groote Markt ». La troupe avance lentement, puis reçoit l'ordre de progresser plus à l'ouest, vers le secteur de « Dover ». Retranchés dans une ancienne caserne, les Allemands l'ont empêchée d'atteindre la position « Worthing », qui lui avait été désignée lors des préparatifs de l'assaut.

Les Allemands tiennent toujours, au début de la nuit, la ligne du front de mer, comprenant les sections de « Dover », « Worthing » et « Have ». La *troop* de Guy Vourc'h avance tant bien que mal sur le carrefour des docks, lors de la traversée du secteur « Seaford ». L'ennemi, qui s'est retranché dans un vaste bâtiment, le bureau central des Postes et Télégraphes, les prend sous un feu nourri. C'est l'enseigne de vaisseau de 2e classe, Jacques Sénée, qui mène sa section à l'assaut de ce point fort. Les quartiers-maîtres Lahouze et Quéré pénètrent en éclaireurs dans le bâtiment, accompagnés de Lanternier. Dans la confusion des combats, ils parviennent à faire une cinquantaine de prisonniers, avant de se retrouver à leur tour isolés du reste de la *troop* 6 pendant quelques instants. Ils sont finalement libérés par des camarades parvenus à s'infiltrer dans les étages supérieurs, après avoir grimpé le long des gouttières de l'édifice.

À midi, la *troop* 6 contrôle le secteur de « Bexhill » malgré le retard des servants de mortiers de la *troop* 4, provoqué par l'immersion partielle d'une de leurs barges, percutée par une mine au pied de la digue. Les éléments ennemis tentent, au cours de la nuit du 1er au 2 novembre, de reprendre à plusieurs reprises ce point névralgique de « Bexhill ». Les postes de transmissions, comme en Normandie, ont énormément souffert lors du débarquement et sont peu efficaces dans ces secteurs barrés de hauts murs. Pour rétablir les contacts entre les différentes sections, isolées les unes des autres, Kieffer n'a pas d'autres solutions que d'envoyer des agents de liaison à travers les lignes ennemies. Dans un inextricable dédale de ruines, il arrive souvent que des demi-sections, voire même des binômes se retrouvent isolés de leurs camarades, les lignes de front restant très perméables dans ce type de combat.

Ce n'est que le 2 novembre 1944 que les dernières poches de résistance tombent en fin de matinée sur le secteur de « Dover ». Mais les Allemands n'ont toujours pas déposé leurs armes. Un blockhaus balaie consciencieusement de ses armes automatiques les deux sections de la *troop* 5, qui tentent de progresser sur le boulevard menant à l'hôtel Britannia, siège du PC du commandement allemand. Les tentatives pour anéantir ce dernier point de résistance majeur échouent les unes après les autres. Comme à Riva-Bella, le PIAT se révèle inefficace contre les abris bétonnés. Lofi envoie alors un radio sur le toit d'une bâtisse pour demander l'assistance des Typhoons britanniques, qui bombardent quelques minutes plus tard la position. Le dernier blockhaus tombe enfin, quelques instants avant que les commandos Lavezzi et Paillet ne s'en approchent pour y déposer leurs charges d'explosifs. Le 2 novembre au soir, l'ennemi a définitivement plié. La ville haute est prise par un bataillon des *King's Own Scottish Borderers*, venu en soutien des commandos. Le PC de la garnison allemande, encerclé à l'extrême ouest de Flessingue, se rend le 2 novembre au soir.

En deux jours de combat, et avec l'aide des bataillons de la 155e brigade d'infanterie, le Commando nº 4 s'est emparé du port de Flessingue. Le succès est donc du rendez-vous pour les commandos, mais avec de lourdes pertes : 20 % des effectifs du nº 4 Commando. Du côté des *troops* françaises Kieffer enregistre la mort de 5 de ses hommes : les quartiers-maîtres Yvon Monceau, Yvan Ruppé, les matelots Maurice Gourong, Jean Neven, tués le 2 novembre et Jean Montéan, tombé le 3 novembre 1944[5].

Dans ce type de combat en ville, ces pertes semblent relativement faibles. Le même jour, l'assaut sur Westkapelle, à l'ouest de l'île – l'opération Infatuate II –, a entamé beaucoup plus durement les effectifs des 41e, 47e et 48e *Royal Marines Commando* et ceux du nº 10 Commando interallié renforcés des troupes belges et néerlandaises revenues d'Orient. L'appui tactique de la RAF a offert à Flessingue un puissant appui feu aux hommes à terre au cours de leur progression. Contrairement à l'attaque du 6 juin 1944 en Normandie, les commandos ont bénéficié d'une préparation d'artillerie efficace. La conjonction d'une puissance de feu massive et d'une précision des tirs a véritablement affaibli les défenses allemandes de Flessingue.

Après la libération de Flessingue, le bataillon de Kieffer se prépare à marcher vers l'ouest de Walcheren, sur Westkapelle, par la ceinture côtière de dunes, seule voie encore immergée depuis les bombardements britanniques sur les digues de l'île. Pour franchir ces brèches, les hommes disposent de blindés chenillés de transport amphibies, pouvant emporter à bord près de 30 personnes. La marche en avant reprend donc le 3 novembre jusqu'à la hauteur de la ville de Zoutelande, où les commandos s'installent en bivouac pour deux jours. Le 5 novembre, le nº 4 Commando reçoit l'ordre de se rendre à

Domburg, au nord-ouest de l'île, où les Allemands se sont retranchés dans un triangle Domburg-Vrouwenpolder-Veere. Les points forts W18 et W19 et les batteries renforcées de deux régiments d'infanterie repoussent toutes les attaques du 41e *Royal Marines Commando*. Les forces britanniques y ont subi de lourdes pertes. Facilités par les transports de troupes amphibies, les Français atteignent le soir même Domburg. Deux jours plus tard, le colonel Dawson donne ses instructions pour le lendemain : les troupes du Commando doivent se préparer à partir sur Vrouwenpolder, dernière cité tenue par l'ennemi à l'est de Walcheren. Le 8 novembre au matin, le no 4 Commando marche vers son objectif, les *troop*s 5 et 6 progressant vers l'est, sans qu'aucune résistance allemande ne se manifeste. Le colonel Veigele, commandant de la garnison de Vrouwenpolder, se rend dans la matinée aux hommes de Lofi. Après la phase d'assaut des 1er, 2 et 3 novembre 1944, les forces allemandes n'ont opposé aucune défense acharnée. Réfugiées sur la ceinture côtière, encerclées de toute part par l'eau, elles n'ont pas supporté plus longtemps cette position d'assiégé.

L'opération combinée de Walcheren offre ainsi aux hommes de Kieffer un nouveau fait d'armes, une participation à l'ouverture de l'estuaire de l'Escaut, qui permet aux Alliés d'utiliser en toute quiétude le port d'Anvers. Tandis que le no 4 Commando prend ses quartiers à Vrouwenpolder, les commandos sont autorisés à partir en permission à partir du 13 novembre. Les grandes opérations de débarquement sont terminées pour le bataillon.

Les raids sur l'île de Schouwen

Pendant la quinzaine de jours de repos, le bataillon français se rééquipe en matériel neuf. Il se renforce également. Comme cela avait été prévu, Kieffer accueille sous son commandement la nouvelle *troop* 7, placée sous les ordres du capitaine Willers. Elle se compose de 65 hommes, dont trois officiers. Outre ces nouveaux volontaires, des blessés de la campagne de Normandie sont également de retours à l'unité. Avec désormais trois *troops* d'infanterie, les effectifs français atteignent 210 commandos[6].

Une fois remanié et remis à neuf, le bataillon de Kieffer gagne l'île de Beveland du Nord (Noord Beveland), située entre l'île de Walcheren et l'île de Schouwen, toujours tenue par les Allemands. D'une manière générale, les Alliés s'attendent à une réaction de la part de l'ennemi, acculé le long de la Meuse, aux frontières de son pays, et toujours déterminé à ne pas lâcher prise. Les troupes alliées piétinent face à des adversaires décidés à tenter une contre-offensive à l'ouest, afin de repousser les Anglo-Américains à la mer. Le 16 décembre 1944, dans le massif des Ardennes, von Rundstedt est passé à l'action. Les Alliés craignent alors un comportement agressif des troupes allemandes stationnées sur les îles de l'estuaire de l'Escaut et de la Meuse en direction d'Anvers, leur plus proche port de ravitaillement.

C'est dans ce cadre que le 1er BFMC doit participer à la mise en défense de l'île de Beveland du Nord. Mais pour l'heure, même s'il est attendu, l'assaut de l'ennemi ne vient toujours pas. Seules quelques pièces d'artillerie tirent de temps à autre. Les commandos s'installent progressivement dans une guerre de position, routinière, en mission de protection. Kieffer reçoit alors l'ordre de lancer ses troupes dans une série de raids offensifs destinés à déloger l'ennemi.

Le raid du capitaine Willers

La première des opérations est confiée le 10 décembre 1944 à la *troop* 7 du capitaine Willers, à l'ouest de Zierikzee, capitale de l'île de Schouwen. Comme pour chaque *troop* partant en opération, Willers reçoit le renfort d'une batterie de canons obusiers de 25 livres et de deux *Landing Craft Support Medium* (LCSM), barges d'assaut armées de mitrailleuses chargées de couvrir les troupes une fois à terre. Pour Kieffer, il est clair que ces missions sont organisées de manière à mettre un terme à l'inactivité de ses hommes. Mais compte tenu du nombre important de participants à ces actions et de la puissance de feu mise à disposition, il semble s'agir plutôt de véritables opérations destinées à prendre pied sur l'île dans un but militaire précis : terrasser définitivement l'ennemi.

Pour tous les raids qui ont été programmés, les commandos embarquent depuis le port de Colijnsplaat pour une navigation de trois milles vers le nord. Là, une île artificiellement inondée, comme à Walcheren, attend les Français. Le paysage est surnaturel : seules de vastes pentes de digues et des structures surélevées émergent au-dessus de la mer. Le 18 janvier 1945, le capitaine Willers quitte le port, avec ses 62 hommes embarqués à bord de trois LCA. La mission, intitulée Intemperate II s'inscrit dans une vaste opération visant à attaquer à Schouwen un blockhaus, étudié au préalable à l'aide de photographies aériennes, puis à ramener des prisonniers allemands. La présence des commandos à terre ne devra pas excéder une heure. Willers et ses hommes débarquent sans encombre à 3 h 30, avant de traverser un double réseau de barbelés puis de pénétrer au sommet de la digue dans un blockhaus abandonné par ses occupants. Par demi-sections, la *troop* 7 patrouille aux alentours de ce point fortifié. Les premiers contacts avec l'ennemi se produisent vers 5 h 00 du matin, après que les barges des commandos ont été localisées. Le repli est aussitôt ordonné par Willers :

> « À la lumière des fusées éclairantes, nous distinguons plusieurs réseaux importants de barbelés qu'il nous faudra encore traverser avant d'atteindre l'objectif. J'estime qu'une heure encore sera nécessaire pour terminer l'opération [...]. J'ai reçu l'ordre de ne pas faire courir à la compagnie des risques disproportionnés avec le but à atteindre. Je suis à terre depuis une heure et demie. Je décide d'abandonner l'opération[7]... »

Revenus à l'île de Beveland du Nord, vers 6 h 30 du matin, les commandos français ne déplorent qu'un seul blessé grave dans leur rang. Si la riposte allemande a empêché le bon déroulement du raid en se manifestant une heure et demie après le débarquement des commandos, l'opération sur Schouwen se solde malgré tout par de précieux renseignements collectés auprès de six civils néerlandais que les Français ont évacués au cours de l'opération.

Le raid d'Alexandre Lofi

Un mois plus tard, dans la nuit du 14 au 15 février 1945, c'est au tour de la *troop* 5 de quitter Colijnsplaat pour partir en raid. Dorénavant, les opérations menées sur l'île de Schouwen ne s'inscrivent plus uniquement dans une perspective de raids de sondage. Après l'échec de l'offensive dans les Ardennes, les Allemands sont en effet devenus des assiégés, dans l'attente de leur inexorable défaite. Lofi commande les deux sections, celle de Paul Chausse et celle de Léopold Hulot. Le débarquement des trois barges a lieu à 1 h 00 du matin. L'opération débute avant que les commandos réalisent que le point où ils ont été mis à terre ne correspond pas du tout au lieu prévu du débarquement[8]. Malgré l'erreur de la *Royal Navy*, il est décidé que la mission soit maintenue. Au cours du raid, la section Chausse s'illustre en passant à l'attaque d'un point fort tenu par l'ennemi à 2 h 20 du matin. La riposte allemande est immédiate, contraignant la section française, à bout de munitions, à « décrocher » vers 2 h 45 du matin. Elle retrouve au point d'embarquement la section Hulot, qui a elle aussi essuyé un échange de feu nourri lors de sa progression le long de la digue. Les deux troupes françaises, qui ont récupéré au passage 10 civils néerlandais, regagnent le Beveland du Nord sous le feu de l'ennemi vers 4 h 00 du matin, comptant seulement deux blessés légers dans leurs rangs.

Les renseignements collectés auprès des civils se révéleront cette fois-ci sans grand intérêt. Le rapport français des opérations souligne cependant qu'à la nuit tombée, les sentinelles allemandes ont dû se replier sur les principaux points fortifiés de l'île, abandonnant leurs abris individuels le long de la digue. Ce sont ces postes qui rendent difficile toute attaque surprise des commandos sur les digues. Les officiers déplorent aussi dans ce même rapport l'absence, dans leur équipement, d'explosifs qui leur auraient permis de lutter efficacement contre les nombreux barbelés déroulés sur les digues.

Le raid de Guy Vourc'h

La série de raids sur Schouwen se termine par une dernière incursion, menée dans la nuit du 11 au 12 mars 1945 par Guy Vourc'h à la tête de la *troop* 6. Il quitte Colijnsplaat vers 22 h 10, à bord de trois LCA devant le conduire à proximité du village de Vianen, sur la côte méridionale de l'île. Le but de la mission est de ramener des prisonniers allemands. Deux LCMS croisent comme à l'accoutumée à proximité du convoi, se tenant prêts à apporter un support immédiat aux commandos mis à terre. La première barge débarque à 22 h 55 la section Faure, qui prend aussitôt place sur la digue. Pour tenir l'aile gauche de la tête de pont, un premier groupe de commandos, emmené par le second maître Feskin, prend position près d'une ferme, reconnue deux mois auparavant lors du raid du capitaine Willers. Une deuxième sous-section constitue le flanc droit de la tête de pont, tandis que la section Sénée s'enfonce dans les terres, progressivement. Mais repérés par les Allemands postés sur la digue, les commandos français sont contraints de se replier deux heures plus tard sous les tirs ennemis et la lueur des fusées éclairantes. Ne pouvant plus compter sur l'effet de surprise, et craignant une réaction allemande générale sur toute la ligne de front, Guy Vourc'h juge utile de ne pas insister en organisant le repli de ces hommes vers les embarcations. À 1 h 00 du matin, le 12 mars, la *troop* 6 regagne Beveland sans la moindre perte dans ses rangs.

Ces opérations sur Schouwen concluent la participation du bataillon de Kieffer à la phase active de la Seconde Guerre mondiale. Les derniers raids correspondent en tout point à la mission type des commandos de marine : des opérations éclairs, nocturnes, durant lesquelles les hommes sont chargé soit de ramener des renseignements sur l'adversaire, soit de l'attaquer par surprise. Des raids identiques à ceux qui avaient été exécutés durant l'automne et l'hiver 1943 sur les côtes françaises, lors des opérations *Forfar* ou *Hardtack*. La rapidité d'exécution de ces opérations, avec une présence à terre n'excédant pas trois heures, une couverture en artillerie terrestre et navale, sont certainement à l'origine de la quasi-inexistence de pertes en vies humaines du côté des commandos. En revanche, il est indéniable que les éléments ennemis en position sur l'île de Schouwen s'étaient préparés à ce type d'attaque, aucun de leurs hommes, par exemple, ne restant isolé en tranchée, surtout la nuit. Par manque d'effectifs, les Allemands s'étaient au contraire regroupés dans des casemates pourvues de mitrailleuses et de pièces de mortiers, en liaison constante avec des batteries d'artillerie positionnées sur leurs arrières, permettant ainsi une réaction rapide en cas d'attaque. Néanmoins, les raids exécutés par les commandos les entretenaient dans leur position d'assiégés, les privant de toute initiative offensive à l'encontre des forces anglo-canadiennes.

Le 13 mars 1945, le surlendemain du dernier raid sur Schouwen, le Commando n° 4 quitte le Beveland du Nord pour revenir sur Walcheren. Les hommes s'installent à Middelburg, au centre de l'île, pour quelques jours de repos. C'est à ce moment-là que la *troop* de Guy Vourc'h reçoit la mission très honorifique de constituer la garde d'honneur de la souveraine des Pays-Bas, la reine Wilhelmine, de retour d'exil d'Angleterre, et qui s'apprête à visiter l'île pour la première fois depuis juin 1940 :

> « Quelle scène émouvante que le retour d'exil de la reine fort âgée déjà et retrouvant après quatre années de séparation

> son peuple fidèle [...]. Debout dans un char de reconnaissance, la vieille reine fit le tour de Middelburg, la capitale de l'île de Walcheren, inondée et détruite, avec des armées allemandes occupant toujours les quatre cinquièmes de son royaume[9]. »

Les Français suivent désormais le mouvement des troupes, qui s'accélère, en accompagnant leurs camarades britanniques sur le continent, à Bergen Op Zoom. S'ils sont toujours opérationnels, ils ne sont pourtant pas conviés au passage du Rhin du 21e groupe d'armées, à Wesel en Rhénanie. C'est aux abords de Bergen Op Zoom que la guerre s'arrête pour les Français. C'est là aussi, cruellement, que Kieffer doit déplorer sa toute dernière perte dans les rangs de son bataillon : le matelot Camille Allard trouve la mort le 8 mai 1945, victime de l'explosion d'une mine[10].

Quinze jours plus tard, Kieffer est de retour en France et à Paris avec une partie de ses hommes. Le 25 mai 1945, 43 commandos français et 43 commandos britanniques du nº 4 Commando participent en effet à une cérémonie de remise de décorations de croix de guerre et de légion d'honneur dans la cour du ministère de la Marine, en présence du secrétaire d'État à la Marine, Louis Jacquinot. C'est à cette occasion que le 1er BFMC reçoit le fanion qu'il n'avait pu recevoir en 1942. Puis les hommes prennent la direction des Champs-Élysées. Du départ, rue Royale, jusqu'à l'arrivée sous l'Arc de triomphe, les soldats de Kieffer, qui marchent en tête, sont vivement acclamés par la foule. Le colonel Dawson, qui commandait ce jour-là le détachement, se souvient de cette journée :

> « Un important détachement du nº 4 Commando, incluant tous ceux qui avaient été récompensés par des décorations françaises, firent le voyage à Paris pour recevoir leur médaille dans la cour d'honneur du ministère de la Marine, suivi du traditionnel "vin d'honneur". Nous reçûmes là certainement le plus élégant compliment que la nation française pouvait offrir. Nous avons ensuite défilé, seuls, en formation militaire, seu-

lement précédés par une fanfare de la Marine française, depuis le ministère de la Marine, place de la Concorde, jusqu'à l'Arc de triomphe, où avec Philippe Kieffer nous avons déposé une couronne de fleurs sur la tombe du soldat inconnu avant de raviver la flamme. Je doute qu'aucun autre régiment britannique n'ait été honoré de cette façon avant nous[11]. »

Pour le Commando franco-britannique, cette descente des Champs-Élysées devant le peuple français, venu l'acclamer, aurait pu être le dernier acte de son action, mettant un terme à sa brillante histoire commencée en juillet 1940. Malgré la fin annoncée de l'unité, le commandement britannique en décida autrement, en décidant de prolonger son existence.

À la suite de ce bref séjour à Paris, les fusiliers marins commandos français remontent en effet à Bergen Op Zoom, conduits par Lofi, Philippe Kieffer devant se déplacer à Londres. Peu de temps après, les Français quittent les Pays-Bas pour participer à l'occupation de l'Allemagne, loin des missions réservées à une telle unité de choc. Leur point de chute : Recklinghausen dans la Ruhr. Avec leurs camarades du Commando n° 4, ils y prennent la relève d'une unité américaine chargée de la garde d'un camp d'internement civil. Les commandos ont été désignés pour surveiller plusieurs centaines de prisonniers du camp n° 91, principalement des civils suspectés d'être des nazis, voire d'appartenir à la SS. Le rôle des Français se limite exclusivement à la surveillance du camp, n'intervenant à aucun moment dans les processus d'enquête et d'interrogatoires, même si certains officiers parlant allemand ont pu, à un moment donné, servir d'interprètes au cours des interrogatoires[12]. Un courrier de Guy Vourc'h permet d'entrevoir la réalité de cette mission :

« Nous gardons un camp de concentration de criminels de guerre […] on acquiert une bien triste idée de l'humanité, ici ! […] Un homme avoue avoir pendant 6 mois, tué 9 personnes par jour […] un autre, pendu des Russes, un autre, coupé les mains à un pilote allié, etc. Il y a ici un gardien d'un camp de

> concentration, Buchenwald. [...] La plupart sont âgés. [...] Nous avons aussi un général SS [...] il a une figure intelligente, et affirme n'avoir rien fait. Tous d'ailleurs affirment n'avoir agi que sur ordre, et peut-être le croient-ils, et se croient-ils, irresponsables. [...] Il y a aussi des femmes nazies qui lavent le linge, repassent. Tous les membres du parti nazi sont ainsi interrogés, criblés et les criminels retenus. [...] Nous voyons peu les civils, la non-fraternisation s'applique dans toute sa rigueur. Ceux qui passent dans la rue nous ignorent, nous les ignorons aussi. Parfois les enfants sourient, font des signes : même à cela il est interdit de répondre[13]. »

Les combats aux Pays-Bas, la fin de la crise morale ?

Kieffer disposait, au début du mois de décembre 1944, de 210 hommes, dont 17 officiers au sein de son bataillon. Malgré cette hausse sensible des effectifs et un encadrement satisfaisant de ses hommes, Philippe Kieffer reste toujours aussi préoccupé par l'avenir de son bataillon. En janvier 1945, il décide de confier le commandement du bataillon à Alexandre Lofi, pour pouvoir se consacrer plus sérieusement à la sortie de guerre de ses hommes. Il peut ainsi se rendre à plusieurs reprises à Londres et à Paris pour régler certains dossiers relatifs à son unité.

Dans le même temps, de nombreux commandos quittent le bataillon, soit pour des raisons disciplinaires, soit pour des hospitalisations trop longues, beaucoup de ces malades étant des « anciens » fatigués par sept mois de campagne. Kieffer assiste ainsi, en mars 1945, au départ de trois cadres importants du bataillon, Lardennois, Klopfenstein et Lanternier[14]. Jean Pinelli, un des ses premiers compagnons, rejoint Paris comme instructeur au 4e régiment de fusiliers marins. Malgré ces départs réguliers, et la fin de la guerre qui approche, Kieffer tient à maintenir un esprit et un tissu dynamique au sein du bataillon. En janvier 1945, dans son cantonnement de l'île de Beveland, il organise une session d'examen destinée à breveter fusilier les nouvelles recrues de décembre 1944, venues d'Angleterre au sein de la *troop* 7. Il confie cette session à Vourc'h, Willers et Lofi.

Dans le même esprit, les marins présents aux Pas-Bas continuent d'obtenir leur avancement. Kieffer entend constituer une cellule d'hommes d'expérience pour prolonger l'existence de son bataillon, dans l'espoir que cette unité devienne la future « troupe de choc de la marine ». D'où le « rembarquement » à l'unité, en mai 1945, malgré un long séjour dans les hôpitaux anglais, des quartiers-maîtres Autin et Hourçourigaray, vétérans de l'unité. L'effectif de 210 hommes, atteint en décembre 1944, ne sera jamais dépassé, les départs de l'unité s'accélérant au cours du premier trimestre de l'année 1945. Il semble que la première cause de départ du bataillon soit due à des mesures d'ordre disciplinaire, Kieffer ayant fort à faire pour maintenir la cohésion de ses hommes.

Le 5 février 1945, par exemple, Kieffer adresse à Londres une liste de 13 noms, 13 hommes à « débarquer » rapidement de son unité pour les raisons suivantes : maladie, désertion, inaptitude définitive à servir dans les commandos. Dans cette liste, presque la moitié sont des hommes passibles du conseil de guerre pour cas de désertion, quatre d'entre eux étant déjà détenus à la prison de la caserne Bir-Hakeim en Angleterre et deux autres n'étant toujours pas réapparus à l'unité depuis des permissions en France, en septembre 1944 et janvier 1945. Un mois plus tard, le 5 mars 1945, le patron du 1er BMFC ordonne à nouveau le « débarquement » de trois de ses hommes. Pour le premier d'entre eux, qui a utilisé une arme à feu dans un café parisien à Paris pendant une permission, Kieffer demande le conseil de guerre ou une punition, puis le retour définitif en Angleterre. Pour le second, « ne pouvant rien tirer de ce matelot qui est une honte pour le Commando et indésirable au commandement britannique », Kieffer ne voit pas d'autre solution que le « débarquement » de son unité, et une peine de prison de 30 jours « à l'arrière du front chez les Britanniques ». Enfin, le 3e homme, « fatigué nerveusement, ne veut plus servir ».

Considérant cet élément comme « un poids dangereux que traîne l'unité, inutile et qui peut constituer un danger pour l'unité dans des heures critiques de combats », Kieffer préfère ne pas le garder parmi ses hommes.

On aurait pu penser qu'une fois passé le temps de la libération de la Normandie, une fois terminées les opérations de débarquement à Walcheren, loin des fronts principaux et des combats d'avant-garde, Philippe Kieffer aurait relâché un peu son emprise sur sa troupe et assoupli quelque peu la discipline qu'il faisait régner depuis le début de son commandement, loin de là. À mesure que l'indiscipline gagnera au sein de la troupe, Kieffer y maintiendra inversement une discipline de fer, ne « lâchant » rien. En réalité les enjeux sont pour lui considérables. Il s'agit d'emmener au terme du conflit une troupe digne d'être reconduite pour des opérations futures. C'est aussi la raison pour laquelle Kieffer n'hésitera pas à se séparer du moindre mauvais élément dans son bataillon, « indigne » selon lui d'y avoir encore sa place. Entre décembre 1944 et le 1er juillet 1945, date à laquelle il reviendra définitivement en Angleterre, le bataillon français perdra ainsi 42 hommes, soit 20 % de son effectif total[15].

Chapitre 15

PHILIPPE KIEFFER SE RETIRE DU JEU

En juin 1945, un an après le Jour J en Normandie, le 1er BFMC se prépare à partir pour l'Angleterre en vue de sa dissolution. Une permission de longue durée attend les 168 hommes de Kieffer : quinze jours au titre de leur appartenance aux Forces navales françaises libres, seize jours au titre de la campagne de 1944, seize jours au titre de la campagne de 1945, ajoutés à huit jours par année de séparation de leur famille. À l'issue de ces permissions, les commandos seront répartis en trois catégories : ceux qui seront démobilisés, ceux qui resteront dans la Marine et enfin ceux qui passeront dans l'armée de réserve. Dans son livre *Béret vert* publié après la guerre, Philippe Kieffer passe très rapidement sur cette phase de démobilisation de son bataillon, semblant balayer en quelques lignes une histoire longue de cinq années :

> « L'armistice est signé. Les bérets verts français font un séjour de deux mois en Allemagne occupée, puis le 1er bataillon de fusiliers marins commandos quitte ses camarades britanniques pour rejoindre Londres. La dissolution est proche : les uns rejoindront la vie civile, les autres retrouveront la vie de bord[1]. »

Cette lecture froide et distanciée des événements ne doit pas faire oublier les intenses semaines de tractations engagées entre Philippe Kieffer et les autorités militaires françaises au sujet de la pérennisation de l'unité commando forgée à partir de 1942.

Dès le début de l'année 1945, Kieffer consacre l'essentiel de son énergie à tenter de régler cette question de l'avenir de son bataillon, une fois la paix revenue. Mais il n'est pas le seul, et comme lui d'autres responsables réfléchissent à une sortie de guerre honorable pour les hommes de Kieffer. Le contre-amiral Robert est de ceux-là.

Quel avenir pour le 1er BFMC ?

Dans un rapport qu'il remet le 28 février 1945 au vice-amiral Thierry d'Argenlieu, Robert, qui commande les Forces navales en Grande-Bretagne, propose que le 1er BFMC, engagé sur le front de l'Ouest depuis le 6 juin 1944, soit rattaché « dès que possible à un dépôt de la Marine en France, avec lequel ses relations seront plus faciles[2] ». Il est vrai que la gestion du bataillon français, avec son dépôt en territoire britannique, n'est plus du tout adaptée à la situation, avec un personnel devenu difficile à administrer et à pourvoir en renforts, ainsi que de réelles difficultés de communication. L'amiral Robert, qui souhaite maintenir après la guerre cette unité française, préconise donc la solution radicale d'un transfert administratif dans un dépôt en France, et plus précisément à Paris.

Dans un premier temps, un transfert de ses services pourrait être envisagé à la caserne Surcouf à Londres, après la liquidation du dépôt de Petworth, qui n'a plus lieu d'exister[3]. L'amiral Robert considère toutefois qu'il est « indispensable, du point de vue moral, qu'elle continue [l'unité] à relever d'une autorité d'origine FNFL », qu'elle dépende donc militairement et directement de l'amiral Thierry d'Argenlieu et administrativement de la caserne Balard à Paris. Pour les autorités françaises de la Marine, le rattachement administratif à la caserne Balard n'est pas une bonne idée, estimant au contraire que « cette belle troupe, qui s'est couverte de gloire, qui a conservé au plus haut degré l'esprit FNFL, et dont l'entraînement spécial correspond particulièrement aux tâches incombant aux corps de débarquement, devrait après la guerre, être le noyau du bataillon de fusiliers marins reconstitué, dont une compagnie garderait le nom et la tradition des FM Commandos[4] ».

Le 8 mars suivant, Thierry d'Argenlieu répond aux propositions du contre-amiral Robert. Les deux hommes semblent d'accord sur l'inconvénient majeur du peu de liaison entre le 1er BFMC et les FNGB et la nécessité de rattacher l'unité de Kieffer à un dépôt en France. Mais la caserne Balard à cette époque est une option impossible[5]. Au final, la seule unité de rattachement reste le Centre administratif de la Marine aux armées. Quant à l'autorité militaire à laquelle le 1er BFMC serait rattaché, Thierry d'Argenlieu envisage le 1er régiment de fusiliers marins (RFM), qui dépend lui-même de la Marine aux armées.

Si la solution du rattachement à un centre administratif français est définitivement acquise, il semble bien que c'est le choix de l'unité de laquelle va dépendre le 1er BFMC qui pose encore problème. La solution consistant à englober le 1er BFMC dans le 1er régiment de fusiliers marins est quasiment impossible à réaliser et ce, pour deux raisons majeures. La première est tout d'abord technique : le 1er RFM se trouve à cet instant à plus de 2 000 km. La seconde, peut-être la plus importante aux yeux de Thierry d'Argenlieu : « supprimer le 1er BFMC pour l'incorporer pratiquement sous forme d'un escadron supplémentaire au 1er RFM [me] semble incompatible avec la gloire dont s'est couvert le 1er BFMC[6] ».

Thierry d'Argenlieu connaît bien les hommes de Kieffer et ce qu'ils ont réalisé sur le plan militaire depuis le 6 juin 1944 : il leur a rendu visite en juillet 1944 en Normandie dans le bois de Bréville. Avant cela, en octobre 1943, il s'était rendu à Eastbourne pour inspecter le bataillon français, incorporé alors au n° 10 Commando. Pour lui, cette unité prestigieuse mérite plus que sa mutation en simple escadron supplémentaire du 1er RFM. C'est peut-être à cet instant précis que se joue l'avenir du bataillon français, vers son maintien en unité autonome.

Mais au printemps 1945, aucun choix définitif ne semble donc avoir été arrêté par l'état-major de la Marine.

De son côté, Kieffer voyage à plusieurs reprises du front des Pays-Bas vers Paris, pour préserver « son œuvre » d'une dissolution à moyen terme. Il entend bien imposer ses idées et faire connaître à sa hiérarchie ses positions concernant le devenir de son unité. Aussitôt informé de la note du 8 mars 1945, Kieffer ne tarde pas à réagir en adressant un mois plus tard une lettre au commandant des Forces navales en Grande-Bretagne. Il expose point par point tous les avantages à ce que son bataillon puisse rester géré administrativement par la caserne britannique Surcouf, en lieu et place d'un centre parisien : versement efficace et en tous lieux des soldes, lignes de correspondance facile, et rapide, entre l'unité et le dépôt britannique, présence d'un correspondant permanent à Londres en la personne de Mazéas, archives et dossiers conservés à Londres… « Alarmé » par l'éventualité d'un rattachement en France, Kieffer perçoit également immédiatement les dangers d'une telle décision, notamment une rupture définitive avec l'environnement britannique qui est le sien depuis le début de l'existence de son unité commando :

> « Nous devons fatalement, sous le commandement anglais, être démobilisés en Angleterre ou retourner à la Marine dans ce pays, car nous suivons partout le n° 4 Commando. Jusqu'au moment de sa démobilisation ou dissolution, nous nous trouverons donc à un moment en Angleterre et dépendant du Centre administratif de la Marine aux armées, alors qu'elle pourrait être en Alsace, et nous n'aurions aucun moyen de les atteindre et il ne pourrait nous rendre aucun service au point de vue paiement de la solde, etc.[7]. »

La position de Kieffer est donc très claire. Concernant le rattachement de son unité, il n'y a pour lui qu'une seule solution : que le commandant des FNGB reconsidère ce changement d'administration, impensable à ses yeux. Kieffer souhaite donc vivement que son bataillon, stationné aux Pays-Bas, suive le n° 4 Commando en Grande-Bretagne, afin de s'y rééquiper et d'y attendre de nouvelles recrues venues de France.

Vers une unité commando marine permanente

Kieffer pense également et depuis longtemps à la création d'une école spécifique, sur le modèle du centre d'instruction d'Achnacarry. Les commandos restés à la Marine pourraient y servir en tant qu'instructeurs. 400 volontaires, sélectionnés à la suite d'un examen approfondi, pourraient partir en stage dans cette nouvelle école, que Kieffer souhaite confier à l'officier des équipages Lofi et au lieutenant de vaisseau Guy Vourc'h. L'obtention du brevet parachutiste compléterait les qualifications de base des commandos. Kieffer voit ainsi, dans ce nouveau type de combattant de la Marine, un moyen d'intervenir efficacement sur les futurs théâtres d'opérations.

Le projet argumenté semble « réalisable »... Pourtant l'état-major de la Marine ne donne pas suite aux propositions de Kieffer, cherchant plutôt à reprendre en main le commandement direct de ces troupes françaises, mises à la disposition des Opérations combinées depuis 1942. Devant cette opposition, Kieffer ne désespère pas. Il persiste même en modifiant son projet du 11 mai, qu'il transmet directement cette fois-ci au secrétaire d'État de la Marine, Louis Jacquinot. Il entrevoit principalement deux phases pour son bataillon[8].

La première, la plus immédiate, consiste à « partager le sort du 4e Commando franco-britannique » : rentré avec ses hommes en Angleterre, Kieffer entend régler tout d'abord les différentes questions administratives de son unité : compte de solde, démobilisations et retours vers les foyers, permissions de longue durée, rééquipements des hommes, accueil de nouvelles recrues. Kieffer compte garder avec lui un noyau d'une centaine d'hommes.

Le second volet exposé au ministre, consistant à augmenter les effectifs du bataillon en le portant à 400 hommes, pourrait entraîner une affectation rapide du bataillon vers des théâtres d'opérations d'Extrême-Orient ou d'Indochine, où il pourrait y jouer un rôle important. Dans le cadre d'une coopération franco-britannique maintenue, et si les recrutements de volontaires étaient constants, Kieffer envisage même un départ d'ici 60 à 90 jours, c'est-à-dire entre août et septembre 1945. Cette nouvelle force commando française serait équipée par les Britanniques mais placée sous administration française. Plus tard, si le besoin s'en faisait sentir et si le recrutement le permettait, le Commando français pourrait même être porté à quatre bataillons. Ce serait alors la mise sur pied d'un véritable régiment de fusiliers marins commandos, dont l'emploi premier serait « de servir dans les colonies ».

Kieffer croit ainsi pouvoir convaincre l'état-major général et le secrétaire d'État à la Marine de l'absolue nécessité de pérenniser le 1er BFMC, en recrutant des volontaires au sein des bataillons de fusiliers marins déjà existants, convaincu de l'imminence d'un conflit sur d'autres théâtres d'opérations. Mais c'est sans compter sur la force des autorités françaises de la Marine. Dans cet immédiate après-guerre, elles n'ont absolument pas les moyens de créer des troupes aussi importantes et persistent au contraire à revendiquer les deux *troops* françaises mises à la disposition des Britanniques en 1942 pour la durée de la guerre en Europe. La guerre étant terminée, il fallait désormais récupérer tous les hommes disponibles.

Le 11 juin 1945, la Marine demande alors avec insistance au major Laycock de donner l'ordre au 21e groupe d'armées de renvoyer le 1er BFMC en Angleterre, afin de permettre « le retour des spécialistes et de ceux qui le désirent[9] ». Philippe Kieffer est chargé lui-même de porter cette note au chef des Opérations combinées, afin de régler au plus vite les détails du départ des Français vers la métropole, puis ceux de la dissolution. Le 20 juin, le bataillon français reçoit l'ordre de se diriger vers la caserne de Bir-Hakeim, afin de rendre aux autorités britanniques l'équipement individuel de chaque homme. L'unité débarque au complet en Angleterre le 2 juillet 1945.

L'indispensable travail administratif peut alors commencer. Il va durer 10 jours. Sur ses tableaux d'effectifs, le bataillon compte 168 hommes. Après les permissions et les démobilisations de 67 recrues, Kieffer peut compter sur 41 hommes placés dans la réserve, auxquels viennent s'ajouter 60 autres commandos. Au total, c'est une force de 101 personnes disponibles qu'Alexandre Lofi, nouveau commandant de l'unité, peut amener dans un dépôt de la Marine[10].

Le 1er bataillon de fusiliers marins commandos disparaît de fait en juillet 1945, dans la plus grande discrétion. Le chef des Opérations combinées, qui restitue aux autorités françaises les *troops* 1 et 8 du Commando interallié n° 10, ne tarit pas d'éloge à leur égard en s'adressant au secrétaire d'État de la Marine :

> « Je suis certain que l'esprit de camaraderie acquis sur le champ de bataille entre les soldats de nos deux nations continuera, une fois la paix revenue, pour servir d'inspiration à tous et de lien durable entre les peuples de Grande-Bretagne et de France[11]. »

Le départ des commandos français en Extrême-Orient n'a donc pas eu lieu. À la place du 1er BFMC, c'est l'escadron de tradition du 1er régiment de fusiliers marins qui a été appelé à servir en Indochine. En guise de compensation, ce qui reste du bataillon de Kieffer est mis aux ordres du commandant du secteur maritime du lac de Constance à compter du 9 novembre 1945. Il ne reste plus grand monde autour de Lofi, 35 hommes au total, dont 7 officiers. Ce petit détachement est acheminé à Constance à partir du 15 novembre 1945, dans le cadre des opérations d'occupation en Allemagne[12].

Quelques jours auparavant, les commandos français ont eu une dernière fois l'occasion de se retrouver aux côtés de leurs camarades britanniques, au cours d'une cérémonie commémorative, un an après le débarquement à Walcheren. À Recklinghausen, le 1er novembre 1945, Lofi et ses hommes paradent en effet avec 2 000 autres hommes, dont des commandos du n° 4, renouant avec eux, le lendemain, au cours de la journée consacrée à la mémoire des commandos inhumés aux Pays-Bas.

La disparition programmée des unités commandos

Le 1er BFMC était donc appelé à disparaître, en même temps que les unités commandos britanniques mises sur pied durant l'été 1940. Kieffer ne pouvait pas ne pas connaître les intentions du commandement britannique à ce sujet, et vouloir rester, coûte que coûte, dans le giron du n° 4 Commando pour espérer partir avec lui vers d'autres fronts semblait une démarche vaine, tant le processus programmé de démobilisation des unités commandos britanniques était déjà amorcé. Les combats avaient cessé à l'Ouest, mais la guerre continuait à l'Est, dans le Pacifique et en Extrême-Orient. Beaucoup de soldats britanniques, y compris ceux du n° 4 Commando, espéraient prendre part à ces ultimes combats.

Comme au sein du bataillon français, les effectifs du n° 4 Commando avaient fondu depuis plusieurs semaines, pour atteindre 188 hommes[13]. Le 2 septembre, la guerre en Asie se terminait avec la capitulation du Japon et, malgré tout, le n° 4 Commando continuait seul la garde du camp de Recklinghausen, sans les Français en cours de démobilisation. Personne ne savait à cette époque qu'une décision avait été prise pour dissoudre les unités commandos et aucune annonce officielle ou publique de cet événement n'avait été faite.

La dissolution de l'armée des commandos est officiellement annoncée le 25 octobre 1945, par le général Robert Sturges, commandant en chef du groupe de commandos. Le n° 4 Commando poursuit sa garde du camp de Recklinghausen jusqu'à la mi-décembre 1945, avant d'être relevé à la fin du mois pour être officiellement dissous en février 1946. Afin de porter les traditions et l'esprit des unités commandos, c'est le corps des

Royal Marines Commando qui est préservé, avec pour mission la responsabilité d'une force de frappe amphibie. Le général Laycock, le chef des Opérations combinées, qui s'était battu en vain pour maintenir en l'état l'armée des commandos, choisit de porter cette nouvelle à ses hommes de la 1re brigade le jour même de son annonce officielle :

> « Au-delà de ma joie de voir cette guerre terminée, c'est avec un sentiment de profond regret qu'il m'appartient de vous dire – à vous les commandos, qui avez combattu avec autant de distinction en Norvège et dans les Îles du Nord, en France, Belgique, Pays-Bas et Allemagne, en Afrique, en Égypte, en Crète et en Syrie, en Sicile et en Italie, sur les rivages et dans les îles de l'Adriatique, sur les plages et dans les jungles d'Arakan et de Birmanie – c'est avec, je le répète, un profond regret, que je dois vous dire aujourd'hui que vous allez être dissous[14]. »

Le processus de démantèlement de l'armée des commandos s'achève le 17 décembre 1945. Dans l'intervalle, les QG des 1re et 3e brigades subissent le même sort. En novembre, c'est au tour de la 4e brigade de commandos d'être rapatriée en Angleterre, excepté le nº 4 Commando. Le nº 10 Commando interallié, duquel dépendaient les deux troupes françaises, n'échappe pas à la règle : la troupe norvégienne est rappelée par le gouvernement norvégien en avril 1945, les troupes françaises sont rapatriées en Angleterre en juillet, bientôt suivies par les troupes belge et néerlandaise en septembre suivant. Ne reste alors au sein du Commando que la troupe britannique, qui est dissoute en Allemagne.

Du 1er bataillon de fusiliers marins commandos aux commandos Marines

En France, où il s'agit après la guerre de réorganiser totalement les trois armes Terre, Air, Mer, dans des conditions difficiles, le maintien d'une unité commando après les hostilités n'a pas été la priorité des autorités militaires. Malgré tout, avant qu'il ne soit démobilisé, Philippe Kieffer a réussi à convaincre les hautes autorités de la Marine de la nécessité de créer une école de fusiliers marins commandos, dont les premiers instructeurs seraient d'anciens cadres du 1er BFMC.

C'est Alexandre Lofi qui est chargé de la création de cette école, puis de son animation, bénéficiant, dans le cadre d'un accord avec les Britanniques, de l'appui logistique et de l'encadrement d'instructeurs expérimentés. Instructeur en chef et responsable du programme d'entraînement pour les candidats commandos, Lofi peut compter sur l'appui constant du commandant de l'école, le capitaine de frégate Cornuault, qui tient à suivre de très près le développement de la formation commando.

Installé sur la côte de l'Algérie, au cap Matifou, le centre Siroco accueille à partir de l'été 1945 l'école des fusiliers marins, dissoute en 1940, donnant ainsi une nouvelle base à la Marine nationale[15]. Au mois d'avril 1946, un arrêté du ministère de la Marine, tirant les conséquences des enseignements de la guerre, réorganise la spécialité de fusiliers, « sur des bases modernes, prévoyant désormais un stage de formation commando à Siroco, qui devenait le successeur de l'école de fusiliers[16] ». C'est la naissance du cours commando au sein même de l'école des fusiliers marins, à nouveau reformée. Avec 11 derniers commandos restés autour de lui et six instructeurs britanniques, Lofi s'installe à Siroco le 1er mai 1946. Le premier stage commando d'après-guerre commencera deux mois plus tard.

La Marine a tenu à reproduire au centre Siroco des schémas et une « continuité » déjà vus ailleurs. Au milieu de la cour d'honneur, elle a installé la statue d'un fusilier marin, s'élançant vers un adversaire invisible. Cette statue avait fait une longue campagne en Indochine, devant la caserne « Francis-Garnier » à Saïgon. Réplique de la statue de Lorient fondue par les Allemands, l'œuvre du sculpteur Falguière avait échappé aux destructions des Japonais, puis aux bombardements américains, avant d'être mise à l'abri puis rapatriée au centre Siroco. Dans le bureau du commandant de l'école a également pris place le drapeau du 1er régiment de fusiliers marins, confié à la garde de l'école. Matifou deviendra ainsi, en Algérie, le foyer des fusiliers marins, comme Sidi Bel-Abbès celui de la Légion étrangère[17].

Le centre Siroco fonctionne durant sept années, de 1946 à 1962[18]. À l'image des *Royal Marines Commando* britanniques, l'objectif principal de la spécialité de fusiliers marins est la constitution d'un corps devant servir, à bord des bâtiments, à encadrer le personnel navigant dans les diverses missions du service intérieur. Au terme de six mois de formation à Siroco, les recrues françaises reçoivent le brevet de fusiliers marins, et pour les plus aptes, sur le modèle du volontariat, un billet pour une unité commando afin d'y compléter leur formation de marin et de combattant à terre. S'il existe aujourd'hui plusieurs unités de commandos Marine portant les noms d'officiers marins morts au combat (surtout en Indochine), il faut rappeler que les trois premiers ont été créés au centre Siroco entre juillet 1946 et juillet 1947. Il s'agit des Commandos Trépel (tué en février 1944), François (tué en Indochine le 6 janvier 1947) et de Montfort (tué en Indochine le 26 novembre 1946)[19]. Il aura donc fallu attendre la création de ces nouvelles unités commandos de la Marine, pour voir établies les bases du concept de commando-marine, tel qu'on le connaît encore aujourd'hui.

Épilogue

LA TROISIÈME VIE DE PHILIPPE KIEFFER

Devant prendre de nouvelles fonctions à partir du 1er juillet 1945, Philippe Kieffer a dû transmettre le commandement de son bataillon à Alexandre Lofi. Il laisse à son second le soin d'organiser le rapatriement du bataillon en Angleterre, de procéder aux opérations de dissolution, de restituer aux Britanniques les équipements reçus durant la guerre, et de commencer la démobilisation des hommes. Kieffer n'a pu éviter la disparition du bataillon qu'il avait lui-même créé. Mais il peut être satisfait, car il a bien travaillé avant de se retirer du jeu. En plaidant la mise en place d'une formation de fusiliers marins commandos, il a contribué à former la base de l'organisation des fusiliers marins après la guerre, garantissant ainsi l'expérience acquise par ses propres soldats en Normandie et aux Pays-Bas.

Lui qui avait toujours affirmé qu'il redeviendrait un civil une fois la guerre terminée, il reste fidèle à ses paroles. À 45 ans, Kieffer décide de se lancer dans une carrière politique, abandonnant pour toujours l'uniforme militaire, endossé pendant 5 ans. Il sera démobilisé le 6 août 1946, et quittera définitivement l'armée le 6 octobre 1946.

L'homme politique

Suite à la décision du Conseil de l'ordre de la Libération du 9 avril 1945, il a été désigné pour aller siéger à la nouvelle

Assemblée consultative provisoire, comme représentant de la France combattante, en remplacement de Savary. Il a été aussitôt convoqué le 25 avril à Paris, pour prendre part aux travaux de l'assemblée. Kieffer est donc dans la capitale jusqu'à la fin du mois d'août 1945, ce qui lui a facilité l'organisation de ses démarches auprès du ministère de la Marine.

Il occupe son premier siège politique, à l'issue des élections municipales d'octobre 1945, au conseil municipal de Grandcamp, petit port de pêche normand où il a acheté une maison après la guerre et pris l'habitude de venir en congé. On le retrouve également lors du scrutin du 23 septembre 1945, pour les élections du conseil général, dans le canton d'Isigny-sur-Mer. Kieffer remplace Maurice Schumann qui l'a désigné, lui-même ayant été appelé à porter sa candidature dans un autre département. Sur la « profession de foi » du capitaine de corvette, qui se présente sous l'étiquette « France-Combattante-MRP », une mention importante est faite au général de Gaulle, l'ancien chef de la France Libre :

> « Il s'agit de se mettre au travail avec discipline. Assez de discours, passons à l'action. C'est le devoir de tous Français et Françaises d'apporter leur concours au redressement rapide de la Nation. C'est l'ardent désir du général de Gaulle, avec votre concours il aura bientôt atteint ce but et à ce moment-là nous pourrons dire qu'il a une seconde fois sauvé la France[1]. »

Élu brillamment au premier tour, Philippe Kieffer siège le 29 octobre 1945 à la séance plénière du conseil général du Calvados, réunie sous la présidence de M. Boivin-Champeaux. Ce dernier ne peut s'empêcher de commencer son discours affirmant que « le conseil général est heureux de la circonstance qui lui est offerte d'exprimer au commandant Kieffer sa fierté de le comporter parmi ses membres[2] ».

Aux élections suivantes, les législatives du 2 juin 1946, Philippe Kieffer se présente dans le Calvados à un mandat de député, sur une liste du Rassemblement des gauches républicaines en deuxième position, après Marc Jacquet, directeur du journal *XXe siècle*, engagé volontaire FFL, radical-socialiste. Cette fois-ci engagé politiquement, membre de l'UDSR, l'Union démocratique et socialiste de la résistance, Kieffer y côtoie Fernand Trehet, ancien combattant de 14-18, radical-socialiste, Émile Berger, républicain socialiste, ancien combattant de 14-18 et Michel Briens, républicain de gauche. Mais, à l'issue des résultats, Kieffer est battu dans son propre canton. Il décide sur-le-champ de démissionner du conseil général, où il était membre de la commission des Travaux publics, expliquant que le respect et l'admiration qu'il portait aux grands principes républicains et démocrates ne lui permettent pas de garder son mandat de conseiller général[3].

Cette démission est un « coup dur » pour le président du conseil général qui, malgré plusieurs tentatives pour le retenir, doit se résoudre à laisser partir le commandant Kieffer, « un des héros de la Libération nationale[4] ». Ainsi s'achève la vie publique de Philippe Kieffer, qui n'en marqua pas moins de sa présence le conseil général du Calvados. On lui doit notamment son vœu, formulé au cours de son mandat, de voir la ville de Colleville-sur-Mer changer de nom pour devenir Colleville-Montgomery, afin de « commémorer le débarquement sur son territoire des premières troupes du général Montgomery et du commando du capitaine Kieffer ». Ce vœu sera adopté, Colleville changera bien de nom.

La troisième vie entamée par Philippe Kieffer le conduit à fréquenter ensuite les hautes sphères internationales, lorsqu'il devient haut responsable dans les instances interalliées. En poste à Berlin comme représentant de la France à l'Agence interalliée des réparations, Kieffer rejoint Bruxelles en tant que représentant en chef des nations participantes de l'acte de Paris. C'est à Paris qu'il finit par revenir au début des années 1950, en intégrant les structures de l'OTAN au poste de directeur de l'administration et des services généraux. En 1951, il fait l'acquisition d'une maison au nord de Paris, à Cormeilles-en-Parisis, villégiature qu'il partage alors avec Grandcamp.

Conseiller historique sur le tournage du film « Le Jour le plus long »

« J'ai vu le commandant Kieffer diriger, 17 ans après, la prise du casino de Ouistreham par les bérets verts » est un article du journaliste F.-G. Potut, envoyé spécial en Normandie, à Port-en-Bessin, pour couvrir le tournage de la partie française du film de Zanuck, *Le Jour le plus long*.

Qualifié par le journaliste de « héros français du débarquement du 6 juin 1944 », Philippe Kieffer devient au début des années 1960 un des conseillers historiques du réalisateur, qui s'attaque, dans une grande fresque cinématographique, au débarquement allié en Normandie. Le tournage du film met en scène la prise du casino de Ouistreham par les commandos français. Kieffer participe de près à la préparation de ce tournage, comme conseiller au même titre que des dizaines d'autres consultants, qui comme lui ont été acteurs du Jour J, aussi bien du côté allemand que du côté allié : les généraux Morgan, Blumenttritt, Kœnig, Gavin, le major Howard, ou encore lord Lovat, sont ainsi sollicités.

Kieffer conseille Zanuck, techniquement, dans la reconstitution des opérations françaises, mais également l'acteur qui doit jouer son propre rôle, Christian Marquand, dont c'est le premier rôle dans un film de guerre. Dix rôles sont donnés à des Français dans la distribution du film. Pour le Commando Kieffer, deux interprètes sont retenus pour jouer les rôles de Kieffer et du sergent Guy de Montlaur (sous les ordres de Guy Vourc'h au sein de la *troop* 1 au moment du 6 juin). « Marquand est exactement ce qui convient pour ce rôle : même corpulence, même silhouette que moi, il y a 17 ans. Il m'est très sympathique et je suis heureux d'être représenté par lui », confie Philippe Kieffer dans le même journal. Quant au rôle de Guy de Montlaur, il est confié à l'acteur Georges Rivière. Durant le tournage de l'attaque du casino, Kieffer peut voir à l'œuvre de véritables fusiliers marins commandos, ceux du Commando Hubert formé par Alexandre

Lofi en Algérie et qui ont été sollicités, comme figurants, pour la scène de l'assaut final. Kieffer assiste à l'avant-première mondiale du film au palais de Chaillot le 25 septembre 1962, au côté de son « double », Christian Marquand. C'est la dernière sortie publique du « Pacha ».

Deux mois plus tard, le 20 novembre, il décède chez lui à Cormeilles-en-Parisis, emporté par la maladie à l'âge de 62 ans. Le général de Gaulle, le ministre des Armées Pierre Messmer, lord Lovat font parvenir leurs condoléances, sans assister pour autant aux obsèques avant tout familiales. Dans la cour de la maison de Cormeilles, de nombreux compagnons d'armes, coiffés du béret vert, sont là rassemblés autour de Guy Vourc'h, qui prononce l'éloge funèbre, debout face au cercueil du défunt où ont été posés ses décorations et son béret de commando. L'émotion est intense. Orphelins, les premiers volontaires de 1942 sont venus rendre un dernier hommage à leur « Pacha », comme Francis Vourc'h ou Otto Zivolhava. Certains n'avaient jamais revu leur chef depuis la fin de la guerre, emportés par le tourbillon de la vie active et les carrières à l'étranger. D'autres au contraire avaient maintenu le lien, notamment au cours des diverses cérémonies commémoratives du Débarquement, où ils l'avaient retrouvé sur les plages de Normandie. Kieffer était en effet souvent revenu fouler le sable de Colleville et de Ouistreham, prenant à chaque fois le temps de se recueillir sur les tombes de chacun de ses soldats tués durant l'été 1944. Cette terre de Normandie à laquelle il avait contribué à rendre une partie de sa liberté serait donc celle de sa dernière patrie.

Lors de l'inhumation de Kieffer, le 26 novembre à Grandcamp, le vice-amiral Burin des Roziers, qui représente Pierre Messmer, rend un dernier et vibrant hommage au chef des bérets verts français :

> « En honorant la mémoire du commandant Kieffer, la Marine ne s'incline pas seulement devant le valeureux marin d'épopée mais également devant celui qui a contribué à affer-

mir sa puissance. C'est surtout sur l'homme que ma pensée s'arrête. Les plus belles qualités de notre race s'y sont trouvées rassemblées. Résistance physique à toute épreuve, courage indomptable, patriotisme éclairé, sens du commandement à la fois intransigeant et profondément humain, intelligence saine et précise, culture étendue, fraîcheur du cœur qui lui fait apprécier les plus belles choses, oubli de soi-même, foi religieuse simple et vivante, confiance illimitée dans les desseins de la providence [...]. Je sais que le Seigneur ne l'aura pas oublié. Mais je voudrais que dans le cœur de chacun d'entre vous s'éternise un souvenir comparable au monument érigé en sa mémoire par la commune de Colleville-Montgomery, sur la plage où il débarqua le 6 juin 1944 à la tête de son Commando, en hommage de gratitude et de pieuse reconnaissance pour glorifier et immortaliser ces héros sublimes qu'il a su personnifier... »

CONCLUSION

Constituée dans l'urgence à partir de l'été 1940, une armée nouvelle, composée d'unités commando, avait su redonner à l'Angleterre le goût de la victoire, grâce à une ambitieuse politique de raids lancés sur les côtes de l'Europe occupée. Une guerre d'un type nouveau, moins académique, fut alors menée dans le cadre des Opérations combinées, sous la direction d'un de ses plus illustres chefs, lord Louis Mountbatten. C'est dans ce cadre que fut créé *ex nihilo* le Commando Kieffer, qui exista tout d'abord sous la forme d'une simple compagnie FNFL à Camberley, avant de devenir un des rouages de cette armée des commandos, au sein du n° 10 Commando interallié, auquel elle se trouvait directement rattachée de l'automne 1942 au printemps 1944.

A priori rien ne prédisposait à la conjonction de ces univers si opposés, d'un côté celui très secret et fermé des Opérations combinées et des commandos marine britanniques, de l'autre celui d'une France Libre cherchant à affirmer, par la voix de son chef, le général de Gaulle, la légitimité, son autorité et une certaine indépendance vis-à-vis des Alliés, sur le plan politique comme sur le plan militaire.

Il aura fallu l'entrée en scène d'un seul homme pour que la « jonction » soit établie au début de l'année 1942 et pour que des Français libres soient recrutés pour former une « compagnie de fusiliers marins commandos ». Cet homme, Philippe Kieffer, faisait partie des tout premiers Français libres à avoir rejoint de Gaulle. Arrivé en France en rupture profonde avec son passé familial, personnel et professionnel, il avait rallié la France Libre le 1er juillet 1940, mais peinait à trouver une place à la hauteur de ses ambitions dans les rangs des FFL. Français de l'étranger, banquier de 41 ans, sans expérience militaire à son actif, considéré comme insoumis, l'homme était plutôt atypique et ses choix plutôt surprenants : il avait ainsi préféré laisser filer en Afrique le 1er puis le 2e bataillon de fusiliers marins, avant de tenter de prendre en main, au cours de l'automne 1941, les destinées du 3e bataillon basque en cours de formation.

Durant de longs mois, Kieffer s'était ensuite donné les moyens de devenir officier fusilier marin, attendant patiemment son heure, non pas pour rejoindre les rangs des bataillons « traditionnels », mais pour mener à bien un tout autre projet : la mise sur pied « d'une unité dont l'entraînement complet porterait sur le corps de marins de débarquement et dans laquelle on prélèverait pour chaque opération les détachements qui seraient adjoints alors aux troupes anglaises prévues[1] ». En d'autres termes, Kieffer avait proposé à l'état-major FNFL des commandos marine à la française. Et il était même allé plus loin dans sa démarche : si ses responsabilités au sein des FFL ne lui donnaient plus satisfaction, il se montrerait prêt à jouer la carte de la rupture en travaillant directement avec les Britanniques. L'homme avait considérablement évolué : le Philippe Kieffer du début de l'année 1942 n'avait plus rien en commun avec le Philippe Kieffer de l'automne 1939, ni même l'officier interprète et du chiffre qu'il était durant l'été 1940 à bord du *Courbet*.

Le Commando Kieffer, troupe britannique ?

C'était donc à un homme seul – mais non isolé –, motivé et entraîné, appuyé par Muselier puis par une partie de l'état-major FNFL, que l'on devait la création en 1942 d'une compagnie de fusiliers marins commandos. Peut-être la Marine française aurait-elle fini par créer elle-même cette spécialité de fusiliers marins commandos, qui n'existait pas encore dans l'organisation des équipages de la Flotte. Mais prise dans le cours de la guerre, handicapée par les rapports difficiles de Gaulle-Muselier, accaparée par les difficultés quotidiennes de recrutement, la Marine FNFL était incapable d'opérer en son sein une telle réorganisation. Cette même Marine aurait alors pu intégrer cette compagnie de commandos en cours de formation au sein de sa propre organisation militaire. Mais peu conventionnelle au regard des traditions militaires françaises, fragilisée par ses faibles effectifs et la pauvreté de son équipement, nécessitant des moyens logistiques immédiats et conséquents, cette nouvelle unité française ne devait pas séduire la hiérarchie navale FFL. Cette dernière ne la rejetait pas pour autant, puisqu'elle décidait de la confier d'emblée à la direction des Opérations combinées, sous la forme d'un détachement et dans le cadre d'une affectation à un Commando marine britannique[2]. Placés sous l'autorité administrative de la France Libre, Kieffer et ses hommes allaient ainsi évoluer du point de vue opérationnel, au sein de l'armée britannique, du raid de Dieppe d'août 1942, jusqu'à la fin des opérations aux Pays-Bas au printemps 1945.

L'histoire militaire du Commando Kieffer durant la guerre reste donc inévitablement britannique, que ce soit son activité avant le Débarquement en Grande-Bretagne, son action libératrice en Normandie, ou enfin ses derniers combats aux Pays-Bas. À aucun moment la troupe de Kieffer n'aura été mise en contact avec d'autres unités françaises au cours de la guerre, ni-même « rendue » au commandement militaire français, comme si sa mise à disposition décidée par le général de Gaulle au printemps 1942 était irréversible[3]. À ce titre, le Commando Kieffer, troupe de fusiliers marins commandos, reste une troupe résolument britannique.

Le Commando Kieffer, unité de la marine française ?

Forgé dans le cadre de l'unité Marine de Camberley, composé en grande majorité de marins, puis de fusiliers marins plus tard brevetés commandos, le Commando Kieffer fut également une unité combattante de la Marine française. Durant la guerre, le brevet était délivré par les Anglais à l'issue des stages en Écosse ou au pays de Galles. Aujourd'hui les commandos marine français obtiennent leur brevet à Lorient, à l'École des fusiliers marins. Après la guerre, la Marine française, qui avait dissous le 1er BFMC, s'empara de son bilan et de son prestige pour organiser, avec l'aide d'anciens cadres du Commando Kieffer, sa propre formation de fusiliers marins commandos au centre Siroco. On ne soulignera jamais assez la force des traditions dans la Marine et le poids de l'héritage laissé par l'unité de Kieffer, la formation d'unités commandos françaises dans l'immédiate après-guerre et leur engagement progressif en Indochine en sont des preuves des plus significatives.

Le Commando Kieffer, troupe de fusiliers marins commandos, est donc assurément, durant la guerre, une unité de la Marine française.

Le Commando Kieffer, commando de la France Libre ?

Composé de Français libres et commandé par un Français libre de la première heure, le Commando Kieffer appartient-il maintenant à la famille de la France Libre ? Les bérets verts français ont tous signé individuellement leur engagement dans la France Libre, tous arborent sur leur uniforme britannique la croix de Lorraine et l'insigne FNFL. Leur profil sociologique semble en tout point conforme à celui défini pour l'ensemble des Français libres. Les chemins qu'ils ont empruntés pour rallier la France Libre ont été ceux-là mêmes empruntés par les quelque 55 000 autres Français libres. Les hommes de Kieffer sont indéniablement des Français libres. Mais le sont-ils encore lorsqu'ils se trouvent engagés avec leurs camarades britanniques, à Dieppe en août 1942, dans les raids nocturnes de l'hiver 1943, dans les combats du 6 juin 1944 ou ceux de Flessingue quatre mois plus tard ? Combattent-ils au nom de la France Libre et pour le général de Gaulle, ou combattent-ils simplement, avec les Britanniques, pour la libération de la France, leur pays, ou celle d'autres pays occupés ?

Les FFL n'ont pas souhaité les utiliser – même si leur participation au débarquement en Corse fut un temps envisagée au cours de l'année 1943 – et ne chercheront pas plus à les « récupérer » par la suite, respectant à la lettre l'accord du 3 avril 1942. Les choses étaient relativement claires : de Gaulle s'était engagé à procéder à la constitution d'une troupe française commando en état de marche pour les Opérations combinées, tout en veillant à leur fournir constamment les effectifs nécessaires. Il ne devait pas déroger à cet engagement. On ne peut donc pas dire si simplement, comme on l'entend trop souvent, que le général de Gaulle n'a pas apprécié de voir partir combattre sous commandement britannique une troupe française de marins spécialistes. Lui-même à l'origine de cette décision, de Gaulle a plutôt encouragé l'existence, puis le développement de la compagnie, puis du Commando Kieffer, sous les couleurs britanniques.

Ce qui est en revanche beaucoup moins clair et plus difficilement explicable, c'est le « désamour » qui semble s'être installé par la suite entre le chef de la France Libre et l'unité commando. Pour preuve, durant la guerre, de Gaulle n'a pas souhaité faire du 1er BFMC une unité compagnon de la Libération. Ce fut le 1er régiment de fusiliers marins qui reçut ce suprême honneur en juin 1945[4]. La seule autre unité française engagée dans l'opération Overlord, le 4e bataillon d'infanterie de l'air, dont des sticks avaient été parachutés sur le Morbihan et les Côtes-du-Nord, fut également faite compagnon de la Libération en novembre 1944[5]. Le passé militaire du 1er RFM est incontestable, l'aide apportée à la résistance bretonne par les parachutistes du colonel Bourgoin tout autant. Qu'a-t-il alors manqué au Commando Kieffer ? Un glorieux passé militaire, un chef de guerre de premier plan, un rôle déterminant en France au moment de la libération du territoire, ou tout simplement une indépendance et une certaine autonomie militaire le 6 juin 1944, que de toute façon il lui était impossible d'avoir ? Il est difficile d'arrêter une seule réponse, mais on ne peut que souligner le fait que le 1er BFMC reste la seule des trois unités françaises mises à la disposition d'un commandement militaire allié à ne pas avoir reçu l'ordre de la Libération[6].

Tenu par les Alliés à l'écart des préparatifs du Débarquement, le général de Gaulle n'est pas venu saluer les hommes de Kieffer en Normandie durant l'été 1944, lorsqu'il vient restaurer la légalité républicaine à Bayeux. Sa dernière visite aux commandos français remonte au 14 juillet 1942, lors du défilé à Londres, et il n'y en aura pas d'autres d'ici la fin de la guerre. Certains hommes ne l'auront jamais approché de toute la durée de la guerre. Durant et après le conflit, de Gaulle ne s'est guère exprimé au sujet du Commando Kieffer, excepté à travers les honneurs rendus à quatre fusiliers marins commandos devenus compagnons de la Libération[7]. Après la guerre, de Gaulle n'a jamais souhaité venir en Normandie commémorer la date du 6 juin 1944. En 1964, il refuse d'assister aux commémorations du vingtième anniversaire. De Gaulle n'a jamais voulu faire de cet épisode du Débarquement un événement central et un combat de la France Libre, rejetant ainsi catégoriquement de la mémoire française libre le coup d'éclat des « Français du Jour J ». L'histoire de la France Libre n'a donc pas retenu, parmi ses grandes épopées, le récit écrit par le Commando Kieffer. Le 6 juin 1944, n'est pas un combat de la France Libre, comme ne le sont pas davantage les raids secrets de l'hiver 1943, le débarquement de Flessingue ou encore la campagne lointaine menée aux Pays-Bas. Aussi, aucun de ces combats n'appartient aujourd'hui au « patrimoine mémoriel » de la France Libre.

Composé de véritables Français libres et commandé par un Français libre de la première heure, paradoxalement, le Commando Kieffer n'appartient ni à l'histoire ni à la mémoire de la France Libre.

L'aboutissement : la création du nouveau Commando Kieffer

Aujourd'hui le Commando Kieffer n'est pas tombé dans l'oubli, loin de là. Il demeure pour longtemps ancré dans la mémoire nationale, comme la troupe de choc française du 6 juin 1944, dans la mémoire des Britanniques, comme un frère d'armes respecté ayant toujours combattu à leurs côtés, dans la mémoire de la Marine française, comme l'unité ayant rendu possible la création des unités de commandos marine actuelles.

Cette Marine française décidait même très récemment d'affermir sa filiation directe avec le bataillon Kieffer de 1944. En février 2008, le chef d'état-major des armées agréait en effet le principe de la création d'un sixième commando marine, devant être constitué au cours de l'été 2008 avec comme nom de baptême Philippe Kieffer. Cette nouvelle unité devait rejoindre les cinq autres Commandos marine créés à partir de 1946, les commandos Jaubert, de Montfort, de Penfentenyo et Trépel, tous basés à Lorient, et le Commando Hubert, implanté à Saint-Mandrier[8].

Mise en service en septembre 2008 et prioritairement employée par le commandement des Opérations spéciales, la nouvelle unité ne déroge pas à la règle de l'hyperspécialisation, qui caractérise les commandos marine actuels. Tandis que Trépel et Jaubert sont employés dans l'assaut sur mer, de Montfort dans l'appui et la destruction à distance, Hubert dans l'action sous-marine, et de Penfentenyo dans la reconnaissance des sites, le Commando Kieffer nouvelle version doit se spécialiser dans la mise en œuvre des nouvelles technologies, capable d'agir en autonomie, mais aussi d'apporter un soutien aux autres unités ou d'armer des postes de commandement des forces spéciales. Les marins qui le composent sont tous volontaires, affectés pour une durée de deux à trois ans, sélectionnés parmi les marins d'active, de spécialité « fusilier-marins », mais aussi, pour la moitié d'entre eux, parmi d'autres spécialités très techniques, comme électronicien, informaticien, spécialiste des télécommunications ou de la mise en œuvre de drones[9]. C'est donc vers la guerre électronique, le contre-terrorisme, le contre-minage que le nouveau Commando Kieffer a été conçu pour évoluer en mission d'appui et de soutien aux cinq autres commandos dans des disciplines liées aux technologies de pointe.

Le nouveau Commando Kieffer est donc très éloigné dans ses missions du Commando d'origine dont il tire son nom, même si, comme dans les cinq autres formations, il reste beaucoup de l'expérience et de l'expérimentation acquises et développées par les *troops* françaises du 1er BFMC durant le second conflit mondial, à commencer par leur organisation propre[10]. Avec ce 6e Commando au nom prestigieux, la Marine française renforçait de belle manière sa force de commandos – 500 hommes au total – au sein de la Force maritime des fusiliers marins et commandos (une des quatre composantes de la Marine aux côtés de la Force d'action navale, de l'Aéronautique navale et des Forces sous-marines).

La création de ce nouveau Commando Kieffer était surtout une grande première, et ce à double titre : il s'agissait de la première unité commando créée depuis la guerre d'Indochine, mais également du premier Commando marine à ne pas porter le nom d'un fusilier marin commando tué en opération.

La Marine française passait outre cette « anomalie » et n'hésitait pas un seul instant à baptiser sa nouvelle unité commando du nom de Kieffer. L'occasion pour elle était trop belle de rendre un double hommage : hommage au « père fondateur » des commandos marine durant la Seconde Guerre mondiale, hommage aux 177 volontaires de 1944, qui, on ne le rappellera jamais assez, avaient été les seuls Français et les premiers parmi les commandos britanniques à toucher terre en Normandie le 6 juin 1944, avant de prendre part aux combats pour la libération de la France.

ANNEXES

Annexe 1

LES CADRES DU COMMANDO KIEFFER PARCOURS D'OFFICIERS

Si Philippe Kieffer est bien le « père fondateur » du Commando qui porte son nom, il n'a pas été seul pour organiser sa troupe, procéder au recrutement des volontaires, assurer leur formation et veiller à leur promotion. Pour ces différentes tâches, dès qu'il reçut le feu vert des autorités de la France Libre, il s'est entouré des meilleurs officiers fusiliers marins disponibles et volontaires au sein des FNFL. En janvier 1942, il peut rapidement s'appuyer sur trois hommes : les officiers Jean Pinelli, Francis Vourc'h et Marcel Chapuzot. Deux ans plus tard, à la fin du mois de mars 1944, au moment où le 1er BFMC est officiellement créé, Kieffer dispose de 11 officiers. Entre-temps, Chapuzot a quitté l'unité. Kieffer a dû également faire face à la perte de son adjoint, le lieutenant Trépel, disparu au cours d'un raid en février 1944 et qui avait rejoint l'unité en novembre 1942. Dans le même temps ont été recrutés Guy Vourc'h, Jean Mazéas, Robert Lion et René de Naurois, au sein de la *troop* 1, Alexandre Lofi, Léopold Hulot et André Bagot à la *troop* 8, enfin Pierre Amaury et Augustin Hubert à la section K Gun.

Des volontaires de 1940, essentiellement des marins

Sur ces 11 cadres, plus de la moitié d'entre eux, 7 au total, ont rallié les rangs de la France Libre au cours de l'année 1940. Français libres de la « première heure », Francis Vourc'h, Jean Pinelli, Jean Mazéas, Alexandre Lofi, André Bagot, Guy Vourc'h et Pierre Amaury ont pourtant des trajectoires bien différentes avant de servir dans les commandos de Kieffer. Certains ont néanmoins un point commun qui a toute son importance : cinq d'entre eux sont en effet des marins d'expérience, avant même le déclenchement de la guerre.

Francis Vourc'h, né à Lanhouarneau le 6 janvier 1913, s'installe à Brest avec son père, employé à l'Arsenal. Pupille de la Marine en 1926, il entre à l'École des mousses en 1928. Embarqué à bord d'une vedette rapide à Cherbourg, c'est comme second maître électricien qu'il rejoint l'Angleterre le 19 juin 1940. Il intègre la 4e flottille de vedettes rapides à Fowey, avant de rallier les FNFL le 9 décembre 1940[1]. Philippe Kieffer l'avait repéré sur le *Courbet* où, de juillet 1940 à mars 1941, il avait participé à la défense aérienne de Portsmouth, avant d'embarquer sur le *Chasseur 106*, puis à nouveau sur une vedette rapide jusqu'au 22 janvier 1942. Il se porte alors volontaire pour les commandos. Adjoint de Kieffer, il conduit le 19 août 1942 le détachement des commandos français à Dieppe. Au cours du mois de décembre 1943, il dirige le raid sur Quinéville, débarque le 6 juin 1944 à Colleville, et participe à la campagne de Normandie[2]. Après la guerre, Francis Vourc'h commande la compagnie de garde à Brest de 1945 à 1946, puis plus tard de 1954 à 1958. Il commande ensuite la compagnie de protection du port de Brest de 1967 à 1971. Officier en second de l'unité marine Dakar de 1947 à 1950, il sert à l'état-major de Centre-Europe à Fontainebleau, à la base aéronavale de Khourigba de 1958 à 1960, avant d'être affecté comme commandant en second du centre d'entraînement des réserves à Brest de 1960 à 1967. Francis Vourc'h quitte le service actif en 1971, avec le grade d'officier en chef des équipages. Il est décédé en 1987.

Jean Pinelli, né le 9 août 1914 à Nouméa en Nouvelle-Calédonie, choisit la carrière des armes et l'infanterie coloniale. Débarqué pour raison de santé du *Commandant Duboc*, il a participé à l'expédition de Dakar en septembre 1940. Fusilier marin de formation, Jean Pinelli se morfond ensuite plusieurs mois à Camberley, dans l'attente d'une affectation au bataillon du Pacifique. Il tente l'aventure parachutiste et entame pour cela l'entraînement spécifique. Blessé au cours d'un exercice, Jean Pinelli se retrouve immobilisé au camp de Camberley. C'est là qu'il observe l'entraînement des premières recrues de Philippe Kieffer, avant de rallier les commandos. Pinelli devient alors le premier instructeur de la compagnie de commandos à Camberley[3]. En décembre 1943, il exécute un raid sur Bénouville près d'Étretat, *Hardtack* 13. Très grièvement blessé aux jambes et au bassin le 6 juin 1944 en Normandie, il est évacué d'urgence. Jean Pinelli passe plusieurs années à l'hôpital avant de devenir moniteur sportif pour personnes invalides. Il s'éteint le 19 juillet 1993 à Brighton en Angleterre.

Jean Mazéas, né à Lorient le 6 juillet 1912, entre dans la Marine en 1933. Secrétaire de formation, il est mobilisé en 1939 et affecté à Marine Douala, au Cameroun. Démobilisé en août 1940, il rallie les forces du général de

Gaulle, à Douala le 23 novembre 1940. Jean Mazéas sert à Marine AEF-Cameroun de novembre 1940 à mai 1941. Détaché au cours d'aspirants de l'Armée de terre à Brazaville de mai 1941 à janvier 1942, il est nommé aspirant de l'infanterie coloniale et assimilé aspirant de marine le 20 novembre 1941. Affecté comme officier en second à Marine Pointe-Noire en janvier et février 1942, Jean Mazéas rallie la Grande-Bretagne en mars 1942. Dirigé sur la caserne Surcouf à Londres, il en devient officier à partir d'avril 1942. Jean Mazéas est alors nommé à la compagnie de commando le 20 septembre 1942[4]. Grièvement blessé en Normandie le 6 juin 1944, il est démobilisé le 5 février 1946 avec le grade de capitaine de corvette. Il fait ensuite carrière dans les PTT. Il est décédé en 1972 à Laval.

Alexandre Lofi, né dans la Sarre le 21 février 1917, entre dans la Marine en 1933. Second maître fusilier depuis septembre 1939, il devient instructeur et moniteur d'éducation physique à l'école navale de Brest. Il rallie la France Libre en s'engageant le 3 juillet 1940 à Londres. Affecté au 1er BFM du 15 août au 1er septembre, il rejoint ensuite les effectifs du 2e bataillon de fusiliers marins. Détaché à l'unité Marine de Beyrouth de décembre 1941 à décembre 1942, il sert comme officier des équipages auprès de Thulot au 2e BFM jusqu'au 23 juin 1943, jusqu'à son départ pour l'Angleterre après la dissolution du bataillon. Il intègre la *troop* 8 au cours de l'été 1943, avant d'en prendre le commandement après la disparition de Charles Trépel en février 1944[5]. Alexandre Lofi prend part aux opérations de Normandie, et à la campagne de Hollande. Après la guerre, il sert au lac de Constance de 1945 à 1946, puis au centre Siroco en Algérie de 1946 à 1948. Il est membre du Commando Hubert en 1953 et du corps amphibie de marine jusqu'en 1955. Alexandre Lofi termine sa carrière au dépôt de Toulon en 1970, avec le grade d'officier des équipages. Compagnon de la Libération, il s'éteint le 7 mars 1992 dans le Var.

André Bagot, né à Étables-sur-Mer le 22 septembre 1916, est orphelin de guerre et pupille de la Nation depuis la mort de son père aux Dardanelles. Il poursuit ses études à Saint-Brieuc, avant de passer l'examen de l'école de maistrance de Brest en 1933. Reçu parmi les premiers, André Bagot part pour Brest à bord du *Montcalm*. Après une année de navigation, il fait le choix l'école de radio-télégraphiste de Toulon. Devenu hydrographe en septembre 1939, il se trouve alors à Granville sur le navire hydrographe le *Tourteau*, y occupant les fonctions de second du navire. Devant l'arrivée des Allemands, il prend la direction de l'Angleterre le 16 juin 1940 à bord du *Tourteau*, sans attendre l'appel du général de Gaulle. Il s'engage dans la Marine française libre le 20 juillet 1940. Embarqué sur le *Courbet*, puis sur le patrouilleur *Vicking*, il participe aux escortes de convoi sur les côtes d'Afrique avant d'être débarqué à Douala, sollicité par les FFL pour y refaire la carte du port et de son accès en vue de l'occupation américaine. Une fois le travail terminé, il rejoint le 2e bataillon de fusiliers marins de passage à Douala en septembre 1941. Parvenu au Liban, André Bagot met sur pied une école de radios à Beyrouth pour la défense des côtes de Syrie-Liban. Il y séjourne jusqu'en mars 1943, date de la dissolution du bataillon. André Bagot ne choisit pas de devenir commando une fois rapatrié en Angleterre, mais embarque sur le torpilleur *Bouclier* à Plymouth. Débarqué à la caserne Bir-Hakeim, pour prendre les fonctions de commandant en second du camp, il intègre les commandos en janvier 1944. André Bagot est présent le 6 juin en Normandie, comme chef de section de la *troop* 8. Blessé à la tête dans le bois de Bavent le 5 août 1944, il doit être évacué en Angleterre. Soigné, il rejoint son unité aux Pays-Bas après le débarquement de Flessingue. Il fait alors partie de la *troop* de Devillers arrivée en renfort. C'est lui qui reçoit la reddition des Allemands sur l'île de Schouwen. Après le 8 mai 1945, André Bagot sert à Marine Constance de juin à septembre 1946. Il quitte la Marine le 31 décembre 1946. Il occupe ensuite les fonctions de capitaine d'armement du service maritime et fluvial de l'AEF jusqu'en 1952. Commandant du port de Pointe-Noire en 1953, il termine ensuite sa carrière dans la recherche pétrolière jusqu'en 1983[6]. André Bagot est décédé en juillet 2005 à Brest.

Guy Vourc'h est né le 2 mars 1919 à Plomodiern. Élève aspirant de réserve à l'école des élèves officiers de Fontenay-le-Comte, il refuse la défaite et s'évade du Finistère à partir de Douarnenez le 21 octobre 1940, avec cinq autres volontaires, dont son frère Jean, abandonnant au passage des études de médecine entamées à Paris. Arrivé en Angleterre le 1er novembre, il s'engage dans la France Libre le 5 novembre. Pendant un an, avec le grade de lieutenant de l'Armée de terre, il occupe des fonctions d'agent au *Political Intelligence Department* à Londres, avant de rejoindre les commandos français au cours de l'année 1942. Il participe au débarquement du 6 juin, puis à la campagne de Hollande. Après la guerre, il devient professeur d'anesthésiologie à l'hôpital Foch à Suresnes. Il est décédé le 3 juillet 1988.

Pierre Azoulay-Amaury, dernier officier à avoir été recruté par Philippe Kieffer au début de l'année 1944, est né le 5 décembre 1914 en Algérie. Il s'engage dans la France Libre en novembre 1940. Il n'est pas militaire mais civil, plus précisément fonctionnaire. En Grande-Bretagne, avec le grade de lieutenant, il forme alors un premier groupe de volontaires à Camberley, qu'il entraîne selon la méthode des commandos. C'est en septembre 1943 qu'il propose ses services et ses recrues à Kieffer, qui accepte aussitôt, ce dernier l'obligeant cependant à effectuer une formation commando au camp d'entraînement de Wrexham, au pays de Galles, en janvier 1944. Versé dans la Marine avec le grade d'enseigne de vaisseau, Pierre Amaury devient au printemps 1944 le patron de la section de mitrailleuses K Gun, avec laquelle il débarque en Normandie le 6 juin 1944. Pierre Amaury est décédé en 2008.

Des volontaires de 1943 : avant tout des cadres de l'Armée de terre

Parmi les quatre autres officiers de Kieffer ayant rejoint la France Libre après 1940, on trouve par conséquent Robert Lion, René de Naurois, Augustin Hubert et Léopold Hulot. Tous sont issus de l'Armée de terre. Ils rallient la France Libre en 1942 ou 1943 et, presque immédiatement, les commandos, à la faveur de la création de la *troop* 8 en juin 1943, ou de la section K Gun au début de l'année 1944. Deux de ces officiers ont même l'expérience commune de l'internement : de Naurois et Hulot, évadés de France par l'Espagne, ont en effet connu les prisons et les camps franquistes avant de rejoindre Londres.

Augustin Hubert, né le 5 mars 1918 à Nantes, est issu d'une famille d'officiers de carrière. Son père, volontaire pour l'aviation, avait été tué en combat aérien en 1917. En 1939, alors qu'il prépare son entrée à Saint-Cyr, Augustin Hubert est mobilisé dans le 5ᵉ régiment d'infanterie, à Maisons-Laffitte. Reçu en mai au concours d'admission au peloton d'élève officier de réserve, il est nommé aspirant en août 1940, puis immédiatement démobilisé. Augustin Hubert s'engage dans les chantiers de jeunesse. À la fin d'avril 1941, arrivé à Bir-Bourekba, il effectue l'école de cadres des chantiers de jeunesse, avant d'être affecté au chantier d'Afrique n° 106, en Tunisie.

Après le débarquement américain en Afrique du Nord, devenu chef de groupe, Augustin Hubert est employé comme instructeur dans différents centres en Algérie. Au cours du mois de novembre 1943, il se porte volontaire pour des missions spéciales. Retrouvant à Alger deux de ses frères qui servent dans l'armée d'Afrique, il embarque à bord d'un cargo, le 25 décembre 1943, en direction de l'Angleterre. Après un séjour dans le camp de Camberley, il se porte volontaire pour les commandos. Rapidement affecté à la *troop* du lieutenant Amaury, il rejoint le camp de Wrexham pour l'entraînement. Il débarque en Normandie à la tête d'une sous-section de la section K Gun. Tué au cours des combats du 6 juin 1944, Augustin Hubert donne aujourd'hui son nom à un des commandos marine des nageurs de combat, basé à Saint-Mandrier.

Léopold Hulot, né à Vannes le 16 juillet 1923, quitte sa ville natale avec l'accord de ses parents, au cours du mois de juillet 1941. Depuis un an instituteur, il souhaite rejoindre l'Angleterre. Il est arrêté en Espagne dans le train qui le conduit de Barcelone à Madrid, le 13 octobre 1941. Après un internement de cinq mois au camp de Miranda, il est libéré en mars 1942. Léopold Hulot arrive à Londres en mai 1942 et est présenté le 1er juin au général de Gaulle, qui l'oriente sur l'école des cadets de la France Libre. Il y suit le cours d'officier avant de rejoindre, avec le grade d'aspirant, les commandos en 1943[7]. Il intègre alors la *troop* 8 de Charles Trépel et participe le 25 décembre 1943, comme second, au raid sur l'île de Jersey, qui se solde par la perte de trois hommes. Le 6 juin 1944, il débarque à la tête d'une section de la *troop* 8[8]. Sérieusement blessé, il est évacué cinq jours plus tard, et retrouve son unité à la fin du mois de juillet, pour participer à la fin de la campagne en Normandie, puis à la campagne de Hollande. Après la guerre, Léopold Hulot poursuit sa carrière militaire dans les commandos en Indochine, à partir de juin 1948. Le lieutenant Hulot trouve la mort des suites de ses blessures (explosion d'une grenade antipersonnel) le 27 septembre 1948 à Nong-Het, alors qu'il servait au 5e bataillon de chasseurs laotiens. Sa dépouille est rapatriée à Auray le 13 juillet 1950.

René de Naurois, né le 24 novembre 1906 à Paris, fait partie, comme Paul Chausse, Alexandre Lofi et Philippe Kieffer, des officiers du 1er BFMC faits compagnons de la Libération par le général de Gaulle en 1945. René de Naurois, futur aumônier du Commando Kieffer, est avant la guerre lieutenant d'artillerie de réserve en 1935. René de Naurois est surtout prêtre depuis juin 1936. Après avoir été l'aumônier adjoint de la colonie de langue française à Berlin, jusqu'en août 1939, il est mobilisé le 1er septembre 1939 à l'état-major de la 1re armée. Démobilisé le 30 juillet 1940, il entre dans la Résistance dans la région de Toulouse jusqu'au 10 novembre 1942, date à laquelle, inquiété par la Gestapo, il est contraint de quitter la France, après avoir demandé l'accord de son évêque, monseigneur Saliège. Il franchit les Pyrénées, traverse l'Espagne avant de débarquer en Angleterre en mars 1943. René de Naurois rallie aussitôt la France Libre. Il est « versé » au 1er BFMC, un an plus tard, le 15 mai 1944[9]. René de Naurois débarque le 6 juin 1944 en Normandie et participe à la bataille. Après les combats de Walcheren et de Flessingue, il est hospitalisé en Grande-Bretagne au début de l'année 1945, avant de rejoindre son unité le 1er mai 1945. Démobilisé en juin 1945, il assure les fonctions d'officier de contrôle à la Division des affaires politiques à Berlin jusqu'en 1946. René de Naurois est décédé le 12 janvier 2006. Il est inhumé au cimetière communal de Ranville.

Robert Lion est né le 26 mai 1909 à Neuilly-sur-Seine. Résistant dès 1940, il s'évade de France pour rejoindre l'Afrique du Nord. Dénoncé, il est enfermé pendant deux ans au camp d'Ifrane au Maroc. Il réussit à rejoindre Londres en mai 1943 et demande son affectation dans les commandos de Kieffer. Le 6 juin 1944, alors qu'il soigne le commando Paul Rollin devant la villa « La Rafale » à Ouistreham, Robert Lion reçoit une balle en plein cœur. Le grand séminaire de Bayeux, transformé fin juillet 1944, est rebaptisé pendant la guerre « hôpital militaire Robert Lion ».

Charles Trépel était né en 1908 à Odessa, en Russie. Après avoir quitté son pays avec sa famille après la révolution d'Octobre, il s'était fixé en Allemagne où, devant la montée du nazisme, il avait dû fuir en France, où il s'installait à Paris en 1933. Ayant sollicité la nationalité française, Charles Trépel effectua son service militaire, qu'il termina avec le grade de sous-lieutenant d'artillerie de réserve. En septembre 1939, il s'engagea dans l'Armée de terre. Au moment de la capitulation, il est lieutenant d'artillerie. Souhaitant rejoindre l'Angleterre, il franchit les Pyrénées le 28 juillet 1941, avant de se faire arrêter. Après un séjour dans les prisons espagnoles, il parvient à s'évader le 15 août 1941, rallie Barcelone puis, par bateau, Gibraltar, où il débarque le 2 septembre 1941. Pris en mains par les Britanniques, il parvient à rallier la France Libre en Grande-Bretagne, en compagnie d'autres Français passés par le camp espagnol de Miranda. C'est là qu'il signe son acte d'engagement dans la France Libre, le 15 novembre 1941. Affecté aux forces terrestres de Grande-Bretagne, il est envoyé dans le camp de l'Armée de terre de Camberley où, à compter du 25 novembre, il rejoint la compagnie d'instruction[10]. On le retrouve rapidement comme lieutenant instructeur et à la tête d'un détachement de volontaires issus de l'Armée de terre, « l'escadron mixte », à la date du 1er décembre 1941. Ne se satisfaisant pas de son activité à Camberley, il prend la décision de suivre un stage à Larkkill, du 7 au 21 janvier 1942, qui le conduit à suivre une formation poussée dans les domaines de l'artillerie et des blindés. Toujours selon ses états de service, il est détaché temporairement au commandement naval de la Marine à partir du 21 mai 1942, pour un nouveau stage, puis muté aux services généraux dans le cadre d'un détachement, à compter du 1er juillet 1942. Enfin le 15 juillet, il demande à être versé dans la Marine. Sa demande porte un avis défavorable émis par ses supérieurs hiérarchiques, car Charles Trépel, à cet instant, est un des rares officiers spécialiste canon antichar. Il y a certes un refus, mais néanmoins une autorisation de porter, pour les besoins du service, l'uniforme de la Marine. Charles Trépel rejoint alors, auprès de Kieffer, les officiers Francis Vourc'h et Jean Pinelli, avant de devenir rapidement son adjoint. Charles Trépel, patron de la *troop* 8, disparaît avec toute son équipe lors du raid mené à Scheveningen sur les côtes néerlandaises, dans la nuit du 27 au 28 février 1944[11].

Annexe 2

ITINÉRAIRES DE COMMANDOS

Pour rejoindre les rangs du 1er BFMC en cours de formation, les volontaires ont emprunté différents chemins, selon les lieux et les époques de ralliement. À défaut de pouvoir retracer les parcours et les biographies des 177 commandos, n'est proposée ici qu'une sélection d'itinéraires permettant de mesurer les différents manières de rejoindre le Commando Kieffer : le ralliement par l'Angleterre après une évasion de France, le passage par l'Espagne, l'enrôlement dans l'armée de Vichy dans l'espoir d'une mutation en Afrique du Nord ou au Levant, pour pouvoir déserter plus facilement, l'embarquement depuis un territoire d'outre-mer, la désertion de son bâtiment pour rallier un bureau de recrutement de la France Libre.

Traverser la Manche

Il y a tout d'abord ceux qui, embarqués à bord de bâtiments de la marine de guerre ou de marine marchande et qui se sont réfugiés dans les ports britanniques, sont là par la force des choses et qui devront opérer un choix entre trois options : l'engagement dans la France Libre, après le 1er juillet, l'engagement dans la *Royal Navy*, ou le rapatriement vers la France.

Léon Gautier est né à Rennes, de parents ouvriers, en 1922. Il devient apprenti carrossier, avant de s'engager dans la Marine nationale en septembre 1939. Affecté à Brest en février 1940 comme apprenti canonnier à bord du *Courbet*, il se réfugie avec son navire en Angleterre le 19 juin 1940. Celui-ci ayant été réquisitionné par les Britanniques, il doit alors choisir entre l'engagement dans la *Royal Navy* et le rapatriement vers la France. Léon Gautier rejoint un camp d'internement à *Haydock Park*. Apprenant la constitution d'une « armée de Gaulle », il décide de la rejoindre. Il s'enfuit du camp, gagne Liverpool, puis Londres et s'engage dans les FFL le 13 juillet 1940. Il se retrouve rapidement au poste de chauffeur attitré de l'amiral Muselier, puis en août 1940 embarque sur le cargo FNFL *Le Gallois*, opérant en convoi dans l'Atlantique Nord.

Blessé au cours d'une escale, il doit être rapatrié à Londres. Après sa convalescence, il embarque pour trois mois à bord du sous-marin *Surcouf*, avant d'intégrer un bataillon de fusiliers marins. En avril 1941, il embarque pour l'Afrique et Douala, où il rejoint le 2e BFM. À la dissolution du bataillon en mars 1943, Léon Gautier se porte volontaire pour les commandos. De retour à Londres en mai 1943, il est incorporé directement le 18 juin 1943 au sein du Commando interallié n° 10. Breveté commando après Achnacarry, il est prévu dans un raid de sondage sur Étaples, planifié en décembre 1943 avec Lofi, une opération rapidement annulée. Le matin du 6 juin 1944, il combat au sein de la *troop* 8. Il suit ensuite le parcours classique de tous les bérets verts français : le passage du pont de Bénouville, la prise de position à Amfreville, la contre-attaque allemande du 10 juin 1944, les combats devant Bréville, Bavent, les combats de l'Épine et la fin de la campagne de Normandie, jusqu'au retour en Angleterre. Il fait partie des rares commandos à n'avoir jamais été blessé durant cette campagne.

Le 14 octobre 1944, lors d'une permission en Angleterre, il se marie avec la jeune femme anglaise qu'il avait rencontrée en septembre 1943[1]. Blessé au cours d'un accident de train en Angleterre, il ne peut prendre part à la campagne de Hollande. Devenu inapte pour les commandos, il rejoint la caserne Bir-Hakeim en décembre 1944. La journée du 8 mai 1945 le trouve en Angleterre.

Démobilisé, il revient en France en juillet 1945, pour reprendre son travail de carrossier puis comme chaudronnier. Il retourne s'installer en Angleterre en 1947, où il travaille comme chef d'atelier dans une entreprise de carrosserie. En 1954, il part travailler en Afrique, avant de revenir définitivement en France en 1960. Installé dans l'Oise, comme expert en assurance automobile, Léon Gautier revient ensuite vivre en Bretagne de 1987 à 1992. Il s'installe à Ouistreham en 1992 où il vit toujours, quelques centaines de mètres de l'endroit où il avait débarqué en 1944[2].

Paul Chausse est né le 22 janvier 1915 dans la région de Granville. Il s'engage à 17 ans dans la Marine française en 1932, par goût d'aventure. À la fin de son engagement, il retourne à la vie civile en 1937, employé dans une cartoucherie en Normandie. Il devance la mobilisation en s'enrôlant dans la marine à Cherbourg en septembre 1939.

Embarqué sur le *Léoville*, en tant que fusilier marin, il participe à la protection des convois marchands dans l'Atlantique, puis prend en charge l'artillerie à bord du *Léopold Néra* et prend part aux patrouilles dans la

Manche et sur les côtes normandes, chargées de secourir les réfugiés. C'est à bord du *Léopold Néra* qu'il rejoint la Grande-Bretagne et le camp de Haydock Park dans la région de Liverpool. Souhaitant dans un premier temps rentrer dans la *Royal Navy*, Paul Chausse apprend l'existence de de Gaulle. Affecté à l'*Olympia Hall*, en juin 1940, il signe son acte d'engagement dans les FFL. Il intègre le 1er bataillon de fusiliers marins avant d'être dirigé le 1er novembre 1940 vers l'Afrique. Il rejoint ensuite les rangs du 2e bataillon de fusiliers marins, qui s'embarque vers le Cameroun, Pointe-Noire, puis la Syrie et le Liban. À la dissolution du bataillon, il regagne l'Angleterre. Affecté sur le *Courbet*, Paul Chausse s'engage en mai 1943 dans les rangs des commandos de Kieffer. Se succèdent alors les périodes d'entraînement à Eastbourne, sous le commandement de Lofi et de Trépel, puis à Achnacarry, avant son affectation au n° 10 Commando interallié.

Il est alors choisi pour diriger un raid de reconnaissance aux Pays-Bas, à Middelkerke. C'est au sein de la *troop* 8 qu'il débarque en Normandie le 6 juin 1944 et qu'il effectue toute la campagne de Normandie, dans laquelle il se distinguera par une charge à la baïonnette dans la ferme de l'Épine. Après la Normandie, il participe ensuite au débarquement de Walcheren et à la campagne de Hollande jusqu'à la fin de la guerre. De retour en France, il fait partie des volontaires envoyés sur le lac de Constance avec Lofi, commandant du 1er BFMC. Il revient définitivement en France après avoir refusé de prolonger son engagement dans les commandos en Indochine. Sa dernière expérience militaire le conduit en Algérie, où, rappelé en 1956, il effectuera 6 mois de service. Paul Chausse était compagnon de la Libération. Il est décédé le 4 mai 2005 à L'Aigle, dans l'Orne.

Parmi les premiers ralliés à la France Libre figurent également ceux qui ont choisi délibérément de s'évader de France, pour ne pas subir l'occupation allemande, ou pour répondre à l'appel du général de Gaulle, en traversant la Manche à bord d'embarcations souvent incertaines, suivant pour certains des filières d'évasions « régulières » et bien tracées.

Jean Morel entre en 1939 à l'École des mousses à Brest, avant de s'engager en novembre 1939 dans la Marine nationale pour faire son apprentissage de radio. À bord du *Pourquoi pas ?* un sablier de 8,50 m, le futur commando Jean Morel et 31 autres passagers réussissent à quitter le port de Carantec, puis à rallier Plymouth, le 4 juillet 1940, après 31 heures de traversée[3]. Jean Morel fait alors le choix de la France Libre[4]. Transféré au dépôt de l'*Olympia Hall*, il embarque rapidement à bord de la *Reine des Flots* puis sur l'*Arras* à Portsmouth. C'est au cours de ses visites au dépôt de Portsmouth qu'il rencontre Philippe Kieffer. Celui-ci lui parle de sa future unité de commandos, pour laquelle il recherche un radio. Au début de l'année 1942, Jean

Morel s'engage dans les commandos. Après le stage d'Achnacarry, sa *troop* s'installe à Ayr, puis à Criccieth. Il participe au défilé du 14 juillet 1942 devant le général de Gaulle et l'amiral Muselier. Il rejoint ensuite Eastbourne et le n° 4 Commando du colonel Dawson. Jean Morel est alors détaché de la *troop* 1 pour devenir instructeur à la *troop* 8. Il débarque le 6 juin 1944 en Normandie. Blessé à la jambe à Bavent, rapatrié en Angleterre, il ne participera pas à la campagne de Hollande. Démobilisé à Cherbourg en 1946, Jean Morel fait ensuite de nombreux métiers : démineur, docker, électronicien.

René Lossec passe sa jeunesse à Saint-Pierre, quartier de Brest, avant de rentrer aux PTT. Il est issu d'une famille modeste, fils d'un ancien marin de la Première Guerre ayant combattu à Constantinople, orphelin de père depuis 1937. Devant l'avancée foudroyante des armées allemandes en Bretagne, il décide de rejoindre Londres, et parvient à embarquer *in extremis* sur le dernier bateau à quai, avec 500 autres Bretons, le 17 juin 1940. Débarqué à Southampton, il se rend en train à Stocke-on-Trent. Conduit au camp de Trentham Park, il décide alors de s'engager dans l'armée de Gaulle. Pris en main par les chasseurs alpins pour les premiers entraînements, René Lossec est installé dans le camp anglais d'Aldershot puis à Camberley, enfin à Old Dean Camp. Devant les départs successifs, notamment ceux vers l'Afrique, René Lossec prend son mal en patience et devient instructeur pour des élèves officiers arrivant de France. La venue au camp du capitaine Trépel, pour recruter des commandos, l'incite à se porter volontaire au printemps 1942[5]. Après l'entraînement à Achnacarry, René Lossec intègre le n° 2 Commando, puis le n° 10 Commando interallié au pays de Galles. Il défile à Londres devant le général de Gaulle le 14 juillet 1942. Il participe ensuite au raid sur Étretat avec Pinelli. Le 6 juin 1944, il prend part, au sein de la section de Lanternier (*troop* 1), au débarquement en Normandie. C'est au cours d'une patrouille dans le bois de Bavent qu'il reçoit un éclat dans la cuisse, le contraignant à être évacué pour être opéré. Transporté par avion vers l'Angleterre, il est soigné à Birmingham. Après un séjour de 8 jours à Beaconsfield, René Lossec retrouve ses camarades aux Pays-Bas. Démobilisé au 2e dépôt de la Marine, il retourne à la vie civile comme terrassier, puis facteur à la poste de Brest. René Lossec est décédé à Brest en mai 2008.

Joseph Guilcher travaille avant la guerre dans la boulangerie de ses parents sur l'île de Sein. Le 22 juin 1940, il fait partie de ceux qui ont pu entendre l'appel du général de Gaulle. Pour échapper au recensement imposé par les Allemands, les hommes valides de Sein décident alors d'organiser leur départ vers l'Angleterre. Joseph Guilcher embarque ainsi le 24 juin au soir à bord de la *Véléda*. Débarqué à Penzance en Cornouailles, puis conduit à Londres, il s'engage dans les FNFL en novembre 1940. Il est ensuite affecté en avril 1941 comme boulanger sur l'*Anadir*, puis sur le *Courbet* jusqu'à son désarmement au début de l'année 1943. C'est au cours d'un transit par la caserne de Bir-Hakeim que Joseph Guilcher se porte volontaire auprès du commandant Kieffer pour être commando[6]. Après l'entraînement à Achnacarry, il rejoint à Eastbourne le n° 10 Commando. Il est choisi par le lieutenant Hulot pour participer à un raid de sondage, finalement annulé au dernier moment. Membre de la *troop* 8, il est blessé sur la plage le 6 juin 1944 avant d'être évacué le 7 juin sur Portsmouth, puis l'hôpital de *Stoke-on-Trent*, enfin à Beaconsfield. Rétabli, il participe au débarquement à Flessingue le 1er novembre 1944, puis à la campagne de Hollande. Démobilisé à Brest en octobre 1945, Joseph Guilcher retourne vivre sur l'île de Sein, où il reprend son métier de boulanger. Joseph Guilcher sera l'unique Sénan du Commando Kieffer. Il est décédé le 1er janvier 2013 à Pont-l'Abbé.

Adrien Magnier est né le 26 juillet 1924 dans le Pas-de-Calais au Portel. Mousse, il navigue avec des membres de sa famille. Devant l'invasion, toute la famille embarque sur deux cordiers. Réquisitionné en Normandie à Port-en-Bessin, il participe à l'évacuation de Dunkerque. Âgé de 16 ans, il s'évade en Angleterre à bord de *L'Espérance* en compagnie de son oncle, Jean-Baptiste Wacogne. Il débarque en Cornouailles le 28 octobre 1940, avant de s'engager le même jour dans la France Libre. Il fréquente la caserne Surcouf puis celle de Bir-Hakeim jusqu'au printemps 1943. Volontaire pour les commandos le 24 avril 1943, il obtient son brevet de fusilier marin commando en mai 1943 à Achnacarry, avant d'intégrer la *troop* 1. À la suite à une blessure au cours d'un exercice d'entraînement, il ne peut débarquer le 6 juin 1944 et ne rejoint son unité que le 7 août. Il participe alors à la libération de Bavent, au passage de la Dives et aux combats de l'Épine. Le 1er novembre 1944, il débarque à Flessingue, sur l'île de Walcheren, au sein de la *troop* 6. Après la guerre, Adrien Magnier reprend son métier de marin pêcheur puis d'officier de port à Boulogne-sur-Mer, jusqu'à sa retraite en 1984. Il s'éteint à Boulogne-sur-Mer le 15 décembre 1991.

Francis Guezennec avait déjà tenté de rejoindre l'Angleterre en 1942, alors qu'il avait 18 ans, avant d'être arrêté par la police française à la frontière espagnole. Après s'être évadé de prison, et de retour chez lui à Douarnenez, il participe alors activement à l'évacuation de pilotes anglais vers le pays, autour d'un réseau organisé par l'abbé Cariou. Dans la nuit du 6 au 7 avril 1943, c'est à son tour d'embarquer à Tréboul, avec 18 autres personnes à bord d'une pinasse, le *Dalc'h Mad*[7]. Son embarcation touche terre le lendemain à Penzance, avant qu'il ne soit pris en charge par des représentants de l'*Intelligence Service*. Francis Guezennec est acheminé, après son passage à la Patriotic School, sur le camp de Camberley, où il signe son acte d'engagement dans la France Libre. Le peloton motorisé du lieutenant Amaury est sa première affectation, mais souhaitant être employé dans des combats, Francis Guezennec se tourne alors vers les commandos qu'il croise à Camberley. On le retrouve dans la section K Gun sur les plages de Normandie, le matin du 6 juin 1944[8]. Il participe au Débarquement, à la campagne de Normandie, puis à la campagne de Hollande. Après la guerre il fera toute sa carrière chez EDF. Il est décédé le 18 mars 2006 à Lesneven.

L'histoire d'une autre évasion effectuée depuis Carantec et à partir d'un cotre, le *S'ils te mordent*, fut largement racontée par **Gwenn-Aël Bolloré** lui-même dans ses différents ouvrages. En effet, un mois après le départ de son frère, c'est au tour de Gwenn-Aël Bolloré de prendre la direction de l'Angleterre, le 6 mars 1943, avec 8 autres candidats à la France Libre. Débarqués à Plymouth après 23 heures de navigation, Gwenn-Aël Bolloré et son cousin Marc Thubé choisissent alors de rejoindre tous les deux les commandos de Kieffer[9].

Robert Moguerou, également futur commando, embarqué sur *Le Kermor*, un cotre de 5,60 m, quitte Carantec le 29 mai 1943 à destination de Plymouth, avec dix autres évadés, dont Maurice Le Gall, un temps commando mais qui quittera l'unité par la suite[10].

Joseph Le Bris a pris place à bord du *Breiz-Izel* le 21 janvier 1944. Cet homme de 33 ans laisse derrière lui son passé de résistant.

Joseph Le Bris, né en 1911 à Plomodiern, entre en mars 1941 au réseau de renseignement Johnny, animé par la famille Vourc'h. Jusqu'en 1943, il aide madame Vourc'h et son fils Yves dans la prise en charge des aviateurs alliés dans les filières d'évasion et de rapatriement vers l'Angleterre. Il contribue ainsi au départ de 19 aviateurs, partis de Camaret le 23 octobre 1943 à bord de la *Suzanne-Renée*[11]. À son tour, il embarque à Tréboul le 21 janvier 1944. Débarqué à Falmouth le lendemain, il rallie les Forces françaises libres le 9 février 1944 à Londres. Le 26 février, sur sa demande et accompagné d'Yves Vourc'h, il est affecté aux commandos à la section K Gun du lieutenant Amaury. Joseph Le Bris débarque le 6 juin 1944 en Normandie. Blessé le 10 juin à Amfreville, il est évacué sur un hôpital de Grande-Bretagne. De retour à l'unité, il participe au débarquement de Flessingue puis à la campagne de Hollande. Démobilisé le 18 octobre 1945 à Brest, il exerce la profession de manœuvre agricole après la guerre. Il est décédé le 4 août 1985 à Crozon.

Le passage par l'Espagne

Parmi les quelque 36 150 Français à s'être évadés de France par l'Espagne figurent de nombreux futurs commandos[12]. Beaucoup ont transité par les prisons ou les camps de l'Espagne franquiste, avant de rejoindre la France Libre. Charles Boccadoro, Léopold Hulot en 1941, Jean Goujon, Maurice Corbin, Jean Masson, l'abbé de Naurois, Henri Dorfsmann, François Andriot, Paul Rollin, Hubert Faure, ou encore Maurice Chauvet en 1943[13]. Le camp de Miranda a été fréquenté par des centaines de candidats à la France Libre, Chauvet, Goujon, Faure, Boccadoro ou Andriot, par exemple, pour les commandos.

François Andriot, 21 ans en 1942, décide de quitter l'Allier, où il s'est réfugié en 1940, et son métier de typographe, pour fuir le travail obligatoire. Il réussit à franchir la frontière espagnole le 6 décembre 1942. Arrêté une semaine plus tard dans le train qui le conduit à Madrid, où il espère rejoindre le consulat britannique, il passe dans différentes prisons espagnoles avant d'être interné dans le camp de Miranda de Ebro. Libéré le 24 mai 1943, il gagne Algésiras puis Gibraltar. François Andriot arrive en Écosse le 5 juin 1943. Le lendemain, il est à Londres, où il est interrogé par l'*Intelligence Service*. Il s'engage finalement le 25 juin dans les blindés des Forces françaises libres au camp de Camberley. Le 10 septembre 1943, il est affecté au peloton de chars et, le 19 octobre 1943, il décide d'intégrer les commandos après plusieurs semaines d'inactivité. François Andriot sera du débarquement du 6 juin 1944, avec ses camarades de la section de mitrailleuses légères K Gun[14]. François Andriot est décédé le 8 décembre 2016 à Wigmore (Grande-Bretagne).

Jean Masson est en apprentissage jusqu'à 18 ans chez un oncle artisan fondeur, lorsqu'il décide de franchir la ligne de démarcation en 1941 avec un camarade, pour rejoindre l'Angleterre et la France Libre. Il s'engage alors à Toulon dans la Marine pour pouvoir rejoindre plus tard le général de Gaulle. En attendant, il fait le choix d'une formation d'électromécanicien à l'école de Bizerte en Tunisie, du 7 juillet 1941 au 24 octobre 1942. Jean Masson se porte ensuite volontaire pour partir vers l'Égypte. De retour en France, et après l'invasion de la zone sud, il envisage un départ vers l'Angleterre par l'Espagne. Il se fait embaucher dans une centrale électrique, jusqu'à son départ, le 30 avril 1943, pour l'Andorre. Arrêté par la *Guardia civil*, il est interné à la prison de Lérida pendant deux mois. Finalement libéré par la Croix-Rouge américaine, il est conduit à Barcelone. Après six mois d'attente, il quitte l'Espagne par un convoi pour Casablanca, *via* Malaga.

Une fois arrivé à Casablanca, Jean Masson choisit l'Atlantique Nord. Il embarque à la fin de l'année 1943 à bord d'un convoi anglais et arrive en Grande-Bretagne le 1er janvier 1944. Après son passage à la caserne de Bir-Hakeim, il se porte volontaire pour les commandos[15]. Sous les ordres du lieutenant Amaury, Jean Masson suit ensuite une période d'entraînement à Wrexham, avant de rejoindre le n° 10 Commando à Eastbourne. « Versé » dans la *troop* 1, et dans la section Pinelli, il débarque en Normandie le 6 juin 1944. Blessé par un tir de mortier, laissé pour mort sur la plage, il sera évacué vers l'Angleterre le 9 juin. Après une période de trois mois de convalescence, il participe au débarquement sur Flessingue, puis à toute la campagne de Hollande et d'Allemagne, avant d'être démobilisé en 1945.

Paul Rollin, un des 10 commandos français tués le matin du 6 juin 1944, est lui aussi passé par les prisons espagnoles. Né à Souppes-sur-Loing le 16 septembre 1923, il termine sa période d'apprentissage comme préparateur en pharmacie, avant de s'engager dans l'armée en 1940. Mais la débâcle et l'exode mettent un terme à ses projets. Il rejoint l'armée d'armistice avec l'intention de rallier de Gaulle. Il gagne Auch le 12 novembre 1942, puis Marseille le 1er décembre, avec pour objectif de passer en Angleterre par l'Espagne. Il franchit les Pyrénées avec un passeur au col de la Muga. Arrêté à Tortelle, il est interné à la prison de Gérone le 18 décembre 1942. Se faisant passer pour Canadien, il est finalement libéré le 27 février 1943, rejoint Barcelone, Madrid et enfin Gibraltar le 7 avril. Il demande à servir dans les commandos. Le 20 avril, il embarque sur le *Stirling Castle* et, le 2 mai 1943, il est à Londres pour s'engager dans les commandos[16]. Paul Rollin participe ensuite aux entraînements avec la *troop* 8. Il effectue un raid dans la nuit du 25 au 26 décembre 1943, dans la région d'Étretat. Mortellement blessé à Ouistreham, devant la villa « La Rafale », dans la matinée du 6 juin 1944, Paul Rollin est rapatrié en Angleterre, mais ne survit pas à ses blessures. Il meurt le 12 juin à l'âge de 20 ans.

Henri Rachil Dorfsman, Polonais né à Varsovie en 1919, a un parcours un peu plus compliqué avant de pouvoir rejoindre les rangs des volontaires de Kieffer. En 1925, il gagne Paris avec sa famille et, après son certificat d'études, travaille à la mine dans le nord de la France, avant de s'engager dans l'armée française. Fait prisonnier à Dunkerque, il s'évade neuf mois plus tard, rejoint la zone libre et s'engage dans l'armée d'armistice. Affecté au Maroc, il sert dans une batterie d'artillerie. Accusé de gaullisme, il est affecté dans une unité disciplinaire et renvoyé en France. C'est en novembre 1942 qu'il franchit les Pyrénées. Arrêté, puis emprisonné, il est envoyé au camp de Miranda. Inscrit comme Canadien, il est libéré, gagne Gibraltar en avril 1943, puis l'Angleterre où il se porte immédiatement volontaire pour le Commando Kieffer[17]. Affecté à la *troop* 8 du capitaine Trépel, il participe au débarquement du 6 juin 1944. Démobilisé en 1945, il poursuit une carrière internationale d'artificier dans les travaux publics. Il est décédé le 11 février 1996.

Jean Goujon, né dans la Sarthe en 1923, est arrêté à Vierzon le 30 novembre 1940, alors qu'il passe du courrier en zone libre, il porte également une arme sur lui. Déporté en Allemagne, à Stassfurt, puis à Bitterfeld, unité de travail de l'IG Farben, il parvient à s'évader le 1er mai 1941. Arrêté à Chartres, il s'engage dans l'armée de Vichy, sur les conseils d'un officier de gendarmerie. Il pense rejoindre l'Afrique, puis le général de Gaulle. Il s'engage alors dans le 1er RICM. C'est à Toulon qu'il déserte avec un groupe de sous-officiers. Passé en Espagne le 13 mars 1942, il est interné à Gérone, Figueras, Barcelone puis Miranda. Libéré comme Canadien français en août 1942, il signe son acte d'engagement dans la France Libre en septembre 1942. Il rejoint les commandos en 1943, après être passé de l'Armée de terre à la Marine[18]. René Goujon effectue le débarquement du 6 juin. Blessé, il est évacué le 20 juin. Il retrouve son unité au bois de Bavent, puis participe aux combats de l'Épine. Évacué une nouvelle fois pour blessure, il rejoint le Commando en septembre. Il participe aux opérations de Flessingue le 1er novembre 1944. Blessé le 2 novembre, il est évacué en Grande-Bretagne et rejoint une nouvelle fois son unité en décembre 1944, avant d'être démobilisé le 25 septembre 1945. Il est décédé le 9 août 1999.

Hubert Faure, né en 1914, pupille de la nation après la Première Guerre mondiale, s'engage dans la cavalerie en 1934, avant d'intégrer un régiment de dragons à Pontoise, puis de devenir instructeur à Paris. À la déclaration de guerre en 1939, Hubert Faure est mobilisé dans un régiment de cavalerie. Il prend part aux combats sur la frontière luxembourgeoise derrière la ligne Maginot, puis aux combats sur l'Aisne, et sur les côtes de Meuse. Il est fait prisonnier à la fin du mois de juin 1940. Entre-temps, il a eu l'occasion d'entendre le discours du général de Gaulle, qu'il connaissait pour avoir eu l'occasion de couvrir, au sein d'une division légère mécanique, pendant quinze jours les combats de Montcornet. Hubert Faure partage, pour les avoir lues, toutes les théories de de Gaulle sur l'arme blindée.

En route vers l'Allemagne, il parvient en août 1940 à s'échapper, avec quelques camarades, dans les environs de Toul. Il réussit quelques jours plus tard à passer la ligne de démarcation avec l'aide d'un passeur, puis par le train depuis Lyon, regagne le sud-ouest de la France en zone non occupée. Il y retrouve l'armée d'armistice. Affecté à l'état-major de la région militaire, il prend part aux actions de camouflage du matériel et de mobilisation clandestine, jusqu'en novembre 1942.

Au moment du débarquement allié en Afrique du Nord, Hubert Faure décide de quitter le territoire pour gagner les FFL et l'Angleterre. En décembre 1942, il parvient à passer la frontière espagnole, mais est fait prisonnier dans la région de Bilbao. Après un séjour de quatre mois en prison et en divers lieux d'internement à Pampelune, il est conduit en avril 1943 au camp de Molinar de Carranza (région de Bilbao). Il parvient à s'échapper de ce camp le 15 mai 1943 en compagnie d'un camarade. Ce dernier est repris au début de l'évasion et il doit filer seul. Après quinze jours de cavale à travers l'Espagne franquiste, il parvient à passer la frontière avec le Portugal. Pris en charge par un représentant de l'organisation anglaise d'évasion, il est mis dans un train pour Porto, dernière escale avant Lisbonne. Sans papiers, il est arrêté par des policiers dans le train Porto-Lisbonne, interrogé puis interné à la prison Cadera de Ajubre. Pris en charge par un représentant de la France Libre puis par le consulat, il est relâché au bout d'une semaine et s'envole de Lisbonne pour l'Angleterre.

Arrivé à Bristol, Hubert Faure est transféré à Londres, puis interné à Patriotic School. Libéré, il signe, à la fin du mois de juin 1943, son acte d'engagement dans la France Libre et dans les commandos de Kieffer[19]. Blessé par un éclat d'obus, Hubert Faure est rapatrié en Angleterre. De retour en Normandie le 15 août, il participe à la fin de la campagne de Normandie. Blessé la veille du débarquement aux Pays-Bas, Hubert Faure ne peut pas débarquer à Flessingue, le 1er novembre 1944. Soigné à l'hôpital de Rouen, puis en convalescence en Dordogne, il rejoint son unité aux Pays-Bas pour participer au raid sur l'île de Schouwen. Toujours souffrant, il gagne Londres jusqu'à la fin de la guerre, le 8 mai 1945.

Guy Villardi, comte de Montlaur, est né le 9 septembre 1918 à Biarritz. Il appartient à l'une des plus anciennes maisons de France. Son ancêtre, Bernard II de Montlaur, avait combattu lors de la première croisade en 1096. Passionné par la peinture, il étudie la philosophie à la Sorbonne, et la peinture à l'Académie Julian. En octobre 1938, il effectue son service militaire dans un régiment de cavalerie à Sarreguemines, près de la frontière allemande. Pendant la campagne de 1940, il fait partie d'une unité de reconnaissance des corps francs et participe à des raids en territoire allemand. Privé de combat après la défaite, Montlaur se retrouve palefrenier au dépôt de cavalerie n° 25 à Limoges, à partir de juillet 1940. Le 3 octobre 1940, il est au 2e régiment de dragons, basé à Auch. Le 3 mars 1941, il est nommé maréchal des logis. Il est rayé des contrôles de l'armée le 1er octobre 1941 et se retire dans la Maine-et-Loire. Il fait alors tout pour quitter la France. Il gagne Tarbes. Parlant le portugais, muni de papiers en règle, d'un visa de transit par l'Espagne et d'un visa d'un mois pour Lisbonne, où il doit aller travailler dans une usine comme expert en gazogène. Montlaur gagne

Madrid, Barcelone, puis Lisbonne en juillet 1942. C'est au cours de son séjour dans la capitale qu'il contacte l'ambassade de Grande-Bretagne, manifestant son envie de rejoindre les forces françaises combattantes. Le 16 octobre, il s'envole pour Bristol. Il s'engage le 11 décembre 1942 dans les Forces françaises libres et rejoint la caserne Surcouf au début de l'année 1943. Il choisit alors d'intégrer les rangs du Commando Kieffer. Il débarque le 6 juin 1944 en Normandie. Tous les officiers ayant été blessés, il prend le commandement de sa section. Après la Normandie, il participe au débarquement de Walcheren, et à la campagne de Hollande. Après la guerre, Guy de Montlaur retrouve la peinture. En février 1947, il s'installe à New York avec sa famille, avant de rentrer en France pour s'installer à Nice. Il consacre toute la fin de sa vie à la peinture. Guy de Montlaur s'éteint le 10 août 1977 à Garches. Sur sa demande, il est enterré à Ranville, aux côtés de ses camarades de combat tombés en juin 1944.

Déserter pour rallier Londres

Parmi ceux qui s'évadent, il y a également ceux qui font le choix de déserter, en quittant définitivement leur unité ou leur navire, souvent au cours d'une escale à terre. En 1943, dans ce domaine, les États-Unis ont joué un rôle de premier plan, de nombreux marins ayant rallié les FNFL durant leur séjour à New York.

Albert Lerigoleur effectue avant la guerre de nombreux petits emplois, avant de s'engager dans la Marine à Brest, en octobre 1939, pour « se faire une situation ». Il effectue sa scolarité à Toulon, puis à Lorient à l'École des timoniers, enfin à l'École des fusiliers marins en 1940. Il embarque pour la Martinique sur le *Béarn*, où il sert de janvier 1941 à mai 1942, puis sur l'*Émile Bertin* de mai 1942 à mai 1943. Albert Lerigoleur fait alors le choix de l'évasion pour rejoindre de Gaulle et la France Libre. La décision est prise lors d'un passage à la Dominique. Rapatrié à New York en août 1943, il est pris en charge par les autorités de la France Libre. Il gagne Londres et la caserne Surcouf, le 16 septembre 1943. Conduit au camp de Bir-Hakeim, il s'engage chez les commandos après la visite de Francis Vourc'h, au sein de la *troop* 8[20]. Blessé le 8 juin en Normandie, il est évacué le 10 juin vers Luc-sur-Mer, puis en Angleterre. Il retrouve son unité en août 1944 au bois de Bavent. Après la campagne de Normandie, il participe à la campagne de Hollande et d'Allemagne. Démobilisé après la guerre, il revient s'installer en Bretagne en 1946. Il se réengage dans la Marine en 1948, au sein du Commando de Penfentenyo à Cherbourg, sur le *Richelieu*. Il séjourne alors en

Indochine de 1949 à 1951, puis au centre Siroco, enfin à Rochefort, à l'École des mécaniciens, jusqu'à son départ à la retraite. Il est décédé le 9 avril 2009.

Pierre Ernault s'est engagé dans la Marine le 17 juillet 1939, avec son certificat d'études en poche. Il embarque le 5 septembre 1939 sur le *Courbet*, pour suivre le cours de canonnier jusqu'au 1er mars 1940. Avec son brevet de matelot, il est désigné pour embarquer sur le contre-torpilleur *Valmy*, puis sur le *Richelieu*, basé à Dakar, à partir du 1er janvier 1942.

Il embarque finalement à Halifax sur le *Queen Elizabeth*, qui le conduit à Greenock en Grande-Bretagne le 4 avril 1943. Après avoir transité par les casernes Surcouf et Bir-Hakeim jusqu'au 24 juin 1943, il se porte volontaire auprès du commandant Kieffer pour rejoindre les commandos. Pierre Ernault commencera les premiers entraînements avec ceux de la *troop* 8 en juillet suivant à Achnacarry[21]. Pierre Ernault sera du débarquement du 6 juin 1944. Il est décédé le 13 février 2015 à Ploudalmézeau.

Albert Archieri, marin depuis 1939, lui aussi embarqué à bord du même *Richelieu*, avait montré l'exemple en s'évadant en novembre 1942. Né le 25 juin 1921 à Jouy-les-Reims, Albert Archieri avait travaillé jusqu'à ses 18 ans comme ouvrier dans une usine de fabrication de plastique. À la fin de l'année 1939, il s'engage dans la Marine nationale à Toulon, où il est affecté au 5e dépôt des équipages de la flotte, le 3 mars 1941. Après avoir effectué un stage de canonnier, il embarque sur le *Champollion* à Marseille à destination de l'Afrique du Nord. Au cours de l'été 1941, il rejoint le Sénégal, d'où il embarque sur le *Richelieu*. En novembre 1942, et après une semaine de voyage, le *Richelieu* jette l'ancre à Ellis Island. Albert Archieri s'évade du *Richelieu*, à la recherche de la délégation de la France Libre. Il signe son engagement le 2 mars 1943. Il demande à être affecté dans le corps des commandos. En tant que déserteur, il est recherché par le FBI et la marine vichyste. Arrêté avec 11 autres marins, il est interné à Ellis Island, accusé d'être entré illégalement aux États-Unis. Il est finalement libéré grâce à une caution payée par les instances de la France Libre. Au début du mois d'avril 1943, il embarque à Halifax pour rejoindre le dépôt de la Marine française libre. Il retrouve Pierre Ernault avec qui il voyage jusqu'à Liverpool. Après le passage obligé par la Patriotic School, il confirme à Londres sa volonté de rejoindre les commandos. De passage par la caserne Surcouf, il rencontre Pierre-Charles Boccadoro et Philippe Kieffer. Il signe chez les commandos en avril 1943[22]. Albert Archieri participera aux opérations du 6 juin 1944. Il est décédé le 23 novembre 2007 à Paris.

Guillaume Guillou, né à Ploubazlanec en 1920, est un jeune inscrit maritime en 1939. Affecté sur un navire marchand, il se réfugie en Angleterre en juin 1940. Il participe à de nombreux convois jusqu'en 1942, date où, faisant escale aux États-Unis, il apprend son affectation sur le *Richelieu*. Une fois à bord, l'esprit de l'équipage, resté en grande partie fidèle à Vichy, lui déplaît assez rapidement. Aussi, un contact pris à terre avec les Forces françaises libres lui permet de regagner l'Angleterre, où là, dès avril 1943, il se porte volontaire pour les commandos[23]. Guillaume Guillou débarque ensuite le 6 juin 1944 en Normandie et participe à la campagne de Normandie. Le 1er novembre 1944, il participe aux opérations de Flessingue et la bataille de Hollande. Démobilisé en 1946, marié à une Anglaise, il se fixe en Angleterre. Il reviendra s'installer dans sa Bretagne natale, après la mort de sa femme. Il s'éteint à l'Armor Pleubian, le 19 mai 1999.

De nombreuses désertions furent constatées dans la Marine de guerre. Du côté des futurs commandos, certains ont également déserté la marine marchande. C'est le cas du Havrais Michel Vincent, futur commando de la *troop* 8.

Michel Vincent s'était engagé volontairement dans la Marine en 1938. Il est affecté comme mousse sur le *Dupleix* lorsque survient la déclaration de guerre. Au début de l'année 1940, il voyage entre le Brésil et l'Amérique latine. Plus tard, lors d'une escale au Maroc, il embarque sur le *Cantal*, qui fait route vers les Antilles. Le bâtiment est arraisonné en juillet 1940 par un destroyer anglais, avant d'être escorté jusqu'à Gibraltar. Embarqué sur le *San Pedro*, Michel Vincent poursuit sa carrière de matelot dans la marine marchande. Son affectation sur le *Delasalle* est son dernier embarquement. Sous commandement américain, le *Delasalle* conduit Michel Vincent à destination de la Grande-Bretagne. Débarqué à Liverpool, il perd aussitôt contact avec la France Libre et s'engage dans ses rangs à la suite de la venue de Philippe Kieffer[24]. Après un premier entraînement à Criccieth, Michel Vincent est envoyé à Achnacarry, puis à l'issue du stage commando, affecté au n° 10 Commando à Eastbourne. Il est choisi pour faire partie d'un raid, finalement annulé avant même d'avoir atteint la côte. Le 6 juin 1944, il est de ceux qui débarquent en Normandie. Blessé sur la route de Colleville à Saint-Aubin, il est évacué en Angleterre. Il retrouve son unité en Belgique et peut participer au débarquement à Flessingue puis à la campagne de Hollande. Il est démobilisé en décembre 1945 dans la région de Brest, avant un retour difficile à la vie civile. Michel Vincent est décédé en 2003.

Pour les marins français embarqués à bord de bâtiments restés aux mains de Vichy, les désertions, nombreuses, ont été le seul recours pour rallier la France Libre et, de là, pour certains, le Commando Kieffer en cours de formation. L'opération Catapult, déclenchée par les Britanniques le 3 juillet 1940, visait à neutraliser la flotte française où elle se trouvait, à l'exception de celle d'Indochine. La force X, basée à Alexandrie en Égypte, ne devait pas être saisie grâce à un accord pacifique signé entre Godfroy et l'amiral britannique Cunningham. Les navires français étaient donc immobilisés, et la force X préservée, jusqu'à son retour au combat aux côtés des Alliés en 1943. Certains marins allaient s'en évader pour rejoindre Londres, puis les commandos.

Marcel Riveau fut de ceux-là. Né le 23 février 1920 à La Monbrolle (Maine-et-Loire), issu d'une famille modeste, fils d'un père charron ayant fait la Première Guerre mondiale, Marcel Riveau devient apprenti avant de s'engager le 15 décembre 1939 dans la Marine. À Lorient, il embarque comme matelot sur le croiseur *Duguay-Trouin* en partance pour Alexandrie dans la force X. Il profite d'une permission à terre, à Alexandrie, pour s'évader et rallier de Gaulle avec deux autres camarades. Il rallie le 2e bataillon de fusiliers marins, qui s'achemine vers le Liban et la Syrie. Après la dissolution du bataillon, il revient en Angleterre comme fusilier marin et s'engage dans les commandos pour suivre ses camarades[25]. Breveté commando après le stage d'Achnacarry, Marcel Riveau participe au débarquement du 6 juin 1944 avec la *troop* 8, puis à la campagne de Normandie. Blessé au cours d'une patrouille le 24 juillet, il est évacué par bateau vers un hôpital en Écosse. Soigné et convalescent durant près de 6 mois, il trouve le temps de retrouver sa fiancée anglaise, avant de l'épouser au début de l'année 1945. Il reste en Angleterre mais ne participe pas à la campagne de Hollande. Après sa démobilisation en 1945, Marcel Riveau reste en Angleterre puis parvient à regagner la France, à Angers, où il retrouve sa mère. Il crée puis dirige une usine « familiale » d'une centaine de personnes dans la confection pour dames durant presque trente ans. Marcel Riveau s'éteint en décembre 2013 à Auray.

Marcel Gannat, natif de Quimperlé en 1919, s'est engagé dans la Marine nationale en 1935, comme mousse sur l'*Armorique*. Après l'École des fusiliers marins en 1936, il embarque sur le croiseur *Provence* en janvier 1937, puis sur le croiseur *Lorraine,* de novembre 1938 à janvier 1943. Il fait alors partie de la force X basée à Alexandrie, de janvier à juin 1943. Comme Marcel Riveau, il profite d'une escale à terre pour s'engager dans les FNFL comme quartier-maître pour la durée de la guerre, le 18 juin 1943. Il intègre immédiatement la troupe de Kieffer[26]. Après un entraînement effectué à Achnacarry, breveté commando, Marcel Gannat effectue avec Francis Vourc'h le raid sur Quinéville durant l'hiver 1943. Il prend ensuite part au débarquement en Normandie, avant d'être blessé à l'épaule en août 1944. Évacué par bateau en Angleterre, il séjourne au centre médical de Londres du 1er décembre 1944 au 1er mars 1945, puis à la caserne Surcouf et à la caserne

Bir-Hakeim, de mars septembre 1945. Après un passage au 2e dépôt, de septembre 1945 à juillet 1946, il est affecté à l'École de santé de Bordeaux, puis au dépôt de Brest de juillet 1946 à octobre 1949. Il embarque ensuite pour le Maroc pour rejoindre la base aéronavale Kourigba de janvier 1950 à septembre 1952. Marcel Gannat se retire à ensuite Quimperlé, où il deviendra employé de bureau. Il est décédé en 2005.

Jean Laffont, engagé à 17 ans dans la Marine en 1936, breveté timonier sur le *Courbet*, s'est embarqué pour cinq années sur le *Suffren*, croiseur de la force X. C'est à Alexandrie, le 5 février 1943, qu'il décide de rejoindre les rangs de la France Libre. Il est alors directement dirigé sur le Liban, où il rejoint le 2e bataillon de fusiliers marins, rapidement dissous, quelques semaines après son arrivée. Aussi, de retour en Grande-Bretagne, Jean Laffont fait partie du groupe de volontaires pour les commandos[27]. Il rejoint alors la *troop* 8 du lieutenant Trépel, en formation au sein du n° 10 Commando, et devient radio. Il prend part au débarquement du 6 juin. Il effectue toute la campagne de Normandie sans être blessé, puis la campagne de Hollande. Nommé second maître en janvier 1945, il décide alors de faire carrière dans la Marine. Il sera instructeur au centre Siroco, près d'Oran, sous les ordres de Lofi. De 1948 à 1950 il sert à Marine Madagascar. Il se porte volontaire en Indochine, où il rejoint le commando Monfort en 1952-1953. Maître fusilier depuis 1953, il est détaché à l'état-major de Diego-Suarez. À l'heure de la retraite, il se retire en Bretagne, où il meurt le 30 décembre 1996.

Joseph Hourçourigaray, né en 1921 dans la région de Pau, et fortement marqué par un sentiment anti-allemand, s'est engagé volontairement dans la Marine pour la durée de la guerre sur un des croiseurs de la force X, pour des patrouilles en Méditerranée, Malte, Gibraltar puis sur les côtes d'Afrique du Nord. Son bâtiment ayant été désarmé par les Anglais au début du mois de juillet 1940, il fait rapidement le choix, avec deux camarades, de s'évader vers Alexandrie. Arrêté, puis emprisonné, il parvient à être expédié par les Anglais à Ismaïlia où, durant trois semaines, il est interrogé par les services anglais sur ses intentions. Il quitte finalement l'Égypte pour l'Angleterre *via* le canal de Suez et l'Afrique du Sud. Joseph Hourçourigaray débarque à Plymouth en novembre 1940, avant d'embarquer à bord d'un navire anglais pour une mission de convois autour de l'Angleterre. Il s'engage dans les Forces navales françaises libres en 1941, puis au cours de l'année 1943, de passage par la caserne Bir-Hakeim où il fait la rencontre de Kieffer et Vourc'h, dans les rangs de la *troop* 8[28]. Breveté commando à Achnacarry, Joseph Hourçourigaray est choisi pour le raid sur Jersey dans la nuit de Noël 1943. Le 6 juin 1944, il débarque en Normandie avec la *troop* 8 dans la section de Hulot. C'est sur la route entre Ouistreham et Bénouville qu'il est blessé au dos. Rapatrié en Angleterre, il est de retour à l'unité le 17 août 1944, au bois de Bavent. Blessé une deuxième fois par un *sniper* à Bricqueville, il doit être une nouvelle fois rapatrié en Angleterre. De retour à l'unité, il réintègre les commandos, qui sont parvenus au lac de Constance en avril 1945. Démobilisé en 1945, il rentre chez lui et retrouve sa famille. Il part en 1946, en tant que civil, en Algérie comme technicien de l'Office national des forêts, jusqu'à l'indépendance en 1962. Il est décédé en 2008.

Joseph Madec, né en 1921 à Kerneac très tôt orphelin, a travaillé dur dans une ferme, avant de s'engager à 17 ans dans la Marine nationale à Brest. Embarqué sur le *Dunkerque*, il arrive à Toulon où il est affecté sur le *Paris*. Il rejoint le Proche-Orient où, après Mers el-Kébir, son navire est désarmé par les Britanniques à Alexandrie. Souhaitant rallier les Forces françaises libres, il parvient à entrer en contact avec un de leurs agents, puis à s'évader d'Alexandrie sur un cargo anglais. Arrivé en Angleterre au début de l'année 1943, Joseph Madec s'engage aussitôt dans la France Libre et les commandos au sein de la *troop* 8[29]. Joseph Madec ne fera pas partie des 177 Français à débarquer en Normandie le 6 juin 1944. Après l'entraînement à Achnacarry, il participe dans la nuit de Noël 1943 au raid de commandos sur Gravelines. Ne pouvant rembarquer avec une partie de son équipe à bord de la vedette rapide qui les avait déposés, il décide de se cacher en France et parvient à s'intégrer dans un réseau de résistance, de février 1944 à août 1944. En août 1944, Joseph Madec rejoint le port d'Arromanches et, de là, l'Angleterre. Il participe ensuite au débarquement à Flessingue et à la campagne de Hollande. Démobilisé en 1945 en Bretagne, il entre dans les services des Douanes, jusqu'à sa retraite. Il est décédé le 5 décembre 2013.

Les désertions ont touché la plupart des bâtiments de la marine de guerre ou de la marine marchande restées fidèles au régime de Vichy, avant 1943. De nombreux autres candidats à la France Libre se sont évadés quand ils le pouvaient par le biais d'autres filières, attirés par d'autres centres de recrutement établis dans les principaux ports des façades maritimes. Il serait fastidieux ici de retracer l'ensemble de ces parcours aventureux. Aussi nous attacherons-nous à ne développer que quelques parcours des plus significatifs.

Yves Meudal, né à Pleubian en 1923 est orphelin depuis l'âge de 11 ans. Il part sans but précis en 1939, sur un bateau de commerce. À 16 ans, il rejoint Perros-Guirec pour y apprendre le métier de boulanger-pâtissier. Après avoir servi sur le *Fort Archambault*, il est affecté, comme boulanger, sur un navire dérouté vers le Congo belge. Le commandant du bateau étant resté fidèle à Vichy, Yves Meudal décide de s'évader. En pleine nuit, il parvient à quitter le navire pour rejoindre un bâtiment de la France Libre faisant route vers l'Angleterre. Débarqué en Écosse, il se rend à Londres et décide de s'engager dans les commandos[30]. Après le stage d'Achnacarry, Yves Meudal rejoint la *troop* 8 d'Alexandre Lofi. Il participe au débarquement du 6 juin et à la campagne de Normandie. Durant la campagne de Hollande, Yves Meudal est contraint de retourner matelot de 1re classe, dans un camp d'entraînement en Angleterre pour y former les aspirants. Après la guerre, Yves Meudal ne part pas en Indochine et reprendra sa place dans la marine marchande. Il est décédé le 9 septembre 2016 à Pleubian.

Paul Chouteau, né le 3 mars 1922 en Haute-Saône, part en apprentissage, après son certificat d'études, comme peintre en bâtiment. Il s'engage à 17 ans dans la Marine nationale, et après une scolarité à l'École de canonnage à Brest, se retrouve affecté sur le *Courbet*. Paul Chouteau obtient son brevet en novembre 1939, avant d'embarquer dans la marine marchande pour des convois sur la Manche et sur la mer du Nord. Contraint de rentrer à Lorient en juin 1940, il évacue à bord du *Commandant Dominé* vers l'Angleterre. Paul Chouteau arrive le 3 juillet 1940 au port de Falmouth. Conduit au camp d'Aintree, il y reste jusqu'en décembre 1940 : il a demandé son rapatriement vers la France, pensant reprendre le combat en France. Une fois rapatrié à Toulon, il change d'avis et décide de rallier la France Libre. Il s'engage comme volontaire sur un navire en partance pour l'île de Sainte-Lucie, dans les petites Antilles. C'est là, plusieurs mois plus tard, qu'il décide de s'évader à bord d'un autre navire. Après une étape à Trinidad puis un passage par Newport, aux États-Unis, Paul Chouteau débarque à Glasgow, avant d'être acheminé sur Londres à la caserne Surcouf. Il s'engage alors dans l'unité de Kieffer en septembre 1943. Paul Chouteau aura donc mis plus de 33 mois à rejoindre les rangs des commandos[31]. Après une période d'entraînement type « Achnacarry » à Eastbourne, Paul Chouteau intègre la *troop* 8, avec laquelle il débarque à Colleville le 6 juin 1944. Blessé sur la plage, il est rapatrié sur Londres, puis rejoint son bataillon au bois de Bavent en août 1944. Paul Chouteau prend ensuite part au débarquement à Flessingue le 1er novembre 1944 puis aux combats aux Pays-Bas et en Allemagne jusqu'à la fin de la guerre. Il disparaît le 26 janvier 2017 à Houlgate.

Jérôme Piriou, né à Carhaix le 27 mai 1919, est affecté sur le *Bretagne* depuis 1939. Faisant partie de l'escadre de la Méditerranée, le *Bretagne* rejoint alors à Gibraltar la *Home fleet* avant de se diriger vers Mers el-Kébir en Algérie. Le 3 juillet 1940, le *Bretagne* est touché le premier par les tirs de la marine anglaise. Jérôme Piriou fait alors partie des 110 rescapés sur les 1 100 marins que compte le *Bretagne* avant son naufrage. Affecté ensuite à Marine Oran, Piriou se trouve à Alger lorsqu'il est abordé en 1941 par deux hommes lui demandant s'il est Breton et s'il veut combattre Vichy et les Allemands. Piriou entre à ce moment dans la résistance en Afrique du Nord, qui doit préparer le prochain débarquement anglo-américain. Après le 8 novembre 1942, embarqué sur le *Marigot*, Jérôme Piriou prend la direction de l'Angleterre. Il rallie les FFL à Londres en mai 1943, après avoir déserté au début de l'année 1943. Il se porte volontaire pour les commandos de Kieffer[32]. Jérôme Piriou est ensuite affecté au n° 10 Commando interallié. Membre de la section K Gun, il participe au débarquement du 6 juin 1944, à la campagne de Normandie puis à la bataille de Hollande. Après la guerre il devient instructeur au centre Siroco jusqu'en 1949, avant de servir en Indochine au sein du Commando Jaubert. Rapatrié pour raisons de santé en 1951. Il est décédé en mars 2001.

Robert Saerens est né le 18 juillet à Arcey dans le Doubs. Il s'engage dans la Marine nationale et effectue sa scolarité à l'École des fusiliers marins à Lorient de janvier à août 1937. Il embarque en février 1939 à bord de l'aviso *Bougainville* pour des opérations dans l'océan Indien. Au printemps 1940, le *Bougainville* est de passage à Toulon pour un rééquipement avant un départ pour Casablanca et Dakar. C'est devant Dakar qu'il apprend l'armistice de juin 1940. Au moment de l'« affaire » du Gabon, il fait partie, comme chef d'un groupe de mitrailleuses, du corps de débarquement du *Bougainville* destiné à défendre Libreville contre les Anglais et les Français libres. Fait prisonnier à l'issue des combats du 9 novembre 1940, il est gardé par le 1er bataillon de fusiliers marins. Robert Saerens prend alors la décision, pour continuer la guerre, de s'engager du côté de la France Libre en février 1941 à Douala. Il intègre alors le 2e bataillon de fusiliers marins. À la dissolution du bataillon, Robert Saerens se porte volontaire pour les commandos en Angleterre. Après un passage à Patriotic School à Londres, il s'entretient avec Kieffer, avant de rejoindre à Eastbourne les rangs du n° 10 Commando, puis Achnacarry, pour le stage commando. Breveté, il est alors incorporé à la nouvelle *troop* 8 de Charles Trépel. Au cours de l'automne 1943, il est choisi par Hulot pour effectuer un raid sur Jersey. De retour en Angleterre, il participe aux préparatifs du Débarquement. Il est intégré au n° 4 Commando puis à la section de mitrailleuses K Gun, en tant que chef de groupe. Il prend part aux combats de Ouistreham le 6 juin 1944 et, après la perte de son chef, prend le commandement de la K Gun. Il est de tous les combats de la bataille de Normandie avant le retour en Angleterre en septembre 1944. Il prend part ensuite à la campagne de Hollande et ce jusqu'à la fin de la guerre.

Après la dissolution du Commando Kieffer, il participe à l'instruction des Commandos français au centre Siroco en Algérie. Il y est instructeur de

1946 à 1949, avant d'être incorporé dans le Commando Penfentenyo en Indochine puis en Algérie. En 1975, il est adjoint au commandant du groupement de fusiliers marins et commandos de Lorient jusqu'à sa retraite. Il est décédé à Lorient en janvier 2009.

L'engagement « accidentel »

René Rossey, né le 30 août 1926 à Tunis, quitte sa Tunisie natale pour le Liban, où il souhaite rejoindre le quartier général des FNFL à Beyrouth à la caserne Drogou. C'est l'écoute quotidienne de la radio de Londres le soir, chez lui avec ses parents à Tunis, qui l'a conduit à prendre cette décision de l'engagement dans la France Libre. À la suite de l'entrée des troupes de la 8e armée britannique dans Tunis, il contacte le bureau d'incorporation FFL à Tunis, y signe un premier acte d'engagement le 15 mai 1943, avant de gagner seul Tripoli puis Beyrouth. Les premiers contacts au Liban avec l'armée française s'effectuent avec des représentants des FNFL. Après deux mois d'instruction militaire en juin et juillet 1943 à la caserne Drogou, Rossey prend un convoi pour l'Angleterre, *via* Alexandrie. Puis c'est le camp de Camberley, les interrogatoires à Patriotic School, où il signe une seconde fois son acte d'engagement dans les FNFL. Revenu dans le camp des marins à la caserne Bir-Hakeim, c'est rapidement l'inaction, avant l'arrivée de Kieffer, venu visiter les différents camps anglais à la recherche de nouveaux éléments pour son unité. René Rossey n'avait jamais entendu parler jusqu'à présent des commandos français.

L'engagement de René Rossey dans les commandos, à 17 ans, se fit un peu par hasard. René Rossey découvre la France pour la première fois lorsqu'il débarque le 6 juin 1944 dans les rangs de la section K Gun du lieutenant Amaury[33]. Il participera à la campagne de Normandie puis à la campagne de Hollande. Il est décédé le 19 mai 2016 en région parisienne.

Jacques Sénée, lui, est né à Antony, dans la région parisienne, le 26 novembre 1919. Entré à l'École des officiers d'administration du service de santé, il en sort en avril 1940. Démobilisé après la défaite, il entre dans la résistance à Troyes, au sein du réseau « Ceux de la libération ». Il participe le 4 juillet 1943 à l'action de sabotage de 13 locomotives. Traqué par les Allemands, Jacques Sénée quitte Troyes, gagne Paris puis Tours, d'où il s'envole pour la Grande-Bretagne en compagnie de trois résistants. Outre-Manche, Jacques Sénée s'engage dans la France Libre en juillet 1943, déterminé à rejoindre le Bureau central de renseignement et d'action (BCRA) pour accomplir de nouvelles missions en France occupée. Ne se satisfaisant pas d'une affectation à l'état-major de Londres, il rejoint les commandos. Il s'engage au 1er BFMC le 1er novembre 1943 et devient commando en mars 1944. Il débarque en Normandie le 6 juin 1944. Il participe ensuite à la campagne de Hollande et à l'attaque du port de Flessingue. À la fin de la guerre, il est affecté au centre Siroco, en tant qu'adjoint de Lofi au stage commando pendant 2 ans. En 1948, Jacques Sénée demande son changement d'arme et son affectation dans une unité de commandos parachutistes de l'Armée de terre, le 6e BCCP. L'année suivante, il rejoint l'Indochine. Jacques Sénée trouve la mort le 10 janvier 1950 à Yan-Ne-Nam dans le secteur de Tourane. Il avait 30 ans.

Maurice Barbe est né le 12 mai 1920 à Laval en Mayenne. Sportif accompli, il décide de s'engager en 1938 dans l'Armée de terre, avant d'être affecté dans une unité de spahis en Afrique du Nord. Il participe à la campagne de France avec les troupes de reconnaissance. Fait prisonnier le 18 juin 1940, il se fait rapatrier trois mois plus tard grâce à de faux papiers fournis par un aumônier. Il se rengage pour deux ans à Batna en mai 1941. Au moment du débarquement en Afrique du Nord, il participe à la campagne de Tunisie avec l'armée américaine. Affecté au BCRA en décembre 1943, il se porte volontaire en France pour des missions spéciales d'encadrement des maquis. Il quitte Alger le 26 décembre 1943 et arrive à Liverpool en janvier 1944. En février, il quitte définitivement l'Armée de terre pour rejoindre les effectifs de Kieffer. Il réussit peu après son stage commando au pays de Galles, à Wrexham. Il débarque en Normandie le 6 juin 1944, avant d'être grièvement blessé à la main le 24 juillet 1944, lors d'une patrouille. Évacué en Grande-Bretagne, il est toujours en convalescence lorsqu'il quitte les commandos le 1er novembre 1944. Maurice Barbe finit sa carrière militaire au 2e dépôt de Brest le 28 août 1945. De retour à la vie civile, il occupe un emploi de chauffeur pour une usine de tabac jusqu'à sa retraite en 1980. Il est décédé le 19 mars 1994 au Mans.

NOTES

Notes du chapitre 1, « Rejoindre Londres et la France Libre », p. 17

1. Le récit de ce départ vers l'Angleterre a été recueilli par l'auteur auprès de Lucien Guy-Mas, compagnon d'évasion de Philippe Kieffer, au cours d'un entretien réalisé à la Maison de la France Libre à Paris en février 2003.

2. Parmi ces rescapés, on compte de nombreux marins français. Avant le 3 juillet 1940 – date du déclenchement de l'opération britannique Catapult (la saisie des bâtiments français, dont la flotte de Mers el-Kébir) – on estime en effet à environ 12 000 le nombre des membres de la Marine nationale amenés comme passagers sur le territoire de Grande-Bretagne par tous types de bâtiments. Au total, avec près de 19 000 hommes de l'Armée de terre et de la Marine évacués de Dunkerque ou des ports de Picardie vers le sol anglais, près de 31 000 Français se retrouvent en Grande-Bretagne au début du mois de juillet 1940.

3. Émile Chaline, Pierre Santarelli, *Historique des Forces navales françaises libres*, t. 1, Vincennes, Service historique de la Marine, 1990, p. 25 : rapport n° 18 du 08/07/40 du général Charboneau, commandant des Forces françaises regroupées en Grande-Bretagne.

4. Les troupes françaises du corps expéditionnaire du général Béthouart, de retour de Norvège, ont quant à elles été envoyées à Trentham Park, près de Stocke-on-Trent, rejointes aussitôt par quelques aviateurs isolés. Enfin, toujours non loin de Liverpool, le camp d'*Arrowe Park* regroupe des militaires français des trois armes.

5. Il serait aujourd'hui l'équivalent du Grand-Palais à Paris.

6. C'est durant son séjour à Gibraltar, à partir du 23 juin 1940, que Muselier avait posé les premières pierres de ce qui sera les FNFL, en suscitant et organisant les ralliements du chalutier *Président Houduce* et du bananier *Rhin*. Sachant qu'une force navale importante se rassemblait en Angleterre, Muselier avait décidé de la regrouper pour la mener de nouveau au combat. Après avoir pris contact avec les autorités navales britanniques à Gibraltar et exposé ses intentions, Muselier avait embarqué le 29 juin au soir à bord d'un hydravion qui l'amenait en Angleterre. Le lendemain, à Londres, il s'était rendu à l'Amirauté britannique pour être présenté à l'amiral Dudley Pound, premier lord de la Mer, qui lui apprenait qu'un autre officier, le général de Gaulle, avait les mêmes intentions que celles qu'il venait de lui exposer. Présenté à de Gaulle le soir même, Muselier avait été nommé le lendemain, 1er juillet 1940, à la tête des FNFL.

7. La flotte française présente en Grande-Bretagne représente pas moins de 86 navires de guerre et 150 chalutiers, remorqueurs et vedettes.

8. Les Anglais ignorent au contraire que les conditions d'armistice du 22 juin prévoient que la flotte puisse rester entre les mains des Français.

9. Les conditions de l'armistice signé le 24 juin stipulent en effet que les navires démobilisés restent sous pavillon français avec des équipages réduits dans les ports métropolitains ou dans ceux de l'Empire.

10. Cette opération n'a souvent été identifiée qu'au seul drame de Mers el-Kébir. Pourtant sa portée est au contraire beaucoup plus large, puisqu'elle vise en réalité l'ensemble de la Marine française, répartie à cette époque en trois groupes principaux : les forces basées dans les ports méditerranéens (Toulon, Alger, Oran), les navires réfugiés dans les ports atlantiques du Maroc et de l'AOF, enfin les bâtiments ayant trouvé refuge en Grande-Bretagne où contrôlés par la *Royal Navy* ; Dominique Lormier, *Mers el-Kébir, juillet 1940*, Paris, Calmann-Lévy, 2007, p. 140-151.

11. Pour la flotte française présente dans les ports de Grande-Bretagne, « Catapult » s'est traduit par la saisie de tous les bâtiments. À Alexandrie, les bâtiments de la force navale X furent immobilisés dans le cadre d'un accord pacifique signé entre les amiraux Godfroy et Cunningham. À Oran enfin, plus précisément à Mers el-Kébir, la flotte en cours de désarmement fut partiellement détruite, laissant près de 1 300 morts du côté français.

12. Au cours de cette opération, les Britanniques prennent le contrôle du *Paris*, du torpilleur *Mistral*, des contre-torpilleurs *Léopard* et *Triomphant*, de 23 vedettes et chasseurs de mines, de 15 avisos, de 5 sous-marins dont le *Surcouf*, et de 6 petits torpilleurs. Le *Courbet* n'a pas échappé à l'opération, mais l'échauffourée qui s'y produit est rapidement stoppée. Ailleurs, des incidents similaires se sont produits sur les bâtiments de guerre avec des drames, six morts anglais et français sur le *Surcouf*.

13. Le *Massilia* sera le dernier paquebot à emporter vers la France ces candidats au rapatriement. Le camp de Trentham Park est alors vidé de ces derniers 1 200 occupants le 17 novembre 1940.

14. Extrait tiré d'un ouvrage de propagande antibritannique, J. Durand, *Carnet de bord d'un marin français interné en Angleterre, 18 juin-27 novembre 1940*, Mémorial de Caen, Service des archives.

15. Dès le 5 juillet, cette poignée de volontaires se retrouve envoyée aux Naval Barracks, avant d'être répartie en trois détachements : le premier, dirigé sur le *HMS Excellent* – dont 80 anciens du *Courbet* – le second envoyé sur le *HMS Cilingwood*, le dernier enfin restant consigné aux Naval Barracks. C'est d'ailleurs ce dernier dépôt que choisit l'amiral Muselier pour effectuer sa première visite aux nouveaux ralliés, le 7 juillet suivant ; Service historique de la Défense (SHD) – Département Marine – TT C 1, compte rendu du lieutenant de vaisseau des Moutis, secrétaire de l'amiral Muselier.

16. D'Alexandrie, où la flotte est immobilisée, seulement 178 nouvelles recrues rallieront les FNFL de juillet à la fin novembre 1940.

17. Les 1 600 ralliés aux FNFL (710 marins rassemblés à l'*Olympia Hall* entre le 18 juin et le 3 juillet 1940, 450 autres volontaires après l'opération Catapult, entre le 3 et le 13 juillet, 384 recrues venues des flottes d'Alexandrie et du Pacifique), auxquels il convient de rajouter 1 026 engagements de la Marine marchande, 580 civils et 104 volontaires revenus sur leur engagement dans la *Royal Navy*.

Ces chiffres, arrêtés au 15 décembre 1940, sont donnés par Émile Chaline et Pierre Santarelli, *Historique des Forces navales françaises libres*, t. 1, *op. cit.*, p. 70.

18. Il s'agit de la 1re brigade française libre. Sur le développement des forces terrestres de la France Libre, on pourra se référer à l'ouvrage de Jean-Noël Vincent, *Les Forces françaises dans la lutte contre l'Axe en Afrique*, Vincennes, Service historique de l'Armée de terre, p. 39-47.

19. Outre les prélèvements de spécialistes marins pour l'Armée de terre, d'autres questions divisent les deux hommes. Le commandement des bâtiments FNFL engagés au cours de l'expédition de débarquement de Dakar est refusé à l'amiral, de Gaulle prétextant que ce commandement n'était pas un commandement de vice-amiral, l'immobilisant ainsi à

Londres, et qui plus est sous l'autorité d'un commandement par intérim que de Gaulle ne lui a pas non plus confié, *Historique des FNFL*, t. 1, *op. cit.*, p. 423.

Notes du chapitre 2, « Philippe Kieffer, de la finance à la Marine (1899-1940) », p. 29

1. Toutes les informations concernant l'état civil de Philippe Kieffer sont extraites de son livret individuel d'officier de la Marine nationale.

2. Installée à Chicago, cette université privée est à l'époque affiliée à l'Institut des frères des écoles chrétiennes, qui ont repris le collège de Jersey après la Première Guerre mondiale.

3. René Estienne, Service historique de la Défense, Département Marine, juin 2008 : les décorations d'officier de l'ordre national haïtien, Honneur et Mérite, d'officier de l'ordre de Simon Bolivar, le titre de conseiller honorifique du commerce extérieur, diverses lettres de grands banquiers et du président d'Haïti attestent de cet entregent.

4. Lettre du vice-président adjoint de la *National City Bank of New York* à Philippe Kieffer, 15 février 1939, archives famille Kieffer.

5. Instruction du 29 juillet 1926, article 25, alinéa b.

6. Certificat d'interprète délivré à Philippe Kieffer par la préfecture maritime de la 1re région militaire, le 19 janvier 1940.

Notes du chapitre 3, « Philippe Kieffer, officier des Forces navales françaises libres (1940-1941) », p. 37

1. *Historique des Forces navales françaises libres*, tome 3, Annuaire biographique des officiers des Forces navales françaises libres, *op. cit.*, p. 232.

2. Michel Bertrand, *Les Forces navales françaises libres*, *op. cit.* Au 22 juillet 1940, les forces FNFL pour la marine de guerre atteignent ainsi 1 084 marins et officiers, puis 1 623 le 15 août 1940.

3. Au 15 août 1940, 93 officiers, 22 aspirants et 165 officiers mariniers forment les cadres des FNFL. On sait qu'au 15 décembre 1940, les effectifs globaux des FNFL atteignent 3 309 marins, officiers compris. Le taux des engagements est alors à peu près constant depuis le 1er juillet, de l'ordre de 500 par mois, malgré l'opération Catapult en Grande-Bretagne, Mers el-Kébir en Méditerranée, et l'affaire de Dakar. *Historique des Forces navales françaises libres*, t. 3, *op. cit.*, page XVI.

4. On compte sept bases en Grande-Bretagne (Portsmouth, Cowes, Greenock, Dundee, Plymouth, Liverpool, Londres), et six autres bases outre-mer, en AEF, au Levant, en Égypte, à Saint-Pierre-et-Miquelon, dans le Pacifique (Nouméa et Tahiti) et à Madagascar.

5. Le *Courbet* sert de dépôt des équipages du 10 juillet 1940 jusqu'à l'été 1942, au moment de l'ouverture d'un nouveau dépôt Marine à Emsworth (Havent), avant d'être définitivement installé à la caserne de Bir Hakeim durant l'été 1942.

6. Outre le *Courbet*, 38 autres bâtiments de guerre ont trouvé refuge dans le port de Portsmouth : un contre-torpilleur, 5 torpilleurs, 8 avisos, 11 chasseurs, 2 sous-marins et 11 patrouilleurs et bâtiments divers.

7. Le *Courbet* est commandé par René Jourden de juillet à octobre 1940. Devenu capitaine de frégate le 15 août 1940, il laisse son commandement à Gayral. Jourden sera ensuite nommé commandant de la base de Portsmouth de juillet 1941 à juin 1942.

8. Mis en service en 1913, le *Courbet* devient en 1921 un navire d'entraînement de tir à Toulon, puis à Brest un navire école (école de canonnage). École de timonerie à Toulon en 1937, il sert, au moment du déclenchement de la Seconde Guerre mondiale, de bâtiment d'instruction pour l'école de canonnage. Le 21 mai 1940, l'Amirauté française décide de réarmer le cuirassé à effectifs de guerre pour être affecté à la défense des ports du Nord, Boulogne et Dunkerque. Le *Courbet* est alors utilisé alors pour participer à l'évacuation des troupes britanniques, puis en protection des côtes françaises. Répondant à l'ordre de l'amiral Abrial de gagner l'Angleterre, il atteint Portsmouth le 21 juin 1940.

9. Philippe Kieffer, *Béret vert*, Éditions France Empire, 1969, p. 21. Ayant par la suite perdu toute force d'attaque, ses 4 canons ayant été démontés et envoyés en AEF à Douala pour la défense côtière du secteur de Pointe-Noire, le *Courbet* est totalement désarmé le 31 mars 1941. Le *Courbet* reste ensuite à quai pour être transformé en bateau caserne pour les équipages destinés à convoyer les cargos de ravitaillement en matériel de l'Atlantique Nord.

10. *Historique des Forces navales françaises libres*, t. 3, *Annuaire biographique des officiers des Forces navales françaises libres*, *op. cit.*, 547.

11. SHD – Département Marine – TT C 73, note de Gayral au commissaire Chotard, 20/01/41.

12. SHD – Département Marine – TT C 73 : c'est finalement le capitaine de frégate Jourden, jusqu'à présent commandant du *Courbet*, qui prendra le commandement de la base de Portsmouth.

13. Philippe Kieffer, *Béret vert*, *op. cit.*, p. 16.

14. SHD – Département Marine – TT H 1, note pour le directeur du personnel officier au sujet de l'OIC de 2e classe Kieffer, 31/10/41.

Notes du chapitre 4, « Le père des commandos français (mars-décembre 1941) », p. 45

1. PRO – CAB 120/414 : mémo adressé aux chefs d'état-major, 03/06/40.

2. Ces compagnies étaient composées de volontaires prélevés au sein des régiments territoriaux de l'armée britannique, à l'image des corps francs de l'armée française. Leur entraînement était calqué sur celui de l'infanterie de marine. Ces compagnies ne dépendaient pas de l'intendance britannique et n'étaient pas intégrées à l'armée régulière ; techniquement, elles pouvaient opérer isolément, en autonomie. Bien que légèrement armées, elles pouvaient être engagées seules pour une courte période. En revanche, ne disposant pas d'artillerie lourde, elles n'étaient pas destinées à tenir durablement des positions fixes. Remplacées par la suite par des bataillons, les bataillons du Service spécial qui, à leur tour, allaient devenir des commandos – les compagnies indépendantes étaient avant tout des unités amphibies, employées pour combattre avec la marine de guerre britannique. James Ladd, *Commandos and Rangers of World War II*, New York, 1978, p. 269.

3. Il ne s'agit pas d'une nouveauté dans la structure de défense britannique, ce qui explique la rapidité avec lesquelles ces structures se sont mises en place au cours de l'été 1940. Il s'agit d'une réplique d'organisations de coordination anciennes et qui étaient appelées « opérations conjointes » au XVIIIe siècle. Avec la guerre moderne du XXe siècle, la com-

binaison des trois armes était devenue essentielle. *Les Commandos au combat, 1940-1942, His Majesty's Stationery Office*, Londres, 1944.

4. Les commandos ne forment qu'une partie des troupes du service spécial des Opérations combinées. D'autres contingents de l'armée vont participer à des raids contre l'ennemi, des unités américaines et alliées ou originaires des dominions passeront par les centres d'entraînement combiné.

5. Pour le récit et l'étude détaillée de cette opération, voir *Les Commandos au combat*, *op. cit.*, p. 25-27.

6. 200 hommes de la 11e compagnie indépendante prennent pied en territoire ennemi. Partagés en quatre équipes, les 120 commandos débarquent et s'infiltrent dans les terres, là où les barges ont bien voulu les déposer, les appareils de navigation n'ayant pas été très précis. Certains se retrouvent sur des plages désertes, d'autres dans une base d'hydravions près de Boulogne. Certains enfin ont pu jeter quelques grenades aux abords d'un hôtel réquisitionné par des Allemands au sud du Touquet.

7. C'est à cette époque que se constitue notamment la première unité commando, le n° 4 Commando, la future unité des fusiliers marins de Kieffer. Le n° 8 Commando apparaît en juin, tandis que les Commandos n° 1, 2, 3, 5 et 6 sont formés en juillet. Les Commandos n° 7 et n° 9 sont constitués en août 1940. Enfin, à la fin de l'année 1940, le Commando n° 11 est mis en place. Deux derniers Commandos voient le jour, le n° 12 au début de l'année 1941 et le n° 14 dans les premiers mois de l'année 1943. Pour toutes ces informations concernant les différentes unités commandos, on pourra se référer à James Ladd, *Commandos and Rangers of World War II*, Saint Martin's Press, New York, 1978.

8. Cité par Winston G. Ramsey, *The War in the Channel Island*, 2005.

9. Cecil Hampshire, *The Beached Commandos*, William Kimber, London, 1983, p. 27.

10. Sur le théâtre d'opérations en Europe de l'Ouest, l'année 1941 sera prolifique en effet pour les opérations commandos, puisque pas moins de 10 opérations sont effectuées rien que sur la Norvège (4 raids) et la France occupée (6 raids), du 4 mars au 27 décembre. En décembre 1941, deux autres opérations sont exécutées sur la Norvège et ces raids continueront durant les années 1942-1944. James Ladd, *op. cit.*, p. 28.

11. Cité dans James Dunning, *op. cit.*, p. 53.

12. Mountbatten occupe ses fonctions jusqu'en août 1943, date de sa nomination en tant que commandant en chef des armées alliées dans le Sud-Est asiatique.

13. Le camp de Camberley est, durant la Seconde Guerre mondiale, la base des forces terrestres françaises en Grande-Bretagne. Aménagée près de l'école britannique des officiers de Sandhurst, cette école d'instruction est opérationnelle depuis le 24 septembre 1940. Dans ce site ont également été rassemblés les détachements français du personnel de la Marine placés sous l'autorité d'une unité marine en cours de formation.

14. Pour le capitaine de frégate Moret, le chef d'état-major des FNFL, attaché naval en Espagne de 1936 à 1939, la création du 3e bataillon de fusiliers marins était une occasion de faire rentrer dans la lutte antifasciste les rescapés de l'armée de Bilbao, en attendant ceux des autres forces républicaines, et de programmer des opérations conjointes, notamment sur la Guinée espagnole. SHD – Département Marine – TT H 1, ordre du 11/09/41, portant création du 3e BFM de la France Libre.

15. SHD – Département Marine – TT H 1, note pour le *Commander* Crane adressée par le chef d'état-major des FNFL, 24/07/41.

16. Note du surintendant *Royal Marine Small Arms* à l'intention du *British Naval Liaison Officer*, 16/10/41, fonds Léon Gautier.

17. *Idem.*

18. Lettre au contre-amiral Robert, Londres le 20/10/41, fonds Léon Gautier. Cet ancien camp de vacances, situé dans le Sussex, avait été réquisitionné dès juin 1940 par

l'Amirauté britannique pour être commissionné le même mois comme *HMS Northney* (*cf.* A. Cecil Hampshire, *The Beach Head Commandos*, London, William Kimber, 1983).

19. Il s'agit du capitaine de corvette Marenco, de l'enseigne de vaisseau de 1re classe Ballabriga, des enseignes de vaisseau de 2e classe Gonzales et De Bassabe Arrozola et enfin du médecin de 1re classe Agaretche, tous ces hommes ayant un grade supérieur à celui de Kieffer (ORIC de 2e classe).

20. SHD – Département Marine – TT H 1, note pour le directeur du personnel officiers au sujet de l'OIC de 2e classe Kieffer, 31/10/41.

21. SHD – Département Marine – TT H 1, 3e bataillon de fusiliers marins.

22. SHD – Département Marine – TT H 1, note pour le directeur du personnel officier, 31/10/41.

23. *Idem.*

24. « Philippe Kieffer et le premier bataillon de fusiliers marins commandos », étude inédite rédigée par René Estienne, Service historique de la Défense, Département Marine, juin 2008.

Notes du chapitre 5, « 1942 : les prémices d'une unité de débarquement française », p. 63

1. SHD – Département Marine – TT C 7, note n° 35 du 13/01/42.

2. SHD – Département Marine – TT H 1, dossier Unité, ordre n° 105.

3. SHD – Département Marine – TT C 73, note de service du commandement supérieur de Portsmouth n° 215, 22/04/41.

4. Philippe Kieffer, *Béret vert*, Éditions France-Empire, 1969, p. 16.

5. Philippe Kieffer, *Béret vert*, *op. cit.*, p. 20.

6. L'*Arras*, comme le *Courbet* ou l'*Ouragan*, est un bâtiment transformé en dépôt des équipages de la Marine française libre. Ces dépôts seront remplacés à terre par le camp d'Emsworth-Havent, plus connu sous le nom de caserne « Bir-Hakeim », à partir du 13 août 1942.

7. Entretiens recueillis par l'auteur auprès de Paul Briat, le 4 janvier 2002, Archives orales, Mémorial de Caen.

8. Entretiens recueillis auprès d'Otto Zivolhava, le 15 avril 2002, Archives orales, Mémorial de Caen.

9. Armée par les FNFL, la *Reine des flots* allait remplir six mois plus tard, dès juin 1941, des missions d'escorte de convois alliés en Manche tout en assurant la défense des côtes anglaises.

10. *Historique des FNFL*, t. 3, *op. cit.*, p. 593 ; *Revue de la France Libre*, 1987, p. 53.

11. SHD – Département Marine – TT H 2, Personnel et divers.

12. Les officiers mariniers sont des marins avec les grades de maître ou de second maître, les officiers mariniers supérieurs étant des majors, maîtres principaux ou premiers maîtres.

13. SHD – Département Marine – TT H 2, Personnel et divers, compte rendu sur les activités de la compagnie d'instruction, 16/02/1942.

14. *Idem.*

15. *Idem.*

16. *Idem.*

17. SHD – Département Marine – TT H 2, Personnel et divers : cours sur les armes portatives à Eastney du 02/03/42 au 20/03/42.

18. SHD – Département Marine – TT H 2, Personnel et divers, note n° 42 pour le capitaine de frégate Galleret, 1er sous-chef d'état-major par intérim, 25/03/42.
19. Liste d'appel du 25/03/1942, fonds Maurice Chauvet, CRHQ, Université de Caen.
20. Note n° 188 FNFL, Londres, 23/03/42, fonds Léon Gautier.
21. *Idem.*
22. *Historique des FNFL*, t. 3, *op. cit.*, p. 135. Louis Courtin avait rallié la France Libre le 13 août 1940. Commandant le *Volontaire*, il avait été affecté sur le *Courbet* comme officier adjoint de décembre 1940 à mars 1941. C'est en mars 1941 que l'amiral Muselier l'a placé à la tête du détachement français de Skegness.
23. SHD – Département Marine – TT C 7, note EM 1 n° 196, sans date.
24. SHD – Département Marine – TT C 7, note EM 1 n° 209, du 01/04/42.
25. René Estienne, *op. cit.*
26. Lettre de lord Louis Mountbatten au général de Gaulle, 30 avril 1942.
27. Lettre du général de Gaulle au vice-amiral lord Louis Mountbatten, 4 mai 1942.
28. Le premier emploi de cette formulation apparaît à la date du 25 mars 1942, sur une liste adressée au 1er sous-chef d'état-major par intérim, et indiquant les 31 noms de marins de la « compagnie de fusiliers commandos rejoignant l'unité commando des *Royal Marines* », c'est-à-dire l'école de Skegness.
29. Mises sur pied par Churchill au lendemain de la défaite française, les premières unités commandos étaient composées en grande partie de combattants ayant pour origine l'Armée de terre. Six autres unités commandos avaient depuis été organisées, portant désormais le nom de *Royal Marines Commandos*.
30. Philippe Kieffer, *Béret vert*, *op. cit.*, p. 25.

Notes du chapitre 6, « La reconnaissance ultime : l'admission à l'École de commandos d'Achnacarry », p. 85

1. Maurice Chauvet, *Mille et un jours pour le Jour J*, Paris, Michel Lafon, 1994.
2. SHD – Département Marine – TT H 2 : dossier Fonctionnement : liste des hommes devant rejoindre les *Royal Marines Commandos*, le 27/04/42. Les 29 Français présents à Achnacarry sont les suivants : Kieffer, Vourc'h, Baloche, Chapuzot, Briat, de Vandelaer, Dumenoir, Briand, Rabouhans, Errard, Taverne, César, Le Tarn, Loverini, Jean, Simon, Roger, Corbet, Cabrerizo, Borretini, Tanniou, Valognes, Mazaud, Le Guen, Richard, Pinelli, Padovani. Héritier et Moutailler rejoindront plus tard.
3. Philippe Kieffer, *Béret Vert*, *op. cit.*, p. 25-29.
4. « Notes sur l'instruction des compagnies indépendantes dites commandos », d'après les réalisations des *Combined Operations*, par le caporal Chauvet. Archives Maurice Chauvet, CRHQ, Université de Caen.
5. Maurice Chauvet, *op. cit.*
6. SHD – Département Marine – TT H, emploi du temps du détachement spécial, compagnie portée, semaine du 1er au 6 juin 1942, 28/05/42.
7. SHD – Département Marine – TT H 2, dossier Fonctionnement. Sous la conduite de Trépel et du sergent Maurice Cornillet, 18 hommes issus de l'armée de terre se sont portés volontaires : les sergents Altemeyer, Mendes, Nassau et Maissonnier, les caporaux Ropert, Fernande, Lossec, Pelouse, Labeyrie, le 1re classe Casalonga, les 2e classe Cabellan, Lévy, Cren, Becheter, Zivolhava, Bariou, Vernet et Kermarec. Seuls sont restés à l'hôpital de Camberley les 2e classe Tournieri et Gouriou.

8. Entretiens recueillis auprès d'Otto Zivolhava, le 15 avril 2002, Archives orales, Mémorial de Caen.

9. Manuscrit inédit de Laurent Casalonga, *Hommes de la nuit.*

10. PRO – DEFE 2/37. PRO – DEFE 2/45, n° 10 Commando, *War Diary*, 09/06/42-29/09/45. À l'issue de sa formation à Achnacarry, le groupe de Trépel intègre à son tour le Commando n° 2, le 29 juin 1942.

11. Initialement organisé en unité parachutiste en juillet 1940, ce Commando a été transformé pour les opérations amphibies. Deux de ses *troops* ont été mobilisées pour le raid de Vaagsö le 26 décembre 1941. Le Commando fournit, l'année suivante, l'essentiel des forces pour un raid sur le port de Saint-Nazaire. Le 28 mars, les Opérations combinées lancent une des attaques les plus audacieuses et les plus risquées de leur histoire. Il s'agit de lancer à pleine vitesse, contre les portes de la forme-écluse Joubert, le destroyer *Campbeltown* chargé de 5 tonnes d'explosifs, afin d'empêcher l'accès à cette cale à tout navire allemand et notamment au fameux cuirassé *Tirpitz*. Pour mener ce raid, les Opérations combinées ont constitué une force importante : deux contre-torpilleurs, un MTB, un MGB et une quinzaine de *Motor Launch*, avec à bord près de 270 hommes du Commando n° 2, ainsi que quelques détachements d'autres commandos. Découvert à moins de 1 500 m de son objectif, le convoi est pris à partie par l'ennemi. L'effet de surprise n'aura pas lieu. Vers 1 h 30 du matin, le destroyer britannique s'encastre avec fracas sur les portes de l'écluse. Il explosera comme prévu le lendemain, faisant de nombreux morts du côté allemand et détruisant définitivement la cale Joubert. Sur les 350 marins britanniques engagés dans cette opération, 185 sont portés au nombre des tués ou disparus. Du côté des commandos, sur les 270 hommes engagés, 212 ne revinrent pas en Angleterre.

12. PRO – DEFE 2/45, n° 10 Commando, *War Diary*, 9/06/42-29/09/45.

Notes du chapitre 7, « Les commandos français à Dieppe, le baptême du feu », p. 97

1. C'est dans la nuit du 27 au 28 février 1942 que des commandos britanniques parachutés touchent terre à Bruneval. D'autres unités débarquent à Saint-Nazaire dans le cadre de l'opération Chariot le 28 mars suivant.

2. L'ensemble des informations sur le Commando n° 10 se trouvent dans le journal de marche conservé aux archives nationales, à Kew, *Public Record Office*, PRO – WO 218/40.

3. PRO – DEFE 2/45.

4. PRO – DEFE 2/45 : *Progress Report* n° 2, formation du n° 10 Commando, 24/07/42.

5. SHD – Département Marine – TT H 2, dossier Fonctionnement, note n° 36, lettre du lieutenant de vaisseau Kieffer au contre-amiral commandant en chef les FNFL, 21/07/42.

6. Une troupe X, rassemblant plusieurs nationalités est formée le 24 juillet 1942. La *troop* n° 4 est formée de volontaires belges en septembre 1942, tandis que la *troop* n° 5, celle des Norvégiens, et la *troop* n° 6, celle des Polonais, sont formées au début de l'année 1943.

7. SHD – Département Marine – TT H 2, dossier Fonctionnement, lettre de Kieffer du 20/07/42.

8. *Idem.*

9. *Idem.*

10. SHD – Département Marine – TT H 2, message « IN » du lieutenant Kieffer, *Commando 10 Home Force*, pour CV– CEM, Direction personnel équipages, télégramme entré le 5/08/42.

11. *Idem*. Les cinq hommes en question sont : Joho, Devager, Marie, Bratesani et Vernet.

12. SHD – Département Marine – TT C 38, rapport de Philippe Kieffer au contre-amiral Auboyneau, 28/08/1942.

13. Pour un récit complet des opérations de Dieppe, voir *Les Commandos au combat, 1940-1942*, HMSO, 1943, p. 110-144, et James Ladd, *Commandos and Rangers of World War II*, Saint Martin's Press, New York, 1978, p. 82-93.

14. 31 tués et 37 blessés, chiffres donnés par *Opération Jubilee, op. cit.*, p. 72.

15. Selon Ian Dear, *Ten Commando, op. cit.*, Serge Moutailler aurait été froidement abattu dès sa capture par les Allemands, sitôt révélée son identité de commando français. Pour d'autres, comme Maurice Chauvet (in *Revue de la France Libre*, mars-avril 1972, « La 1re compagnie de fusiliers marins commandos à Dieppe »), Moutailler, grièvement blessé, aurait été abattu par un sous-officier allemand. De leur côté, Claude-Paul Couture (*Opération Jubilee – Dieppe 19 août 1942*, Éditions France-Empire, 1969) et l'amiral Lepotier (*Raiders from the Sea)* attribuent sa mort à une tentative d'évasion qui aurait échoué. En tout état de cause, son corps ne fut jamais identifié et aucune sépulture ne porte son nom.

16. SHD – Département Marine – TT C 38, rapport de Philippe Kieffer au contre-amiral Auboyneau, 28/08/42. François Baloche est cité à l'ordre des FNFL le 12 novembre 1942, tandis que René Taverne et Raymond Rabouhans le seront à l'ordre des Forces navales françaises libres en Grande-Bretagne et en Atlantique Nord le même jour. Quant aux commandos de l'opération de Dieppe, tous se verront récompensés avec des citations à l'ordre des FNFL en Grande-Bretagne (de Wandelaer), à l'ordre de la Marine en Grande-Bretagne (Moutailler et César) ou à l'ordre de la 1re compagnie de fusiliers marins commandos (Errard et Ropert). Dans son rapport, Kieffer demande également des promotions pour les hommes qui viennent de se battre : pour Taverne, le grade de quartier-maître de 1re classe, pour Loverini et Simon, les grades de quartier-maître de 2e classe, et enfin pour de Wandelaer, le grade de second maître. Ce n'est que le 14 juillet 1943 à Londres que les cinq acteurs de Dieppe, tous réunis après le retour à l'unité de César, seront une nouvelle fois honorés et décorés.

17. Les bilans dressés après l'opération font état de 1 000 hommes tués et près de 2 000 faits prisonniers. Le chiffre officiel des pertes est fixé à 3 367 hommes. Du côté ennemi, les Allemands ont reconnu avoir eu plus de 800 tués et quelques dizaines de prisonniers. Les pertes de la Marine sont elles aussi assez lourdes : 2 000 hommes, un destroyer et plus de trente barges de débarquement. L'ensemble des chars d'assaut, c'est-à-dire les 28 « Churchill », durent être abandonnés sur les plages. L'aviation alliée perdit 106 appareils et 113 hommes. De son côté, l'aviation allemande enregistra la perte de 72 appareils abattus et une dizaine endommagés sur l'aérodrome d'Abbeville.

18. SHD – Département Marine – TT C 38, extrait du rapport de Philippe Kieffer à l'amiral Auboyneau, 28/08/42.

19. Sur la stèle de Berneval figuraient après la guerre les noms suivants : Loustalot, Edward, Broadbent, Fisherd, D. B. Mayer, D. Slater, Rhodes, Craggs, Gaffery, Harding, Mills, Bryan, Wall et… *France Commando*.

20. SHD – Département Marine – TT 2 et TT C 11, rapport du quartier-maître César, rédigé à la demande du 2e bureau des FNFL, du capitaine de vaisseau Jaquet, et du colonel Passy, chef du BCRA, après son retour à l'unité le 6 juin 1943.

21. PRO – DEFE 2/45, n° 10 Commando, *War Diary*, 09/06/42-29/09/45 : *Progress Report n° 4* : à la date du 8 septembre 1942, les effectifs se montent à 81 individus, 77 hommes de rang et 4 officiers.

22. Entretien accordé à l'auteur par Pierre-Charles Boccadoro, le 12 décembre 2002, Archives orales, Mémorial de Caen.

23. Boccador, Richemont, Altmeyer, Du Tertre, Le Gall, Nassau de Warigny, Meyer, Mathieu, Pelouse, Labeguerie, Scherer, Troadec, Bucher, Picoux, Chauvin, Henger, Bariou, Cren, Exbroyat, Herran, Armirail, Le Guillou, Leostic, Camus, Waisselin, Ortais, Cadeau, Magy, de Champagnac, Boron, Soubite.

24. Notes personnelles de Pierre-Charles Boccadoro.

25. PRO – WO 218/56, n° 10 Commando, *War Diary*, janvier-décembre 1943 : Joseph Kessel vient visiter l'unité durant 5 jours à partir du 24 avril 1943.

26. PRO – WO 218/56, n° 10 Commando, *War Diary*, janvier-décembre 1943 : exercice Longford.

27. Entretien réalisé avec P.-C. Boccadoro, le 12 décembre 2002, Archives orales, Mémorial de Caen.

28. Des trois groupes successifs qui ont constitué la *troop* 1, c'est le deuxième, le « groupe Trépel » et ses 22 hommes, qui résistera le mieux à l'hémorragie, avec 64 % de ses effectifs présents le 6 juin 1944, soit 14 hommes À l'inverse, c'est au sein du dernier groupe, breveté en septembre 1942, que Kieffer constatera le plus de départs, avec 7 commandos sur 31 hommes (22 % des effectifs), qui fouleront les plages de *Sword Beach*.

Notes du chapitre 8, « Le temps des crises : automne 1942-automne 1943 », p. 115

1. Cahiers d'appel de l'unité, 1er BFMC, fonds Maurice Chauvet, CRHQ, Université de Caen.

2. SHD – Département Marine – TT H 2, dossier Unité, note n° 132 du 27/01/43 de Philippe Kieffer, commandant la 1re compagnie de fusiliers marins commandos à monsieur le contre-amiral commandant en chef les FNFL.

3. SHD – Département Marine – TT H 2, dossier Unité, ordre n° 962 du 1er bureau de l'état-major du commissariat national à la Marine, 12/11/42.

4. Archives départementales (AD) du Calvados, fonds Alexandre Lofi, F10059/11, note du général de Gaulle au contre-amiral, commissaire national à la Marine, 18/02/43.

5. La 1re compagnie d'infanterie de l'air, rattachée aux Forces aériennes françaises libres, est créée à Camberley, par ordre général du général de Gaulle, le 29 septembre 1940. À ce sujet, voir Raymond Forgeat, *Remember, les parachutistes de la France Libre*, Service historique de l'armée de terre, 1990.

6. PRO – DEFE 2/45, n° 10 Commando, *War Diary*, 09/06/42-29/09/45, et PRO – WO 218/56, janvier-décembre 1943.

7. Le raid britannique sur Bruneval avait eu lieu un an auparavant, dans la nuit du 27 au 28 février 1942, à la hauteur du cap d'Antifer.

8. Le cas de Jean Errard est intéressant pour illustrer l'importance de la désillusion des volontaires français. Engagé en 1935 dans la Marine, sous-marinier sur la *Junon*, Jean Errard rejoint la Grande-Bretagne en 1940 et la France Libre le 1er juillet 1940. Fusilier marin, il intègre le 1er bataillon de fusiliers marins avec lequel il participe aux opérations de Dakar, du Gabon, et de l'AEF. Envoyé en Égypte avec son bataillon, il est engagé en Syrie dans des combats contre les troupes françaises du Levant restées fidèles à Vichy, avant de quitter le bataillon en décembre 1941. De retour en Grande-Bretagne en mars 1942, il choisit la compagnie de fusiliers marins de Kieffer. En mai 1942, il fait partie de la première promo-

tion d'Achnacarry, avant d'être choisi pour le raid de Dieppe. Neuf mois plus tard, le 25 mai 1943, au terme d'une trop longue période d'inactivité au sein du n° 10 Commando, Jean Errard quitte l'unité de Kieffer. On le retrouve le 8 novembre 1943 dans les rangs du 4e bataillon d'infanterie de l'air.

9. Chiffres établis d'après les listes d'appel de la compagnie : Briant, Padovani et Héritier (éliminés avant Achnacarry), Richard, et Roger (débarqués en juillet 1942), Letarn et Mazaud (débarqués en août 1942), de Wandelaer et Le Guen (déserteurs en septembre 1942), Borettini (débarqué en janvier 1943), Cabrerizo (débarqué en mai 1943) et Valognes, fonds Chauvet Université de Caen, CRHQ.

10. Programme de la visite du général de Gaulle et de l'amiral, jeudi 22 et vendredi 23 avril 1943, 19/04/43. C'est la sous-section Lanternier, qui devait rendre les honneurs, fonds Maurice Chauvet, Université de Caen, CRHQ.

11. Cette défection des autorités de la France Libre sera compensée le 27 avril suivant par la visite de Germaine Sablon et de Joseph Kessel.

12. Il s'agit essentiellement des éléments du peloton moto de Camberley, comme Amaury, Guezennec, Moguerou ou encore Ollivier, qui deviendront par la suite commandos dans le bataillon de fusiliers marins commandos. Source : entretien avec Pierre-Charles Boccadoro.

13. À l'annonce du débarquement anglo-américain en Italie, et de la signature d'un armistice entre le nouveau gouvernement italien et les Alliés, les responsables locaux du Front national ont lancé une insurrection contre l'occupant italien. Mais la disproportion des forces est trop importante entre les insurgés armés et les forces allemandes, qui viennent remplacer les troupes italiennes au moral défaillant. Même si la ville d'Ajaccio est tombée entre les mains des insurgés, ces derniers sont très rapidement confrontés à la répression allemande, et n'ont d'autre solution que de faire appel aux troupes françaises. Le 10 septembre, le commandant Colonna d'Istria, chef de la résistance corse, prévient à Alger le général Giraud de la situation très critique des patriotes corses.

14. C'est le général Giraud qui depuis plusieurs mois, avec les encouragements des Alliés, et en lien direct avec la résistance corse, prépare à l'insu du général de Gaulle un plan pour la libération de la Corse. L'opération Vésuve, déclenchée en toute hâte, permet d'y envoyer un corps expéditionnaire de 6 000 hommes, formé à Alger, et placé sous le commandement du général Martin.

15. *Bulletin de l'Association des anciens des services spéciaux*, n° 50 ; la 3e compagnie du bataillon a été désignée pour être embarquée à bord du sous-marin *Casabianca*, qui doit la conduire dans le port d'Ajaccio le 13 septembre 1943.

16. L'affaire corse va même continuer à aggraver le fossé séparant Giraud et de Gaulle : la veille de la libération de la Corse, de Gaulle est élu seul président du CFLN, Giraud demeurant commandant en chef militaire. Giraud est définitivement écarté de la présidence du CFLN à partir du 9 novembre 1943, avant de perdre ses fonctions de commandant en chef le 4 avril 1944.

17. PRO – DEFE 2/1016, n° 10 Commando, *War Diary*, 1943.

18. PRO – DEFE 2/1016, n° 10 Commando, *War Diary* : courrier du major Haydon au lieutenant général Grasett, officier chef de liaison avec les gouvernements alliés et le *War Office*, le 20 octobre 1943.

Notes du chapitre 9, « Les volontaires du 2e bataillon de fusiliers marins », p. 131

1. Âgé de 37 ans, Thulot est enseigne de vaisseau depuis 1928. Officier de la marine marchande, capitaine au long cours, il a rallié la France Libre le 14 juillet 1940, avant d'être affecté sur le *Courbet.* Émile Chaline, Pierre Santarelli, *Historique des FNFL*, t. 3, *Annuaire biographique des officiers des FNFL*, Vincennes, Service historique de la Marine, 1999, p. 566.

2. Né en 1907, Édouard Dupont Saint-Yves est à l'origine un lieutenant d'infanterie, officier de renseignement, commandant de compagnie de mitrailleuses, avant de rejoindre l'Angleterre une première fois le 4 juin 1940 lors de l'évacuation de Dunkerque. Reparti vers la Bretagne le 8 juin, il revient en Grande-Bretagne le 21 juin à bord d'un torpilleur anglais. Officier de presse dans le camp de Trentham Park, il rallie les FFL et devient lieutenant de vaisseau dans la Marine au moment de la création du 2e bataillon.

3. *Historique des Forces navales françaises libres*, t. 1, *op. cit.*, p. 162.

4. Jean-Louis Crémieux-Brilhac, *La France Libre, de l'appel du 18 juin à la Libération*, *op. cit.*, p. 114.

5. SHD – Département Marine – TT H 1, 2e BFM, dossier Activités – Renseignements : compte rendu du lieutenant de vaisseau Thulot au capitaine de frégate Charrier, Douala, 6/03/41.

6. Au moment du ralliement du Moyen-Congo, l'équipage du *Touareg* avait refusé de se rallier à la France Libre. Capturé par les Britanniques le 2 septembre, le *Touareg* est conduit au port de Douala. Quelques marins s'engageront dans les FNFL, tandis que le *Touareg* continuera de naviguer aux côtés des Alliés.

7. Le bananier de la marine de Vichy, présent à Libreville au moment du ralliement du Gabon le 10 novembre 1940, est passé dans le camp gaulliste après ces événements. Utilisé par les FNFL, il servira de transport puis, armé en août 1941, deviendra un croiseur auxiliaire.

8. 52 marins du *Bougainville* ont été questionnés par Thulot. 7 rallient le 2e BFM (SHD – Département Marine – TT H 1, 2e BFM, état nominal du 2e BFM à son départ pour la Syrie).

9. Ces éléments du 1er bataillon de fusiliers marins faisaient partie de la force commandée par Leclerc pour la prise de l'aérodrome de Libreville, à savoir 1 060 hommes au total, répartis en 4 groupements opérationnels. Les fusiliers marins appartenaient au groupement Parant, qui a opéré avec des éléments du bataillon de marche n° 1 des éléments du point d'appui de Pointe-Noire et des éléments d'artillerie coloniale de Pointe-Noire. *Cf.* Capitaine de vaisseau Guy Crissin, « Le ralliement du Cameroun et la campagne du Gabon », in *Bir-Hakeim… L'Authion*, Bulletin trimestriel de l'Amicale de la 1re DFL, n° 207, octobre 2007, p. 8-12.

10. Le 16 mai 1941, les effectifs sont montés à 120 hommes, avec l'arrivée d'un détachement de 20 nouvelles recrues. Arrivés au bataillon le 13 mai, 19 hommes précèdent un second détachement de 36 hommes, attendus pour la fin du mois.

11. Une deuxième session, organisée le 27 août 1941, rassemblera 21 nouveaux candidats. Seuls 12 hommes se verront brevetés fusiliers marins.

12. SHD – Département Marine – TT H 1, 2e BFM, bataillon mixte n° 6, fusiliers marins : note de service n° 93, 18/09/41.

13. C'est après la convention de Saint-Jean d'Acre du 14 juillet 1941 qu'une Marine au Levant s'était constituée. Cette convention, signée entre les Britanniques et Vichy, prévoyait

la transmission des deux anciens mandats français aux autorités militaires britanniques. De Gaulle avait récusé cet accord en concluant immédiatement un contre-accord avec les Britanniques, les accords De Gaulle-Lyttelton ; François Broche, Georges Caïtucoli, Jean-François Muracciole (dir.), *La France au combat, de l'appel du 18 juin à la victoire*, Perrin, 2007, p. 87-88 ; Jean-Louis Crémieux-Brilhac, *op. cit.*, p. 156-165.

14. *Historique des Forces navales françaises libres*, t. 1, *op. cit.*, p. 164.

15. L'effectif réglementaire d'une *troop* britannique est 65 hommes répartis en deux sections de 30 hommes chacune, elles-mêmes divisées en trois sous-sections de 10 hommes.

16. SHD – Département Marine – TT H 1, 2e BFM, dossier Personnel : note pour le commandant Marine de Syrie, 24/10/42.

17. Le ralliement du Cameroun a été confié aux capitaines Leclerc et Dio, et à Claude Hettier de Boislambert. Avec 24 hommes et sans tirer le moindre coup de feu, Leclerc occupe Douala le 27 août 1940. Le ralliement du Cameroun est effectif dès le 29, avec la prise de la capitale Yaoundé.

18. *Historique des FNFL*, t. 3, *op. cit.*, p. 406. Grièvement blessé en Normandie le 6 juin 1944, Jean Mazéas est démobilisé le 5 février 1946, avec le grade de capitaine de corvette. Il fait ensuite carrière dans les PTT.

19. Citons, parmi eux, Chausse, Lavezzi, Roeland, Saerens, Logeais, Mariaccia, Bolzer, Allain, Paillet, Caron, Foliot, Le Halper, Bellamy, Kermarec, Madrias, Laot, Coppin, Létang, Gautier, Rougier, Gachard, Strina, Fougère, Grossi, Rivière, Richen.

20. Ian Dear, *op. cit.*, p. 16. Quant au contingent de fusiliers restés au Levant, il est prévu qu'il renforcera les effectifs de l'unité Marine Syrie.

21. *Historique des FNFL*, t. 3, *op. cit.*, p. 566. Après son commandement du 2e BFM, Guy Thulot suit différents stages d'armes en écoles anglaises, avant de devenir le commandant en second de la base de chasseurs de sous-marins de Cowes, de juillet 1943 à avril 1944.

22. Archives départementales du Calvados, fonds Alexandre Lofi, F10059 ; *Revue de la France Libre*, 1992, p. 54-55 ; *Historique des FNFL*, t. 3, *op. cit.*, p. 388.

23. Né à Vannes le 16 juillet 1923, Léopold Hulot, instituteur, quitte sa ville natale en juillet 1941 pour rejoindre l'Angleterre. Arrêté le 13 octobre 1941 en Espagne, dans le train qui le conduit à Madrid, il est interné durant cinq mois au camp de Miranda. Libéré en mars 1942. Léopold Hulot arrive à Londres en mai 1942 et est présenté le 1er juin au général de Gaulle, qui l'oriente sur l'École des cadets de la France Libre. Il y suit le cours d'officier avant de rejoindre, avec le grade d'aspirant, les commandos.

24. Maurice Chauvet, *Mille et un jours pour le Jour J*, *op. cit.*, p. 125-126.

25. *Basic Training*, 28/06/43 – 28/07/43, p. 3, fonds Maurice Chauvet, Université de Caen, CRHQ.

Notes du chapitre 10,
« Hiver 1943 : le temps des raids », p. 145

1. PRO – DEFE 2/211, note du 28/07/43.

2. Les grandes lignes du plan Fortitude ne seront mises en place qu'à la fin du mois de novembre 1943.

3. PRO – DEFE 2/212, *Forfar, The Military Operation*, 03/07/43. *Forfar Beer* à Saint-Pierre-en-Port, *Forfar Dog* à Biville-sur-Mer, *Forfar Easy* à Onival, *Forfar How* à Quend-Plage, *Forfar Item* à Port-Susselle, *Forfar Mike* à Bénouville, et *Forfar Love* à Dunkerque.

4. Laurent Casalonga avait rejoint l'Angleterre après avoir embarqué à Saint-Jean-de-Luz, le 21 juin 1940, pour rallier les FFL le 1er juillet suivant. L'École des cadets de la

France Libre l'ayant rapidement déçu, il avait préféré la quitter pour s'engager dans les commandos en avril 1941.

5. PRO – DEFE 2/212. Les détails de ce raid sont donnés dans le compte rendu de l'opération du major Fynn et dans le rapport de Laurent Casalonga à son retour de raid.

6. PRO – DEFE 2/212, rapport en Français de Laurent Casalonga, n° 1 *troop*, n° 10 Commando, *Forfar*.

7. PRO – DEFE 2/212, rapport de Laurent Casalonga, n° 1 *troop*, n° 10 Commando, *Forfar*.

8. Trépel, et ses hommes doivent débarquer entre Merlimont-Plage et Berck-Plage dans la nuit du 3 au 4 janvier 1944, au plus tard. L'examen des archives ne permet pas de connaître les raisons exactes de l'annulation de ce raid, si ce n'est les très mauvaises conditions climatiques, l'annonce des opérations qui ont échoué, ou bien la perte de nombreux commandos au cours des raids. On ne connaît pas non plus les raisons qui ont poussé l'annulation du raid d'Alexandre Lofi. Envisageable jusqu'au 4 janvier 1944, le raid ne sera jamais exécuté.

9. Il s'agit des opérations menées par Kieffer (*Hardtack* 23), Chausse (*Hardtack* 26) et G. Vourc'h (*Hardtack* 24).

10. Entretien accordé à l'auteur par Joseph Hourçourigaray, le 4 août 2003, TO 780, Archives orales, Mémorial de Caen.

11. Opération *Forfar Beer* du 2 au 4 septembre 1943.

12. *Idem*.

13. Pour les détails de cette opération, voir : PRO – WO 218/167, *Military Operation Order*, 21/12/43 ; PRO – ADM 202 ; WO – 218/167, rapport de l'opération *Hardtack* 4 du lieutenant Smith adressé au major Laycock, 29/12/43 ; PRO – DEFE 2/241, *Hardtack* Dog, rapport préliminaire sur l'opération *Hardtack* 4, donné par téléphone par le capitaine Reid, 27/12/43.

14. Appelé dans ce groupe *british* pour remplacer Casalonga, qui opère avec le lieutenant Guy Vourc'h, il est passé en France par l'Espagne, ses prisons et ses camps, Miranda, notamment.

15. Quinéville n'étant libérée que le 14 juin 1944, le projet ne pourra pas être mis en œuvre ;

16. PRO – DEFE 2/45 – n° 10 Commando, *War Diary*, 9 juin 1942-29 septembre 1944. Les résultats et les informations issus de ce raid se révélant capitaux, Vourc'h sera décoré de la *Military Cross*, la première à être gagnée par un soldat du n° 10 Commando interallié.

17. Tous les propos rapportés ici par Joseph Madec sont issus de son rapport établi le 29 septembre 1944, lors de son retour à l'unité commando, PRO – DEFE 2 /1074.

18. Fonds Maurice Chauvet, CRHQ, Université de Caen.

19. PRO – DEFE 218/167, *Appendix "A" to Military Operation Order*, *Hardtack* 11, 23/12/43.

20. SHD – Département Marine – TT H 2, rapport du second maître Caron.

21. Rapport de Caron, *op. cit.*

22. Inhumés comme soldats inconnus au cimetière communal, les corps de Wallerand et de Park furent identifiés après la Libération. Le registre mentionne qu'un des corps était revêtu de l'uniforme anglais, que l'homme portait une chevalière aux initiales E. J., et enfin que l'on avait trouvé une photo de sa femme dans l'une de ses chaussures. Ce corps, celui de Wallerand, sera remis à sa famille dans la Somme. Le sergent Park repose aujourd'hui au cimetière anglais d'Oye-Plage dans le Pas-de-Calais.

23. Sur la plage, le groupe se scinde en deux : d'un côté Pourcelot, Navrault et Madec, de l'autre Meunier et Caron. Le groupe de Navrault s'est réfugié dans le grenier d'une ferme avant de se séparer quatre jours plus tard. À la gare de Saint-Omer, Pourcelot et Navrault font route vers Hazebrouck, tandis que Madec gagne Amiens, Paris, Châtillon

puis, muni d'une fausse identité, Agen. Mais arrêté à deux reprises, il ne parvient pas à franchir la frontière. De retour à Châtillon, il entre en contact avec la Résistance. Devant l'impossibilité de rejoindre une filière d'évasion, Madec gagne la Bretagne en février 1944. À la tête d'un corps franc, il participe à la libération de Rosporden, du 4 au 7 août 1944, avant de réintégrer son unité le 14 septembre 1944. Après Saint-Omer, Navrault et Pourcelot, ont filé sur Hazebrouck, puis vers Paris au domicile de Navrault. Mis en contact avec une organisation de résistance pouvant les envoyer en Angleterre, les deux hommes se séparent en attendant la prochaine filière. Tandis que Pourcelot rejoint sa famille à Lyon, Navrault se réfugie dans les environs de Vichy. Rappelés à Paris au bout de 15 jours, les deux hommes attendent leur départ. Mais la Gestapo vient d'arrêter les principaux membres de l'organisation. Navrault et Pourcelot doivent fuir à Lyon. Pourcelot gagne Besançon, tandis que Navrault rejoint le maquis du Cantal, où il est chargé d'y instruire une équipe FFI de sabotage. Le 15 septembre 1944, il demande à être réintégré dans les commandos, qu'il retrouve en Angleterre le 27 octobre. À Besançon, Pourcelot est devenu agent contre la Gestapo. Arrêté à la mi-août 1944 pour propos anti-allemand, il est dirigé sur la prison de Belfort. Placé dans un convoi pour le camp de Buchenwald, il rejoint le camp d'Iéna, avant d'être évacué sur Goldnitz en avril 1945, puis vers le ghetto de Theresienstadt. Se faisant passer pour prisonnier de guerre, il embarque dans un convoi. Au terme d'un voyage de douze jours sans ravitaillement. Pourcelot arrive à Eger, où les Alliés le prennent en charge. Il arrive à Besançon le 25 mai. Le 1er juillet 1945, il retrouve son unité à Londres. Sur la plage de Gravelines, Caron et Meunier avaient continué vers Saint-Omer, où ils avaient été recueillis par des civils quatre jours plus tard. Parvenus chez la mère de Meunier le lendemain, les deux hommes sont mis en contact avec un groupement clandestin, espérant une filière d'évasion vers l'Angleterre. Après l'arrestation du groupe, les deux hommes se séparent. À la fin de janvier 1944, Caron se rend à Lille, et y obtient de faux papiers d'identité. C'est à Paris, en août 1944, qu'il retrouve son unité. De son côté, Meunier s'est mis en contact avec un réseau devant l'évacuer vers l'Angleterre. C'est à Paris où il se cache que le groupe est arrêté par la Gestapo. Conduit à Fresnes, Meunier est transféré rue des Saussaies à Paris pour y être interrogé et torturé. Condamné à mort en juillet, il est libéré le 18 août 1944. Meunier retrouve des éléments de son unité à Paris durant la Libération.

24. SHD – Département Marine – TT H 2, Personnel et divers : note du 28/02/44 du commandant du n° 10 Commando interallié à l'amiral Thierry d'Argenlieu.

25. P. H. Kamphuis, *Het drama bij Wassenaarse slag, februari 1944*, 1985. L'ouvrage en français, *Le Drame de la plage de Wassenaar*, écrit par Kamphuis, historien allemand de l'*Historical Branch of the Royal Netherlands Army*, revient en détail sur l'opération Premium et sur la mort mystérieuse de ses participants.

26. Ian Dear, *op. cit.*, p. 84.

27. Lettre de Hulot à l'officier des équipages Delveaux, mai 1945, archives du Musée des fusiliers marins de Lorient.

28. Cette version est défendue par Sanders dans son ouvrage, *The Green Beret*. D'après les archives du cimetière, Trépel fut retrouvé sur la plage de Scheveningen ainsi que Devillers, mais celui-ci ne fut retrouvé que deux mois plus tard. Le reste du groupe fut retrouvé sur la plage de Wassenaar, Scheveningen et Wassenaar étant deux noms pour une même plage entre La Haye et la mer. Elles se trouvent respectivement à 3 000 et 1 600 m au sud du point supposé du débarquement. Avant son retour à l'unité, Hulot entamera une nouvelle démarche à l'égard de ses camarades défunts : il donnera l'ordre de changer les inscriptions des croix pour y écrire : « Mort pour la France », grade, prénom, noms, matricule, date et 1er bataillon de fusilier-marin, n° 10 Commando. À la mémoire du groupe de Trépel, une plaque commémorative sera inaugurée le 3 mai 1985 près du lieu même de l'action.

29. P. H. Kamphuis, *Het drama bij Wassenaarse slag*, 1985.

Notes du chapitre 11, « La constitution du 1er bataillon de fusiliers marins commandos », p. 175

1. René Goujon, *Le Jour J au Commando n° 4, les Français du Débarquement*, NEL, 2004, p. 45.

2. SHD – Département Marine – TT H 2, dossier Unité : caserne Bir Hakeim, planning de progression, groupe de commando ; progression de la semaine du 8 au 15 novembre, du 15 au 22, puis du 22 au 29 novembre 1943.

3. SHD – Département Marine – TT H 2, dossier Fonctionnement : rapport de l'enseigne de vaisseau de 1re classe Amaury, au chef d'état-major des FNFL en Grande-Bretagne, 21/11/43.

4. René Goujon, *op. cit.*, p. 48-49.

5. Notes du commando Sénée, citées dans Éric Le Penven, *Commando Kieffer, Free French, n° 10 et n° 4 Commando*, Éditions Heimdal, 2006, p. 107.

6. Entretiens accordés à l'auteur par Robert Saerens, le 10 mai 2002, TO 757, Archives orales, Mémorial de Caen.

7. C'est ainsi que certains commandos récemment brevetés (Galton, Maler, Guyader, Moguerou, Jovenin, Senée, et Olhiger) rejoignent les effectifs de la *troop* 8, alors que d'autres comme René Goujon sont affectés au quartier général de la *troop* 1, commandée par Kieffer. La création d'une section de mitrailleuses est une idée des Opérations combinées, qui souhaitent ce type d'unité spécifique en vue du futur débarquement allié.

8. Récit du commando Jacques Sénée, in Éric Le Penven, *op. cit.*, p. 112.

9. Composition de la section K Gun, 04/04/44, fonds Maurice Chauvet, CRHQ, Université de Caen.

10. Les mitrailleuses Vickers sont des mitrailleuses ordinairement utilisées par les avions amphibies Catalina. La cadence de tir de ces armes avoisine les 1 000 coups minute. Pour éviter le problème de l'échauffement du canon, le tireur a recours à un système de refroidissement à air et à eau et à des canons amovibles, pouvant être facilement remplacés même au combat. Pour l'utilisation à terre, ces armes ont reçu un bipied. Elles sont censées concurrencer le tir des MG *(Maschinegewehr)* allemandes.

11. SHD – Département Marine – TT H 2, note n° 82 pour le contre-amial commandant les Forces navales en Grande-Bretagne, direction du personnel 2e bureau, Londres, 5 avril 1944.

12. Parmi ces 11 hommes, trois sont prévus pour opérer au sein de la *troop* 1 (André Bourret, Henri Richemont et Robert Gadou), trois hommes pour la *troop* 8 (Jean Couturier, Jean Laffont et Jean Moal) et quatre hommes pour la section de commandement du bataillon (Paul Briat, André Dénereaz, René Goujon et Étienne Bougrain). Enfin un homme faisant la liaison entre les *troops* n° 1 et n° 8, Louis Godard.

13. Médecin psychiatre avant la guerre, Robert Lion était entré en résistance après la défaite de 1940. Dénoncé comme communiste en Afrique du Nord et emprisonné dans le Sud algérien durant 21 mois, il avait dû attendre l'arrivée des troupes américaines pour être délivré en mai 1943. Il choisit alors de rallier les forces du général de Gaulle à Londres, puis les rangs des commandos.

14. Bolloré a suivi les pas de son frère aîné, engagé dans la France Libre dès février 1943. Avec son cousin Marc Thubé, il a pris la mer le 6 mars 1943, depuis la Bretagne, en compagnie de huit autres évadés d'Afrique du Nord, en direction de l'Angleterre. Débarqués le 8 mars à Portsmouth, Bolloré et ses compagnons vont suivre des destins différents. Bolloré, qui n'a pas dix-huit ans, refuse l'École des cadets de la France Libre, préférant s'enga-

ger dans les Forces navales françaises libres. De la caserne Surcouf à celle de Bir-Hakeim, il prend patience en se spécialisant comme matelot-infirmier. Une fois obtenu son brevet d'infirmier, il a rejoint les commandos et l'équipe médicale du capitaine Lion.

15. Récit du commando Andriot, cité par Éric Le Penven, *Commando Kieffer*, Heimdal, 2006, p. 106.

16. *Idem.*

17. SHD – Département Marine – TT C 61, FNGB, note EM 2, n° 32 du 23/03/44.

18. SHD – Département Marine – TT H 2, dossier Personnel, procès-verbal de l'entretien entre le lieutenant-colonel Broad et le lieutenant de vaisseau Falck, à l'Amirauté britannique le 21 mars 1944, 22/03/44.

19. Communication générale de l'officier des équipages Francis Vourc'h, 28/01/44.

20. SHD – Département Marine – TT H 2, dossier Fonctionnement : sont débarqués à titre disciplinaire les quartiers maîtres Lochert, Bastiani et Pizzichini à compter du 6 mars 1944.

21. PRO – WO 218/66, n° 4 Commando, *War Diary*, janvier-décembre 1944. Les exercices *Fabius*, qui se déroulent du 23 avril au 7 mai 1944, sont destinés à associer toutes les forces d'assaut devant prendre pied dans la zone comprise entre Caen et Isigny. Les commandos français participent ainsi aux quatre premiers exercices, destinés à accoutumer les soldats aux procédures de rassemblement, d'embarquement et de débarquement des plages

22. Gwenn-Aël Bolloré, *J'ai débarqué le 6 juin 1944*, *op. cit.*, p. 199-200.

23. 400 pièces seront numérotées et attribuées. Du n° 1 au n° 195 pour les hommes de la *troop* 1, de la 8 et de la section K Gun, ainsi que pour tous les disparus en raids. Kieffer touche naturellement le badge n° 1 et Jean Pinelli le n° 2. 80 numéros compris entre le 239 et le 336 seront octroyés aux renforts des Pays-Bas formés fin 1944-début 1945. Une soixantaine de badges perdus en action seront remplacés. Enfin 44 exemplaires seront attribués à des personnalités britanniques ou issues de la France Libre.

24. Cité dans Ian Dear, *op. cit.*, p. 112.

25. Outre le n° 4 Commando, la brigade spéciale de lord Lovat est composée du n° 3 Commando du colonel Peter Young, du n° 6 Commando du colonel Derek Mills-Robert et du n° 45 *Royal Marines Commando* du lieutenant-colonel Charles Ries.

26. Journal de Robert Saerens, archives du Mémorial de Caen.

27. Récit du commando Jacques Sénée, cité dans Éric le Penven, *op. cit.*, p. 114.

28. René Goujon, *op. cit.*, p. 62.

29. René Goujon, *op. cit.*, p. 63.

30. Laurent Casalonga, *Hommes de la nuit*, manuscrit inédit.

31. Récit du commando Sénée, cité dans Éric Le Penven, *op. cit.*, p. 114.

32. Journal tenu par Robert Saerens, Archives du Mémorial de Caen.

33. Philippe Kieffer, *Béret vert*, France-Empire, 1969, p. 83-84.

34. Les 11 commandos suivants étaient tous originaires du Havre : Bouilly, Boulanger, Dupont, Guyader, Lechaponnier, Le Floch, Niel, Quéré, Ropert, Tanniou et Vincent.

35. Ian Dear, *op. cit.*, p. 112.

36. Il s'agit de la position fortifiée allemande codée Stp 08, *Stützpunkt* 08, de Riva-Bella, constituée essentiellement de six pièces de 155 mm, dont le tir est réglé par un imposant poste de direction de tir.

37. Rapporté par Ian Dear, *op. cit.*, p. 113.

38. Les commandos de la 4ᵉ brigade sont répartis entre le 47ᵉ *Royal Marine Commando*, qui doit débarquer sur *Gold* (Port-en-Bessin), le 48ᵉ *Royal Marine Commando*, prévu sur *Juno* (Langrune-sur-Mer), le 46ᵉ *Royal Marine Commando*, en position d'attente devant Saint-Aubin-sur-Mer, et le 41ᵉ *Royal Marine Commando*, débarqué avec la 3ᵉ division britannique sur le site de Lion-sur-Mer, en secteur *Sword*.

39. Pour une vue d'ensemble des missions prévues sur le secteur *Sword*, on pourra consulter Georges Bernage, *Gold, Juno, Sword*, Éditions Heimdal, 2003, p. 110-155.

40. Philippe Kieffer, *Béret vert*, *op. cit.*, p. 88 ; Ian Dear, *op. cit.*, p. 113.

41. Encore visible aujourd'hui, elle sert de support au monument de la Flamme à Ouistreham, monument édifié en l'honneur des commandos de Philippe Kieffer.

42. Cette *1st L.C.I. (S) Squadron* est composée de trois flottilles de 12 barges chacune, la 200e (Rupert Curtis), la 201e (J. A. Deslandes), et la 202e (G. C. Timmermanns). Elle doit débarquer les commandos du 48e *Royal Marine* sur les plages du secteur *Juno*, à Bernières et Saint-Aubin-sur-Mer. Sur ces 36 barges utilisées pour mettre à terre les commandos, 8 d'entre elles seront complètement détruites ou perdues en mer. 75 % des LCI (S) engagées le jour J seront détruites ou endommagées.

43. Souvenirs du commandant Robert Curtis, chef de la 200e flottille. On pourra consulter Rupert Curtis, *Chronicles of D-Day*, Lymington, juillet 1980, archives du Mémorial de Caen *(1st Special Service Commando-Sword Beach)*.

44. Récit du commando Laurent Casalonga, pour un article paru dans *Sud-Ouest* pour le 25e anniversaire du Débarquement, 28 mai 1969.

Notes du chapitre 12, « Les Français débarquent en Normandie », p. 203

1. René Goujon, *Le Jour J au Commando n° 4, les Français du Débarquement n° 4, op. cit.*, p. 68-69.

2. En se dégageant de la plage, la pontée avant de son navire fut défoncée par des tirs de mortiers. Berry se rendit compte que son navire se remplissait d'eau et que ses hélices étaient mêlées de cordages. À ce moment, le LCI (S) 527, qui était environ à 300 m de la plage, a pu le prendre en remorque et le mettre hors de portée du feu de l'ennemi. Berry put alors dégager les hélices et remettre les moteurs en marche. Il décida alors de rejeter le filin de remorquage et faire route vers l'Angleterre pour effectuer les réparations. […] À environ 25 km des côtes anglaises, il aperçut une barge à l'abandon, qu'il approcha pour vérifier s'il n'y avait aucun survivant à bord. En faisant la manœuvre d'approche, ses hélices furent encore mêlées à tel point qu'elles ne purent être dégagées. Ils ont ainsi dérivé jusqu'au moment où un autre LCI (S) faisant également route pour réparation, prit Berry en remorque et le ramena à bon port, où le navire put être mis en carénage et la réparation effectuée.

3. Dans cette attaque subie par la section Klopfenstein, de nombreux blessés sont à déplorer : Couturier, Klopfenstein, Létang, Hourçourigaray, Biestro, Rougier, Guilcher, Coppin, Guinebault, Chouteau et Reiffers. Après les combats, un détachement placé sous les ordres du commando Barbe partira ramasser les blessés de la section Klopfenstein pour les conduire sur la plage, afin d'être évacués.

4. AD Calvados, fonds Lofi, rapport du lieutenant Hulot, *op. cit.*

5. Témoignage de Lofi, cité dans, Ian Dear, *op. cit.*, p. 118-119.

6. AD Calvados, fonds Lofi, rapport du lieutenant Hulot, *op. cit.* D'après le rapport de Kieffer du 14 juin 1944, trois soldats allemands, et non deux, ont été abattus en guise de représailles.

7. AD Calvados, fonds Lofi, F 10059/37, récit du débarquement du 6 juin 1944 par l'officier des équipages Robert Saerens.

8. SHD – Département Marine – TT H 2, dossier Documentation : d'après les précisions de Maurice Chauvet « corrigeant » le rapport de Philippe Kieffer, quand la *troop* 1 est en vue du casino, seuls tirent sur elle : le *Flakvierling* quadruple installé sur le dessus du bloc-

khaus (canon antiaérien de 20 mm), un canon chenillé installé au pied du château d'eau (très certainement au pied de la cuve de *Flak*), des mortiers de 80 mm et des armes individuelles allemandes.

9. SHD – Département Marine – TT H 2, Rapport du lieutenant de vaisseau Kieffer, *op. cit.*

10. SHD – Département Marine – TT H 2. D'après le rapport de Guy de Montlaur, la batterie du château d'eau était initialement équipée de canons de 105 mm, transportés avant le débarquement, à l'intérieur des terres à Saint-Aubin-d'Arquenay. La batterie allemande du château d'eau constitue en fait le Wn 12, installé au sud de Ouistreham. Puissamment défendue par des champs de mines, divers abris, une tranchée couverte, des mitrailleuses lourdes… cette batterie sera appelée *Daimler* par les Alliés (Georges Bernage, *op. cit.*, p. 8-10).

11. James Dunning, *The Fighting Fourth, n° 4 Commando at War 1940-1945*, Sutton Publishing, 2003, p. 140.

12. René Goujon, *op. cit.*, p. 79-80.

13. Guy Hattu, *Journal d'un commando français*, Troyes, Librairie bleue, 1994, p. 67.

14. Guy Hattu, *op. cit.*, p. 68.

15. SHD – Département Marine – TT H 2, rapport du lieutenant de vaisseau Kieffer, Forces navales en Grande-Bretagne, Londres le 14 juin 1944.

16. Les trois volontaires normands sont A. Guyard, R. Hacquin, S. Lachèvre.

17. Paul Rollin, qui vivait encore au moment de son évacuation, meurt en Angleterre le 12 juin 1944. Le rapport de Philippe Kieffer ne tient pas compte de cette perte supplémentaire au moment de sa rédaction.

18. Pour la *troop* 1 : il s'agit de Bernard Beux, Georges Bouchard, Bucher, Lahouze, Louis Cabellan, Laurent Casalonga, Marcel Derrien, Marcel Fromager, Joseph Mathurin Laventure, Roger Leostic, Jean Masson, Jean Mazéas, Robert Piaugé, Jean Pinelli, Pierre Quéré, Michel Vincent, Guy Vourc'h, Peronne. Pour la *troop* 8 : Jean Couturier, Jean Biestro, Paul Chouteau, Daniel Coppin, Joseph Guilcher, Eugène Guinnebault, Joseph Hourcourigaray, Frédéric Klopfenstein, Henri Lechaponnier, Jean-Marie Reiffers, Marius Rougier, Henri Wallen. Pour la K Gun : Pierre Amaury, Paul Demonet. Pour le service médical : Ouassini Bouarfa.

19. Chiffres avancés par les *Situation Reports* du 21e groupe d'armées, à la date du 7 juin : 13 morts, 189 blessés et 87 disparus au sein de la première brigade. Avec 10 morts, le 1er BFMC à été l'unité la plus touchée.

20. Philippe Kieffer, *Les Bérets verts français du 6 juin 1944*, Éditions France-Empire, 1994, p. 98.

21. Face à *Queen Beach*, 34 chars Duplex Drive sur les 40 transportés pour l'assaut ont été mis à la mer : deux sont heurtés et coulés par d'autres barges de débarquement, cinq disparaissent dans les vagues et quatre, enfin, sont détruits par l'ennemi. Au total 23 chars restent opérationnels pour mener un combat dans ce secteur (Ludovic Fortin, *Les Chars britanniques en Normandie*, Histoire et Collections, 2005, p. 59).

22. Eddy Florentin, *Le Guide des plages du Débarquement*, Perrin-Mémorial de Caen, 2004, p. 91. Georges Bernage, *op. cit.*, p. 130, ou René Goujon, *op. cit.*, p. 77. SHD – Département Marine – TT H 2, Rapport du lieutenant de vaisseau Guy de Montlaur. Ian Dear (*op. cit.*, p. 120) pense que plusieurs chars DD qui auraient du tourner à droite après avoir débarqué ont tourné à gauche avant de se retrouver ainsi dans les rues de Ouistreham. C'est un de ces chars « perdus » que Kieffer aurait dérouté vers le casino.

23. Charles Messenger, *The Commandos*, William Kimber, London, 1985, p. 267 et p. 273. On retrouve ainsi ces chars Centaur, œuvrant avec la 4e brigade de service spécial, aux côtés du 48e *Royal Marine Commando*, à l'entrée de Langrune ou plus loin à l'est, avec le 46e *Royal Marine Commando*, dans le secteur du Petit-Enfer à Luc-sur-Mer, sur le Wn 24.

24. Guy Hattu, *Journal d'un commando français*, Librairie bleue, 1994, p. 60.

25. Ces mitrailleuses de calibre 7,7 mm sont extrêmement fragiles et très lourdes, 14 kg chacune. Tous les témoignages relèvent leurs très nombreux problèmes de dysfonctionnements, des armes prenant facilement le sable, qui s'enrayent, et qu'il faut démonter en plein combat pour les nettoyer.

26. AD Calvados, fonds Lofi F 10059/37, compte rendu d'opération de la section K Gun par Robert Saerens.

27. Pour le groupe 1, la pièce 1 est attribuée à Piriou, la pièce 2 à Cartier. Pour le groupe 2, la pièce 3 est aux mains de Monceau, et la pièce 4 tenue par Lemoigne.

28. Le second maître Briat et le matelot Denereaz.

29. Philippe Kieffer, *Béret vert, op. cit.*, p. 96.

30. Témoignage recueilli auprès de Francis Guezennec le 24 octobre 2002, TO 765, Archives orales, Mémorial de Caen.

31. Philippe Kieffer, *Béret vert, op. cit.*, p. 97.

32. Témoignage de Hubert Faure, cité dans Pierre Cadroas, *Résistances, chroniques de l'Histoire 1939-1945. Mémoires du commandant Hubert Faure*, Éditions les Presses de la Double, 2005, p. 231.

33. Témoignage d'Hubert Faure, *op. cit.*, p. 232.

34. *Idem*, p. 234.

35. Gwenn-Aël Bolloré, *Nous étions 177*, Éditions France-Empire, 1964, p. 134.

36. René de Naurois, *Aumônier de la France Libre*, Paris, Éditions Perrin, 2004, p. 207.

37. Ce témoignage confirme ainsi le rapport de Kieffer quant au recours au char Centaur plutôt qu'au char DD pour l'attaque du casino (témoignage d'Hubert Faure, dans Pierre Cadroas, *op. cit.*, p. 235).

38. Quarante minutes après l'heure H, le reste de la 1re brigade de commandos avait débarqué à son tour à « La Brèche », empêchant ainsi tout projet allemand de contre-attaque.

39. Témoignage écrit du commando Bill Bidmead (*troop* A), cité dans Dunning, James, *The Fighting Fourth, n° 4 Commando at War 1940-1945*, p. 139.

40. Témoignage écrit du *lance caporal* Gerry Lyne, de la *troop* C, cité dans Dunning James, *op. cit.*, p. 139.

41. Selon le rapport de Kieffer, il s'agit d'Hubert Faure et de Nicot qui, après avoir creusé à l'endroit indiqué par M. Lefèvre, détruisent les câbles avec deux charges explosives de 4 kg chacune.

42. SHD – Département Marine – TT H 2, « le 1er BFMC au débarquement du 6 juin 1944 et pendant la bataille de Normandie », par le lieutenant de vaisseau de Montlaur.

43. *Idem.*

44. *Idem.*

45. Georges Fleury, *Les Français du Jour J*, Grasset, 1994, p. 361.

46. Georges Fleury, *op. cit.*, p. 365.

47. Sur cette tentative d'attaque, on pourra se référer au journal personnel, tenu au jour le jour, par le commando Robert Saerens, publié *in extenso* dans Éric Le Penven, *Commando Kieffer, Free French, n° 10, n° 4 Commando*, Éditions Heimdal, 2006, p. 178-183, ainsi qu'au compte rendu rédigé par lieutenant Hulot.

48. Rapport de Kieffer, *op. cit.*

49. AD Calvados, fonds Lofi, F 10059/33, rapport du lieutenant Hulot, chef de la 2e section de la *troop* 8 à Alexandre Lofi.

50. Journal personnel de Robert Saerens, *op. cit.*

51. SHD – Département Marine – TT H 2, compte rendu d'opération, section K Gun, 6 juin-6 septembre 1944, par Robert Saerens, second maître, chef de groupe de mitrailleuses.

52. Rapport du lieutenant de vaisseau Kieffer, *op. cit.*
53. Guy Hattu, *op. cit.*, p. 61.
54. Rapport de Kieffer, *op. cit.*
55. *Idem.*
56. Le soir du 6 juin 1944, 28 800 hommes auront accosté sur *Sword* (Olivier Wieviorka, *Histoire du débarquement en Normandie*, Éditions du Seuil, 2007).
57. James Dunning, *op. cit.*, p. 141.
58. Rapport de Kieffer, *op. cit.*
59. Chiffres avancés par le *Situation Report* du 21e groupe d'armées, à la date du 7 juin à 6 h 00 du matin : 13 morts, 189 blessés et 87 disparus.

Notes du chapitre 13, « L'éprouvante bataille de Normandie », p. 245

1. Rapport du lieutenant Kieffer, *op. cit.*
2. Dans ce laps de temps la division blindée est passée sous le commandement du 84e corps, et ses principaux commandants sont enfin rentrés de Paris. Le *Generalmajor* Feuchtinger et son adjoint l'*Oberstleutnant* von Berlichingen étaient effet absents lorsque leur avaient été transmis, à 0 h 30, les premiers rapports sur des parachutages à l'est de l'Orne. Le commandant de la 21e *Panzer* sera de retour à son poste à Saint-Pierre-sur-Dives à 5 h 20 (Georges Bernage, *Sword Juno, Sword, op. cit.*, p. 152).
3. « C'est enfin à 10 h 00 que j'eus mes premiers ordres d'opération. Il fallait stopper le mouvement de mes chars contre les parachutistes et venir, plus à l'Ouest, soutenir les troupes qui protégeaient Caen. » Témoignage du général Feuchtinger, cité dans Jean Quellien, *Jour J et Bataille de Normandie*, Mémorial de Caen, 2004, et repris dans Major Milton Schulman, *La Défaite allemande à l'Ouest*, Payot, 1948, p. 130-131.
4. Parmi les unités de la 21e *Panzer* à se positionner autour de Caen figurent des éléments du 2e bataillon du *Panzer Grenadier Regiment* 192, qui se portent sur une ligne Périers-sur-le-Dan/Saint-Aubin-d'Arquenay, et la *Panzer Jager Abteilung* 200, qui se rassemble dans les secteurs de Martragny, Vendes et Basly. Un bataillon de grenadiers motorisés (2e bataillon du 192e *Panzer Grenadier*) et une poignée de chars de la 21e (6 *Panzer IV* du *Panzer Regiment* 22) parviennent même à s'infiltrer dans le couloir laissé ouvert entre les secteurs *Sword* et *Juno*, pour atteindre les plages du côté de Luc-sur-Mer vers 19 h 00. Mais cet avantage ne sera pas exploité, les Allemands craignant un encerclement de leurs troupes au moment de l'arrivée, vers 21 h 00, de nombreux planeurs de la 6e *Airborne*. Jean Quellien, *op. cit.*, p. 127, et Bernage et *alii*, *op. cit.*, p. 360.
5. Les chiffres sont donnés par Charles Messenger, *The Commandos*, p. 273.
6. Service historique de la Défense – Département Marine – TT H 2, lieutenant de vaisseau de Montlaur, « Le premier bataillon de fusiliers marins commandos au débarquement du 6 juin 1944 et pendant la campagne de Normandie ».
7. Ian Dear, *Ten Commando*, 1942-1945, New York, 1987, p. 122 : ce compte rendu de mission est rapporté dans un article intitulé : « Les premiers jours en France du 1er bataillon fusiliers marins commando », rédigé par Hubert Faure, *Warrant Officer* de la *troop* n° 1 durant la campagne de Normandie.
8. James Dunning, *The Fighting Fourth*, p. 155.
9. Ian Dear, *op. cit.*, p. 123 ; les trois commandos tués sont Fourer, Croizer et Gersel.
10. La Marine alliée, avec les cuirassés *Nelson* et *Rodney*, avait achevé de disperser les *Panzers* et les fantassins allemands. La présence d'un officier du bombardement au sein du n° 6 Commando avait en effet permis de solliciter un support d'artillerie venu de la mer.

11. Témoignage de Francis Guezennec recueilli par l'auteur le 24 octobre 2002, TO 765, Archives orales, Mémorial de Caen.

12. La 346ᵉ division allemande est arrivée le 7 juin 1944 de la région de Rouen.

13. Pour l'ensemble de cette bataille, on pourra consulter, James Dunning, *The Fighting Fourth, n° 4 Commando at War, op. cit.*, p. 149-156.

14. La 12ᵉ *SS* est bien présente en Normandie, où ses premiers éléments, conduits par Kurt Meyer, sont arrivés dans la nuit du 6 au 7 juin. Mais la division allemande s'est mise ensuite aussitôt en position sur la gauche de la 21ᵉ *Panzer*, face à la 3ᵉ division canadienne qui tente de pousser vers Caen. C'est là que les meilleures divisions allemandes ont été envoyées pour tenir la poussée principale des Britanniques.

15. Cité dans « Les premiers jours en France du bataillon fusiliers marins commandos », par Hubert Faure.

16. Lord Lovat, *Marsh Past, Weidenfeld and Nicolson*, 1978, p. 345.

17. *Idem*, p. 345.

18. James Dunning, *op. cit.*, p. 151.

19. Témoignage du Sergent Gray, nº 4 Commando, rapporté par James Dunning, *op. cit.*, p. 155.

20. Hubert Faure, récit personnel non daté, archives du Mémorial de Caen.

21. Né le 6 avril 1920, Pierre Vinat s'était engagé dans la Marine à Toulon en 1937, comme canonnier. Il avait rejoint les commandos le 9 septembre 1942. En avril, il était devenu quartier-maître infirmier. Il est enterré le 11 juin 1944 à Amfreville, aujourd'hui au cimetière de Ranville. Les 5 blessés sont Magy, Lossec (évacués en Angleterre), Gabriel, Garrabos et Richemont (soignés sur place).

22. Le poste de commandement HQ compte deux blessés, la K Gun un mort et trois blessés, la *troop* 8, deux morts et cinq blessés, la *troop* 1, un mort et sept blessés.

23. Philipe Kieffer, *Béret vert*, Éditions France-Empire, 1969, p. 118.

24. James Dunning, *op. cit.*, p. 158.

25. Lieutenant de vaisseau Montlaur, *op. cit.*

26. Philippe Kieffer, *Les Bérets verts français du 6 juin 1944*, p. 121. Fonds Maurice Chauvet, CRHQ, Université de Caen : dans un rapport établi par l'enseigne de vaisseau Mazéas, le 24 mai 1945, Georges Gicquel figure sur une liste des 11 hommes disparus en opérations, commandos français dont les corps n'ont jamais pu être retrouvés depuis leur disparition.

27. Récit inédit, dactylographié du commando Hubert Faure, « Dans les *Free French Marines* commandos Kieffer », 18 pages, conservé au Service des archives du Mémorial de Caen.

28. Longtemps cachées, les raisons de la mort de Guy Laot ont été « révélées » par le livre de Gwenn Aël Bolloré en 1994, *J'ai débarqué le 6 juin*. Pour beaucoup, Guy Laot avait succombé à un corps à corps avec un soldat allemand, après en avoir tué deux. Telle est la version présentée par le livre de Ian Dear, *op. cit.*, p. 124, et celui de James Dunning, *op. cit.*, p. 156. En 1994, Bolloré décide de présenter la version inacceptable pour ses camarades : « La nuit dernière, L… est mort, mais pas devant l'ennemi. Tué par accident, d'une façon atroce. Il revenait d'une patrouille entre les lignes. Il se présenta pour réintégrer notre camp. Hélas ! Il avait oublié le mot de passe. L'affolement sans doute l'empêcha de dire son nom. Devant cette ombre menaçant et armée, un fusil-mitrailleur entra en action. L… s'est écroulé, littéralement coupé en deux par la rafale à la hauteur de la ceinture. Ce soir l'un d'entre nous pleure. Nous sentons le poids de l'injustice. » Guy Laot est enterré au cimetière militaire de Ranville, tué au combat, « mort pour la France ».

29. Ian Dear, *op. cit.*, p. 124.

30. L'ensemble du n° 4 Commando quitte le hameau Hauger le 14 juillet pour rejoindre en contrebas le village de Bréville (James Dunning, *op. cit.*, p. 160).

31. Lofi, Lanternier, Bascoulergue, Moguerou, Dechambou et Gabriel forment une garde d'honneur durant cette cérémonie, au cours de laquelle sont décorés un jeune résistant, Guyader et un gendarme qui guida les premières troupes britanniques dans les rues de Bayeux.

32. PRO – DEFE 2/40, n° 4 Commando, *War Diary*, juin 1944-mai 1945.

33. Jacques Kayser, *Un journaliste sur le front de Normandie. Carnet de route*, juillet-août 1944, *op. cit.*

34. Lettre de l'officier des équipages Alexandre Lofi au capitaine de corvette Kieffer, 15 juin 1944, en campagne.

35. Lorsqu'il arrive sur le front de Normandie, le capitaine Willers, Parisien d'origine, a déjà l'expérience de la guerre acquise durant la campagne de France dans la cavalerie. Fait prisonnier après l'armistice, avant d'être libéré le 27 juillet 1940, Willers rejoint la France Libre en décembre 1940. Après une tentative avortée dans les FAFL en 1942, puis le retour à l'armée de terre en janvier 1943, il demande à être affecté aux commandos. Ayant vu sa demande refusée, il est affecté, vu son passé de cavalier, au sein de la 2e division française libre (future 2e DB) en mai 1943. C'est à l'issue de sa deuxième demande qu'il parvient enfin à intégrer les commandos le 1er mars 1944 (sources : SHD – Département Marine – TT H 2, dossier Fonctionnement : note de Kieffer au chef d'état-major de la Marine au sujet du capitaine Willers au n° 4 Commando depuis le 1er mars 1944. Demande de légion d'honneur, 4 juin 1945.

36. Sorte de piège, le plus souvent constitué par un fil tendu à 30 cm qui, quand on s'y prend le pied, dégoupille les cuillères de deux grenades.

37. Pour échapper à l'encerclement des Alliés, l'armée allemande en repli tente de franchir la Seine. L'opération Paddle est le début de la poursuite alliée de cette armée allemande vers la Seine et, au-delà, vers la Belgique et les Pays-Bas à partir du 17 août 1944.

38. Laurent Casalonga, manuscrit inédit, *op. cit.*

39. James Dunning, *op. cit.*, p. 163.

40. Quatre d'entre eux seront évacués après cet assaut : les commandos Plancher, Zivolhava, Le Floch, et Niel.

41. « 65 ans après leur massacre, les onze martyrs de Villeneuve-Saint-Denis ne sont pas oubliés », article paru dans le journal *La Marne*, 26 août 2009.

42. « Jeune chef de groupe, a toujours montré le courage et l'initiative d'un chef. Toujours volontaire pour les missions ou les liaisons dangereuses, il avait suivi avec passion les démonstrations sur l'emploi des plastiques et des armes automatiques. Le 9 juin (1944) sur ses ordres, son groupe a recueilli trois aviateurs américains et les a cachés pendant huit jours, malgré les patrouilles allemandes. Le 25 août 1944, a été cerné et fait prisonnier par l'ennemi à son poste de combat, a été fusillé après s'être farouchement défendu et sans trahir la cause pour laquelle il succombait. Symbole d'héroïsme froid et résolu. » Cette citation à l'ordre de la brigade, à titre posthume et comportant l'attribution de la croix de guerre avec toile de bronze, est signée du général Kœnig, commandant des Forces françaises de l'intérieur.

43. Il s'agit des officiers Bagot, Amaury, F. Vourc'h, Mazeas, Hulot, G. Vourc'h, Pinelli et l'abbé de Naurois. Suit une liste de 32 noms, 21 commandos de la *troop* 1, 7 hommes de la *troop* 8 et 4 commandos de la section K Gun, Kieffer se promettant de faire parvenir une liste complémentaire avec d'autres noms, dès que Lofi lui aura fait son rapport. Le commandant Laporte complétera le rapport de Kieffer avec une liste de quatre Britanniques que Kieffer lui a suggéré de récompenser d'une décoration française : son radio, Snowden, le commandant du char Centaur qui a tiré sur le casino, le lieutenant-colonel Dawson et enfin son adjoint, le major Menday.

44. SHD – Département Marine – TT H 2, dossier Fonctionnement : la liste mentionne une *troop* 1 ayant perdu 48 hommes, une *troop* 8 ayant perdu 33 hommes et la section K Gun avec un soldat perdu à la date du 29 juin 1944.

45. SHD – Département Marine – TT H 2, dossier Personnel : compte rendu du capitaine de vaisseau Héron de Villefosse, commandant la Marine à Caen, au contre-amiral commandant les FNGB à Londres, le 9/08/1944.

46. SHD – Département Marine – TT H 2 : la régularisation de la situation de Spinetta sera faite quelques jours plus tard : une décision de justice, prononcée le 14 août 1944, le condamne en effet à 60 jours de prison avec sursis, pour changement irrégulier d'unité. Il est « débarqué » sur la caserne Bir–Hakeim, après les combats de Normandie, le 11 septembre 1944.

47. Il s'agit des commandos Bascoulergue, Briant, Gourong, Le Roy, Magnier, Devillers et Vourc'h.

48. Il s'agit des commandos Lossec, Quéré, Meudal, Bolloré et Willers à la *troop* 1, des commandos Maler et Logeais à la 8, enfin de Kieffer et Hattu au quartier général du bataillon. Parmi tous les manquants depuis le 6 juin 1944, 48 blessés retirés du front entre le 7 juin et le 20 août. 12 seront soignés en Normandie, tandis que les 36 autres prendront le chemin de l'Angleterre. Parmi les absents au front durant cette même période, il faut également tenir compte d'un nombre important de commandos malades : 31 hommes seront évacués pour cette raison, avec un pic durant la semaine suivant la contre-attaque allemande et la chute de Bréville : 10 soldats ont en effet été retirés du front du 14 au 22 juin, soit 33 % des malades évacués en une semaine.

49. PRO – DEFE 2/40 – N° 4 Commando, *War Diary*, juin 1944-mai 1945 : 28 commandos sont de retour, 25 soldats et 3 officiers, dont Vourc'h et Amaury.

50. Il s'agit des commandos G. Vourc'h, Bucher, Beux, Casalonga, Bouchard, Derrien, Magy, Piaugé, Guillou (malade), Grinspin (déserteur), Gourong et Magnier (tous deux en renfort).

51. Il s'agit des commandos Hourçourigaray, Rougier, Coppin, Wallen, Bouarfa, Chouteau, Demonet, Lerigoleur, Lebris, Ballaro (malade), Boulanger (malade), Danson (malade), Valentin (malade), Briant (renfort), Leroy (renfort), Bascoulergue (renfort), Vourc'h (renfort).

52. Il s'agit des commandos Roux, Chauvet et Devager.

53. Sont compris dans ce décompte les six nouvelles recrues arrivées le 7 août 1944 et le lieutenant Willers, arrivé auparavant, le 16 juillet.

54. SHD – Département Marine – TT H 2, dossier Personnel : ordre du jour n° 302, EM 1, du 26 juin 1944.

55. Témoignage du commando Andriot, cité dans Éric Le Penven, *op. cit.*, p. 159.

56. Hattu, Guy, *Journal d'un commando français*, Librairie bleue, 1994, p. 75 ; *Amadis de Gaule* est un roman espagnol du XVIe siècle.

57. SHD – Département Marine – TT H 2, dossier Personnel : compte rendu du capitaine de vaisseau Héron de Villefosse, *op. cit.*

58. *Idem.*

Notes du chapitre 14, « Dernières opérations aux Pays-Bas », p. 285

1. Cette brigade est composée du n° 4 Commando et des n° 41, 47 et 48e *Royal Marine Commandos.*

2. L'historien dispose de nombreuses sources relatives à cette campagne des Pays-Bas : le bulletin du COHQ, *Combined Operations Against Walcheren Island* (SHD – Département Marine – TT H 2, bulletin Y/47 du COHQ, *Combined Operations Against Walcheren Island*, avril 1945) ; le rapport sur l'*Opération amphibie de l'île de Walcheren*

de novembre 1944, produit par la mission française de liaison du quartier général de la 1re armée canadienne (SHD – Département Marine – TT H 2, dossier Activités : opération amphibie de l'île de Walcheren, 3 février 1945). À noter que ce rapport trouve sa place dans le cadre général de celui intitulé : *La Bataille des ports de la Manche et de la mer du Nord, de l'embouchure de la Seine à celle de l'Escaut*, envoyé le 29 novembre 1944 par la mission militaire de liaison française auprès de l'Armée canadienne. Du côté des opérations françaises exécutées après l'assaut sur Walcheren, le capitaine Willers de la *troop* 7 a établi un rapport complet de l'opération Intemperate II, un débarquement dans l'île de Schouwen (SHD – Département Marine – TT H 2. De son côté, le lieutenant Chausse, de la *troop* 5, a dressé le rapport de sa mission de débarquement sur Schouwen, du 14 au 15 février 1945 (SHD – Département Marine – TT H 2) ; enfin, le lieutenant Guy Vourc'h a laissé un compte-rendu de son raid sur Shouwen à la tête de la *troop* 6, du 11 au 12 mars 1945 (SHD – Département Marine – TT H 2). Plusieurs années après la guerre, en 1952, Guy Vourc'h établit une synthèse complète de l'action du 1er BFM commando à Flessingue dans un numéro de la *Revue de la France Libre* : « Le 1er B.F.M. commando à Flessingue, 1er novembre 1944-31 mai 1952 », in *Revue de la France Libre*, n° 52, novembre 1952.

3. Tous ces renseignements sont contenus dans le document : le bulletin Y/47 du COHQ, *Combined Operations Against Walcheren Island*, rédigé en avril 1945, SHD – Département Marine – TT H 2.

4. Fonds Maurice Chauvet, CRHQ, Université de Caen.

5. SHD – Département Marine – TT H 2, FNGB, note n° 124 fusiliers marins commandos, état des pertes du 1er BFM Commando par l'enseigne de vaisseau Jean Mazéas, chargé de la base du 1er BFM Commando, 24 mai 1945. TT H 2, bulletin Y/47 du COHQ, *Combined Operations Against Walcheren Island*, avril 1945. Les seules archives officielles, sur ce sujet des pertes françaises à Flessingue, ne mentionnent qu'une liste nominative des tués, omettant le nombre des blessés ainsi que leur identité.

6. Le 9 décembre 1944, la troupe française est composée de 210 hommes, dont 17 officiers.

7. SHD – Département Marine – TT H 2, dossier Activités, compte rendu d'opération du 18 janvier 1945.

8. SHD – Département Marine – TT H 2, commandos activités : rapport sur l'opération de Schouwen, établi le 02/03/1945, par l'officier des équipages de 2e classe Paul Chausse. D'après Paul Chausse, le débarquement a été effectué à 3 km de l'endroit initialement prévu.

9. Philippe Kieffer, *op. cit.*, p. 195-196.

10. SHD – Département Marine – TT H 2, FNGB note n° 124 FMC, état des pertes du 1er BFM Commandos par l'enseigne de vaisseau Jean Mazéas, chargé de la base du 1er BFM Commando, 24 mai 1945. Camille Allard, était matelot gabier, il avait rejoint les FNFL en 1943.

11. Témoignage du colonel Dawson, cité dans James Dunning, *The Fighting Fourth*, *op. cit.*, p. 195.

12. Concernant cette mission du 1er BFMC, les sources manquent et ne permettent pas de donner ni les dates, ni les faits précis au sujet de l'activité des troupes françaises en Allemagne au cours du mois de juin 1945.

13. Lettre de Guy Vourc'h adressée à ses sœurs le 7 juin 1945, Mémorial de Caen, Service des Archives, FL 30.

14. Lardennois revient à son armée d'origine, l'Armée de terre, avec le grade de sergent-chef, tandis que Klopfenstein rejoint la caserne Balard à Paris, comme instructeur au service des sports.

15. Le bataillon revient un peu en dessous de ses effectifs de juin 1944, la plus grosse « vague » de départ se situant le 24 avril 1945 avec le rapatriement vers l'Angleterre de près de 17 hommes, dont beaucoup d'anciens de la première heure.

Notes du chapitre 15, « Philippe Kieffer se retire du jeu », p. 303

1. Philippe Kieffer, *Béret vert*, Paris, France-Empire, 1969, p. 216-217.
2. SHD – Département Marine – TT H 2, dossier Personnel : lettre du contre-amiral Robert, commandant les FNGB, au vice-amiral chef d'état-major adjoint, amiral Nord, 28/02/1945.
3. PRO – WO 379-115, 1940-1946, le camp de Petworth sera finalement abandonné par les Britanniques le 1er mars 1946.
4. SHD – Département Marine – TT H 2, dossier Personnel : lettre du contre-amiral Robert, commandant les FNGB, au vice-amiral chef d'état-major adjoint, amiral Nord, 28/02/1945.
5. La caserne Balard est placée en effet à l'époque sous l'autorité directe du capitaine de frégate commandant le quartier général de la Marine à Paris, elle n'est donc pas sous la responsabilité de Thierry d'Argenlieu.
6. SHD – Département Marine – TT H 2, dossier Unité : réponse du vice-amiral Thierry d'Argenlieu au contre-amiral Robert, 5 avril 1945.
7. SHD – Département Marine – TT H 2, lettre du capitaine de corvette Kieffer commandant le 1er BFMC au contre-amiral commandant les FNGB, 7 avril 1945, 1er BFMC.
8. SHD – Département Marine – TT H 2, modification du projet présenté le 11 mai 1945, Paris le 30 mai. Entretien avec Jacquinot, Kieffer et Dawson le 26 mai 1945.
9. SHD – Département Marine – TT H 2, Personnel et divers : note EMG 3/G, note n° 88, 11/06/1945.
10. SHD – Département Marine – CC 4e moderne, n° 1436/11 ; ordre particulier PM1/E n° 708 du 23 juin 1945, 1er BFMC. Le capitaine de corvette Philippe Kieffer a en effet passé son commandement à Lofi le 1er juillet 1945, pour aller siéger à la nouvelle Assemblée consultative en tant que représentant de la France combattante, suite à la décision du Conseil de l'ordre de la Libération du 9 avril 1945
11. Stéphane Simonnet, Éric Le Penven, *N° 4 Commando*, Éditions Heimdal, 2004, p. 236.
12. SHD – Département Marine – TT H 2, dossier Unité. 35 hommes pour être précis : quatre officiers des équipages (Lofi, Chausse, Lavezzi, Bagot), un lieutenant de vaisseau (Guy Vourc'h), trois enseignes de vaisseau (Hulot, Sénée, Mazéas) et un médecin (Le Men), soit neuf officiers, dix officiers mariniers et enfin seize quartiers-maîtres et marins.
13. Charles Messenger, *The Commandos, 1940-1946*, *op. cit.*, p. 415. À la fin du mois de juin 1945, 233 recrues furent « cédées » aux n° 3 et au n° 6 Commandos rapatriés en Angleterre, et appelés à former une réserve au sein de la 1re brigade de commandos, prête à être envoyée en Extrême-Orient. Mais elle n'eut pas le temps de faire mouvement vers l'Extrême-Orient, la capitulation du Japon étant intervenue entre-temps. Elle fut donc laissée en Allemagne.
14. Source citée dans Charles Messenger, *op. cit.*, p. 414, et reproduite dans *The Third Jungle Book*, n° 9, mars 1946.
15. Le cap Matifou avait déjà été choisi par la Marine en 1941, pour y installer ses chantiers de jeunesse sous le nom de « Centre Siroco », puis à partir de 1942 un centre de formation des apprentis marins et une école des mousses musulmans.

16. Philippe Kieffer, *Les Bérets verts français du 6 juin 1944*, *op. cit.*, p. 204.

17. Pour l'histoire du centre Siroco et plus largement pour l'histoire des fusiliers marins commandos formés en Algérie, on pourra se référer à Michel Corlobé, *Chroniques du centre Siroco. Des faits et des hommes, 1943-1962*, 2002, et du même auteur *Le Centre Siroco, 1941-1962*, 2001, deux ouvrages publiés à compte d'auteur.

18. Après le départ des Français aux lendemains de la guerre d'Algérie, le centre Siroco devient en 1964 une base navale algérienne, tandis que l'école des fusiliers marins et le cours d'instruction commando reviennent en France, à Lorient sur la rive gauche du Scorff, dans des installations sommaires, avant de s'installer plus franchement en 1968 sur les lieux de son implantation actuelle.

19. Les commandos Jaubert (blessé mortellement en Indochine, le 25 janvier 1946 à Tan-Huyen, Cochinchine), formé en Indochine, Hubert (tué en Normandie le 6 juin 1944) et de Penfentenyo (tué au Tonkin le 12 février 1946 sur le Donaï en Indochine) complèteront le dispositif à partir de décembre 1947.

Notes de l'épilogue, « La troisième vie de Philippe Kieffer », p. 315

1. Tract reproduit dans Éric Le Penven, *Commando Kieffer*, Éditions Heimdal, p. 247.

2. Propos cités dans *Le Journal du Calvados*, « Un conseiller général héroïque, le Commandant Philippe Kieffer », n° 75, mai 2004, p. 4-5.

3. *Idem.*

4. Propos du président Boivin-Champeaux rapporté dans *Le Journal du Calvados*, n° 75, mai 2004.

Notes de la conclusion, p. 321

1. Voir *supra*, p. 63.

2. SHD – Département Marine – TT C 7, note EM 1 n° 196, mars 1942.

3. Rappelons que l'accord de principe établi le 3 avril 1942 entre de Gaulle et Mountbatten prévoyait une possibilité pour la France Libre de « récupérer » ses personnels français détachés auprès des Opérations combinées en cas de carence opérationnelle de leurs alliés, c'est-à-dire en cas de dissolution ou de période d'inactivité prolongée (SHD – Département Marine – TT C 7, note EM 1 n° 209, 01/04/1942).

4. Parmi les 18 formations militaires compagnons de la Libération figurent seulement quatre unités de la Marine : le 1er RFM, le bataillon d'infanterie de marine et du Pacifique (BIMP), la corvette *Aconit* et le sous-marin *Rubis*.

5. C'est plus précisément le 2e régiment de chasseurs parachutistes de l'Armée de l'air, qui a repris le 1er juillet 1944 le nom du 4e bataillon d'infanterie de l'air, qui est fait compagnon de la Libération le 8 novembre 1944.

6. Le 4e bataillon d'infanterie de l'air de la *Special Air Service Brigade*, le régiment de chasse Normandie-Niémen mis à la disposition de la chasse soviétique, le 1er BFMC de Kieffer.

7. Philippe Kieffer, par décret du 28 août 1944, Paul Chausse, l'abbé de Naurois et Alexandre Lofi, par décret du 17 novembre 1945.

8. Le théâtre d'opération de l'Indochine avait fourni aux premières formations de commandos marine, l'occasion de servir sur le terrain. C'est le Commando Jaubert qui est immédiatement impliqué en Indochine, suivi du Commando de Montfort en octobre 1947, et

du Commando François au mois de novembre, tandis que les Commandos Hubert, Trépel et de Penfentenyo constituaient jusqu'aux accords de Genève des unités d'entraînement. Après l'Indochine, une demi-brigade de fusiliers marins fut créée pour aller combattre en Algérie avec les quatre commandos constitués en groupement (les Commandos « classiques », Jaubert, de Penfentenyo, Trépel et de Montfort, le Commando Hubert des nageurs de combat étant qualifié de « spécialiste », le Commando François a été dissous au lendemain de son anéantissement à Ninh Binh dans la nuit du 29 mai 1951). La demi-brigade fut dissoute et remplacée par le bataillon d'intervention de fusiliers marins, basé à Bizerte. En 1963, le BIFM est dissous à son tour puis remplacé par un groupement de fusiliers marins commandos, dont l'essentiel est basé à Saint-Mandrier.

9. Pour une connaissance approfondie des missions de ce 6ᵉ Commando marine, on pourra consulter *Cols Bleus*, n° 2862, 15 mars 2008, p. 22-27.

10. Comme la *troop* de type britannique, le Commando marine a un effectif de 72 hommes, soit une demi-compagnie divisée en deux sections de deux groupes chacune, le groupe de combat, première force militaire à pouvoir être déployé comportant donc onze Commandos.

Notes de l'annexe 1, p. 331

1. SHD – Département Marine – TT C 73, école de Portsmouth.

2. *Historique des FNFL*, t. 3, *op. cit.*, p. 593 ; *Revue de la France Libre*, 1987, p. 53.

3. *Revue de la France Libre*, n° 284, 1993, p. 45.

4. *Historique des FNFL*, t. 3, *op. cit.*, p. 406.

5. Archives départementales du Calvados, Fonds Alexandre Lofi, F10059 ; *Revue de la France Libre*, 1992, p. 54-55 ; *Historique des FNFL*, t. 3, *op. cit.*, p. 388.

6. Georges Fleury, *Les Français du Jour J*, *op. cit.*, p. 225-226 ; témoignage oral enregistré le 23/07/2004, cote TO 801, Archives orales du Mémorial de Caen.

7. André Casalis, *Cadets de la France Libre. L'école militaire*, Éditions Lavauzelle, 1994.

8. *Historique des FNFL*, t. 3, *op. cit.*, p. 281 ; « À la mémoire de Léopold Hulot, *Free French* », in *Revue de la France Libre*, n° 30, juillet-août 1950, p. 25-26.

9. *Historique des FNFL*, t. 3, *op. cit.*, p. 434 ; *Revue de la Fondation de la France Libre*, n° 19, mars 2006, p. 34-35 ; témoignage oral enregistré les 27/03 et 22/05/2002 et 4/05/2004, cote TO 755, Archives orales du Mémorial de Caen.

10. SHD – Département Terre – État signalétique des services, rapport n° 232 du camp d'*Old Dean*, 27/11/41.

11. Émile Chaline, Pierre Santarelli, *Historique des Forces navales françaises libres*, tome 3, *Annuaire biographique des officiers des Forces navales françaises libres*, Vincennes, Service historique de la marine, 1999, p. 573 ; Maurice Chauvet, « Vie et mort de Charles Trépel, capitaine commando, témoignage d'un de ses hommes », in *Revue de la France Libre*, n° 116, mars 1959, p. 8-12.

Notes de l'annexe 2, p. 339

1. *Ouest-France*, édition de Caen, « Les noces de diamant de Léon Gautier et Dorothy Banks », 12 octobre 2004.

2. *Liberté de Normandie*, « Léon Gautier fait officier de la Légion d'honneur », 4 octobre 2002.

3. « Les Évadés de Carantec-La Penze », in *Revue de la France Libre*, juin 1959, p. 69-70.

4. Témoignage oral enregistré le 15/10/2003, cote TO 783, Archives orales du Mémorial de Caen.

5. Témoignage oral enregistré le 21/07/2004, cote TO 798, Archives orales du Mémorial de Caen.

6. Témoignage oral enregistré le 25/10/2002, cote TO 766, Archives orales du Mémorial de Caen.

7. Cette évasion est remarquablement racontée dans « Les évasions : le Dalc'h Mad », in *Revue de la France Libre*, n° 89, p. 20-28.

8. Témoignage oral enregistré le 24/10/2002, cote T0 765, 12AV 825, Archives orales du Mémorial de Caen.

9. On pourra se référer à ce sujet aux différents ouvrages de Gwenn-Aël Bolloré, *Nous étions 177* et *Commando de la France Libre*, *op. cit.* Le dossier concernant l'arrivée de Bolloré en Grande-Bretagne est conservé au PRO, sous la cote WO 208/3698, Mi 19/1342, 15 mars 1943 ; *Ouest-France*, 17 juillet 2001, « Gwenn-Aël Bolloré, ancien béret vert » est décédé en juillet 2001.

10. « Les Évadés de Carantec-La Penze », *op. cit.*, p. 70.

11. Archives personnelles transmises à l'auteur par madame Anne Ploux-Vourc'h.

12. *Les Évadés de France par l'Espagne*, plaquette conçue et réalisée par l'Association des évadés de France et des internés en Espagne, février 2001, 30 p. Les chiffres cités correspondent à la période d'août 1940 à janvier 1945.

13. Maurice Chauvet, *Mille et un jours pour le Jour J*, Paris, Éditions Michel Lafon, 1994.

14. Éric Le Penven, « François Andriot, vétéran du Commando Kieffer », in *39-45 magazine*, p. 24-26.

15. Témoignage oral enregistré le 15/04/2002, TO 756, Archives orales du Mémorial de Caen.

16. Sources Français-libres.net. Paul Rollin a laissé des notes, *Carnets d'exode. Carnet d'engagement, cahiers d'Espagne*, *in* « Bulletin d'art et d'histoire de la vallée du Loing », n° 1, 1998.

17. *Revue de la France Libre*, n° 308, 1999, p. 41.

18. *Revue de la France Libre*, n° 308, 1999, p. 47.

19. Témoignage oral enregistré le 20/03/2002, cote TO 754 – 14AV 207-208, Archives orales du Mémorial de Caen.

20. Témoignage oral enregistré le 23/10/2002, cote TO 762 – 12AV 823, Archives orales du Mémorial de Caen.

21. Témoignage oral enregistré le 24/10/2002, cote TO 763 – 12AV 824, Archives orales du Mémorial de Caen.

22. Témoignage oral enregistré le 23/12/2003, cote TO 787, Archives orales du Mémorial de Caen.

23. *Revue de la France Libre*, 1999, p. 48.

24. Témoignage oral enregistré le 18/06/2002, cote TO 759, Archives orales du Mémorial de Caen. Albert Archieri est décédé en novembre 2007.

25. Témoignage oral enregistré le 23/07/2004, cote TO 800, Archives orales du Mémorial de Caen.

26. Témoignage oral enregistré le 22/07/2004, cote TO 799, Archives orales du Mémorial de Caen.

27. *Revue de la France Libre*, n° 298, janvier 1997, p. 53.

28. Témoignage oral enregistré le 04/08/2003, cote TO 780, Archives orales du Mémorial de Caen.

29. Témoignage oral enregistré le 29/10/2002, cote TO 764, Archives orales du Mémorial de Caen.

30. Témoignage oral enregistré le 29/10/2001, cote TO 744, Archives orales du Mémorial de Caen.

31. Témoignage oral enregistré le 24/09/2002, cote TO 760, Archives orales du Mémorial de Caen.

32. Informations transmises à l'auteur par courrier, par la fille de Jérôme Piriou, le 23 juin 2009.

33. Témoignage oral enregistré le 14/11/2001, cote TO 739 – 12AV 814, Archives orales du Mémorial de Caen.

CARTES

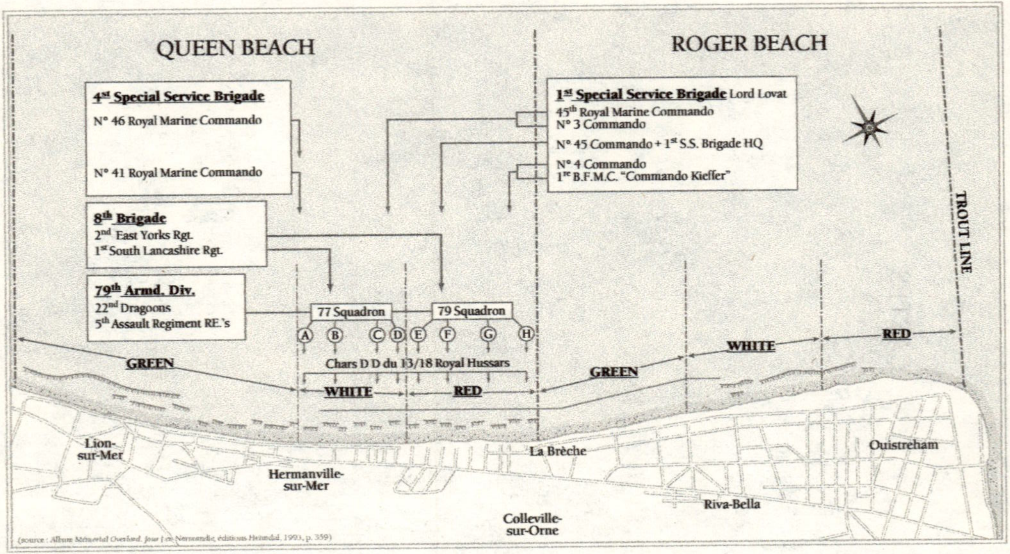

1. Le secteur britannique de *Sword Beach*, le 6 juin 1944. Les Français du 1er BFMC débarquent sur *Queen Beach* sur le secteur *Red* au lieu dit « La Brèche ».

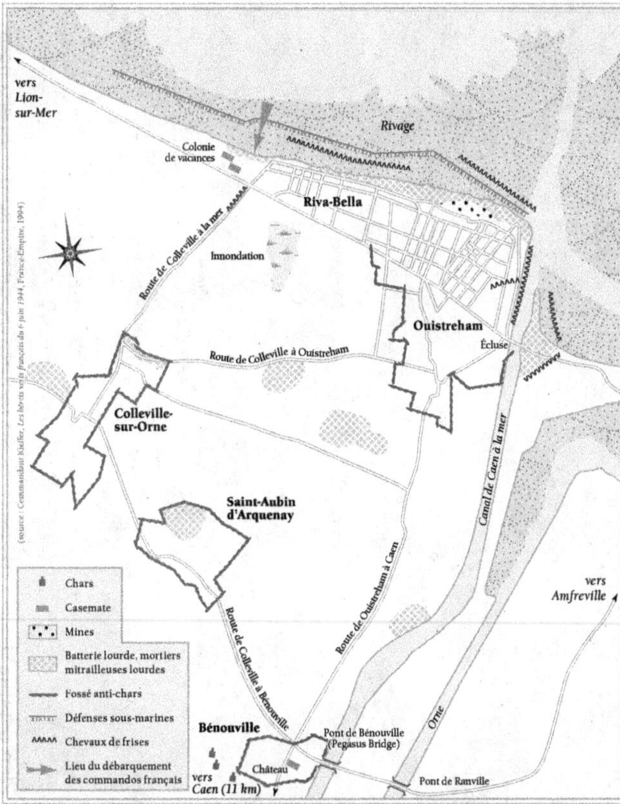

2. Le secteur d'opération des commandos français le matin du 6 juin 1944, de Ouistreham/Riva-Bella à Bénouville.

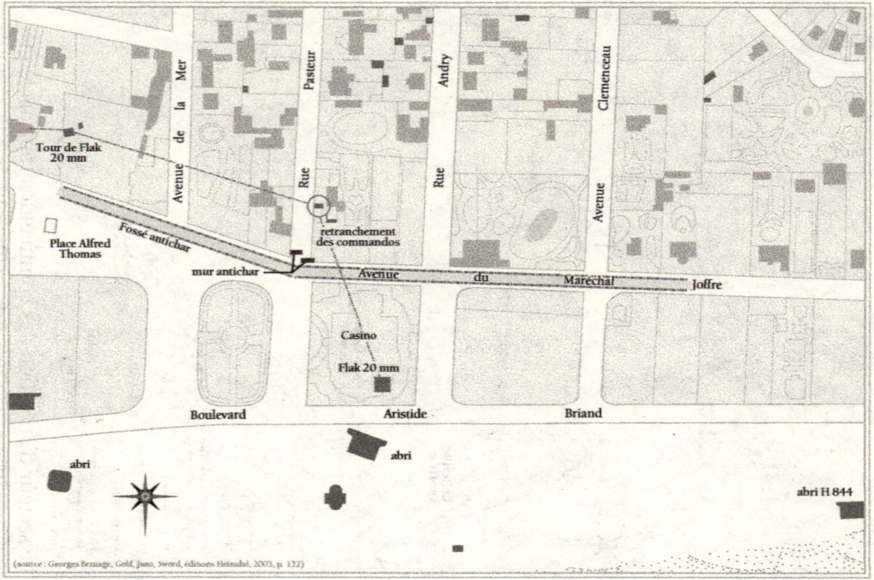

3. Plan détaillé des abords de la position fortifiée du casino de Ouistreham, avec le mur antichar élevé au bout de la rue Pasteur.

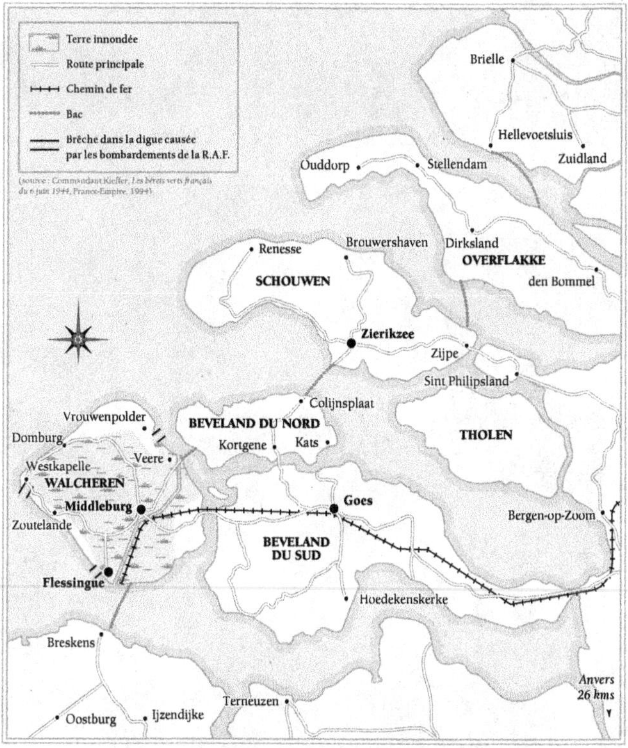

4. L'estuaire du port d'Anvers :
la presqu'île de Walcheren, le Beveland et Schouwen.

SOURCES ET BIBLIOGRAPHIE

SOURCES

I. ARCHIVES NATIONALES ANGLAISES (PUBLIC RECORD OFFICE, KEW)

Séries d'archives consultées au PRO

CAB : War Cabinet (Cabinet de Guerre) :
- CAB 120/414
- CAB 79/19 : Chief of Staff minutes (1939-1945)

DEFE 2 : Combined Operations Headquarters and Ministry of Defence (Quartier général des opérations amphibies et secrétaire d'État à la Défense) :
- records 1937-1963

PREM : Prime Minister's Office (Bureau du Premier ministre)
WO : War Office (ministère de la Guerre)

Dépôt des commandos en Écosse
WO 379-115

Commando n° 2
WO 379-115
DEFE 2/37

Commando n° 4
WO 218/66
DEFE 2/40

Commando n° 10 interallié
DEFE 2/45
DEFE 2/1016
WO 218/56
WO 218/70
PREM 3/330

4ᵉ brigade de service spéciale aux Pays-Bas
DEFE 2/843

Raids des commandos français du n° 10 Commando
Raids *Hardtack*
WO 218/167 :
- Opération *Hardtack* 4 (Biville-sur-Mer)
- Opération *Hardtack* 7 (Sercq)
- Opération *Hardtack* 11 (Gravelines)
- Opération *Hardtack* 13 (Bénouville)
- Opération *Hardtack* 14 (Merlimont-Berck)
- Opération *Hardtack* 19 (Stella-Plage-Le Touquet)
- Opération *Hardtack* 23 (Bray-Dunes)
- Opération *Hardtack* 24 (Vareville)
- Opération *Hardtack* 21 (Quinéville)
- Opération *Hardtack* 26 (Middelkerque)
- Opération *Hardtack* 28 (Jersey)
- Layforce, *War Diary*, décembre 1943

DEFE 2 :
- 238 : Opération *Hardtack Dog, Hardtack* 4
- 241 : Opération *Hardtack* 4, *Hardtack Dog, Hardtack* 7
- 247 : Opération *Hardtack* 13
- 253 : Opération *Hardtack* 21
- 520 : Opération *Premium*
- 1016 : Layforce II

Raids *Forfar*
DEFE 2 :
- 209 : Part 1, COH 15 mai 1943
- 209, 212 : opération *Forfar Beer*
- 211 : note of introduction for raid *Forfar*, (22/05/1943)
- 1016 : n° 10 Commando, *War Diary*, 1943

II. Service historique de la Défense – Département Marine

1. *Série TT : Seconde Guerre mondiale*

Sous-série TT C : Forces navales françaises libres, puis Forces navales en Grande-Bretagne et Mission navale de liaison

TT C 1-49 FNFL
TT C 50-70 FNGB (Forces navales en Grande-Bretagne)
TT C 71-72 Écoles
École navale de la France Libre (1940-1943)
TT C 73-77 Base de Portsmouth
TT C 90-91 Compagnie de Passage Londres
TT C 92-93 Caserne Surcouf à Londres
TT C 94-101 Caserne Bir-Hakeim Emsworth

Sous-série TT H : 1er, 2e et 3e bataillons de fusiliers marins (1940-1946)

TT H 1
2e bataillon de fusiliers marins, Forces françaises libres en Afrique (1940-1944)
3e bataillon de fusiliers marins (1940-1942)

TT H 2
1re compagnie puis 1er bataillon de fusiliers marins commandos (1941-1949, 1965)

2. Sous-série CC 8 Personnels militaires FNFL

8-13 – Cahiers d'enregistrement des décès et disparitions (1919-1926 puis 1940-1945)
12-15 – Décès dont morts pour la France (1919-1944)

3. Série GG – Documents entrés par voie extraordinaire

Sous-série GG 2 : Fonds privés

71 GG 2 : Fonds de l'officier des équipages Lofi (1939-1980)
145 GG 2 : Fonds du vice-amiral Émile Muselier (1914-1954)

III. Archives départementales du Calvados

F 100 59 – Fonds Alexandre Lofi

IV. Mémorial de Caen

1. Archives imprimées et manuscrites

Fonds France Libre (FL) :
FL 30 – Historique d'unité : Commando Kieffer
FL 51 – Dossier de documents remis par les anciens du Commando Kieffer

2. Fonds de témoignages oraux (TO)

Enquête sur les fusiliers marins commandos du 1er BFMC

TO 641 : Jean Couturier (1/6/1994)
TO 739 : René Rossey (14/11/2001)
TO 741 : René Navrault (28/11/2001)
TO 744 : Yves Meudal (29/10/2001)
TO 745 : Paul Briat (4/01/2002)
TO 751 : Paul Chausse (30/01/2002)
TO 752 : Léon Gautier (12/03/2001)
TO 754 : Hubert Faure (20/03/2002)

TO 755 : René de Naurois (27/03/2002, 22/05/2002 et 4/05/2004)
TO 756 : Jean Masson (15/04/2002)
TO 757 : Robert Saerens (10/05/2002)
TO 759 : Michel Vincent (18/06/2002)
TO 760 : Paul Chouteau (24/09/2002)
TO 762 : Albert Lerigoleur (23/10/2002)
TO 763 : Pierre Ernault (24/10/2002)
TO 764 : Joseph Madec (29/10/2002)
TO 765 : Francis Guezennec (24/10/2002 et 21/07/2004)
TO 766 : Joseph Guilcher (25/10/2002)
TO 769 : Pierre-Charles Boccadoro (12/12 et 23/12/2002)
TO 777 : Otto Zivolhava (15/04/2003)
TO 780 : Joseph Hourçourigaray (4/08/2003)
TO 781 : Ouarsini Bouarfa (5/08/2003)
TO 783 : Jean Morel (15/10/2003)
TO 787 : Albert Archieri (23/12/2003)
TO 798 : René Lossec (21/07/2004)
TO 799 : Marcel Gannat (22/07/2004)
TO 800 : Marcel Riveau (23/07/2004)
TO 801 : André Bagot (23/07/2004)

V. Centre de Recherche d'histoire quantitative (CRHQ) – Université de Caen

Fonds Maurice Chauvet

VI. Fonds d'archives privées

Papiers personnels de Léon Gautier
Papiers personnels de la famille Kieffer

VII. Source en ligne

Liste Henri Écochard consultable sur le site : Histoires de Français libres ordinaires : http://www.francaislibres.net

BIBLIOGRAPHIE

I. Histoire générale de la Seconde Guerre mondiale

Durand, Yves, *Histoire de la Deuxième Guerre mondiale*, Bruxelles, Éditions Complexe, 1997, 988 p.

Kaspi, André, *La Deuxième Guerre mondiale. Chronologie commentée*, Paris, Perrin, 1990, 577 p.

Keegan, John, *La Deuxième Guerre mondiale*, Paris, Perrin, 1990, 599 p.

Masson, Philippe, *Précis d'histoire de la Seconde Guerre mondiale*, Paris, Tallandier, 1992, 254 p.

Michel, Henri, *La Seconde Guerre mondiale*, Paris, Omnibus, 2001, 978 p.

Quellien, Jean, *La Seconde Guerre mondiale*, Caen, Mémorial de Caen, 2004, 555 p.

II. La libération de la France

Azéma, Jean-Pierre, et Wieviorka, Olivier, *Les Libérations de la France*, Paris, Éditions de La Martinière, 1993, 233 p.

Blumenson, Martin, *La Libération. L'histoire officielle américaine*, Condé-sur-Noireau, Éditions Corlet, 1993, 1 021 p.

Buton, Philippe, *La Joie douloureuse. La libération de la France*, Bruxelles, Éditions Complexe, coll. « Histoire du Temps Présent », 2004, 285 p.

Castor, Henri, *La Libération, de la Normandie à Walcheren*, Éditions de Krijger, 2008, 352 p.

La France et les Français de la Libération, 1944-1945, Catalogue établi par Philippe Buton, pour l'exposition à la BDIC, Paris, Musée des deux guerres mondiales, 1984, 175 p.

Kaspi, André, *La Libération de la France, juin 1944-janvier 1946*, Paris, Perrin, 1995, 562 p.

Lormier, Dominique, *La France combattante de la victoire, 1944-1945*. Les chemins de la Mémoire, 2003, 120 p.

Mac Nair, Ronald, *La Poursuite alliée, la libération de la Seine à la Meuse*, Bayeux, Éditions Heimdal, 2000, 168 p.

Muracciole, Jean-François, *La France pendant la Seconde Guerre mondiale, de la défaite à la Libération*, Paris, Librairie générale française, 2002, 542 p.

Simonnet, Stéphane, *La Libération de la France*, Nonant, Éditions Orep, 2007, 50 p.

III. Le Débarquement et la bataille de Normandie

Ambrose, Stephen, *Pegasus Bridge, 6 juin 1944*, Paris, Éditions France-Horizon, 1987, 224 p.

BÉDARIDA, François (dir.), *Normandie 1944. Du débarquement à la Libération*, Paris, Albin Michel, 1987, 320 p.
BEEVOR, Antony, *D-Day et la bataille de Normandie*, Paris, Calmann-Lévy, 2009, 638 p.
BERNAGE, Georges, *Gold-Juno-Sword*, Bayeux, Éditions Heimdal, 2003, 199 p.
BERNAGE, Georges, et BÉNAMOU, Jean-Pierre, *Normandie. Album mémorial, 6 juin-22 août 1944*, Bayeux, Éditions Heimdal, 1983, 528 p.
BERNAGE, Georges, BÉNAMOU, Jean-Pierre, MARI, Laurent, et MAC NAIR, Ronald, *Album Mémorial – Bataille de Normandie, 11 juin-29 août 1944*, Bayeux, Éditions Heimdal, 1993, 548 p.
CHAUVET, Maurice, et TANTER, Joël, *Jour J en Normandie, 6 juin 1944*, Condé-sur-Noireau, Éditions Corlet, 1982, 93 p.
CHAZETTE, Alain, *Le Mur de l'Atlantique en Normandie*, Bayeux, Éditions Heimdal, 2000, 79 p.
COMPAGNON, Jean, *6 juin 1944. Débarquement en Normandie – victoire stratégique de la guerre*, Rennes, Éditions Ouest-France, 2000, 159 p.
CORBIN, Fabrice, *Ouistreham en guerre, Sword Beach, juin 1944*, Bayeux, Éditions Heimdal, « Guide Normandie 44 », 1992, 32 p.
DESQUESNES, Rémy, *6 juin 1944 : Sword Beach-Ouistreham*, Rennes-Caen, Éditions Ouest-France-Mémorial de Caen, 1989, 31 p.
–, *Normandie 44. Le Débarquement et la bataille de Normandie*, Rennes, Éditions Ouest-France, 2009, 214 p.
FLORENTIN, Eddy, *Opération Paddle*, Paris, Presses de la Cité, 1993, 665 p.
FORD, Ken, *Sword Beach*, coll. « Battle zone Normandy », Stroud, Sutton Publishing, 2004, 234 p.
KEEGAN, John, *Six armées en Normandie. Du Jour J à la libération de Paris*, Paris, Albin Michel, 1984, 384 p.
KEMP, Anthony, *6 juin 1944. Le débarquement en Normandie*, Paris, Gallimard, 1994, 194 p.
LECOUTURIER, Yves, *Les Plages du Débarquement*, Rennes, Éditions Ouest-France, coll. « Itinéraires de découvertes », 1999, 127 p.
LE ROY, Claude, et LESAGE, Jean, *Ouistreham-Riva-Bella à l'heure du Débarquement*, Condé-sur-Noireau, Éditions Corlet, 1974, 31 p.
MOREAU, Jean-Bernard, *Le Débarquement et la bataille de Normandie*, Caen, Éditions du Mémorial de Caen, 2002, 200 p.
QUELLIEN, Jean, *Les Plages du Débarquement*, Caen, Éditions du Mémorial de Caen, 2002, 127 p.
–, *Jour J et bataille de Normandie*, Caen, Éditions du Mémorial de Caen, 2004, 303 p.
RYAN, Cornélius, *Le Jour le plus long*, Paris, Éditions Robert Laffont, 1960, (pour sa première édition en français. La version originale *The Longuest Day* avait été publiée en 1959), 279 p.
STACEY (colonel), Charles Perry, *La Campagne de la victoire*, vol. III, Les opérations dans le nord-ouest de l'Europe, Ottawa, Imprimerie de la Reine et Contrôleur de la Papeterie, 1960, 837 p.

WIEVIORKA, Olivier, *Histoire du débarquement en Normandie*, Paris, Éditions du Seuil, coll. « L'Univers Historique », 2007, 441 p.

IV. LA FRANCE LIBRE ET LES FRANÇAIS LIBRES

Annuaire des compagnons de la Libération, Lorient, Imprimerie de Bretagne, 1951.

La France Libre, Actes du colloque international tenu à l'Assemblée nationale, les 15 et 16 juin 2004, Panazol, Éditions Lavauzelle, coll. « Histoire, Mémoire et Patrimoine », 2005, 371 p.

La France et son empire dans la guerre, tome 1, *Les compagnons de la grandeur*, tome 2, *Résistance et libération*, 367 p., tome 3, *L'Armée française*, Paris, Éditions littéraires de France, 1946, 1947.

Le Musée de l'ordre de la Libération. Cinquantenaire de l'ordre de la Libération, Paris, 1990, 607 p.

Mémorial des compagnons de la Libération, Paris, Grande Chancellerie de l'ordre de la Libération, Imprimerie nationale, 1961, 583 p.

ACCOCE, Pierre, *Les Français à Londres, 1940-1941*, Paris, Balland, 1989, 341 p.

ALBERTELLI, Sébastien, *Atlas de la France Libre. De Gaulle et la France Libre, une aventure politique*, Paris, Éditions Autrement, DMPA, coll. « Atlas Mémoires », 2010, 79 p.

BRANCA, Éric, *De Gaulle et les Français libres*, Paris, Éditions Albin Michel, 2010, 271 p.

BROCHE, François, CAÏTUCOLI, Georges, et MURACCIOLE, Jean-François (dir.), *La France au combat : de l'appel du 18 juin à la victoire*, Paris, Perrin, Scéren/CNDP, 2007, 848 p.

BROCHE, François, *L'Épopée de la France Libre, 1940-1946*, Paris, Pygmalion, 2000, 649 p.

CASALIS, André, *La Mémoire des Français libres. Hommes et Combats*, Fondation de la France Libre, 2003, 7 volumes, 3 507 p.

COINTET, Michèle et Jean-Paul, *La France à Londres. Renaissance d'un État, 1940-1943*, Bruxelles, Éditions Complexe, 1990, 271 p.

CRÉMIEUX-BRILHAC, Jean-Louis, *La France Libre : de l'appel du 18 juin à la Libération*, Paris, Gallimard, 1996, 969 p.

FORGEAT, Raymond, *Ils ont choisi de vivre la France Libre*, Paris, Atlante, 1999, 179 p.

GILLOIS, André, *Histoire secrète des Français à Londres de 1940 à 1944*, Paris, Hachette, 1973, 397 p.

HUEGEN, Roger, *Chantier d'évasions, Carantec (1940-1944)-Réseau Sibiril-Alliance*, Spézet, Éditions Spézet, Coop Breizh, 2005.

MURACCIOLE, Jean-François, *Histoire de la France Libre*, Paris, PUF, coll. « Que sais-je ? », 1996, 126 p.

–, *Les Français libres, l'autre résistance*, Paris, Tallandier, 2009, 424 p.

MUSELIER, Renaud, *Muselier, l'amiral rebelle, un gaulliste contre de Gaulle*, Éditions Atelier de l'Archer, 2000.

NOTIN, Jean-Christophe, *1 061 compagnons, histoire des compagnons de la Libération*, Paris, Perrin, 2000, 822 p.

PIERRE-BLOCH, J., *Londres, capitale de la France Libre*, Paris, Carrère, 1986, 205 p.

ROCHEREAU, Olivier (dir.), *Mémoire des Français libres*, Paris, Nouveau Monde éditions, 2006, 321 p.

RONDEAU, Daniel, et STÉPHANE, Roger, *Des hommes libres, 1940-1945. La France Libre par ceux qui l'ont faite*, Paris, Grasset, 1997, 457 p.

SIMONNET, Stéphane, *L'Épopée de la France Libre*, Caen, Éditions du Mémorial de Caen, 2000, 15 p.

–, « Les Français libres et les Normands durant le Jour J et la bataille de Normandie », in *Les Populations civiles face au Débarquement et à la bataille de Normandie*, p. 213-221, Actes du colloque international, 25-27 mars 2004, Caen, Éditions du Mémorial de Caen, Université de Caen, CRHQ, 2005, p. 213-221.

THESMAR, François, *1 061 croix de la Libération ou Entretiens sur la pluralité des refus*, Bures-sur-Yvette, F. Thesmar, 1999, 400 p.

TROUPLIN, Vladimir, *Dictionnaire des compagnons de la Libération*, coédition Élytis-Ordre de la Libération, 2010, 1 230 p.

V. HISTOIRE DE LA MARINE ET DE LA MARINE DE LA FRANCE LIBRE

AUPHAN (amiral), Paul, et MORDAL, Jacques, *La Marine française dans la Seconde Guerre mondiale*, Paris, France-Empire, 1976, 649 p.

BERTRAND, Michel, *Les Forces navales françaises libres*, Paris, Argout Éditions, « Gazette des Armes, numéro hors-série, 10 », 1980, 71 p.

–, *La Marine française au combat, 1939-1945, du sabordage à la victoire*, 2 tomes, Panazol, Éditions Lavauzelle, 1982, 233 p. et 227 p.

BOUCHI-LAMONTAGNE (capitaine de vaisseau), André, *Historique des Forces navales françaises libres*, tome 5, *Mémorial des marins de la France Libre*, Vincennes, Service historique de la Défense, 2006, 1 094 p.

CAROFF (capitaine de frégate), René Pierre-Eugène, *Les Formations de la marine aux armées, 1939-1945*, Vincennes, Service historique de la Marine, 1984, 189 p.

CHALINE (vice-amiral), Émile, et SANTARELLI (capitaine de vaisseau), Pierre, *Historique des Forces navales françaises libres*, tome 1, *18 juin 1940-3 août 1943*, Vincennes, Service historique de la Marine, 1990, (3e éd. 1995), IX et 463 p.

–, *Historique des Forces navales françaises libres*, tome 2, *4 août 1943-7 mai 1945*, Vincennes, Service historique de la Marine, 1992, (3e éd. 1995), IX et 595 p.

–, *Historique des Forces navales françaises libres*, tome 3, *Annuaire biographique des officiers des Forces navales françaises libres*, Vincennes, Service historique de la Marine, 1999, XXXVIII et 640 p.

DARRIEUS (amiral), Henri, et QUEGUINER (capitaine de vaisseau), Jean, *Historique de la Marine française (novembre 1942-août 1945)*, Éditions de l'ancre de Marine, 1994.

LORMIER, Dominique, *Mers el-Kébir, juillet 1940*, Paris, Calmann-Lévy, 2007, 190 p.

MASSON, Philippe, *La Marine française et la guerre, 1939-1945*, Paris, Tallandier, 1991, 539 p.

MASSON, Philippe, MURACCIOLE (capitaine de frégate), Joseph, et VILLARDI DE MONTLAUR (lieutenant de vaisseau), Jean DE, *La Participation de la Marine française aux débarquements de Normandie, de Corse et de Provence*, Vincennes, Service historique de la Marine, 1969, 276 p.

SANTARELLI (capitaine de vaisseau), Pierre, *Historique des Forces navales françaises libres*, tome 4, *La flotte française de la liberté : la marine marchande FNFL*, Vincennes, Service historique de la Marine, 2002, VIII et 221 p.

VI. LES COMMANDOS

Les Commandos au combat, 1940-1942, Londres, His Majesty's Stationery Office, 1944, 151 p.

BAIL, René, *Corsaires en béret vert*, Paris, Presses de la Cité, coll. « Troupes de choc », 1976, 311 p.

BROOKS, Richard, *Secret Flotillas*, vol. 1, *The Clandestine Sea Operations to Brittany, 1940-1944*, Londres, HMSO, 1996, 279 p.

CECILE, J.-J., *Les Commandos de marine français*, Marines Éditions, 2003, 216 p.

DEAR, Ian, *Ten Commando, 1942-1945*, New York, Saint Martin's Press, 1987, 207 p.

DUNNING, James, *The Fighting Fourth, n° 4 Commando at War 1940-1945*, Strout, Sutton Publishing, 2003, 208 p.

–, *"It had to be tought". The Fascinating Story of the Origins of the Commandos and Their Special Training in World War II*, Durham, The Pentland Press Limited, 2000.

FAIRBAIRN, W. E., *Get Tough! How to Win in Hand-to-hand Fighting: as Thought to the British Commandos and the US Armed Forces*, Boulder, Paladin Press, 1974, 120 p.

GILCHRIST, Donald, *Castle Commando*, Londres, Oliver and Boyd Ltd., 1960, 146 p.

HAMPSHIRE, Cecil, *The Beach Head Commandos*, Londres, William Kimber, 1983, 208 p.

KAMPHUIS, P. H., *Het drama bij Wassenaarse slag, februari 1944*, La Haye, 1985 ; version française : *Le Drame de Wassenar, février 1944*.

LADD, James, *Commandos and Rangers of World War II*, New York, Saint Martin's Press, 1978, 288 p.

LOVAT, Lord, *March Past*, Londres, Weidenfeld and Nicolson, 1978, 399 p.

MAC-DOUGALL, Murdoch C., *Swiftly They Struck, the Story of n° 4 Commando*, Londres, Odhams Press, 1954.

MACKSEY, Kenneth, *Commando Strike. The Story of Amphibious Raiding in World War II*, Londres, Secker and Warburg, 1985, 227 p.

MESSENGER, Charles, *The Commandos, 1940-1946*, Londres, William Kimber, 1985, 447 p.

MILLER, Russel, et les éditeurs de Time-Life Books, *The Commandos*, Time-Life Books, 1981, 208 p.

MONTAGNON, Pierre, *Histoire des commandos, 1944-1945*, Paris, Éditions Pygmalion-Gérard Watelet, t. 1, *1939-1943*, 2001, 345 p. ; t. 2, *1944-1945*, 2002, 331 p.

ROBERTS, Derek-Mills, *Clash by Night*, Londres, William Kimber, 1956.

SAUNDERS, Hilary Saint-Georges, *The Green Beret. The Story of the Commandos*, White Lion Publisher Ltd., 1972, 362 p.

SEGERS, Carlo G., *Donnez-nous un champ de bataille ! L'histoire des commandos belges (1940-1945)*, Bruxelles, Didier Hatier, 1984, 244 p.

SIMONNET, Stéphane, QUELLIEN, Jean, FOURNIER, Gérard, HEINTZ, André, et BRAC DE LA PERRIÈRE, Christian, *Les Raids des commandos alliés en Normandie avant le Débarquement, 1940-1944*, Rennes, Éditions Ouest-France, 2010, 248 p.

SLATER, John Durnford, *Commando*, Londres, William Kimber, 1953.

STRUTTON, Bill, et PEARSON, Michael, *Les Raids secrets des COPP'S*, Paris, Éditions France-Empire, 1972, 458 p.

VERINE, Yann, *Les Commandos par mer de la Deuxième Guerre mondiale*, coll. « Les grandes aventures maritimes », Genève, Éditions Versoix, 1978, 249 p.

YOUNG, Peter, *Storm From the Sea*, Londres, William Kimber, 1958, 221 p.

–, *Les Commandos amphibies*, Verviers, Gérard et Cie, Paris, L'Inter, 1970, 184 p.

–, *Commando*, New York, Ballantine Book, 1974, 160 p.

VII. FUSILIERS MARINS ET FUSILIERS MARINS COMMANDOS

BARBEROT, Roger, *Fusiliers marins – 1er R.F.M.*, Paris, Éditions France-Empire, 1947, 214 p.

CHÂTEL, Bertrand, *Combats (1943-1945) : fusiliers marins de la France Libre : avec l'escadron d'Alain Savary*, Paris, La Pensée universelle, 1989, 307 p.

CORLOBÉ, Michel, *L'École des fusiliers marins : documents et témoignages sur une école du Devoir*, Liv' Éditions, 1998, 289 p.

–, *Chroniques du centre Siroco, des faits et des hommes, 1943-1962*, publié à compte d'auteur, 2002.

–, *Le Centre Siroco, 1941-1962*, publié à compte d'auteur, 2001.

FLEURY, Georges, *Fusiliers marins et commandos, baroudeurs de la Royale*, Paris, Éditions Copernic, 1980, 167 p.

–, *Les Fusiliers marins de la France Libre*, Paris, Grasset, 1983, 356 p.

LEPOTIER (contre-amiral), *Les Fusiliers marins*, Paris, Éditions France-Empire, 1969, 399 p.

VIII. HISTOIRE DU 1er BATAILLON DE FUSILIERS MARINS COMMANDOS

CHALINE (vice-amiral), Émile, « Il y a 50 ans : l'étrange mystère du commando Trépel », *Revue de la France Libre*, n° 285, 1994.
FLEURY, Georges, *Les Français du Jour J*, Paris, Grasset, 1994, 384 p.
LA SIERRA, Raymond, *Le Commando du 6 juin, n° 4 Commando*, Paris, Presses de la Cité, 1983, 269 p.
LE PENVEN, Éric, et SIMONNET, Stéphane, *N° 4 Commando, 1er BFMC*, Bayeux, Éditions Heimdal, 2004, 279 p.
QUELLIEN, Julia, *Le 1er Bataillon de fusiliers marins commandos, les Français du n° 4 Commando, le 6 juin 1944*, Caen, Service départemental de l'ONAC du Calvados, 2004, 15 p.
SIMONNET, Stéphane, *Les Français du Jour J*, Caen, Éditions du Mémorial de Caen, 2003, 15 p.
–, « René de Naurois, aumônier de la France Libre », *Espoir, Revue de la Fondation Charles de Gaulle*, n° 149, décembre 2006, p. 64-102.

IX. OUVRAGES, ARTICLES ET ÉCRITS DE FUSILIERS MARINS COMMANDOS

BOLLORÉ, Gwenn-Aël, *Nous étions 177*, Paris, Éditions France-Empire, 1964, 271 p.
–, *Commando de la France Libre. Normandie, 6 juin 1944*, avec la collab. de Maurice Chauvet, Paris, Éditions France-Empire, 1983, 280 p.
–, *J'ai débarqué le 6 juin 1944. Commando de la France Libre*, préf. de Jean Marin et lord Lovat, Paris, Le Cherche Midi Éditeur, 1994, 239 p.
CHAUVET, Maurice, et TANTER, Joël, *Jour J avec le 1er BFM Commando*, Condé-sur-Noireau, Éditions Corlet, 1984, 46 p.
CHAUVET, Maurice, *Lancelot, soldat de la France Libre*, Paris, Association des anciens combattants français évadés, 1964, 32 p.
–, *Mille et un jours pour le Jour J, un béret vert français raconte*, Paris, Michel Lafon, 1994, 283 p.
–, *Fusilier marin commando de la France Libre, 1940-1944*, Éditions italiques, 2004, 63 p.
–, *It's a Long Way to Normandy. Le débarquement vu par l'un des 177 du commandant Kieffer*, Éditions Picollec, puis Paris, Nouvelles éditions latines, 2004, 286 p.
–, *De Ouistreham à Pegasus Bridge avec le 1er BFM*, Condé-sur-Noireau, Éditions Corlet, 1981.
–, *Le 1er BFM Commando*, édité par l'Amicale des anciens parachutistes SAS et commandos, Paris, 1974, 50 p.
–, « L'action des Forces françaises dans l'opération Overlord », *Revue de la France Libre*, n° 247, 2e trimestre 1984, p. 5-6.

–, « Les aventures de Lancelot, soldat de la France Libre », *Revue de la France Libre*, n° 34 (janvier 1951) à n° 47 (avril 1952).

–, « Le 1er BFM Commando, par un ancien officier du bataillon », *Revue de la France Libre*, n° 15, février 1949, p. 7-9.

–, « Commando de Noël », *Revue de la France Libre*, n° 5, février 1948, p. 6-9.

–, « La 1re compagnie de fusiliers marins commandos à Dieppe », *Revue de la France Libre*, n° 119, mars-avril 1972, p. 9-12.

–, « Dialogues avec la nuit », *Revue de la France Libre*, n° 205, mars-avril 1974.

–, « Vie et mort de Charles Trépel, capitaine commando, témoignage d'un de ses hommes », *Revue de la France Libre*, n° 116, mars 1959, p. 8-12.

–, « Voyage dans le passé français libre », *Revue de la France Libre*, n° 237, 4e trimestre 1981, p. 9-11.

FAURE, Hubert, « À l'assaut de la Normandie », *Revue de la France Libre*, n° 287, 4e trimestre 1994, p. 9-11.

–, « Les premiers jours en France du 1er bataillon de fusiliers marins commandos », *Revue de la France Libre*, n° 247, 1984, p. 7-9.

GOUJON, René, *Le Jour J au Commando n° 4, les Français du Débarquement*, Paris, Nouvelles éditions latines, 2004, 189 p.

HATTU, Guy, *Journal d'un commando français, novembre 1943-7 juin 1944*, préf. de Jean Marin, Troyes, Librairie bleue – documents, 1994, 80 p.

KIEFFER, Philippe, *Béret vert*, Paris, Éditions France-Empire, coll. « Mers et outre mer », 1948, (réédition 1962, 1969), 200 p.

–, *Béret vert*, Paris, Éditions Presse Pocket, 1964, 247 p.

–, *Béret vert, le héros français du Jour J*, Paris, Éditions Presse Pocket, 1974, 246 p.

–, *Les Bérets verts français du 6 juin 44*, présentation historique d'Eddy Florentin, Paris, Éditions France-Empire, 1983, (réédition 1994, 2004), 255 p.

–, « Un raid de commandos », *Revue de la France Libre*, numéro spécial, 18 juin 1951, p. 48.

NAUROIS, René DE, *Aumônier de la France Libre*, Paris, Perrin, 2004, 287 p.

VOURC'H, Guy, « Le 1er BFM Commando à Flessingue, 1er novembre 1944-31 mai 1952 », *Revue de la France Libre*, n° 52, novembre 1952, p. 9-13.

–, « Le 1er BFMC en Hollande (novembre 1944) », *Revue de la France Libre*, n° 249, 1985, p. 9-11.

–, « Quarante ans après… », *Revue de la France Libre*, n° 248, 3e trimestre 1984, p. 13-14.

–, « Les raids des commandos français sur les côtes occupées (1943-1944) », *Revue de la France Libre*, n° 244, 1983, p. 5-8.

–, « Les Bérets verts à Riva-Bella », *Revue de la France Libre*, n° 82, novembre 1955, p. 9-11.

–, « Les Bérets verts, ils furent 177 », *Revue de la France Libre*, n° 180, mai-juin 1969, p. 17.

–, « Le commandant Philippe Kieffer, compagnon de la Libération », *Revue de la France Libre*, n° 141, novembre-décembre 1962, p. 20-21.

–, « Les commandos, le 1er bataillon de fusiliers », *Revue de la France Libre*, numéro spécial, 18 juin 1954, « Les débarquements », p. 28-34.

X. Mémoires et témoignages de Français libres

Cadroas, Pierre, *Résistances, chroniques de l'Histoire 1939-1945. Mémoires du commandant Hubert Faure*, Éditions les Presses de la Double, 2005, 385 p.

Kayser, Jacques, *Un journaliste sur le front de Normandie. Carnet de route, juillet-août 1944*, Paris, Éditions Arléa, 1991, 186 p.

Muselier (amiral), Émile, *De Gaulle contre le gaullisme*, Paris, Éditions du Chêne, 1946, 400 p.

–, *Marine et Résistance*, Paris, Flammarion, 1945, 156 p.

Thierry d'Argenlieu, Georges, *Souvenirs de guerre, juin 1940-janvier 1941*, Paris, Plon, 1973, 281 p.

J'ai vécu le Débarquement en Normandie. Témoignages de Ted Liska, Johannes Börner, Léon Gautier, recueillis par Pierrette Rieublandou, Montrouge, Bayard Jeunesse, coll. « J'ai vécu », 2004, 95 p.

XI. Films, documentaires, disques

Le Jour le plus long, de Darryl Zanuck, 1962.

Nous étions 177, les Français du Jour J, réalisé par Cédric Condom et Gwenaëlle de Kergommeaux, ECPAD, Kilhaom Productions, 2004 et 2009.

6 juin 1944, le Commando Kieffer. Les bérets verts français du débarquement de Normandie, film de 46 minutes, de Stéphane Rybojad, Memento productions.

Commandant Kieffer, un héros français, film de 50 minutes, réalisé par Stéphane Rybojad, coll. « Seconde Guerre mondiale, Archives inédites », ministère de la Défense-Memento Productions, 2004.

Gélinet, Patrice, *Les Français du 6 juin*, Découverte Gallimard-France-Culture, « L'Histoire en direct », 1994. Un CD France-Culture.

REMERCIEMENTS

Ce livre reprend les principales conclusions d'une thèse soutenue en décembre 2010 à l'université de Caen sous la direction de Jean Quellien[1].

Je tiens à remercier en premier lieu mon éditrice, Dominique Missika, pour ses très précieux conseils et pour avoir cru très tôt à ce livre, alors même que ma thèse était loin d'être achevée, ainsi que Xavier de Bartillat, que je sollicite depuis plusieurs années et qui m'accorde aujourd'hui sa confiance.

Les membres de mon jury de thèse que présidait Jean-François Muracciole, Jean-Baptiste Bruneau, Olivier Wieviorka et Jean Quellien ont su également m'encourager par leurs remarques stimulantes à poursuivre ce travail éditorial. Qu'ils soient également ici vivement remerciés.

Ce travail de recherche, mené de 2005 à 2010, n'aurait pu être possible sans un certains nombre de personnes qu'il me faut citer. Tout d'abord Stéphane Grimaldi, directeur du Mémorial de Caen, qui m'a toujours encouragé et surtout permis de mener à terme et dans les meilleures conditions qui soient cette étude sur le Commando Kieffer.

Je dois ensuite une grande reconnaissance à Philippe Vial et son équipe de la Division études historiques du département Marine du Service historique de la Défense, qui, dès le début

1. « Des marins Français dans l'armée britannique. Le Commando Kieffer : histoire, mémoire et représentations de 1940 à nos jours », soutenue à l'université de Caen Basse-Normandie le 16 décembre 2010.

de mes recherches, m'a réservé le meilleur accueil en m'indiquant les meilleures pistes de travail.

Je dois bien évidemment beaucoup à tous les vétérans du Commando Kieffer que j'ai pu rencontrer et interviewer entre 2001 et 2004, puis au cours de toutes ces années de recherche, ainsi que les membres de leur famille qui m'ont très gentiment ouvert leur porte et confié leurs archives. Beaucoup d'entre eux ne sont plus là aujourd'hui, mais leurs propos résonnent encore dans mon esprit. Je ne les oublierai pas, ce livre leur rend hommage. Que tous soient ici remerciés pour leur témoignage et pour leur aide, en particulier Léon Gautier, qui m'a accordé tout son temps et qui, au fil de nos rencontres, de nos échanges et de nos contradictions, est devenu aujourd'hui un « vieil ami ».

Un grand merci à Dominique Kieffer, fille du commandant Kieffer, pour l'utilisation des archives familiales et son soutien au cours de mes recherches.

Une dette me lie bien évidemment à Jean Quellien, alors directeur de l'UFR d'Histoire de l'université de Caen, pour avoir accepté de suivre mon travail depuis de longues années et de diriger cette thèse. Je lui suis tout particulièrement reconnaissant d'avoir su faire preuve de patience et de compréhension quand ma vie personnelle et professionnelle m'empêchait par moment de tenir le rythme de travail régulier que suppose un tel exercice.

Mais naturellement mes remerciements les plus vifs vont à mon épouse Sophie et à mes enfants, Jeanne, Paul et Nathan, à qui j'ai imposé des absences répétées, des soirées monacales, des week-ends amputés et des vacances raccourcies. Sans leur patience, sans leur soutien, sans leur présence autour de moi, en un mot sans eux, ni cette thèse, ni ce livre n'auraient vu le jour.

INDEX DES NOMS DE PERSONNES

Réalisation : Nord Compo à Villeneuve-d'Ascq
Impression : CPI Firmin-Didot en août 2023
N° d'impression : 176327
Dépôt légal : mai 2022
ISBN : 9791021-53755
Numéro d'édition : 4756
Imprimé en France